Pierre Blet

PAPST PIUS XII.
UND DER ZWEITE WELTKRIEG

W0067516

PIERRE BLET

Papst Pius XII.
und der Zweite Weltkrieg

Aus den Akten des Vatikans

Aus dem Französischen von Birgit Martens-Schöne

FERDINAND SCHÖNINGH

PADERBORN · MÜNCHEN · WIEN · ZÜRICH

P. Pierre Blet SJ, Jahrgang 1918, gehört seit 1937 dem Jesuitenorden an. Nach seiner Promotion an der Philosophischen Fakultät der Sorbonne 1958 wurde er in Rom Professor für die Geschichte der Neuzeit an der Päpstlichen Universität Gregoriana. Dort lehrte er 17 Jahre lang an der Päpstlichen Diplomaten-akademie. Spezialisiert auf die Beziehungen zwischen Kirche und Staat im 17. Jahrhundert, behandelte er in Forschung und Lehre wiederholt auch Fragen der Diplomatiegeschichte. Von 1964 bis 1981 bearbeitete Blet als einer der vier Herausgeber die „Actes et Documents du Saint-Siège relatifs à la Seconde Guerre mondiale". 1985 wurde er zum korrespondierenden Mitglied des Institut de France gewählt.

Redaktionelle Bearbeitung und Betreuung: Karl-Joseph Hummel

Titelbilder:
Pius XII. ruft 1943 über den Rundfunk zum Frieden auf. Zweiter von rechts: Giovanni Battista Montini, der spätere Papst Paul VI. (Photo: KNA, Frankfurt/M.). Deutsche Infanterie 1939 beim Vormarsch in Polen (Photo: Süddeutscher Verlag, Bilderdienst, München). Dresden nach den Luftangriffen vom 14./15. Februar 1945. Blick von der Hofkirche auf die Innenstadt (Photo: Archiv für Kunst und Geschichte, Berlin).

Die Deutsche Bibliothek – CIP-Einheitsaufnahme
Blet, Pierre:
Papst Pius XII. und der Zweite Weltkrieg: aus den Akten des Vatikans / Pierre Blet. Aus dem Franz. von Birgit Martens-Schöne. – Paderborn; München; Wien; Zürich: Schöningh, 2000
ISBN 3-506-71903-3

Umschlaggestaltung: INNOVA GmbH, D-33178 Borchen

Gedruckt auf umweltfreundlichem, chlorfrei gebleichtem und alterungsbeständigem Papier ⊗ ISO 9706

Originalausgabe:
Pie XII et la Seconde Guerre mondiale d'après les archives du Vatican.
© 1997 Librairie Académique Perrin, Paris.

Deutsche Übersetzung:
© 2000 Ferdinand Schöningh, Paderborn
(Verlag Ferdinand Schöningh GmbH, Jühenplatz 1, D-33098 Paderborn)

Alle Rechte vorbehalten. Dieses Werk sowie einzelne Teile desselben sind urhe-berrechtlich geschützt. Jede Verwertung in anderen als den gesetzlich zugelasse-nen Fällen ist ohne vorherige schriftliche Zustimmung des Verlages nicht zulässig.

Printed in Germany. Herstellung: Ferdinand Schöningh, Paderborn

ISBN 3-506-71903-3

INHALTSVERZEICHNIS

VORWORT

Im Dezember 1965 veröffentlichte der Vatikan den ersten Band der *Actes et Documents du Saint-Siège relatifs à la Seconde Guerre mondiale*. Es gab bereits mehrere nationale Reihen für Diplomatiegeschichte, darunter auch zahlreiche Bände über den Zweiten Weltkrieg: *Documenti diplomatici italiani; Documents on British Foreign Policy; Foreign Relations of the United States: Diplomatic Papers; Akten zur deutschen Auswärtigen Politik (1918-1945)*. Im Hinblick auf diese Veröffentlichungen erschien es angebracht, das Studium der Aktivitäten des Hl. Stuhles während dieser in jeder Hinsicht kritischen Periode anhand von Akten zu ermöglichen, indem man den Historikern auch Dokumente des Vatikans zur Verfügung stellte.

Die moderne Zeitgeschichtsforschung übergeht nur allzu leicht die Rolle des Papsttums in den internationalen Beziehungen oder begnügt sich mit einigen Andeutungen. So widmen die allgemeinen Werke den Demarchen Benedikts XV. mit dem Ziel, den Krieg von 1914 zumindest in seinen Ausmaßen zu begrenzen und ihm ein schnelles Ende zu bereiten, meistens nur einige allgemeine Bemerkungen, trotz einiger gründlicher Studien, die sich mit ihm beschäftigen.

Im Falle des Krieges von 1939 folgte auf das Schweigen der Historiker bereits in den Jahren 1964-1965 eine Welle der systematischen Verunglimpfung der Person und des Verhaltens Pius' XII. Nach seinem Tod am 9. Oktober 1958 hatte man Papst Pacelli zunächst noch zahlreiche bewundernde und anerkennende Nachrufe gewidmet. Einige Jahre später war er bereits zum Protagonisten einer »schwarzen Legende« geworden: Während des Krieges habe er, aus politischem Kalkül oder aus Zaghaftigkeit, unbewegt und schweigend die Verbrechen gegen die Menschlichkeit mit angesehen, denen ein Wort aus seinem Munde ein Ende hätte bereiten können (!).

Um vom Traum wieder zur Realität zu kommen, von der Legende zur Geschichte, gibt es nur ein Mittel: den Rückgriff auf die Originaldokumente, die direkt aus dem Wirken des Papstes hervorgegangen sind. So reifte 1964 der Entschluß Papst Pauls VI., der unter seinem bürgerlichen Namen Giovanni Montini als Substitut des Staatssekretariats einer der engsten Mitarbeiter Pius' XII. gewesen

war, die Veröffentlichung der Dokumente des Hl. Stuhles über den
Zweiten Weltkrieg in die Wege zu leiten.

Tatsächlich bewahren die Archive des Staatssekretariats Akten auf,
mit deren Hilfe man oft von Tag zu Tag, manchmal sogar von Stunde zu Stunde, das Wirken des Papstes und seiner Sekretariate nach-
vollziehen kann. Man findet dort die Informationen, die im Vatikan
eintrafen, die Vorschläge des Staatssekretärs und seiner Mitarbeiter,
die vom Papst getroffenen Entscheidungen, die an die Nuntien gesandten Anweisungen sowie die den Botschaftern übergebenen Noten. Der größte Teil dieser Akten läßt sich in fünf Kategorien eintei-
len:

1. Die Botschaften und Reden des Papstes.

2. Der Briefwechsel zwischen dem Papst und zivilen und kirchlichen Würdenträgern. Diese Briefe werden im allgemeinen in Form
von Entwürfen, sog. Minuten, aufbewahrt, die der Papst mit eigener
Hand korrigiert hat.

3. Die Noten des Staatssekretariats, interne Noten, die von den
Untergebenen für ihre Vorgesetzten verfaßt wurden, um Informationen oder Vorschläge weiterzuleiten, und außerdem auch noch priva-
te Noten, insbesondere diejenigen von Msgr. Domenico Tardini, der
die für Historiker höchst schätzenswerte Angewohnheit hatte, mit
der Feder in der Hand nachzudenken.

4. Die diplomatischen Noten, die zwischen dem Staatssekretariat
und den beim Hl. Stuhl akkreditierten Botschaftern oder Gesandten
ausgetauscht wurden.

5. Die Korrespondenz zwischen dem Staatssekretariat und den
Vertretern des Hl. Stuhles im Ausland, Nuntien, Internuntien und
Apostolischen Gesandten.

Viele dieser Dokumente tragen die Unterschrift des Staatssekretärs oder des Sekretärs der ersten Sektion des Staatssekretariats,
und nur sehr wenige die des Papstes selbst: Ungeachtet dieser Tatsache geben alle nicht nur die Absichten des Unterzeichners wieder,
sondern sehr wohl die des Papstes, bei dem immer die letzte Entscheidung lag.

Dieses Material wurde in den elf Bänden, mit einem Doppelband,
der *Actes et Documents du Saint-Siège relatifs à la Seconde Guerre
mondiale* veröffentlicht, die dem Historiker ein Mittel an die Hand
geben, um mehr über die tatsächlichen Absichten und das Verhalten
des Papstes und des Hl. Stuhles während des Zweiten Weltkrieges zu
erfahren. Diese Dokumentation soll die Lage verdeutlichen, in die
sich der Papst durch den Krieg versetzt sah, mit den mehr oder minder vollständigen Informationen, die ihn erreichten, die Inan-

spruchnahme seines moralischen und religiösen Einflusses, den sich viele unbegrenzt vorstellten und den jeder im Interesse seiner Sache zu nutzen suchte, seine Bemühungen, zu retten, was noch zu retten war, ohne die Unparteilichkeit zwischen den kämpfenden Parteien aufzugeben, seine Demarchen, um den Krieg abzuwenden, die Versuche, ihn einzugrenzen, und – als er dennoch zunächst auf europäischer Ebene und dann in der ganzen Welt entbrannt war – seine Bemühungen, das Leid zu lindern und den Opfern Hilfe zu leisten.

Zweifellos kann auch das vollständigste Archiv niemals ein lückenloses Bild der ganzen Wirklichkeit bieten. Zum Beispiel geben die Dokumente des Vatikans nur in seltenen Fällen den Ablauf einer Audienz und den genauen Wortlaut der dort geführten Gespräche zwischen dem Papst und seinem Gast wieder. Diese Dokumente sagen uns zwar, daß Pius XII. am 30. Juni 1944 General de Gaulle eine Audienz gewährt hat, und der *Osservatore Romano* berichtet noch, daß sie auf 9 Uhr festgesetzt war, aber diese Dokumente geben nicht ein einziges Wort der Unterhaltung wieder: Näheres darüber erfahren wir nur aus den Memoiren des Generals. Die Nuntien legten auch längst nicht von Tag zu Tag Rechenschaft über ihre Aktivitäten ab. Die Dokumente über die zahlreichen Demarchen zur Rettung der Opfer der rassistischen Verfolgungen enthalten nur sehr wenig darüber, ob sie Erfolg hatten: In dieser Hinsicht muß man sich nur allzu oft mit den Danksagungen begnügen, die der eine oder andere Nuntius, der Hl. Stuhl oder der Papst von den Nutznießern dieser Aktionen erhielten. Trotz dieser Einschränkungen, an die Historiker, die in Archiven arbeiten, gewöhnt sind, bleiben diese Dokumente dennoch die wichtigste und unersetzliche Quelle zur Geschichte des Hl. Stuhles während des Zweiten Weltkrieges.

Aber die Erfahrung der fünfzehn Jahre, die seit dem Erscheinen des letzten Bandes vergangen sind, hat gezeigt, daß der Inhalt, wenn nicht sogar die Existenz dieser Publikation vielen entgangen ist, die über den Hl. Stuhl während des Zweiten Weltkrieges reden und schreiben. Deshalb haben wir versucht, in einer handlicheren Ausgabe einen ersten Eindruck von ihrem Inhalt zu geben. Jeder der genannten elf Bände ist mit einer Einleitung versehen, in der sich bereits das Wichtigste der abgedruckten Dokumente findet. Mit der Erlaubnis des Staatssekretariats, des Herausgebers der elf Bände, haben wir diese Einleitungen wieder aufgegriffen, wenn auch in komprimierter Form und mit Auszügen aus den in der Aktenpublikation bereits veröffentlichten Dokumenten ergänzt. Um das Ergebnis unserer Arbeit leichter zugänglich zu machen, haben wir versucht, ihren Umfang zu reduzieren, unter Verzicht auf nicht wenige Details, ja sogar ganze Abschnitte der Tätigkeit des Hl. Stuhles während des Krieges, wie zum Beispiel die Hilfe für die Kriegsgefangenenlager oder die vom Krieg heimgesuchten Regionen, die erfolglosen Versuche zur Lockerung der Blockade, die die Bevölkerung aushungerte, sowie die mühseligen Versuche, einen Nachrichtendienst zwischen den Kriegsgefangenen und ihren Familien aufzubauen. In diesen Fällen sind wir davon ausgegangen, daß alle, die mehr Informationen oder zusätzliche Erläuterungen wollen, und wir hoffen, daß es viele sind, auf die elf Bände zurückgreifen können. Den deutschen Leser möchte ich besonders auf Band 2 hinweisen, der seit 1966 auch in deutscher Übersetzung vorliegt: Die Briefe Pius' XII. an die deutschen Bischöfe 1939-1944, hrsg. von Burkhart Schneider in Zusammenarbeit mit Pierre Blet und Angelo Martini (Reihe der Veröffentlichungen der Kommission für Zeitgeschichte, A 4, Mainz 1966). In diesen Briefen finden sich die Überlegungen und Erwägungen Papst Pius' XII. vielleicht am unmittelbarsten dokumentiert. Wir haben in der vorliegenden Ausgabe auf den Anmerkungsapparat mit Verweisen auf die Quellen verzichtet und uns statt dessen darauf beschränkt, am Beginn eines jeden Kapitels auf den oder die Bände hinzuweisen, in denen die Dokumente abgedruckt sind. Die chronologische Ordnung und das Datum dürften die Überprüfung leicht machen. Es sei noch hinzugefügt, daß wir aus Rücksicht auf die Treue zu den Dokumenten darauf geachtet haben, uns in allem, was wir niedergeschrieben haben, auch an ihre Wortwahl zu halten, die auch heute noch bestens verständlich bleibt, und wir haben sorgfältig ein moderneres Vokabular vermieden, das nur allzu leicht zu unzeitgemäßen Vorstellungen führen kann.

Am Ende dieses Vorwortes möchte ich meinen Kollegen und Mitbrüdern danken, mit denen ich von 1965 bis 1982 an der Herausgabe der *Actes et Documents* gearbeitet und auf deren Leistungen ich mich gestützt habe, P. Robert A. Graham, P. Angelo Martini und P. Burkhart Schneider. Zwei von ihnen sind sozusagen in Ausübung ihrer Pflicht verstorben: P. Burkhart Schneider, Professor an der Fakultät für Kirchengeschichte an der Päpstlichen Universität Gregoriana, der sich außerdem noch um die Lehre sowie die Betreuung der Veröffentlichung der Briefe Pius' XII. an die deutschen Bischöfe (Band II) kümmerte und besonders an den Bänden VI, VIII und IX mitgearbeitet hat, bis zu dem Tag, an dem ihn 1976 die Krankheit hinwegraffte, und P. Angelo Martini, Mitarbeiter der *Civiltà Cattolica* und ausgewiesener Kenner der zeitgenössischen Geschichte, der die letzten fünfzehn Jahre seines Lebens diesem Werk widmete, ohne seine Fertigstellung zu erleben. Es war ihm lediglich vergönnt, die Druckfahnen des elften und letzten Bandes noch in der Hand zu halten. P. Robert Graham, der 1967 zu uns gestoßen ist, ist bis Juli 1996 in Rom geblieben, dann kehrte er in sein heimatliches Kalifornien zurück, wo er am 11. Februar 1997 starb. Obwohl er der älteste von uns war, hat er nicht nur bis zur Fertigstellung der Aktenpublikation mitarbeiten können, sondern sie im Laufe der letzten fünfzehn Jahre auch durch Veröffentlichungen vervollständigt, die zumeist in Form von Artikeln in der *Civiltà Cattolica* erschienen sind. Auch diese Publikationen sind eine Informationsquelle, aus der die Historiker des Zweiten Weltkrieges Nutzen ziehen können.

I. DIE VATIKANISCHE DIPLOMATIE GEGEN DEN KRIEG[1]

Am Donnerstag, dem 2. März 1939, kurz nach 6 Uhr abends verkündete der Kardinaldiakon, Camillo Caccia Dominioni, vom mittleren Balkon des Petersdoms der zwischen Berninis Kolonnaden versammelten Menschenmenge die mit Ungeduld erwartete Neuigkeit: *Annuntio vobis gaudium magnum: habemus papam, Eminentissimum et Reverendissimum Dominum Eugenium Pacelli, qui sibi nomen imposuit Pium XII,* »Ich verkünde Euch eine große Freude: Wir haben einen Papst, es ist der Kardinal Eugenio Pacelli, der den Namen Pius XII. tragen wird«. Im dritten Wahlgang des Konklaves, das nur vierundzwanzig Stunden gedauert hatte, war der Mann zum Nachfolger von Pius XI. gewählt worden, der zehn Jahre lang an seiner Seite die Funktion des Staatssekretärs ausgeübt hatte, Kardinal Pacelli. Am folgenden Morgen um 11 Uhr fand in der Sixtinischen Kapelle die dritte »Adoratio« der Kardinäle statt. Nachdem er die Huldigung der vormals Gleichgestellten entgegengenommen hatte, verlas der neue Papst eine Botschaft, die sich nicht nur an die vor ihm in der Kirche versammelten Kirchenfürsten, sondern an die ganze Welt richtete. Er grüßte die Pastoren der Kirche, ihre Missionare, ihre Priester, ihre Gläubigen und schließlich alle Menschen, auch die, die nicht der katholischen Kirche angehörten. An sie alle richtete der Papst einen Wunsch, den Wunsch nach Frieden, »jenen Frieden, den alle Gutgesinnten wünschen müssen, jenen Frieden, der erwächst aus der Gerechtigkeit und aus der Liebe«. Bereits am ersten Tag seines Pontifikats bewies Pius XII., daß er die Aufgabe fortzuführen gedachte, die sich sein Vorgänger gestellt hatte, die Verteidigung des Friedens in der Welt.

Damit entsprach Pius XII. der allgemeinen Erwartung. Seine Wahl wurde von einem Konzert der Zustimmung begleitet. Während man in Berlin eine recht kühle Zurückhaltung wahrte, wurde die Wahl

---

[1] Dokumentation zu diesem Kapitel I: vgl. ADSS, I. Zusätzlich: BDFP, third series, Vol. V, VI und VII; FRUS, 1940, Vol. I und II; DDI, ottava serie, Vol. XII und XIII, nona serie, Vol. III; AKTEN D, Bde. VI und VII; CIANO, Diario; siehe auch: CHARLES-ROUX, Huit ans au Vatican; CHADWICK, Britain and the Vatican.

Pacellis in den Vereinigten Staaten, Frankreich und England wie ein Sieg über die totalitären Staaten gefeiert. Auf der ganzen Welt erwartete man vom neuen Papst Entspannung und ein wirksames Eintreten für den Frieden. Das Organ der französischen sozialistischen Partei, *Le Populaire*, mokierte sich über die Haltung der italienischen Presse, die die Wahl des Kardinalstaatssekretärs begrüßte und sie der Wahl eines religiösen Papstes vorzog, der bereit gewesen wäre, Blitze auf die Kriegstreiber zu schleudern: »Wir brauchen niemanden, der den Blitz dann auf die Diktatoren niederfahren läßt, wenn sie den Krieg bereits erklärt haben. Was wir uns sehnlichst wünschen, ist, daß man uns hilft, sie daran zu hindern, diesen Krieg zu entfesseln«.

Es war nicht leicht, all diesen Erwartungen gerecht zu werden. Zumindest war Eugenio Pacelli besonders gut auf diese diplomatische und religiöse Aufgabe vorbereitet, die das Gebot der Stunde dem Papsttum auferlegte. In seiner Person schien er den »religiösen Papst« und den »politischen Papst«, den die Öffentlichkeit gern als Gegensatz sieht, zu vereinen. Sein asketisches Gesicht, seine inbrünstige Andacht in den feierlichen Zeremonien entgingen auch den weniger mystisch veranlagten Gläubigen nicht. Andererseits war seine sehr lebhafte Intelligenz, unterstützt durch ein hervorragendes Gedächtnis, durch seine außergewöhnliche diplomatische Erfahrung noch geschärft worden. Nach seinem Eintritt ins Staatssekretariat unter Leo XIII., kümmerte er sich unter Pius X. um den ausgesprochen komplizierten Fall der französischen Kirche. Zudem übernahm er noch den Posten des Sekretärs der Kongregation für außerordentliche kirchliche Angelegenheiten. Benedikt XV. hatte ihn zunächst zum Kaiser von Österreich, dann zum Kaiser von Deutschland entsandt, um dort nach Möglichkeiten zu suchen, den Ersten Weltkrieg einzudämmen oder ihm zumindest ein schnelles Ende zu bereiten. Während seiner zwölfjährigen Mission in Deutschland – 1917 als Nuntius in München, ab 1925 dann in Berlin – hatte er die Probleme dieses Landes aus nächster Nähe kennengelernt, geblieben war ihm auch eine tiefe Zuneigung zu diesem Volk, das wie er die Pünktlichkeit und die Arbeit liebte. Pius XI. hatte ihn 1929 zurückberufen, um ihn zu seinem Kardinalstaatssekretär zu machen. Durch seine Missionen in Frankreich fand er Gelegenheit, seine intime Vertrautheit mit der französischen Kultur und Tradition unter Beweis zu stellen. Er war auch der erste Papst, der den Boden Nordamerikas betreten hatte. Seine große Rundreise im Jahre 1936 durch die Vereinigten Staaten war der Beginn seiner Korrespondenz mit Präsident Roosevelt, einer Korrespondenz, die nicht nur das Staatssekretariat um neue Anredeformeln bereichern sollte, die den Papst mit »*You, whom I have the privilege of calling an old friend and a good friend*« ansprachen, sondern die einige Zeit lang auch eine Hoffnung für den Frieden in der Welt bedeutete.

Dieser Lebenslauf war kein Zufall. Pius XI. hatte seinen Kardinalstaatssekretär bewußt darauf vorbereitet, seine Nachfolge anzutreten. Über diesen Punkt läßt Msgr. Domenico Tardini keinen Zweifel aufkommen: Der Sekretär der Kongregation für außerordentliche kirchliche Angelegenheiten schrieb unter dem Datum des 22. Februar 1939:

> »Seine Heiligkeit Pius XI. hat mehrere Male mit mir über seinen Nachfolger gesprochen. Für ihn gab es keinen Zweifel. Sein Staatssekretär sollte der nächste Papst werden. Der Hl. Vater sagte mir, daß er ihn deshalb oft ins Ausland sandte, sogar bis in beide Teile des amerikanischen Kontinents, um ihn auf die Tiara vorzubereiten. Eines Tages, während Seine allerhöchste Eminenz im Oktober und November 1936 in den Vereinigten Staaten weilte, und nachdem er mir eine Lobrede auf seinen Kardinalstaatssekretär gehalten hatte, schloß er, während er mich mit seinen forschenden Augen ansah, mit den Worten: ›Er wird ein wundervoller Papst sein!‹ (*Sarà un bel papa!*) Er sagte nicht: ›Er wäre‹, oder ›Er könnte sein‹, sondern ›Er wird sein‹, ohne irgendeinen Zweifel aufkommen zu lassen. Diese Worte wurden am 12. November ausgesprochen.«

Nach der Papstwahl erwartete man innerhalb des Diplomatischen Korps die Nominierung des neuen Kardinalstaatssekretärs mit besonderer Spannung. Der Name wurde am 11. März bekannt, am Abend vor der Inthronisierung: Kardinal Luigi Maglione würde den durch den Wechsel Kardinal Pacellis auf den Stuhl des hl. Petrus freigewordenen Posten übernehmen. Luigi Maglione war während des letzten Krieges in das Staatssekretariat eingetreten. Zunächst als Gesandter des Hl. Stuhles, dann als Apostolischer Nuntius in der Schweiz, war er 1926 in die Nuntiatur von Paris versetzt worden, die er zehn Jahre lang leiten sollte und wo er einen guten Ruf hinterließ.

Unmittelbar dem Kardinalstaatssekretär unterstellt, übte Msgr. Tardini seit 1937 die Funktion des Sekretärs der Kongregation für außerordentliche kirchliche Angelegenheiten sowie der ersten Sektion des Staatssekretariats aus. Obwohl er ein geistreicher, oftmals auch bissiger Plauderer war, liebte er es, seine Gedankengänge schriftlich festzuhalten. Die zahlreichen von ihm hinterlassenen Noten bezeugen sein unablässiges Bemühen, die Anordnungen des Papstes, dem er mit seiner ganzen Loyalität dienen wollte, in die Tat umzusetzen, sie zeugen aber auch von einer kritischen Reflexion über die Probleme des Tages. Der Substitut des Staatssekretariats, der an der Spitze der Zweiten Sektion stand, war von nun an Msgr. Giovanni Battista Montini. Eigentlich gehörten die diplomatischen Fragen zum Aufgabengebiet seines Kollegen Tardini. Aber nicht selten wußte ein Botschafter einen Grund zu finden, um seinen Standpunkt Msgr. Montini selbst vorzutragen, in der Hoffnung, bei ihm, wie einer von ihnen notierte, »ein wohlwollendes Verständnis« zu finden.

Aber wie konnten der Papst und seine Helfer, mit zumindest geringen Aussichten auf Erfolg, die Friedensbemühungen von Pius XI. fortsetzen? Seit Deutschland zum Dritten Reich geworden war, der Diktatur Adolf Hitlers unterworfen, näherte sich Europa mit jedem Tag immer mehr dem Moment, wo es zwischen Krieg und Unterwerfung wählen mußte. Die Garantien, mit denen der Versailler Vertrag den zukünftigen Frieden abzusichern glaubte, fielen eine nach der anderen. Die Erfolge des »Führers« steigerten seine Dreistigkeit und stärkten das Vertrauen seiner Anhänger und seiner Verbündeten. Während Frankreich lediglich mit diplomatischen Noten auf die deutsche Wiederbewaffnung, auf die Remilitarisierung des Rheinlandes und auf den Anschluß Österreichs reagierte, sah die italienische Regierung, verbittert aufgrund der Sanktionen des Völkerbundes wegen des Einmarsches in Äthiopien, ihre Zukunft nur noch in einem Bündnis mit dem Dritten Reich. Zwei Blöcke formierten sich in Europa, einerseits die wohlhabenden Demokratien, die sich auf den Lorbeeren von 1918 ausruhten, und andererseits die Diktaturen mit angespannten finanziellen Verhältnissen, die ihre gesamten Reserven in die Aufrüstung steckten. Im September 1938 wäre es fast zur Konfrontation gekommen. Im letzten Augenblick, als die Mobilisierung schon in Gang war, hatte die von Mussolini initiierte Konferenz von München scheinbar alles retten können. Papst Pius XI., der einen aufrüttelnden Friedensappell an die Völker gerichtet hatte, ließ sich dennoch nicht täuschen: In seinen Augen war München nicht nur die Kapitulation, sondern sogar die Bankrotterklärung der Demokratien. Aus diesem Grund begriff man in Rom sehr schnell, daß Hitler, weit davon entfernt, sich mit seinen letzten Zugewinnen in der Tschechoslowakei zufriedenzugeben, »darüber nachdachte, wie er sich – wieder einmal – den Verpflichtungen entziehen konnte, deren Tinte auf dem Papier noch nicht einmal getrocknet war«. Zu der Stunde, als Kardinal Pacelli zum allerhöchsten Kirchenamt aufstieg, lastete die Angst vor neuen Gewaltakten auf der Welt.

Die Angst war berechtigt. Kaum hatte Pius XII. am 12. März vor den aus allen vier Himmelsrichtungen angereisten Delegationen aus fünfunddreißig Nationen die Tiara aufs Haupt gesetzt, da erschütterte ein neuer Donnerschlag Europa. Am 15. März 1939 marschierten die deutschen Truppen in Prag ein. Auf die Protestnote, die vom französischen Botschafter sofort in die Wilhelmstraße überbracht wurde, gab Staatssekretär Ernst von Weizsäcker nur eine hochnäsige Antwort. Einige Tage später zwang ein deutsches Ultimatum Litauen, das Memelgebiet an das Reich abzutreten. Und Polen, das im vorangegangenen Jahr nicht gezögert hatte, sich seinen Anteil an den Überresten der Tschechoslowakei zu holen, sah sich seinerseits bedroht. Warschau erhielt aus Berlin eine Note in bezug auf die Rückkehr der Stadt Danzig ins Reich und die Verbindungswege zwischen Deutschland und Ostpreußen. Ein Bericht des Nuntius in Warschau setzte den Kardinalstaatssekretär davon in Kenntnis, der in seiner Antwort dem Nuntius einschärfte, er solle ohne zu zögern den Telegraphen benutzen, wenn es sich um wichtige Neuigkeiten handelte.

Die Besetzung Prags verursachte eine »Revolution in der Politik Englands«. Die britische Öffentlichkeit war über die wachsende deutsche Macht beunruhigt und stand noch unter dem Schock des Bruchs des freiwillig zugestandenen Abkommens vom vorhergehenden September. Von nun an gedachte sich England weiteren Annexionen des Reiches zu widersetzen, notfalls auch mit Waffengewalt. Da er Polen für das nächste Opfer hielt, erklärte Neville Chamberlain am 31. März vor dem Unterhaus: »Für den Fall irgendeiner Aktion, die klarerweise die polnische Unabhängigkeit bedroht und die die polnische Regierung daher für so lebensbedrohend ansieht, daß sie ihr mit ihren nationalen Streitkräften Widerstand leistet, würde sich die Regierung Ihrer Majestät verpflichtet fühlen, Polen alle in ihrer Macht stehende Hilfe sofort zu gewähren.« Und die französische Regierung präzisierte am 13. April: »Frankreich und Polen garantieren sich umgehend und unmittelbar gegenseitige Hilfe gegen jede direkte oder indirekte Bedrohung, die ihre lebenswichtigen Interessen betrifft.« Noch am selben Tag erweiterten Frankreich und England ihre Garantieerklärungen auch auf Griechenland und Rumänien.

Aber Italien hatte sich bereits, um sich für die Zugewinne des Reiches in Zentraleuropa zu entschädigen, gegen den Balkan gewandt. Am 7. April bombardierten italienische Flugzeuge Tirana, und Albanien wurde besetzt.

Auf diesen 7. April des Jahres 1939 fiel der Karfreitag. Am übernächsten Tag zelebrierte der Papst das Pontifikalamt des Osterfestes. Vor den Prälaten und Gläubigen, die sich im Petersdom um

ihn versammelt hatten, und über die Anwesenden hinaus an alle
Menschen, die ihn hören wollten, sprach der Papst vom Frieden, von
den Gefahren, die diesen bedrohten, und von den Mitteln, ihn zu bewahren. Die gegenwärtigen Erschütterungen schienen noch sehr viel
schlimmere Übel anzukündigen. Pius XII. sah die Wurzel dieser Erschütterungen und dieser gefährlichen Situation in der Notlage von
so vielen Menschen, in der ungerechten Verteilung der natürlichen
Ressourcen, im Mangel an gegenseitigem Vertrauen zwischen den
Nationen und im Bruch von geschlossenen Vereinbarungen und des
gegebenen Wortes: Es werde jeden Tag schwieriger, den Rüstungswettlauf zu bremsen und die aufgebrachten Gemüter zu besänftigen.

In den Vereinigten Staaten schlug Präsident Roosevelt einen direk-
teren Weg ein. Er richtete eine lange Botschaft an Hitler und Mussolini, in der er sich darüber beklagte, daß die Völker in Angst vor
einer Aggression lebten. Er forderte die beiden Diktatoren auf, sich
für einen Zeitraum von zehn Jahren dazu zu verpflichten, keines der
einunddreißig Länder anzugreifen, deren Liste er beilegte. In der
Zwischenzeit könnten die Forderungen der verschiedenen Parteien
erörtert und eine friedliche Lösung gefunden werden. Außerdem bat
Roosevelt den Papst, ebenfalls bei Hitler und Mussolini zu intervenieren, um seiner Botschaft vom 15. April Nachdruck zu verleihen.
Aus dem Vatikan antwortete man dem Präsidenten, daß Pius XII.
seine Friedensbemühungen mit Aufmerksamkeit verfolge, daß es
ihm aber im Moment unmöglich sei, im gewünschten Sinne bei Hitler vorstellig zu werden. Bei Mussolini, zu dem die Beziehungen
leichter herzustellen seien, hätte der Hl. Stuhl bereits eine Demarche
unternommen, ohne sich allzuviel Illusionen über deren Erfolg zu
machen.

Die Zurückhaltung des Vatikans erwies sich als berechtigt. In einer Rede, die er am 28. April vor dem Reichstag hielt, griff Hitler
Polen erneut scharf an, noch drohender als zuvor, er widerrief das
deutsch-britische Flottenabkommen und zog die Botschaft des Präsidenten der Vereinigten Staaten ins Lächerliche.

Angesichts des Gewitters, das sich am Horizont zusammenbraute,
wandten sich die beunruhigten Seelen an den Papst als die allerhöch-
ste Zuflucht. Eine Engländerin, die mit »*a very ordinary English wo-
man*« unterzeichnete, schrieb aus Bournemouth: »Ich flehe Sie an,
Ihre große Autorität wie eine Macht des Friedens einzusetzen.« Andere begnügten sich nicht nur damit, ihn um eine Intervention zu
bitten, sondern schlugen ihrerseits Pläne verschiedenster Art vor, einen neuen Gottesfrieden oder einen neuen Völkerbund mit einer
Miliz und einem Exekutivkomitee. Inmitten der mehr oder minder

versponnenen Ideen fand sich unterdessen eine, die mit einer gewissen Beharrlichkeit immer wieder auftauchte: Der Papst möge eine Weltkonferenz einberufen, um nach einer friedlichen Lösung der anstehenden Probleme zu suchen. In England hatte der *Catholic Herald* eine Petition auf den Weg gebracht, um den Papst zu bitten, die Initiative zu einer Friedenskonferenz zu ergreifen, und in zahlreichen Briefen und Telegrammen stimmte man diesem Projekt zu.

Angesichts dieser Appelle und der wachsenden Gefahr entschloß sich Pius XII. den Weg der Diplomatie zu beschreiten, indem er eine internationale Konferenz vorschlug. Am 21. April 1939 wurde P. Pietro Tacchi Venturi, der seit den Verhandlungen über die Lateranverträge oft als Vermittler zwischen dem Vatikan und dem Palazzo Venezia gedient hatte, zum Papst gerufen. Am übernächsten Tag, dem 23., schrieb er an Mussolini und bat ihn um ein Gespräch, das ihm am 1. Mai gewährt wurde. Ein viertelstündiges Gespräch genügte dem Jesuiten, um dem »Duce« den Plan des Papstes zu erläutern: Angesichts der offenkundigen Gefahr für den Frieden beabsichtigte Pius XII. die fünf europäischen Mächte, Frankreich, Deutschland, England, Italien und Polen, zu einer Konferenz einzuladen, um die strittigen Punkte zu diskutieren, aus denen ein Weltenbrand zu entstehen drohte. Der »Duce« schob die späte Stunde vor, um seine Antwort auf den folgenden Tag zu verschieben. Aber er beurteilte die Situation recht scharfsinnig: »Deutschland kann sich nicht einbilden, daß ihm mit Polen gelingen wird, was ihm mit der Tschechoslowakei gelungen ist: Polen wird sich verteidigen; es wird von den überlegenen deutschen Truppen vernichtet werden, und wir stehen am Beginn eines europäischen Krieges.«

Am folgenden Tag erhielt P. Tacchi Venturi die endgültige Antwort von Mussolini, der dem Vorschlag von Pius XII. zustimmte. Nach Meinung des »Duce« fände die Demarche des Papstes die Zustimmung der zivilisierten Welt.

Am übernächsten Tag, dem 3. Mai, sandte Kardinal Maglione vier Telegramme an die Repräsentanten des Hl. Stuhles in Frankreich, Deutschland, England und Polen. Die Nuntien oder Apostolischen Gesandten erhielten den Auftrag, den jeweiligen Regierungen mitzuteilen, daß der Papst, »der sehr betroffen von der immer noch wachsenden Gefahr eines Kriegsausbruchs sei, sich bereit erkläre, den fünf Mächten Frankreich, Deutschland, England, Italien und Polen eine Botschaft zu schicken, um sie dazu aufzufordern, auf einer Konferenz untereinander die Fragen zu klären, die den Konflikt auszulösen drohten«. Auf dieser Konferenz sollten die Probleme behandelt werden, die einerseits Deutschland und Polen und anderer-

seits Frankreich und Italien entzweiten. Das an den Nuntius in Warschau adressierte Telegramm forderte ihn außerdem dazu auf, dem
polnischen Außenminister, Oberst Józef Beck, die größte Zurückhaltung bei seinen nächsten Reden anzuraten.

Die Reaktionen waren nicht so, wie sie der Chef der italienischen
Regierung erwartet hatte. Auf seiten der westlichen Mächte war die
Enttäuschung, die auf die Konferenz von München folgte, noch zu
frisch, als daß sie sich für die Idee, eine solche Erfahrung möglicherweise erneut zu machen, begeistern konnten. In Frankreich zeigte
sich die Regierung gegenüber dem päpstlichen Projekt sehr zurück-
haltend. Höflicherweise fügte man hinzu, daß es sich dabei nicht um
eine Ablehnung handele: Man wollte die Autorität des Papstes offensichtlich lieber für den Fall erhalten, daß es kein anderes Mittel
mehr geben würde, um den Frieden zu bewahren. Die Antwort der
britischen Regierung, die Wert darauf gelegt hatte, sich vorher mit
ihren französischen und polnischen Verbündeten zu beraten, brachte
dieselben Vorbehalte vor.

In Deutschland nahm die päpstliche Demarche aufsehenerregende-
re Formen an. Am 4. Mai hatte der Nuntius in Berlin, Cesare Orsenigo, dringend um eine Unterredung mit Hitler gebeten. Der Kanzler
befand sich aber in Berchtesgaden. Für den folgenden Tag wurde dem
Nuntius ein Sonderflugzeug zur Verfügung gestellt, und am 5. Mai
um 16 Uhr konnte der Vertreter des Hl. Stuhles dem »Führer« die
Absichten des Papstes darlegen. Die Unterredung, bei der auch
Außenminister Joachim von Ribbentrop anwesend war, dauerte eine
Stunde. Der Dank des Kanzlers an den Papst und seine Versicherung,
daß es zur Zeit in Europa keine Fragen gäbe, die nicht ohne bewaffneten Konflikt geregelt werden könnten, räumten dennoch nicht alle
Zweifel aus. Obwohl es noch keine militärische Allianz mit Mussolini
gab, erklärte sich Hitler völlig solidarisch mit Italien. Anders gesagt,
ein französisch-italienischer Konflikt zöge eine deutsche Intervention
nach sich. Dann begann Hitler auf England zu schimpfen. Die den
Polen gewährte britische Garantieerklärung sei der eigentliche Grund
der gegenwärtigen Spannungen, da sie die Unnachgiebigkeit der Regierung in Warschau verstärke. Am Ende verschoben der Reichskanzler und sein Außenminister, der sich in diesem Moment auf dem Weg
nach Mailand befand, ihre endgültige Antwort auf einen späteren
Zeitpunkt, um sich zunächst noch mit Italien abzusprechen.

Am folgenden Tag traf Ribbentrop den Schwiegersohn und
Außenminister Mussolinis, Graf Galeazzo Ciano, in Mailand. Zu
den zahlreichen dort besprochenen Problemen gehörte auch die vom
Papst vorgeschlagene Konferenz. Das Sitzungsprotokoll vermerkt

zu diesem Punkt: »Man ist übereingekommen, dem Papst für seine Initiative zu danken und ihn gleichzeitig zu bitten, von seinem Appell an die fünf Mächte abzusehen.« Diese Antwort wurde am 9. Mai Kardinal Maglione durch den italienischen Botschafter beim Hl. Stuhl überreicht.

Schließlich gab auch die polnische Regierung ihrerseits eine ablehnende Antwort: In Warschau fürchtete man, daß die Konferenz ein Mißerfolg würde, der die Gefahr eines Krieges eher noch vergrößern würde, und zog eine diskretere Intervention des Papstes vor, um bilaterale Gespräche zwischen Polen und Deutschland zu ermöglichen.

Kurz gesagt, weder die westlichen Mächte, die die schmähliche Erinnerung an die Konferenz von München und ihre Folgen noch nicht verdaut hatten, noch Deutschland und Italien, die offensichtlich nicht mehr zu hoffen wagten, ein Spiel zu gewinnen, das noch im vorangegangenen September zu ihren Gunsten ausgegangen war, wollten diese Konferenz. Berlin und Rom gaben sich für den Augenblick damit zufrieden, ihre Übereinkunft zu bestätigen, Polen begnügte sich mit der französisch-britischen Garantie und die beiden westlichen Mächte zogen es vor, ihre diplomatischen Aktivitäten auf Rußland und die Vereinigten Staaten auszudehnen. Dennoch schienen die Reaktionen der Regierungen auf die ersten Demarchen des Vatikans den Weg für spätere Interventionen zu öffnen, denn alle hatten anerkannt, daß die Autorität des Hl. Stuhles auf dem Höhepunkt der Krise die letzte Möglichkeit sein könnte, um den Frieden zu retten. Die britische Regierung hatte sich besonders entgegenkommend gezeigt. Mit der Bitte an den Papst, im Augenblick von seiner Einladung zu einer Konferenz abzusehen, wollte man keinesfalls, so hatte Lord Edward Halifax, der britische Außenminister, wissen lassen, der Sache des Friedens die Unterstützung entziehen, die ihr im kritischen Moment die päpstliche Diplomatie bieten könne.

Da die Fünferkonferenz nun nicht zustande kam, blieb noch ein weiterer Weg offen: die Vermittlung direkter bilateraler Gespräche zwischen Deutschland und Polen sowie zwischen Frankreich und Italien. Im Laufe der folgenden zwei Monate Juni und Juli konzentrierte sich die Arbeit des Vatikans auf dieses Ziel.

Das Gespräch, das der Nuntius in Berlin am 17. Mai mit Ribbentrop führte, konnte die Beunruhigung nicht ausräumen, die die Unterredung in Berchtesgaden ausgelöst hatte. Die gegen Polen gerichteten brutalen Attacken der Nazipresse schienen eine Offensive der Wehrmacht vorzubereiten. Der Nuntius fragte Ribbentrop, ob er den Krieg mit den Westmächten nicht fürchte. Der Außenminister antwortete selbstsicher, daß Frankreich und England niemals die westlichen Verteidigungslinien Deutschlands überschreiten würden; daß die deutschen U-Boote die britische Flotte in Schach halten könnten, und daß, falls Polen jemals die Dummheit beginge, sich in einen Krieg zu stürzen, es im Handumdrehen vernichtet würde: »Im Falle eines Krieges mit einem Volk wie dem unsrigen, mit 85 Millionen Einwohnern, bis an die Zähne bewaffnet, wird Polen nur sehr wenige Tage haben, um zu kämpfen: Es wird auf spektakuläre Weise vernichtet werden, denn es wird gleichzeitig von zehn Seiten angegriffen werden.« Angesichts dieser Offenheit wagte es der Nuntius, die Frage nach der Haltung Rußlands zu stellen. Ribbentrop hob vor dem Abgesandten des Hl. Stuhles einen Zipfel des Schleiers, der die deutsch-sowjetischen Verhandlungen umgab: Gegenwärtig sei der einzige strittige Punkt zwischen dem Reich und dem Rußland der Sowjets die kommunistische Propaganda. Aber, »wenn Rußland auf diese Propaganda verzichtet, steht einer Annäherung zwischen uns nichts mehr im Wege«. Nach diesen Äußerungen war die Stimmung des Nuntius nicht mehr sehr optimistisch.

Einige Tage später, am 22. Mai, unterzeichneten Ciano und Ribbentrop in Berlin in Gegenwart von Hitler und Göring einen Allianzvertrag, den berühmten Stahlpakt. Dieser besagte, »wenn es entgegen der Wünsche und Hoffnungen der Vertragschließenden Teile dazu kommen sollte, daß einer von ihnen in kriegerische Verwicklungen mit einer anderen Macht oder mit anderen Mächten gerät, wird ihm der andere Vertragschließende Teil sofort als Bündnisgenosse zur Seite treten und ihn mit allen seinen militärischen Kräften zu Lande, zur See und in der Luft unterstützen«. Doch bevor er unterzeichnete, hatte Mussolini Hitler gewarnt, daß Italien nicht vor 1943 für einen Krieg gerüstet sei.

Auf diese Weise führten die französisch-britischen Garantien für Polen und Rumänien einerseits und die Achse Berlin-Rom auf der anderen Seite immer mehr dazu, zwei feindliche Blöcke gegeneinander aufzurichten. Dennoch schien diese Situation eine Möglichkeit zu bieten, für den Frieden einzutreten. Damals glaubten einige, daß Mussolini einen großen Einfluß auf Hitler habe und daß man über den »Duce« einen besänftigenden Einfluß auf den »Führer« ausüben könne. In dieser Hoffnung hatte André François-Poncet die französische Botschaft in Berlin verlassen, um im Palazzo Farnese einzuziehen. Und das war auch eine Zeitlang die Hoffnung des Vatikans. Der Papst wollte Frankreich und Italien einander annähern, nicht nur um einen Konflikt zwischen den beiden Nationen zu verhindern, sondern auch in der Hoffnung, Mussolini für die Sache eines allgemeinen Friedens zu gewinnen.

Am 20. Mai hatte der Kardinalstaatssekretär, der den Botschafter Frankreichs beim Hl. Stuhl, François Charles-Roux, empfing, Frankreich um eine doppelte Anstrengung gebeten, um einerseits Polen zur Mäßigung in seinen Beziehungen mit Deutschland zu veranlassen und andererseits seine eigenen Beziehungen mit Italien zu verbessern, »das die einzige Macht sei, die einen nicht zu unterschätzenden Einfluß auf Deutschland habe und die es zurückhalten könne«. Nach Meinung des Kardinals wünschte Mussolini im Grunde genommen den Frieden, aber man mußte vermeiden, ihn durch Attacken in der Presse zu verärgern.

Nach dieser Demarche bei der französischen Regierung wandte sich der Vatikan nun an Italien. Wieder einmal war der dafür ausgewählte Unterhändler P. Tacchi Venturi. Der Staatssekretär übergab ihm eine Note, deren Inhalt dem italienischen Regierungschef mündlich übermittelt werden sollte:

> »Es wäre sehr nützlich für die Sache des Friedens, wenn der Chef der italienischen Regierung, Seine Exzellenz Herr Mussolini, seinen großen Einfluß auf Reichskanzler Hitler und auf die deutsche Regierung nutzen würde, um zu erreichen, daß die Frage Danzigs mit der Ruhe behandelt wird, die eine solche delikate internationale Situation, wie sie im Augenblick herrscht, notwendiger als jemals zuvor erscheinen läßt.«

Am 6. Juni war P. Tacchi Venturi wieder bei Mussolini. Der Empfang durch den »Duce« war eisig. Mussolini hörte sich den Bericht des Jesuiten wortlos an, und als es diesem schließlich gelang, seiner Erregung Herr zu werden, fragte er: »Aber halten Ihre Exzellenz den Krieg denn für unvermeidlich?«

> »Aber sicher«, antwortete der »Duce«.
> »Vielleicht deshalb, weil, wie man annehmen darf, Rußland gerade eine Allianz mit Frankreich und England schließt?«
> »Das bedeutet gar nichts«, antwortete Mussolini. »Was Rußland tut, ist völlig unwichtig.«

Pius XII. nahm die schlechte Laune von Mussolini nicht weiter schwer: Er folgerte daraus, daß dieser den Hl. Stuhl zu einer erneuten Intervention drängen wollte.

Aber Deutschland hielt seine Forderungen gegenüber Polen aufrecht, und es schien klar, daß die Westmächte, die mehr und mehr Vertrauen in ihre militärischen Vorbereitungen setzten und ebenfalls hofften, bald zu einer Übereinkunft mit Rußland zu kommen, nicht mehr vor den Drohungen Hitlers zurückweichen würden. Am 10.

Juni traf der Nuntius in Paris den Generalsekretär des Quai d'Orsay, Alexis Léger, der die Fraktion innerhalb der französischen Regierung vertrat, die am stärksten zum Krieg entschlossen war. Léger wollte nichts mehr von einer Konferenz mit den totalitären Staaten hören und äußerte sich optimistisch über den Ausgang eines Krieges. Die innere Lage Deutschlands werde jeden Tag kritischer; die gegenwärtige Generation sei schlecht ernährt und körperlich schwach. Im Falle eines Krieges gehe Deutschland nicht über eine Generalmobilmachung hinaus. Die höfliche Skepsis des Nuntius schien seine Überzeugung nicht ins Wanken bringen zu können.

Drei Tage später, am 13. Juni, unterhielt sich der Nuntius in Italien mit Graf Ciano. Von dieser Seite waren die Neuigkeiten besser. Ciano versicherte kategorisch, daß die Kriegsgefahr in sechs Monaten überstanden sein werde, denn Deutschland habe nicht die Absicht, Polen anzugreifen. Seiner Meinung nach sei die einzige Gefahr Polen, »das in seiner Furcht, angegriffen zu werden, von einem Augenblick auf den anderen eine Dummheit begehen kann«: Deshalb müsse der Papst seine Überredungskünste auf Polen konzentrieren.

Ciano wurde erhört, und Nuntius Filippo Cortesi erhielt den Auftrag, den Rat zur Mäßigung, den der Papst schon einmal an Polen gerichtet hatte, zu wiederholen, und nun auch beim Primas von Polen vorstellig zu werden, um auch dem Klerus und den Gläubigen zu empfehlen, Ruhe zu bewahren. Anschließend wandte sich Kardinal Maglione nach Berlin und informierte Orsenigo über die diplomatischen Schritte, die in bezug auf Polen unternommen wurden: Nach diesen Bemühungen hoffte der Hl. Stuhl mit Recht, daß die deutsche Regierung alles Erdenkliche tun werde, um keinen Vorwand für einen Konflikt zu liefern und Zwischenfälle selbst zu vermeiden. Am 30. Juni fand sich der Nuntius in Italien, Francesco Borgongini Duca, erneut zu einer Audienz bei Graf Ciano ein. Er berichtete ihm, wie der Hl. Stuhl auf seinen eigenen Rat hin interveniert habe, um die polnische Regierung zur Vorsicht zu mahnen. Nun setze der Hl. Stuhl auf Italien, um einen mäßigenden Einfluß auf Hitler auszuüben. Die Antwort des Ministers war ausgesprochen beruhigend: »Deutschland wird nicht ohne unsere Zustimmung handeln, und weder Mussolini noch ich wollen den Krieg.« Doch leider bedeutete diese Versicherung nicht, daß Hitler auf seine Projekte bezüglich Danzig verzichtete, sondern nur, daß er sie durchzusetzen gedachte, ohne einen Krieg auszulösen.

Aber weder in Paris noch in London verstand man dies so. Die Doppeldeutigkeit konnte sich möglicherweise als fatal erweisen. Eben an diesem 30. Juni übermittelte der britische Botschafter in

Frankreich seiner Regierung eine Information, die Paris gerade erhalten hatte: Hitler bereite sich darauf vor, in Danzig eine Volksbewegung zu organisieren, um den Anschluß an das Reich zu proklamieren. Der »Führer« sei davon überzeugt, daß weder Frankreich noch England eingreifen würden, sondern daß sie Polen sogar die Zustimmung zum *Fait accompli* aufzwingen würden. In den Augen von Ministerpräsident Édouard Daladier war das einzige Mittel, diese Pläne zu vereiteln, eine sehr energische Erklärung der Franzosen und Engländer; er glaube, daß man sich in Berlin in dieser Hinsicht falsche Vorstellungen machte und daß eine gewaltsame Aktion wegen Danzig den allgemeinen Krieg bedeute.

Der britische Gesandte beim Hl. Stuhl, Sir Godolphin Francis d'Arcy Osborne, mußte sofort gewarnt werden. Er hatte gerade Kardinal Maglione erklärt, daß sich Italien möglicherweise etwas vormache, wenn es glaube, daß England nicht reagieren würde, wenn Hitler Danzig besetze: Ganz im Gegenteil, in einem solchen Fall werde England den Krieg erklären. Der Fall, als Deutschland 1914 Frankreich den Krieg erklärte und mit der britischen Neutralität rechnete, war noch allen gegenwärtig. Kardinal Maglione ließ den Botschafter Italiens rufen und teilte ihm am 3. Juli die Haltung Englands mit.

Am nächsten Tag verfaßte Msgr. Valerio Valeri in Paris einen Bericht über die internationale Situation. Die französische Öffentlichkeit hatte die Demarchen des Papstes für den Frieden insgesamt sehr positiv aufgenommen. Aber der Nuntius hatte den Eindruck, daß weder Frankreich noch England Warschau zur Mäßigung aufforderten. »Die beiden großen Westmächte sind demnach bereit, wie sie öffentlich erklärt haben, an die Seite Polens zu treten, wenn es sich zur Verteidigung seiner bedrohten Rechte entschließen sollte, gegen Deutschland zu den Waffen zu greifen. Frankreich und England haben also die Entscheidung über den *casus belli* in die Hände Polens gelegt.« Die französische Regierung machte sich keine Illusionen und setzte ihre militärischen Vorbereitungen fort. Und der Nuntius, der seine Depesche bereits unterzeichnet hatte, fügte noch ein Postskriptum hinzu. Er habe gerade vom Botschafter Italiens erfahren, daß der französische Außenminister dem deutschen Botschafter eine Note überreicht habe, um ihm die unwiderrufliche Entscheidung Frankreichs und Englands bekanntzugeben, daß diese Polen zu Hilfe eilen würden, sollte es angegriffen werden. Trotzdem fürchte selbst der deutsche Botschafter, daß man sich in Hitlers Umgebung in diesem Punkt weiterhin Illusionen mache. Also werde Deutschland seinen Irrtum von 1914 wiederholen.

Der Brief des Nuntius trägt das Datum vom 4. Juli 1939. Am Morgen des 7. Juli erklärte der Kardinalstaatssekretär auf Anordnung des

Papstes dem italienischen Botschafter erneut, daß England, wie auch Frankreich, Polen und Danzig verteidigen würden. Der Kardinal übernahm dabei die Gedanken von Nuntius Valeri: »Es gibt in der Umgebung von Hitler immer noch Personen, die sich über diesen Punkt Illusionen machen. Ein Fehler in der Einschätzung wie der von 1914 wäre fatal für Deutschland und [...] für Italien.« Noch am selben Tag informierte der italienische Botschafter seine Regierung.

Unterdessen verstrich der Monat Juli im Vatikan in relativer Ruhe. Im August verschärfte sich die Situation erneut. Schon seit langem ertrug der Senat von Danzig nur schwer die polnischen Zollkontrollen und bemühte sich, sie zu umgehen. Am 4. August übergab die polnische Regierung dem Senatspräsidenten der Freien Stadt eine explosive Note. Sie habe erfahren, teilte sie darin mit, daß die lokalen Danziger Zollbehörden den polnischen Zollinspektoren zu verstehen gegeben hätten, daß man sich den Inspektionen fortan widersetzen würde. Die polnische Regierung setze eine Frist bis zum 5. August 18 Uhr, um diese Maßnahme zurückzunehmen. In der Zwischenzeit würden die polnischen Zollinspektoren ihren Dienst in Uniform und mit der Waffe in der Hand ausüben. Am 9. August wurde dem polnischen Gesandten in Berlin von Staatssekretär Ernst von Weizsäcker eine Protestnote überreicht: Die deutsche Regierung habe mit großem Befremden von der Intervention Warschaus beim Danziger Senat erfahren. Aus Warschau antwortete man im gleichen Ton: Die polnische Regierung »habe mit dem allergrößten Erstaunen« von der deutschen Erklärung Kenntnis erhalten. Von nun an betrachte sie die Interventionen des Reiches gegen Polens Rechte und Interessen als Angriffshandlungen. Während dieses Notenaustausches versetzte der Senat die Stadt in den Verteidigungszustand, und »Touristen« aus dem Reich verstärkten die Reihen der Bewegung, die sich darauf vorbereitete, die Rückkehr der Freien Stadt in den deutschen Staatsverband zu verkünden.

Am 11. August traf Hitler in Berchtesgaden den Hohen Kommissar des Völkerbundes in Danzig, Carl Jacob Burckhardt. Der Reichskanzler zeigte sich ausgesprochen verärgert über die Polen. Dennoch versicherte er, die endgültige Regelung der territorialen Frage könne noch warten, die deutschen Minderheiten auf dem polnischen Staatsgebiet dürften aber nicht mehr den Schikanen der Polen ausgesetzt werden, denn hierbei ginge es um die deutsche Ehre.

Der Papst war über dieses Gespräch noch nicht unterrichtet, als der Nuntius in Warschau am 14. August dem Vatikan telegraphierte, daß Deutschland seit vierzehn Tagen Truppen an der polnischen Grenze zusammenziehe. Bereits am nächsten Tag beauftragte Kardinal Maglione Filippo Cortesi, »die Regierung [in Warschau] diskret zu fragen, ob sie glaube, daß das Staatssekretariat etwas unternehmen könne, und wenn, was«. In Erwartung der Antwort empfing der Kardinalstaatssekretär am 16. August den polnischen Botschafter: Dieser hielt die Danzig-Frage nur für einen Vorwand, um Polen anzugreifen, um bis zur Ukraine und zu den Erdölquellen von Rumänien vorzudringen, aber Polen erwarte den Angriff, in der Gewißheit, von den Westmächten verteidigt zu werden, mit Gelassenheit. Wegen Rußland machte sich der Botschafter keine Sorgen. Der Kardinal war nicht so optimistisch. Andere Informationen, deren Herkunft seine Quelle nicht näher angab, bestätigten ihm sehr wohl, daß Danzig für Hitler nur ein Vorwand war, um Polen anzugreifen, aber sie warnten auch davor, daß sich Rußland mit Deutschland über eine neue Teilung Polens einigen werde. Unterdessen gebe man sich in Berlin noch der fatalen Illusion hin, daß England und Frankreich es gewähren lassen würden.

Tatsächlich hatte Ciano am 11., 12. und 13. August in Salzburg Hitler und Ribbentrop getroffen. Letztere hatten nicht mehr verheimlicht, daß der Angriff auf Polen unmittelbar bevorstand. Ciano hatte vergeblich versucht, sie zu überreden, das Danzig-Problem auf diplomatischem Wege zu lösen. Osborne, der diese Neuigkeiten am 19. August Msgr. Tardini in einer Note mitteilte, gestand mit erregter Stimme, daß er nicht mehr sehe, wie der Krieg noch verhindert werden könnte.

Einen Monat zuvor hatte der Botschafter Frankreichs in London dem Foreign Office ein Memorandum überreicht, das die Dringlichkeit unterstrich, einen gegenseitigen Beistandspakt mit Rußland abzuschließen. Im Falle des Scheiterns dieser Verhandlungen, schrieb er, »brächen die gesamten französisch-britischen Sicherheitsmaßnahmen in Europa zusammen [...]. Der Ausgang der Verhandlungen könnte in den kommenden Wochen die Entscheidung über Krieg und Frieden in der Schwebe halten«. Aber spät am Abend des 21. August meldete die deutsche Presseagentur Deutsches Nachrichtenbüro:

> »Die deutsche Regierung und die sowjetische Regierung sind übereingekommen, gemeinsam einen Nichtangriffspakt abzuschließen. Der Außenminister, Herr von Ribbentrop, wird sich am Mittwoch, dem 23. August, nach Moskau begeben, um die Verhandlungen zu Ende zu führen.«

Es war nicht schwer, daraus die Schlußfolgerungen zu ziehen, die das französische Memorandum bereits im voraus angekündigt hatte. Bereits am nächsten Tag bemerkte Ministerpräsident Daladier ge-

genüber dem britischen Botschafter, er nehme an, daß Hitler innerhalb von zwei oder drei Tagen in Polen einmarschieren werde. Es
traf ebenfalls zu, wie Ciano am 23. August in sein Tagebuch eintrug,
daß »Frankreich und England in alle Himmelsrichtungen verkün-
den, daß auch sie in einen möglichen Konflikt eingreifen werden«.
Die polnische Regierung täuschte angesichts der Neuigkeit große
Gleichgültigkeit vor, und Botschafter Kazimierz Papée übergab dem
Staatssekretariat eine Note, deren Inhalt dem deutsch-sowjetischen
Pakt nicht allzuviel Bedeutung beimaß; Rußland wolle außerhalb des
Konfliktes bleiben und werde nicht gegen Polen marschieren.

Im Vatikan, wo man das Ereignis seit gewisser Zeit vorausgesehen
hatte, beurteilte man die Dinge realistischer. Bereits am Abend des
23. August übergab Osborne dem Kardinalstaatssekretär eine Note
von Lord Halifax über die Möglichkeiten des Hl. Stuhles, »die Katastrophe, die sich anzubahnen scheint, noch abzuwenden«. Die britische Regierung sei bereit, alles in ihrer Macht Stehende zu tun, um
eine gerechte Lösung der anstehenden Probleme mit den Mitteln der
freien Verhandlung zwischen Deutschland und Polen zu fördern.
Aber ein unvorhergesehenes Ereignis könne es der britischen Regierung unmöglich machen, auf diplomatischem Wege einzuschreiten.
Halifax hoffte also, daß der Papst das ganze Gewicht seiner Autorität für einen letzten Appell an die Vernunft in die Waagschale werfen werde. Am folgenden Tag kehrte Osborne zurück, um Msgr.
Tardini seine Vorschläge für eine feierliche Radioansprache zu überbringen, in die Lord Halifax seine letzte Hoffnung setzte.

Am selben Tag, dem 23. August, begab sich der britische Botschafter in Berlin, Nevile Henderson, mit dem Flugzeug nach Berchtesgaden, um Hitler einen Brief Chamberlains zu übergeben und davor zu warnen, daß Großbritannien in den Krieg eintreten werde,
um Polen zu verteidigen, wenn dieses angegriffen werde. Großbritannien habe Polen eine Garantie gegeben. Es müsse Wort halten.
Niemals im Laufe der Jahrhunderte habe Großbritannien sein Wort
gebrochen. Es sei nicht mehr England, wenn es dies tue. Der Diktator solle sich über seine Fähigkeit, Polen zu annektieren ohne einen
europäischen Krieg auszulösen, keine Illusionen machen. Die Drohung konnte nicht deutlicher sein; man konnte nicht behaupten, daß
England wegen mangelnder Klarheit seines Verhaltens am Krieg
schuld war. Aber, schrieb Henderson am folgenden Tag, »meine Unterhaltung gestern mit ihm [Hitler] hat meinen Standpunkt bestätigt,
daß es völlig sinnlos ist, mit ihm zu diskutieren«. Hendersons Urteil
über die Polen, die sich unvernünftig verhalten hätten, und über die
Russen, deren Verrat England in eine sehr ungünstige Lage gebracht

habe, fiel kaum milder aus. Der Moment für den allerletzten Aufruf zur Vernunft, der dem Papst noch blieb, war gekommen.

Der Tag des 24. August 1939 war im Vatikan wie in den anderen Hauptstädten ein Tag der Rückschläge und der fieberhaften Arbeit. Am Vormittag gingen die Botschafter im Staatssekretariat ein und aus. Um 9.45 Uhr erschien Charles-Roux, der sehr pessimistische französische Botschafter. Noch heute oder morgen werde Hitler Polen angreifen. Der Papst solle den Angriff auf ein katholisches Land verurteilen. Um 10.30 Uhr war es der englische Gesandte, der mindestens zum dritten Besuch innerhalb von drei Tagen vorsprach: Er überreichte Msgr. Tardini die Zusammenfassung des Briefes, in dem Chamberlain Hitler vor der unwiderruflichen Entscheidung Englands gewarnt hatte, dem angegriffenen Polen zu Hilfe eilen zu wollen. Nach Osborne sprach Marquis Raimondo Giustiniani, der 1. Sekretär der italienischen Botschaft beim Hl. Stuhl, vor. Er gestand, daß Italien nach dem deutsch-sowjetischen Pakt keine Möglichkeiten mehr habe, um wirksam einzugreifen, und er sehe keine Möglichkeit, einen Krieg zu vermeiden. Um 12.15 Uhr erschien Botschafter Papée. Er wiederholte, daß Polen niemals mit der Unterstützung Rußlands gerechnet habe. Er wünschte die Verurteilung des unmittelbar bevorstehenden Angriffs durch den Papst. Um 13 Uhr erschien noch der jugoslawische Botschafter, der um neueste Informationen bat.

Im Laufe des Tages traf ein Telegramm des Nuntius aus Berlin ein. Orsenigo berichtete über die Demarche Hendersons bei Hitler, über den Wutausbruch des letzteren darüber, daß er nach zwanzig Jahren der Anstrengungen für eine Annäherung zwischen Deutschland und England mit ansehen müsse, wie sich dieses immer noch jeder seiner nationalen Forderungen entgegenstelle. In Berlin hielt man den Krieg für unvermeidlich: Man sprach bereits von einem Waffenstillstand, um den Frieden zu bewahren.

Während Msgr. Tardini die Diplomaten empfing, die alle die unmittelbare Gefahr bestätigten, bereitete man im Staatssekretariat den Text der päpstlichen Radioansprache vor, in der manche die *ultima ratio* des Friedens sahen. Mindestens vier Texte wurden vorbereitet und dem Papst vorgelegt: Er wählte denjenigen, den Substitut Montini vorbereitet hatte, und korrigierte ihn mit eigener Hand. Am Abend, um 19 Uhr, richtete Pius XII. seinen Aufruf zu Verhandlungen und Frieden an die ganze Welt:

»Eine schwere Stunde schlägt erneut für die große Menschheitsfamilie; eine Stunde schrecklicher Beratungen, die Unserem Herzen nicht gleichgültig sein können, nicht gleichgültig Unse-

rer geistlichen Autorität, die Wir von Gott erhalten haben, um
die Seelen auf den Wegen der Gerechtigkeit und des Friedens zu
führen.«

Nur mit der Waffe des Wortes der Wahrheit, aber im Namen Gottes
sprechend, von dem alle Vaterschaft im Himmel und auf Erden ihren
Namen hat, im Namen Jesu Christi, des Herrn, der wollte, daß alle
Menschen Brüder seien, und im Namen des Heiligen Geistes be-
schwor der Pontifex maximus die Regierenden, in friedlichen Verhandlungen die Lösung der Probleme zu suchen, die die Menschheit
an den Rand einen fürchterlichen Konfliktes gebracht hätten:

> »Nur durch die Macht der Vernunft, nicht der Waffen, wird
> sich die Gerechtigkeit eine Bahn schaffen. Die Reiche, die nicht
> auf dem Fundament der Gerechtigkeit gründen, sind nicht von
> Gott gesegnet. Eine moralfreie Politik verrät ihre eigenen Ur-
> heber.
> Unmittelbar droht die Gefahr, aber noch ist es Zeit.
> Nichts ist mit dem Frieden verloren. Aber alles kann mit dem
> Krieg verloren sein [...].
> Mögen Uns die Starken hören, um nicht schwach zu werden in
> der Ungerechtigkeit. Mögen Uns die Mächtigen hören, wenn
> sie wollen, daß ihre Macht nicht Zerstörung bedeute, sondern
> Hilfe für die Völker und Schutz für die Ruhe in der Ordnung
> und der Arbeit. Wir beschwören sie durch das Blut Christi, des-
> sen weltbesiegende Kraft die Sanftmut im Leben und im Ster-
> ben war«.

Man konnte nicht erwarten, daß die Worte des Papstes auf ein starkes Echo im Gewissen der Führer des Dritten Reiches stoßen würden. Dennoch zögerte Hitler, der beschlossen hatte, Polen in der
Nacht vom 25. auf den 26. August anzugreifen, noch ein letztes Mal
und vertagte den Angriffsbefehl. Er wollte einen letzten Versuch unternehmen, um Polen von England und Frankreich loszureißen. Am
25., um 13.30 Uhr, ließ der Reichskanzler dem britischen Botschafter
eine mündliche Note übergeben, in der er England erneut seiner
Freundschaft versicherte. Der Botschafter Frankreichs, Robert Cou-
londre, erhielt ebenfalls eine entsprechende Erklärung. Dann, am
gleichen Tag, übermittelte Ciano per Telephon der italienischen Botschaft in Berlin einen Brief von Mussolini an Hitler, den der italienische Botschafter, Bernardo Attolico, um 17.30 Uhr in die Wilhelmstraße trug. Der »Duce« erklärte dem Führer, daß Italien nicht in der
Lage sei, ihn in diesem Konflikt, der unmittelbar nach einem deut-

schen Angriff auf Polen ausbrechen werde, militärisch zu unterstützen. Auf den Appell des Papstes folgte eine Zeit des Stillstands im Wettlauf in den Abgrund.

Die Diplomaten profitierten von der Ruhepause, um den Verhandlungsfaden wieder aufzugreifen, und Pius XII. wiederholte seine Anstrengungen, um neue Gespräche in die Wege zu leiten. Zwischen dem Vatikan und den Nuntiaturen in Berlin und Warschau wurden Telegramme ausgetauscht, in denen Vorschläge über das Schicksal der ethnischen Minderheiten unterbreitet wurden, die offenbar der kritische Punkt waren. Aber am 28. August mußte Tardini Orsenigo gestehen, daß es unmöglich war, zu diesem Punkt einen ausgearbeiteten Plan vorzulegen.

Am selben Tag überbrachte der französische Botschafter Msgr. Montini einen Artikel von Georges Goyau über Polen und seine jahrhundertelange Treue zum katholischen Glauben. Charles-Roux verlangte zumindest eine Geste, ein öffentliches Wort des Papstes zugunsten Polens, »bevor es in die große Prüfung hineingezogen wird, die ihm bevorsteht«. Die Bitte wurde Pius XII. überbracht, dessen Antwort Msgr. Tardini festgehalten hat: »Seine Heiligkeit sagt, daß das zuviel verlangt sei. Man dürfe nicht vergessen, daß es im Reich 40 Millionen Katholiken gebe. Welchen Repressalien wären sie ausgesetzt nach einer solchen Äußerung des Hl. Stuhles? Der Papst habe bereits gesprochen und dies sehr deutlich.«

Dennoch gab Pius XII. die Partie noch nicht verloren. Am 29. August übermittelte der Kardinalstaatssekretär P. Tacchi Venturi die Anweisungen des Papstes. Er solle Mussolini sagen: 1., daß der Papst sehr zufrieden sei mit den Anstrengungen, die er, Mussolini, so zahlreich für den Frieden unternommen habe. 2., daß er ihn bitte, seine Anstrengungen in diesem Moment der wachsenden Gefahr noch einmal zu verstärken. Am selben Tag, um 17 Uhr, empfing Mussolini Tacchi Venturi. Dieses Mal zeigte sich der »Duce« geschmeichelt vom Appell des Papstes an seine Vermittlerdienste. Er selbst erklärte, daß es ein Verbrechen sei, für Danzig einen Krieg anzuzetteln, der das Ende der gegenwärtigen Zivilisation bedeuten könnte. Aber Deutschland sei augenblicklich sehr stark, stärker als 1914, als die ganze Welt nötig war, um es zu besiegen. Er glaube dennoch, daß es noch einen Weg der Rettung gebe, wenn Polen substantielle Zugeständnisse an Deutschland mache. Der »Duce« hatte als Basis für Verhandlungen zwischen Deutschland und Polen einen eigenen Plan verfaßt. Einerseits solle sich Polen der Rückkehr Danzigs zum Reich nicht widersetzen; andererseits solle es um direkte Verhandlungen mit Deutschland über die Bedingungen des polnischen Handels im Hafen von Danzig, über die Frage des Korridors und über die Situation der Minderheiten nachsuchen. Mussolini bat den Papst, über den Nuntius in Warschau eine Botschaft an den Präsidenten der polnischen Republik zu richten, um ihm zu erklären, daß er ihm angesichts der unmittelbaren Gefahr rate, diese Vorschläge zu überdenken. Mussolini war davon überzeugt, daß Hitler annehmen müsse und daß er diese Vorschläge auch annehmen werde, daß er im Falle einer Weigerung die ganze Welt gegen sich habe und Polen sich dann in einer ausgezeichneten Lage befände. P. Tacchi Venturi hatte den Auftrag, auch die Frage der italienischen Neutralität im Falle eines Krieges anzusprechen. Er tat dies auch; und dieser zweite Teil seiner Mission war sogar noch leichter als der erste. Kaum hatte er das Thema angeschnitten, da begriff er, daß Mussolini »bereits darüber nachgedacht hatte, wie er, ohne gegen die Verpflichtungen der Achse zu verstoßen, es vermeiden könne, auf das Schlachtfeld zu ziehen«.

Sobald das Staatssekretariat die Antwort Mussolinis hatte, ließ Pius XII. ein Telegramm an Warschau vorbereiten. Damit unternahm der Vatikan eine Demarche, deren Risiken er sich nicht verhehlte; Msgr. Tardini glaubte, die Nachteile in einem persönlichen Brief an den Kardinalstaatssekretär festhalten zu müssen. Erstens »sähe es so aus, als ob der Hl. Stuhl das Spiel Hitlers betreibe. Dieser werde noch einmal einen großen Brocken schlucken, nämlich Danzig, und im nächsten Frühling werde er wieder bei Null beginnen«. Zweitens

> »sähe es so aus, als ob der Hl. Stuhl eine neues München angezettelt habe. München habe in folgendem bestanden: Hitler schrie, drohte und erhielt alles, was er wollte. Das Gleiche würden die Schreie und Drohungen Hitlers wegen Danzig erreichen, und das mit der Schützenhilfe des Hl. Stuhles, nämlich die Rückkehr Danzigs zum Reich, was man durch friedliche Verhandlungen nicht erreicht habe. Zum Dritten sähe es so aus, als ob der Hl. Stuhl ein wenig zu eng mit Mussolini liiert sei, denn es sei leicht herauszufinden, daß er es war, der diese Sache vorgeschlagen habe.«

Dennoch, in dem allerletzten Versuch, den Frieden zu retten, wagte es der Leiter der Ersten Sektion des Staatssekretariats nicht, diesen Plan abzulehnen. Das Telegramm mit den Vorschlägen Mussolinis verließ den Vatikan im Verlauf des 30. August. Im Namen des Papstes sollte der Nuntius sie in einer persönlichen Unterredung dem Präsidenten der polnischen Republik, Ignacy Móscicki, übermitteln. Bevor er die Depesche abschickte, hatte Kardinal Maglione ihren Inhalt dem Gesandten Großbritanniens mitgeteilt, der mit dem Schritt des Hl. Stuhles einverstanden war und seine Regierung darüber informierte.

Am nächsten Tag, dem 31. August, traf im Vatikan die Antwort des Nuntius aus Warschau ein: Ihm erscheine es schwierig, um eine Audienz beim Präsidenten der Republik zu bitten, dem nicht die eigentliche Leitung der Angelegenheit unterstünde. Im übrigen sei die allgemeine Mobilmachung angeordnet worden, und der Nuntius glaube nicht, daß die Idee der vorgeschlagenen Konzessionen noch günstig aufgenommen würde. Pius XII. gab nicht nach, änderte aber seine Anweisungen. So wurden am 31. August zwei Telegramme nach Warschau abgeschickt: Der Nuntius sollte dem Ministerpräsidenten die für den Staatspräsidenten gedachten Vorschläge unterbreiten und bei der polnischen Regierung darauf bestehen, daß diese das Prinzip einer internationalen Kontrolle in bezug auf die angeblichen Provokationen der deutschen Minderheiten akzeptierte.

Schließlich erneuerte der Papst noch am selben Tag, dem 31. August, in weniger feierlicher Form, den Appell vom 24. August. Er ließ den Botschaftern der fünf unmittelbar betroffenen Mächte, sowie dem Botschafter Spaniens und sogar, dabei jeden diplomatischen Skrupel fallen lassend, dem Botschafter der Vereinigten Staaten beim Quirinal eine letzte Aufforderung zu Verhandlungen und zum Frieden überreichen. Noch waren nicht alle Brücken zwischen Berlin, Rom, London und Paris abgebrochen, und ein polnischer Unterhändler wurde in Berlin erwartet. Der Papst wollte seine Hoffnung nicht aufgeben:

>»Deshalb fleht Seine Heiligkeit im Namen Gottes die Regierungen von Deutschland und Polen an, alles in ihrer Macht Stehende zu tun, um jeden Zwischenfall zu vermeiden und davon abzusehen, irgendwelche Maßnahmen zu ergreifen, die die aktuelle Spannung verschärfen könnten. Er bittet die Regierungen Englands, Frankreichs und Italiens, Seine Bitte zu unterstützen.«

Diese Botschaft wurde den Empfängern am 31. August zwischen 13.20 Uhr und 13.45 Uhr überreicht. Tatsächlich war die Zeit der geheimen Verhandlungen vorüber. Die Gespräche, die am 31. August um 18.30 Uhr zwischen Ribbentrop und dem Botschafter Polens in der Wilhelmstraße stattfanden, erfolgten nur noch zum Schein. Aus Warschau meldete Nuntius Cortesi um 23.30 Uhr, daß er der Regierung die letzten Botschaften des Hl. Stuhles übermittelt habe und am nächsten Tag eine Antwort erwarte.

Als diese Antwort am 1. September in Rom eintraf, waren die deutschen Truppen bereits auf polnisches Gebiet vorgedrungen. Als am Morgen des 1. September der Botschafter Frankreichs erschien, um den Kardinalstaatssekretär um eine ausdrückliche Verurteilung der deutschen Aggression zu bitten, antwortete ihm Maglione, »daß die Dokumente und Tatsachen für sich sprächen«.

Hitler hatte lange Zeit geglaubt, der Krieg könnte auf den Osten begrenzt werden. Doch die in Frankreich angeordnete allgemeine Mobilmachung ließ ihn ahnen, daß die westlichen Mächte ihre vertraglich eingegangenen Verpflichtungen gegenüber Polen einhalten würden. Am 2. September übermittelte Mussolini Hitler ein Konferenzprojekt für den 5. des Monats. Aber England und Frankreich ließen wissen, daß sie als Bedingung die Rückkehr der deutschen Truppen auf deren Ausgangspunkt verlangten. Mussolini zog seinen Vorschlag zurück und am folgenden Tag, dem 3. September, erklärten England und Frankreich Deutschland den Krieg.

Am 9. September schrieb der Gesandte Großbritanniens beim Hl. Stuhl, Sir d'Arcy Osborne, an Maglione:

> »In dem letzten Gespräch, das ich mit Ihnen führte, haben Sie mich gefragt, ob ich glaubte, daß der Hl. Stuhl alles ihm Mögliche getan habe, um den Frieden zu retten. Ich habe ohne zu zögern geantwortet, daß ich davon überzeugt sei. Ich habe Lord Halifax von diesem Gespräch erzählt, der mich beauftragt hat, Ihrer Eminenz zu sagen, daß er völlig mit dem einverstanden sei, was ich Ihnen geantwortet habe.«

II. PIUS XII., ROOSEVELT UND MUSSOLINI[2]

Pius XII. wollte selbst, als der Kanonendonner alle anderen Stimmen zum Schweigen zu bringen schien, seine Friedensbotschaften nicht aufgeben. Den Konflikt zu begrenzen und möglichst schnell zu einem gerechten und sicheren Frieden zurückzukehren, blieben auch während des Krieges die Ziele seiner Diplomatie.

Zunächst galt es, die Ausweitung des Krieges zu verhindern. Bis Anfang September 1939 hatten die Interventionen des Papstes bei Mussolini darauf abgezielt, den Frieden in Europa zu erhalten. Mussolini und Ciano hatten tatsächlich, aber vergeblich versucht, Hitler und Ribbentrop vom Kriegspfad abzubringen. Zumindest hatten der »Duce« und sein Außenminister den »Führer« gewarnt, daß unter den gegenwärtigen Umständen Italien nicht an der Seite Deutschlands in den Krieg eintreten könne. In diesem Punkt waren die Wünsche Pius' XII. erhört worden. Dennoch durfte man den alten Groll, den Mussolini gegen die Alliierten hegte, ebensowenig vergessen wie die ideologischen Differenzen, die das faschistische Italien von den westlichen Demokratien trennten, und schließlich auch nicht den Stahlpakt. So erbat der Hl. Stuhl zwar die Hilfe Mussolinis, um den Frieden in der Welt zu retten, machte sich aber dennoch Sorgen darüber, wie sich Italien selbst verhalten würde. Als P. Tacchi Venturi den »Duce« am 29. August im Namen des Papstes um eine letzte Anstrengung für den Frieden gebeten hatte, hatte Mussolini in dieser Hinsicht zwar nur bescheidene Hoffnungen, aber er zeigte sich ausgesprochen zuversichtlich in bezug auf die Frage der italienischen Neutralität. Am übernächsten Tag, dem 31. August, hatte Nuntius Borgongini Duca eine Audienz bei Ciano, der ihm erklärte, daß Mussolini und er selbst wie die Löwen kämpften, um den Krieg zu verhindern. Und als der Nuntius ohne Umschweife fragte: »Und

---

[2] Dokumentation zu diesem Kapitel II: vgl. ADSS, I. Zusätzlich: FRUS, 1940, Vol. I und II; DDI, nona serie, Vol. III und IV. Dazu auch CHADWICK, Britain and the Vatican, mit besonderen Hinweisen auf die Archive des Foreign Office, F.O. 800/318; CIANO, Diario; FRANÇOIS-PONCET, Au palais Farnèse.

was auch passieren wird, kann ich davon ausgehen, daß Italien nicht eingreifen wird?«, antwortete der Minister lächelnd: »Das ist eine andere Frage. Bevor Italien handelt, wird es zweimal hinsehen.« Und tatsächlich, als am 1. September die deutschen Truppen in Polen einmarschierten, verkündete Italien, daß es nicht in den Krieg eintreten werde.

Dennoch erreichten den Vatikan beunruhigende Gerüchte. Am 5. September erklärte Prinz Clemente Aldobrandini dem Substitut des Staatssekretariats, daß laut Cianos eigener Aussage die italienische Neutralität noch sehr ungewiß sei. In der Regierung herrsche darüber noch keine Einigkeit. Der Außenminister, die Unterstaatssekretäre im Kriegsministerium, der Marine und der Luftwaffe seien für die Neutralität, aber Mussolini und einige Minister wollten sich sofort auf die Seite Deutschlands schlagen, und die ersten deutschen Erfolge in Polen hätten die Kriegsbegeisterung des »Duce« geweckt. Am Morgen des 6. September ließ Pius XII. P. Tacchi Venturi zu sich rufen und beauftragte ihn damit, Mussolini für das, was er für die Erhaltung des Friedens getan hatte, seine Glückwünsche sowie den Rat zu überbringen, weiterhin dem Pfad der Neutralität zu folgen.

Noch am selben Abend, um 17.45 Uhr, wurde Tacchi Venturi von Ciano empfangen, an den ihn Mussolini weiterverwiesen hatte. Der Minister teilte im Auftrag des Regierungschefs folgendes mit: 1. Die Erklärung vom 1. September, daß Italien nicht in den Krieg eintrete, »ist wirklich und wahrhaftig gleichbedeutend mit einer Neutralitätserklärung. 2. Diese Erklärung ist unabänderlich; es ist die Absicht Mussolinis, daß dies bis zum Ende des Konfliktes so bleibt, eines Konfliktes, der im übrigen in wenigen Wochen zu Ende sein könnte, d.h., sobald der Krieg gegen Polen beendet ist. 3. Man kann nach menschlichem Ermessen nicht voraussehen, welche Ereignisse Italien zwingen könnten, trotz seiner gegenwärtigen Absicht, neutral bleiben zu wollen, einen anderen Weg einzuschlagen«. Ciano fügte hinzu, daß es zutreffe, daß einige Mitglieder der Regierung sich zugunsten einer Beteiligung Italiens am Konflikt ausgesprochen hätten, aber er selbst werde weiterhin entschieden die Neutralität verteidigen, so wie er sie bis jetzt immer verteidigt habe.

Auf diese Weise für die unmittelbare Zukunft in bezug auf Rom beruhigt, verfolgte der Hl. Stuhl aufmerksam das Verhalten der anderen Regierungen. Am 11. September hatte der Nuntius in Paris, Msgr. Valerio Valeri, Außenminister Georges Bonnet getroffen. Der Nuntius schloß aus dieser Unterredung, daß sich die französische Regierung auf die italienische Neutralität verließ und nicht die Meinung derjenigen teilte, die den Eintritt Italiens in die Schlacht wünschten; vielmehr zeigte sie sich bereit, den Forderungen und Wünschen Italiens entgegenzukommen. Der Nuntius versäumte nicht, darauf hinzuweisen, daß der Hl. Stuhl bereits alles getan habe und noch immer tue, um den Konflikt zu begrenzen, und daß er den guten Beziehungen zwischen Frankreich und Italien die größte Bedeutung beimesse.

In der darauffolgenden Woche löste Ministerpräsident Daladier aber Minister Bonnet im Quai d'Orsay ab: Ein »Kriegskabinett« sollte gebildet werden. Man rechnete mit Druck auf die neutralen Staaten, damit sie sich für eine Seite entschieden, und man mußte den Einfluß derjenigen fürchten, die einen Vorteil für Frankreich sahen, wenn Italien in den Krieg eintrat. Im übrigen behauptete man, daß Daladier einen persönlichen Groll gegen Mussolini hege, dem er vorwarf, ihn in München über die wirklichen Absichten Hitlers getäuscht zu haben.

Diese beunruhigenden Informationen vom 15. September milderte Msgr. Valeri am 21. und 28. September durch sehr viel beruhigendere Neuigkeiten, die er in seinem folgenden Bericht bestätigte: »Was Italien betrifft, zumindest in diesem Augenblick, so sind die Vorhersagen, Gott sei gedankt, weiterhin gut, und man geht sogar so weit zu sagen, daß es Flugzeuge und Motoren an Frankreich verkaufen wird.«

Ein direkt an den Papst adressierter Brief des Nuntius in Italien traf gleichzeitig mit den Neuigkeiten aus Paris ein. Am 28. September war Borgongini Duca von Graf Ciano empfangen worden und hatte ihm den Dank des Papstes für sein bisheriges Eintreten für den Frieden überbracht. Ciano verstand die Bedeutung dieses Danks sehr genau und bestätigte erneut, daß er sich weiterhin »entschieden für den Frieden im allgemeinen und für den Frieden Italiens im besonderen einsetzen werde«. Die Unterredung wurde mit dem Kabinettschef, Filippo Anfuso, fortgesetzt, der kategorisch erklärte: »Seien Sie beruhigt, es wird keine militärischen Operationen geben. Ich sage Ihnen im Vertrauen, daß wir nicht in den Krieg eintreten werden, weil wir nichts haben, und weil das italienische Volk ihn nicht will. Minister Ciano hat in dieser Hinsicht eine bewundernswerte Arbeit geleistet.«

Dennoch wollte Pius XII. keine Möglichkeit außer acht lassen, um sich bei den Mitgliedern der italienischen Regierung für die Neutralität einzusetzen. Am 7. Dezember erhielt er das Beglaubigungsschreiben des neuen italienischen Botschafters, Dino Alfieri. In seiner Antwort an den Diplomaten verurteilte Pius XII. die Doktrinen, die »das Göttliche vermenschlichen und das Menschliche vergöttern«: Es war nicht sehr schwierig, darin die Anspielung auf die nationalsozialistische und die kommunistische Ideologie zu erkennen. Der Papst zögerte nicht, ihren Untergang vorauszusagen: »Jeder dieser Irrtümer, wie im übrigen jeder Irrtum, hat seine Zeit, die Zeit seiner Ausbreitung und die Zeit seines Niedergangs, seinen Zenit und seine Abenddämmerung oder auch seinen schwindelerregenden Absturz.« Dann drückte der Papst sein Vertrauen aus, daß seine Bitten um einen gerechten Frieden immer ein Echo finden würden »im tapferen, starken und arbeitsamen Volk Italiens, das die Weisheit seiner Regierung und seine eigenen innigsten Wünsche bis jetzt glücklicherweise vor der Gefahr bewahrt haben, in diesen Krieg verwickelt zu werden«.

Diese öffentliche Lobrede auf die italienische Neutralität wurde vom Papst schon bald unter noch feierlicheren Umständen wiederholt, als er zwei Wochen später, am 21. Dezember, im Vatikan den König und die Königin von Italien empfing. Der Pontifex maximus richtete seine Lobrede auf den in Italien bewahrten Frieden, die er vierzehn Tage zuvor bereits vor dessen Botschafter gehalten hatte, nun direkt an Viktor Emanuel:

> »Zu einem Zeitpunkt, in dem andere Völker in einen Krieg verwickelt werden oder von ihm bedroht sind und die Ruhe und der Frieden aus den Herzen einer großen Anzahl von Menschen vertrieben worden sind, lebt Italien, das dank der erhabenen und weisen Hand seines Königs und Kaisers immer wachsam und stark war, durch die weitblickende Führung seiner Regierung weiterhin im Frieden.«

Aus Anlaß dieses Besuches wurde Graf Ciano mit dem päpstlichen Orden *Éperon d'or* ausgezeichnet; die vom Kardinalstaatssekretär unterzeichnete Urkunde hob in lobenden Worten die Anstrengungen hervor, die der Minister für die Aufrechterhaltung des Friedens unternommen habe.

Entgegen allen protokollarischen Gepflogenheiten beschloß Pius XII., sich selbst in den Quirinal zu begeben, um den Besuch des italienischen Herrscherpaares im Vatikan zu erwidern. Am 28. Dezember 1939 überschritt der Papst die Schwelle des Palastes, der von seinen Vorgängern erbaut worden war und der 1870 zur Residenz der italienischen Könige geworden war. Der Empfang durch die Hoheiten entsprach der historischen Bedeutung dieses Moments. Der Segen, den der Pontifex maximus seinen königlichen Gastgebern erteilte, war wieder eine Beschwörung des Friedens, »damit der Frieden, der von der Weisheit seiner Führer bewahrt wurde und Italien stark gemacht und ihm den Respekt der Welt eingetragen hat, für die

Völker, die sich heute überall auf der Erde, in der Luft und auf dem Meer bekämpfen, ein Ansporn und eine Aufforderung zu kommenden Übereinkünften wird«. Diese knappen Anspielungen, die in die öffentlichen Reden einflossen, ließen erkennen, daß der Papst die privaten Unterredungen mit seinen Gastgebern genutzt hatte, um darauf zu bestehen, daß der Friede in Italien unbedingt bewahrt werden müßte, so wie er es auch gegenüber dem französischen Botschafter getan hatte.

Zwischen dem Besuch des Königs im Vatikan und dem des Papstes im Quirinal nutzte Pius XII. andere Gelegenheiten, um auf die große Frage des Friedens zurückzukommen. Zwar brachte das Weihnachtsfest 1939 dem kriegführenden Europa nicht den Waffenstillstand, mit dem viele gerechnet hatten, den die geringe militärische Aktivität dieser Periode eigentlich nur noch zu einer Formfrage machte, aber es zeichnete sich dennoch durch eine erneute Botschaft von Pius XII. aus. Am 24. Dezember, um 10.30 Uhr, wandte sich der Papst direkt an die Kardinäle und Prälaten der römischen Kurie und darüber hinaus an die ganze Welt und sprach erneut vom Frieden. Es war kein Aufruf zu Verhandlungen oder zu einer kurzen Waffenruhe, sondern ein Aufruf zu einer langfristigen Vorbereitung eines zukünftigen Friedens, der beständig und dauerhaft sein sollte. Nachdem er sich über die tiefergehenden Gründe für diesen Krieg ausgelassen hatte, über die Greueltaten und Rechtsverletzungen, die den augenblicklichen Konflikt begleiteten, zählte Pius XII. in fünf Punkten die unverzichtbaren Voraussetzungen auf, um einen auf Ordnung und Recht gegründeten Frieden in der Welt aufzubauen:

1. Sicherung des Rechts auf Leben und Unabhängigkeit für alle Nationen, ob groß oder klein, ob mächtig oder schwach.
2. Befreiung der Nationen vom Zwang zum Rüstungswettlauf dank beidseitiger, geordneter und schrittweiser Abrüstung.
3. Wiederaufbau bzw. Gründung von übergeordneten internationalen Rechtsanstalten, die aus den Erfahrungen ihrer Vorläufer lernen sollten.
4. Anerkennung der Rechte von Völkern und ethnischen Minderheiten, insbesondere im Interesse der europäischen Ordnung.
5. Anerkennung »der heiligen und unveränderlichen Normen des göttlichen Rechts«, die jedem Gesetz und jeder Vereinbarung zwischen Menschen vorausgehen.

Am Ende dieser Botschaft, die auf eher theoretischer Ebene geblieben war, änderte Pius XII. den Ton. Er sei glücklich, erklärte er, seinen Zuhörern eine gute Nachricht überbringen zu können. Der Präsident der Vereinigten Staaten habe sich entschlossen, wieder offizielle Beziehungen zwischen dem Weißen Haus und dem Vatikan aufzunehmen, sein persönlicher Repräsentant werde unverzüglich nach Rom aufbrechen.

Während Hitlers Deutschland im Vatikan durch einen Botschafter vertreten war, der sogar aufgrund des Prinzips der Anciennität der Doyen des Diplomatischen Korps war, hatten die Vereinigten Staaten keinen offiziellen Vertreter beim Papst. Der Vermittler zwischen dem Vatikan und dem Weißen Haus war *de facto* der Apostolische Delegat in Washington, Amleto G. Cicognani, der den Pontifex maximus bei der katholischen Kirche der Vereinigten Staaten vertrat. Als der Papst am 31. August 1939 der amerikanischen Regierung seinen letzten Aufruf zum Frieden zur Kenntnis bringen wollte, mußte er seinen Nuntius in Italien damit beauftragen, ihn dem amerikanischen Botschafter beim Quirinal zu übergeben. Um diese ungünstige Situation zu verbessern, hatte Roosevelt beschlossen, einen Diplomaten in den Vatikan zu entsenden, der nicht der Repräsentant der Vereinigten Staaten, sondern der des Präsidenten persönlich sein sollte. Er wählte die Feierlichkeiten anläßlich des Weihnachtsfestes, um seine Idee publik zu machen und seinen Gesandten beim Papst zu bestimmen, Myron C. Taylor. In einem an Pius XII. adressierten Telegramm vom 23. Dezember erwähnte der Präsident zunächst die traurige Lage einer im Krieg befindlichen Welt. Dennoch schöpfe er wieder Hoffnung, sagte er, wenn er daran denke, daß der Prophet Jesaja die Geburt Christi in einer ebenso aufgewühlten Epoche angekündigt habe. Und er habe noch immer Vertrauen in die spirituelle Kraft, der es immer gelungen sei, die Ordnung und das Licht nach den finstersten Epochen der Geschichte wiederherzustellen. Der Präsident hatte seine Weihnachtsbotschaft auch an die Führer der größten religiösen Gemeinschaften der Vereinigten Staaten, die Protestanten und die Juden, gesandt, aber das nach Rom geschickte Telegramm fiel insofern aus dem Rahmen, als es mit der Ankündigung der Ernennung eines Vertreters des Präsidenten beim Papst schloß, »um unsere gleichgerichteten Anstrengungen für den Frieden und zur Linderung der Leiden zu unterstützen«.

Die Botschaft des Präsidenten wurde dem Erzbischof von New York übergeben, der in aller Eile nach Washington gerufen worden war; Msgr. Francis Spellman übergab sie der Apostolischen Gesandtschaft mit der Bitte, diese umgehend unverschlüsselt in einem Telegramm an den Vatikan zu senden. Die Botschaft traf im Laufe des 23. Dezember ein. So konnte Pius XII. seine Weihnachtsansprache damit beenden, dem Heiligen Kollegium die Ernennung von Myron C. Taylor zum Repräsentanten Präsident Roosevelts zu verkünden. Und er schloß mit den Worten:

>»Das ist eine Nachricht, wie Uns keine angenehmere zukommen konnte. Denn sie bedeutet von seiten des hervorragenden Oberhauptes einer so großen und mächtigen Nation einen gewichtigen und verheißungsvollen Beitrag zu Unseren Anstrengungen, nämlich für die Erlangung eines gerechten und ehrenhaften Friedens wie auch für eine wirksamere und ausgedehntere Aktion, um die Leiden der Kriegsopfer zu lindern. Auch liegt es Uns am Herzen, hier für diese edle und großherzige Tat des Herrn Präsidenten Roosevelt Unsere Glückwünsche und Unsere Dankbarkeit auszusprechen.«

Der Papst wartete mit der Beantwortung des handgeschriebenen Briefes, der dem Telegramm folgte, nicht auf die Ankunft von Myron Taylor. Am 7. Januar schrieb Pius XII. an Roosevelt, dessen Botschaft habe die durch den Krieg in Angst versetzten Völker mit dem Lichtschein der Tröstung, der Hoffnung und des Vertrauens erleuchtet. Was ihn anbetreffe, den Stellvertreter des Friedensfürsten auf Erden, so habe er alle seine Anstrengungen darauf gerichtet, den Frieden zu retten oder ihn wiederherzustellen, und er gedenke, auf diesem von seiner apostolischen Mission vorgegebenen Weg fortzufahren. Daß der Führer der mächtigen Vereinigten Staaten auf diese Weise einen Platz in der ersten Linie der Verteidiger des Friedens einnehme, sei ein Schritt, den er mit dankbarer Freude und gestärktem Vertrauen gutheiße.

Zwei Tage zuvor war ein anderer Brief aus Rom abgeschickt worden, diesmal von Mussolini an das Reich. Der Regierungschef war beim Treffen zwischen Pius XII. und dem italienischen Herrscherpaar nicht anwesend gewesen. Dennoch, nach den wiederholten Appellen des Papstes an die italienische Neutralität, hielt es der »Duce« für klug, Hitler über seine persönlichen Absichten zu beruhigen. In seinem Brief vom 5. Januar 1940 nahm er die Neujahrsgrüße zum Anlaß, um an den »Führer« zu schreiben:

>»Ich kann Ihnen sagen, daß der kürzliche Austausch von Besuchen zwischen König und Papst eine vorwiegend interne und nicht internationale Bedeutung gehabt hat. Die Besprechungen waren kurz und allgemein gehalten, ohne auf Einzelheiten oder Pläne für die Zukunft einzugehen, und es konnte auch nicht anders sein.«

Nachdem er die Einflußnahme des Papstes auf die italienische
Politik ausgeschlossen hatte, teilte Mussolini Hitler dennoch seine
Beunruhigung über den Ausgang des Konfliktes mit und wies dar-
auf hin, daß die Wiederherstellung eines unabhängigen polnischen
Staates, unter dem Schutz des Großdeutschen Reiches, zum Frieden
führen könne. Hieße das nicht, den Franzosen und Briten den
Grund zu entreißen, dessentwegen sie den Krieg erklärt hatten? Sicherlich, er wisse sehr wohl, daß die beiden Demokratien das
Deutschland des »Führers« nicht zur Kapitulation zwingen könnten.
»Aber es ist auch nicht sicher, daß es gelingt, die Alliierten in die
Knie zu zwingen, noch, daß man sie auseinanderbringen kann. Das
zu glauben, hieße sich Illusionen machen. Die Vereinigten Staaten
würden eine totale Niederlage der Demokratien nicht zulassen.« Es
sei also besser, sich die Risiken und Opfer einer massiven Offensive
an der westlichen Front zu ersparen, wenn man durch die Anerkennung eines freien Staates Polen einen Frieden erreichen könne.

Hitler und Ribbentrop waren nicht geneigt, solchen Ratschlägen
ein offenes Ohr zu leihen. In seinem Bericht über das Gespräch mit
Hitler, bei dem er ihm den Brief Mussolinis überreicht hatte, schrieb
der italienische Botschafter an Ciano: »Sie sind sich sicher, daß das
Jahr 1940 uns den Sieg bringen wird.«

Dennoch hegte Pius XII. im Hinblick auf Deutschland noch einige Hoffnungen. Am 11. Januar 1940 rief er den Gesandten Großbritanniens zu sich und teilte ihm mit, er habe den Abgesandten einiger
militärischer Führer Deutschlands empfangen. Für Mitte Februar,
oder sogar noch früher, sei eine große Offensive in Vorbereitung.
Wenn die Generäle von England die Zusicherung erhielten, daß der
Frieden weder ein neues Compiègne noch ein Wilson'scher Frieden
würde, seien sie aber bereit, die aktuelle Regierung durch ein Regime
zu ersetzen, mit dem man verhandeln könne, auf der Basis der Wiederherstellung Polens und der Tschechoslowakei, aber unter Beibe-
haltung der Union zwischen Österreich und dem Reich. Pius XII.
zeigte sich von den guten Absichten des Abgesandten überzeugt, ohne sich aber für diejenigen seiner Auftraggeber zu verbürgen, und
noch weniger für ihre Fähigkeit, ein neues Regime zu errichten.

Einen Monat später übermittelte Osborne Lord Halifax eine neue
Nachricht des Papstes. Es waren alle Vorsichtsmaßnahmen ergriffen
worden, um die Geheimhaltung zu bewahren. Am Abend des 6. Februar war der »maestro di camera«, dessen Aufgabe es war, Besucher
beim Papst einzuführen, bei ihm erschienen, um ihn zu bitten, sich
am folgenden Tag um 12.30 Uhr in dessen Büro einzufinden, von wo
er ihn unauffällig in die päpstlichen Gemächer führen werde. Osborne

solle sich nicht wie für eine Audienz kleiden, über den Besuch werde auch nichts veröffentlicht werden. So geschah es. Pius XII. erzählte dem Diplomaten, er habe wieder einen vertrauenswürdigen Vermittler aus deutschen Militärkreisen getroffen, darunter auch einen hohen General, weshalb man die Angelegenheit sehr ernst nehmen müsse. Der Inhalt des Gesprächs sei folgender gewesen: Ein beachtlicher Teil der Armee wolle Hitler loswerden. Die Aktion werde außerhalb von Berlin stattfinden, was zur Folge habe, daß es eine Zeitlang zwei Regierungen nebeneinander geben und es zu einem Bürgerkrieg kommen könnte. Die neue Regierung werde gemäßigt und konservativ sein, auch wenn es sich zunächst um eine Militärdiktatur handeln werde. Deutschland werde ein föderales und dezentralisiertes Land. Die Urheber dieses Plans erwarteten vom Papst, daß er bei der britischen Regierung dafür sorge, daß ein mit Österreich vereinigtes Reich die Basis für Verhandlungen sein könne. Obwohl er eine starke Abneigung empfand, diese Mitteilung zu überbringen, fühlte sich Pius XII. seinem Gewissen gegenüber verpflichtet, keine auch noch so geringe Möglichkeit zu mißachten, um Leben zu retten. Er erwarte keine Antwort. Falls Osborne ihm dennoch eine Mitteilung machen wolle, möge er dies über den *Maestro di camera* tun, denn der Kardinalstaatssekretär sei nicht unterrichtet.

Getreu der Bitte des Papstes, Stillschweigen zu bewahren, hatte Osborne den Brief an Halifax eigenhändig auf der Maschine getippt und behielt nicht einmal eine Kopie zurück. Lord Halifax antwortete acht Tage später, auch wenn die Urheber dieses Plans in der Lage seien, ihn in die Tat umzusetzen, müßten die Friedensbedingungen dennoch mit der französischen Regierung diskutiert werden. Er könne bereits jetzt sagen, daß das Kriegsziel der Alliierten nicht die Zerstückelung Deutschlands sei, sondern allein die Sicherheit in Europa, und in dieser Hinsicht sei die Errichtung einer föderalen Regierung von großem Interesse. In bezug auf Österreich stehe diesem selbst durch ein Referendum die Entscheidung darüber zu, ob es Teil dieser Föderation sein wolle.

Am Ende des Monats traf der persönliche Vertreter Roosevelts in Rom ein. Myron Taylor wurde am 27. Februar 1940 wie ein Friedensbote im Vatikan begrüßt. Zunächst wurde er mit seinem Gefolge in einer feierlichen Audienz empfangen, während der er Pius XII. das handschriftliche Beglaubigungsschreiben Roosevelts überreichte, das mit *Cordially your friend* unterzeichnet war, dann unterhielt er sich eine dreiviertel Stunde unter vier Augen mit dem Papst. Die Unterhaltung drehte sich um den Frieden. Die Alliierten hätten keinerlei Vertrauen in das Hitlerregime und seien nicht willens, mit dem Diktator zu verhandeln. Das deutsche Volk sei unzufrieden, werde aber zu stark von der politischen Polizei überwacht, um handeln zu können, und dasselbe gelte für die Armee. Man sei der Meinung, daß Deutschland einen langen Krieg nicht durchstehen könne, aber es könne sicherlich anderthalb Jahre kämpfen. In Italien habe der Papst zwar keine direkten Kontakte zu Mussolini, aber er wisse, daß Ciano gegen den Krieg sei.

Die Mission Myron Taylors im Vatikan war Teil eines Planes von Präsident Roosevelt, den Frieden in Europa wiederherzustellen. In dem Moment, als sein persönlicher Vertreter in Rom eintraf, befand sich der Unterstaatssekretär der Vereinigten Staaten, Sumner Welles, als Sonderbeauftragter auf einer Rundreise durch die Staaten, die bereits Krieg führten oder denen der Kriegseintritt drohte. Wie Myron Taylor war der Unterstaatssekretär in Neapel an Land gegangen und begann seine Reise durch die europäischen Hauptstädte in Rom. Welles' Auftrag bestand darin, Informationen zu sammeln. Er sollte sich die verschiedenen Standpunkte anhören und feststellen, ob er unter den gegebenen Umständen Chancen für den Frieden sehen könne.

Am 25. Februar hatte er eine lange Unterredung mit Ciano, dann, am folgenden Tag, mit Mussolini. Anfang März war Welles in Berlin, wo er sich mit Ribbentrop, Weizsäcker, Hitler und Göring unterhielt. Am 7., 8. und 9. März traf er in Paris Staatspräsident Albert Lebrun, Regierungschef Daladier und Finanzminister Paul Reynaud. Von Paris begab er sich nach London, wo Halifax, Chamberlain und Churchill ihn nach einer Audienz beim König empfingen. Am 16. März war Welles wieder in Rom.

Mit Ausnahme von Ribbentrops, der ihm einen eisigen Empfang bereitet hatte, bevor er ihn mit einem zweistündigen Monolog bedachte, war Welles sehr höflich, oft sogar herzlich empfangen worden. Hingegen hatten sich die Standpunkte als sehr unterschiedlich herausgestellt, sogar innerhalb der Mitglieder derselben Regierung. Aber aus all diesen unterschiedlichen Standpunkten zog Welles eine unumgängliche Schlußfolgerung: In der gegenwärtigen Situation war ein friedlicher Kompromiß nicht in Sicht, man ging auf eine gewaltsame Phase in diesem Konflikt zu. Alles, was man im Moment für den Frieden tun konnte, war, die Ausweitung des Krieges zu verhindern, und vor allem, Mussolini davon abzuhalten, an der Seite Deutschlands in diesen Konflikt einzutreten. Dieser Standpunkt wurde vom Vatikan geteilt.

Während der amerikanische Unterstaatssekretär seine Reise durch die europäischen Hauptstädte beendete, kündigte Ribbentrop plötzlich unter dem Vorwand, Mussolini die Antwort auf seinen Brief

vom 5. Januar überbringen zu wollen, seine Ankunft in Rom an. Am
8. März 1940 erschien Botschafter Diego von Bergen, den man seit
Monaten nicht mehr im Vatikan gesehen hatte, persönlich, um die
Bitte um eine Audienz für den Außenminister des Reiches zu über-
reichen. Die Bitte konnte dem Vatikan nicht besonders angenehm
sein, aber es war unmöglich, sie abzulehnen, wie Pius XII. am 17.
März 1940 dem Erzbischof von Breslau erläuterte. Angesichts der
immer noch bestehenden offiziellen Beziehungen zwischen dem Hl.
Stuhl und dem Reich hätte eine Weigerung als ein unfreundlicher
Akt interpretiert werden können, vor allem unter den gegebenen
Umständen.

»Um die Gefahr jeder politischen Mißdeutung zu vermeiden,
haben wir daher trotz der in mehr als einer Beziehung bestehenden Bedenken dem Ersuchen um eine Privataudienz stattgegeben und Uns dabei in erster Linie von der Erwägung leiten
lassen, daß die persönliche Aussprache mit einem der engsten
Mitarbeiter des Führers und Reichskanzlers die Möglichkeit
bieten könne, in der Frage der Wiederanbahnung besserer Lebensbedingungen für die katholische Kirche in Deutschland wie
auch bezüglich der Schicksalsfrage von Krieg und Frieden nütz-
liche Kontakte herzustellen.«

Am 11. März wurde Ribbentrop also von Pius XII. empfangen. Die
Unterhaltung dauerte von 11 Uhr bis 12.10 Uhr und drehte sich vor
allem um die Lage der katholischen Kirche in Deutschland und ihre
Beziehungen zum nationalsozialistischen Staat. So wie es seine Absicht gewesen war, wollte Pius XII. auch die Frage von Krieg und
Frieden anschneiden. Aber Ribbentrop unterbrach sogleich jede Andeutung von Friedensüberlegungen, indem er vor dem Papst wiederholte, was er bereits Attolico, Orsenigo und Sumner Welles gesagt
hatte: Deutschland sei gerade dabei, einen entscheidenden Sieg da-
vonzutragen. Pius XII. hat Msgr. Tardini kurz nach der Audienz davon berichtet: »Er hat besonders darauf bestanden, dem Papst zu sagen, daß Deutschland sehr stark sei, daß die halbe Welt offen vor
ihm liege, daß es von Rumänien alles Öl haben könne, das es wolle,
und daß es ohne jeden Zweifel den Krieg im Laufe des Jahres 1940
gewinnen werde. Er hat dies so vorgetragen, als gäbe es keinen
Zweifel, auch nicht den geringsten. Er hat das mehrere Male wiederholt, während er die Stimme hob und gestikulierte.« Der Besuch
Ribbentrops bestätigte im Vatikan nur die von anderer Seite eingegangenen Informationen, daß eine Offensive an der westlichen Front
in Vorbereitung war. Das Ziel des Hl. Stuhles konnte sich also nicht

ändern: Wenn er die deutsche Offensive auch nicht verhindern
konnte, so wollte er wenigstens seine Anstrengungen verdoppeln,
um Italien aus dem Konflikt herauszuhalten.

Diese Angelegenheit erschien um so dringlicher, als Ribbentrop
Mussolini eine Einladung überbracht hatte, den »Führer« am Brenner zu treffen. Wollte Hitler Mussolini in den Krieg hineinziehen in
dem Moment, in dem er im Westen zur entscheidenden Offensive
ansetzen wollte? Zum großen Mißfallen von Ciano nahm der »Duce« an, aber er beruhigte seinen Schwiegersohn, indem er ihm versprach, folgende Verhandlungslinie einzuhalten: Er werde Hitler
ankündigen, daß Italien bereit sei, an seiner Seite einzugreifen, daß
er sich aber die Entscheidung über den Zeitpunkt selbst vorbehalte.
Der geeignete Moment komme vielleicht niemals.

Am 16. März war Sumner Welles wieder in Rom. Er begab sich
sogleich in den Quirinal, dann verhandelte er erneut mit Ciano und
Mussolini. Am 17. März, am gleichen Tag, als Mussolini den Zug
zum Brenner bestieg, bestätigte der italienische Botschafter Kardinal
Maglione, daß Hitler um ein Gespräch gebeten habe und man annehme, der »Führer« werde darauf bestehen, Italien in den Krieg
hineinzuziehen, Mussolini wolle aber seine hinhaltende Taktik fortsetzen. Der Botschafter fürchtete dennoch, daß Italien langfristig
große Schwierigkeiten haben werde, seine Neutralität zu bewahren.

In dieser Situation empfing der Kardinalstaatssekretär am 18.
März gemeinsam Sumner Welles und Myron Taylor. Welles erläuterte zunächst die Ergebnisse seiner Informationsreise. In Deutschland
sei die Führungsspitze davon überzeugt, daß die Alliierten die Zerstörung des Reiches wollten. Die Alliierten ihrerseits wollten Garantien dafür, daß nicht alle zwanzig Jahre ein neuer Krieg ausbreche.
Die Deutschen schließlich zeigten sich überzeugt davon, daß es noch
im Laufe dieses Jahres zu einem gewaltigen Sieg kommen werde,
und Mussolini selbst hatte bestätigt, daß Hitler für die kommenden
Wochen eine Offensive vorbereite. Welles fragte den Kardinal, was
er über den Versuch einer Vermittlung denke. Maglione antwortete,
da beide Lager fest an einen totalen Sieg glaubten, sei ein Vermitt-
lungsversuch zum Scheitern verurteilt und mache lediglich die Demarchen unglaubhaft, die sich in der Zukunft noch ergeben könnten.
Welles stimmte damit völlig überein. Dann fragte er Maglione, wie
er über die Lage Italiens denke. Der Kardinal antwortete, das italienische Volk sei gegen den Krieg, aber die Haltung Mussolinis sei
nicht eindeutig. Der »Duce« habe sicherlich eine besondere Vorliebe
für Deutschland, aber andererseits sei er ein Realist, und man könne
nur hoffen, daß er die öffentliche Meinung berücksichtigen werde,

bevor er sich in ein Abenteuer stürze, in dem die Interessen des Landes in tödliche Gefahr geraten könnten. Nur müßten die Alliierten es sorgsam vermeiden, ihn zu verletzen. Auch in diesem Punkt teilte Sumner Welles die Meinung seines Gesprächspartners. Die Unterhaltung wurde mit Plänen über die Möglichkeiten und Chancen einer gemeinsamen Aktion beendet.

Am Ende seiner Reise durch Europa widmete Welles der Lage Italiens einen eigenen Bericht, denn hier war noch ein Eingreifen der Vereinigten Staaten möglich. Er betonte, daß alles von Mussolini abhänge. Mussolini sei zwar ein genialer Mensch, aber rachsüchtig, und würde die Sanktionen von 1935 niemals vergessen. Er glaube an die Unbesiegbarkeit Deutschlands und hasse obendrein Frankreich und England. Um das zu ändern, bräuchte es einen überwältigenden Sieg der Alliierten. Wenn die Deutschen bedeutende Erfolge davontrügen, wie die Besetzung Hollands und Belgiens, »fürchte ich sehr, daß Mussolini Italien dazu zwingen wird, in den Krieg einzutreten«. Denn, erklärte Welles, abgesehen von Mussolini wolle niemand in Italien den Krieg: Ciano, die Minister, die königliche Familie und die Kirche wollten ihn nicht, die Stimmung im Volke sei zwar nicht für die Alliierten, aber sie sei zumindest antideutsch. Zuletzt wies er darauf hin, die hauptsächliche Bitte, die der Papst und sein Staatssekretär wie auch Graf Ciano an ihn gerichtet hätten, sei, Roosevelt dazu zu drängen, seinen ganzen Einfluß auf Mussolini zu nutzen, um Italien aus dem Konflikt herauszuhalten.

Während Welles in Rom war, traf Mussolini Hitler am Brenner. Dem offiziellen Gesprächsprotokoll zufolge begann Hitler mit einer Verherrlichung der Stärke der deutschen Armee und dem unerschütterlichen Vertrauen des Volkes und der Armee in einen überwältigenden Sieg. Er habe aber nicht auf einem unmittelbaren Kriegseintritt Italiens bestanden: Er habe lediglich eine Gesamtschau der Situation geben wollen. Der »Duce« könne daraufhin seine eigenen Entscheidungen treffen. Mussolini habe geantwortet, daß der Eintritt seines Landes in den Krieg unvermeidlich sei, daß aber die begrenzten Ressourcen Italiens es daran hinderten, bereits einen Zeitpunkt festzulegen. Am übernächsten Tag überbrachte Botschafter Alfieri Kardinal Maglione eine beruhigende Neuigkeit: Die Unterredung am Brenner habe die jeweiligen Positionen nicht verändert, und Graf Ciano verfolge weiterhin seine Politik des Friedens.

Am Ende des Monats verdunkelte sich der Himmel aber von neuem. Ciano empfing den Nuntius in Italien: Er bekannte sich noch immer zu denselben persönlichen Überzeugungen, aber er zeigte nicht mehr dieselbe Zuversicht: »Ich kann Ihnen nicht sagen, ob es einen Krieg geben wird oder nicht, aber ich arbeite verbissen. Sie haben keine Vorstellung davon, was ich bereits getan habe und was ich noch tue.« Der Nuntius zog die Ernsthaftigkeit Cianos nicht in Zweifel und riet ihm sogar, auf seine Sicherheit zu achten.

In Paris wurde Nuntius Valeri am 12. April vom neuen Ministerpräsidenten, Paul Reynaud, empfangen. Der Minister bestätigte, daß Hitler am Brenner auf Mussolini Druck ausgeübt habe, an seiner Seite in den Krieg einzutreten, wenn er aus den Ereignissen Profit ziehen wollte. Reynaud verhehlte nicht seine Beunruhigung über die Folgen dieses Treffens. Valerio Valeri fragte, ob noch eine Verständigungsmöglichkeit zwischen Frankreich und Italien bestehe. Paul Reynaud antwortete, daß es unmöglich sei, sich mit jemandem zu verständigen, der das nicht wolle. François-Poncet habe Ciano das Angebot gemacht, aus Djibouti einen freien Hafen zu machen, Italien Aktien des Suezkanals zu überlassen, den Status quo in Tunesien beizubehalten und Gibraltar zu internationalisieren. Ciano habe darauf nicht geantwortet. Als er Kardinal Maglione von dieser Unterhaltung berichtete, fragte sich Msgr. Valeri, ob diese Konzessionen nicht zu spät kämen. Er habe Paul Reynaud nur versichern können, daß der Hl. Stuhl alles Mögliche tue, um die Neutralität Italiens zu bewahren, und der Minister hatte den Einfluß anerkannt, den der *Osservatore Romano* in diesem Sinne ausübte.

Der Bericht von Msgr. Valeri mit Datum vom 12. April 1940 mußte bereits in Rom eingegangen gewesen sein, als dort am 18. April ein Telegramm aus Washington eintraf. Der Apostolische Delegat, Amleto Cicognani, warnte darin: »Ich habe aus vertraulichen Quellen erfahren, daß hohe Vertreter der Regierung davon ausgehen, daß Italien in wenigen Tagen als Verbündeter Deutschlands in den Krieg eintreten wird.«

Myron Taylor, der in Florenz residierte, wurde in den Vatikan gerufen, und am nächsten Tag, dem 19. April, hatte er eine Unterredung mit Kardinal Maglione, die er selbst als »lang und sehr ernst« bezeichnete. Der Kardinalstaatssekretär glaubte ebenso wie die Botschafter Frankreichs, Großbritanniens, Belgiens, Rumäniens, Polens und Spaniens sowie der Botschafter der Vereinigten Staaten beim Quirinal, daß die Situation für Italien sehr kritisch sei. Kardinal Maglione war der Meinung, Roosevelt sollte an Mussolini schreiben, um ihn vom Kriegseintritt abzubringen. Taylor verwies darauf, daß der König von Italien und der Papst im selben Sinne vorstellig werden könnten, und fragte, ob Pius XII. bereit sei, eine solche Demarche zu unternehmen. Maglione bat Taylor, bis zur Antwort des Papstes in Rom zu bleiben, bestand aber weiterhin auf einem schnellen, wenn möglich sofortigen Handeln Roosevelts. Am nächsten Tag um 15 Uhr telegraphierte Taylor seiner Regierung die Antwort des Papstes auf die folgenden zwei Fragen:

>»1. Sollte zum jetzigen Zeitpunkt eine Botschaft des Präsidenten an Mussolini geschickt werden?
> Die Antwort lautete, daß eine solche Botschaft sofort abgeschickt werden müsse.
> 2. Würde S. Heiligkeit im gleichen Moment eine parallele Aktion unternehmen?
> Die Antwort ist Ja.«

Er fügte hinzu, daß die beiden Demarchen des Papstes und des Präsidenten voneinander unabhängig bleiben und auch nicht als gemeinsame Aktion erscheinen sollten.

Pius XII. wartete nicht ab. Bisher hatte der Papst in den kritischsten Augenblicken immer P. Tacchi Venturi zum »Duce« gesandt. Diesmal sandte Pius XII. Mussolini selbst einen handschriftlichen Brief. Datiert auf den 24. April, rief das päpstliche Schreiben noch einmal grundsätzlich die bereits von dem Jesuitenpater überbrachten vertraulichen Botschaften in Erinnerung. Mussolini wurde darin zunächst für seine Bemühungen um den Frieden und dafür beglückwünscht, daß er den Krieg in engen Grenzen gehalten habe. Aber, fuhr der Papst fort, nun breite sich der Flächenbrand aus und das Gespenst des Krieges scheine näherzurücken.

>»Wir zweifeln nicht an Deinem beharrlichen Einsatz für das Ziel, das Du Dir gesteckt hast, aber Wir bitten den Herrn, Dich in dieser Stunde zu unterstützen, die so schwer ist für die Völker und beladen mit einer so großen Verantwortung für diejenigen, die die Zügel der Macht in den Händen halten. Und aus der universellen Verantwortung heraus, die Uns auferlegt worden ist, formulieren Wir aus tiefstem Herzen den heißen Wunsch, daß Europa dank Deiner Bemühungen, Deiner Festigkeit und Deines italienischen Geistes noch mehr Ruinen und noch größere Trauer erspart bleibe, und insbesondere, daß Unserem und Deinem teuren Land ein ähnliches Unglück erspart bleibe.«

Einen Tag später, am 27. April um 18 Uhr, übergab der Nuntiaturrat in Italien, Msgr. Giuseppe Misuraca, diesen Brief Sekretär Osvaldo Sebastiani, der versprach, daß er in einer halben Stunde in den Händen Mussolinis sei. Mussolini nahm ihn mit dem Versprechen einer Antwort an, ohne aber zu verhehlen, daß er nur wenig Einfluß auf seine Entscheidungen haben werde.

In der Antwort vom 30. April dankte der »Duce« dem Pontifex maximus für die an ihn gerichtete Botschaft. Dann nutzte er die Gelegenheit, um die westlichen Mächte zu attackieren, die im August 1939 die Konferenz, die er vorgeschlagen habe, durch »die absurde Forderung der Engländer und Franzosen verhindert hatten, daß sich die im Vormarsch befindlichen deutschen Truppen auf ihren Ausgangspunkt zurückziehen sollten«.

»Ich verstehe, Allerheiligster Vater«, fuhr Mussolini fort, »Euren Wunsch, daß es Italien gegeben sei, den Krieg zu vermeiden. Das ist bis heute gelungen, aber ich kann auf keinen Fall garantieren, daß dies bis in alle Ewigkeit so bleiben wird. Man muß auch dem Willen und den Absichten Dritter Rechnung tragen. [...] Einer einzigen Sache möchte ich Euch versichern, Allerheiligster Vater, wenn Italien morgen auf das Schlachtfeld ziehen muß, so würde dies für alle sonnenklar bedeuten, daß dies für die Ehre, die Interessen und die Zukunft eine absolute Notwendigkeit ist.«

Der Brief von Pius XII. hatte nichts an den Absichten Mussolinis geändert. Und genau in diesem Moment griff Roosevelt ein, ohne allerdings die Antwort Mussolinis an den Papst zu kennen. Am 29. April telegraphierte er an seinen Botschafter William Phillips eine Botschaft, die sofort an den italienischen Regierungschef weiterzuleiten sei. Phillips bat sogleich um eine Audienz, die ihm am 1. Mai um 9.30 Uhr gewährt wurde. Wie Pius XII. lobte Roosevelt Mussolini für seine vorausgegangenen Bemühungen, einen Krieg zu vermeiden oder ihn zumindest zu begrenzen. Er gab zu, daß, wie es der »Duce« Sumner Welles erklärt hatte, dank seiner Hilfe zweihundert Millionen Menschen seit dem Beginn der Kampfhandlungen weiterhin in Frieden leben konnten. Aber er warnte davor, daß die Ausweitung des augenblicklichen Konflikts schwer vorhersehbare Auswirkungen haben könnte und daß dann auch die Länder des amerikanischen Kontinents ihre Position neu überdenken müßten. Es sei Sache Italiens und der Vereinigten Staaten, ihre Neutralität zu bewahren, in der ihre Stärke liege, und gemeinsam im Interesse des Friedens zu wirken. Mussolini las die Botschaft Roosevelts sehr aufmerksam durch und, so schrieb Phillips, »er begriff jeden ihrer Punkte«. Er zeigte sich erstaunt, daß die Ausweitung des Krieges in Europa eine Änderung des Verhaltens der Staaten auf dem amerikanischen Kontinent nach sich ziehen könnte. Dann bestand er auf der Notwendigkeit einer Neufestsetzung der Grenzen von 1939 wie auch auf der Notwendigkeit eines freien Zugangs zum Atlantik für Italien. Und er versprach dem Präsidenten eine offizielle Antwort.

Die Antwort des »Duce« an den Präsidenten war zwar angemessen, aber nicht beruhigender als der Brief an Pius XII. Mussolini erklärte, daß er keine Ausweitung des Krieges wünsche, aber er machte auch darauf aufmerksam, da Italien sich niemals in die amerikanischen Kriege eingemischt habe, sehe er auch nicht, warum Amerika in dessen Auseinandersetzungen mit den europäischen Mächten eingreifen solle.

Am 2. Mai hatte Kardinal Maglione eine neue Unterredung mit Myron Taylor, der ihn über die Demarche Roosevelts und die Antwort Mussolinis informierte. Trotz allem glaubte Maglione, daß die Antwort Mussolinis an Roosevelt noch eine Tür offen lasse. Zunächst müßte die Blockade gegen Italien gelockert werden; aber es bedurfte noch mehr, konkrete Vorschläge müßten unterbreitet werden, und die Alliierten müßten zu Zugeständnissen bereit sein. Myron Taylor erklärte sich einverstanden und versprach, in diesem Sinne bei Lord Halifax vorstellig zu werden.

Zu diesem Zeitpunkt wußte der Kardinalstaatssekretär, daß gewichtige Ereignisse in Vorbereitung waren, denn am folgenden Tag, dem 3. Mai 1940, schickte er zwei identische Telegramme an den Nuntius in Brüssel und an den Internuntius in Den Haag:

> »Nur vom Nuntius zu dechiffrieren. Aus einer Quelle, die man als zuverlässig betrachten kann, haben wir erfahren, daß, wenn nicht zwischenzeitlich ein Hinderungsgrund oder eine Intervention eingetreten sind, eine Offensive an der westlichen Front unmittelbar bevorsteht, eine Offensive, die auch Holland, Belgien und vielleicht die Schweiz treffen wird. Wir überlassen es der Entscheidung Eurer Exzellenz, von dieser Information streng vertraulich Gebrauch zu machen, in der Form, wie es Euch opportun erscheinen mag.«

Msgr. Micara beeilte sich, König Leopold zu informieren.

Drei Tage später, am 6. Mai, empfing Pius XII. den französischen Botschafter. Unmittelbar nach der Audienz telegraphierte Charles-Roux seiner Regierung:

> »Der Papst und Msgr. Montini haben mich und meinen Botschaftsrat erneut wissen lassen, daß nach den Informationen, die sie aus dem Ausland erhalten haben, die Deutschen sehr bald (in einer Woche) an der westlichen Front eine Offensive eröffnen werden. Ich werde Ihnen mit der morgigen Post weitere zusätzliche Hinweise über die mündliche Mitteilung, die mir gemacht wurde, zukommen lassen. Selbstverständlich beschrän-

ke ich mich darauf zu warnen, ohne mich zum Wert dieser Informationen äußern zu können.«

In seinem Brief vom selben Tag präzisierte der Botschafter, daß die
Offensive gleichzeitig gegen Frankreich, Belgien und Holland begonnen werden solle, und fügte hinzu, daß die Deutschen besonders
auf ihre Kampfflugzeuge setzten. Der Gesandte Osborne machte
dem Foreign Office unter dem gleichen Datum eine gleichlautende
Mitteilung, mit dem Zusatz, persönlich nur sehr wenig Vertrauen in
diese Warnung zu setzen.

Am 10. Mai um 3 Uhr morgens begann Hitler seine Offensive gegen Frankreich, Belgien, Holland und Luxemburg. Ohne Ultimatum, ohne Kriegserklärung marschierte die Wehrmacht in das Territorium der drei neutralen Staaten ein.

Gegen 9.30 Uhr telephonierte der französische Botschafter mit
dem Staatssekretariat und bestand darauf, noch im Laufe des Vor-
mittags empfangen zu werden, denn er erwarte von seiner Regierung
ein Telegramm, das er dem Papst persönlich zur Kenntnis bringen
sollte. Pius XII. gewährte ihm sofort eine Audienz, und Charles-
Roux übergab dem Papst die Botschaft, die ihn gerade aus Paris erreicht hatte. Die Anweisung für den Botschafter lautete, dem Papst
»respektvoll und umgehend« darzulegen, daß angesichts des Bruchs
der Neutralität der drei Staaten die gesamte Welt von ihm erwarte,
»daß er mit seiner großen Autorität eine öffentliche Verurteilung
ausspreche, die dieses verabscheuenswürdige Attentat anprangere«.
Um besondere Wirkung zu erzielen, solle »die Aktion des Hl. Vaters
unmittelbar erfolgen, und er möge zwischen dieser abscheulichen
Verletzung des Rechts und der Moral und dem päpstlichen Protest,
der sie verurteile, keine Zeit verstreichen lassen«. Die französische
Regierung verhehlte nicht den Grund für ihre Bitte:

> »Andererseits ist es wichtig, daß sie [die Verurteilung] in ent-
> sprechend starke und eindeutige Worten gekleidet wird, um die
> italienische öffentliche Meinung auf den Pfad zu bringen, den
> sie sowohl aus moralischen und politischen Gründen als auch
> aufgrund der dynastischen Bande zwischen Belgien und Italien
> einschlagen sollte.«

Am Vormittag desselben 10. Mai hatten die außerordentliche Gesandte Roosevelts, der belgische Botschafter und der englische
Gesandte um eine Audienz beim Papst gebeten, und man ahnte im
Vatikan, daß sie nach dem Beispiel von Charles-Roux den Papst bitten würden, gegen die Invasion der neutralen Staaten Stellung zu be-

ziehen. Am Abend überbrachte der englische Gesandte eine Note
ins Staatssekretariat, die mit der Note seines französischen Kollegen
übereinstimmte. Lord Halifax zählte darauf, daß der Hl. Stuhl seinen ganzen Einfluß geltend machen würde, um Italien daran zu hindern, sich Deutschland im Krieg anzuschließen.

Pius XII. hatte sich bereits entschlossen, diesen inständigen Bitten
nachzukommen: Er hatte dem Kardinalstaatssekretär Anweisung gegeben, ein entsprechendes Dokument vorzubereiten, und sich auch selbst
an die Arbeit gemacht. So konnte der Papst am Abend des 10. Mai
zwischen drei Dokumenten wählen. Kardinal Maglione hatte ein offizielles Kommuniqué vorbereitet, das im *Osservatore Romano* veröffentlicht werden sollte; Msgr. Tardini hatte einen Brief des Papstes an
den Kardinalstaatssekretär verfaßt. Pius XII. hatte seinerseits auf seiner Schreibmaschine drei Telegramme an den König der Belgier, an die
Königin der Niederlande und an die Großherzogin von Luxemburg
entworfen. Diese Telegramme enthielten nicht die kräftigen Formulierungen des von Msgr. Tardini vorbereiteten Briefes, »um die Ungerechtigkeit und die Sünde zu beklagen«. Es handelte sich im Grunde
um ein Kondolenzschreiben an die Völker, die zu Opfern des bedauer-
lichen Krieges geworden waren. Man mußte allerdings die Augen ver-
schließen, um vor allem im Telegramm an König Leopold die formelle
Verurteilung des Bruchs der belgischen Neutralität zu übersehen:

> »In dem Augenblick, in dem zum zweiten Mal das belgische
> Volk gegen seinen Willen und gegen alles Recht sein Territori-
> um den Grausamkeiten des Krieges ausgesetzt sieht, versichern
> Wir Eurer Majestät und dieser so geliebten ganzen Nation tief
> bewegt Unsere väterliche Zuneigung; und mit der inständigen
> Bitte an Gott, daß diese harte Prüfung mit der Wiederherstel-
> lung der uneingeschränkten Freiheit und Unabhängigkeit Bel-
> giens beendet werde, erteilen Wir Eurer Majestät und ihrem
> Volk Unseren Apostolischen Segen.«

Das Telegramm an Königin Wilhelmine sprach von Holland, das
»gegen seinen Willen und gegen alles Recht« zum Schauplatz des
Krieges geworden sei, und schloß mit der Bitte an Gott, »den obersten Richter des Schicksals der Nationen, seine allmächtige Hilfe ei-
ligst einzusetzen, um die Gerechtigkeit und die Freiheit wieder herzustellen«. Nur das dritte Telegramm an die Großherzogin von
Luxemburg enthielt Sympathiebekundungen und Wünsche, damit
Luxemburg »in Freiheit und Unabhängigkeit leben könne«.

Die Aussage der drei Telegramme war recht eindeutig. Charles-
Roux schrieb später: »Es handelte sich um eine öffentliche Feststel-

lung der Schuld und der Verantwortung der deutschen Regierung.« Als sie den Text des Papstes sahen, »fanden es sowohl Kardinal Maglione als auch Msgr. Tardini angebracht, diese Telegramme an die Herrscher der drei von den Deutschen angegriffenen Länder zu schicken, und hielten den Text der Telegramme selbst für ausgezeichnet«. Noch am gleichen Abend des 10. Mai, um 21 Uhr, wurden die Telegramme abgeschickt. Und am folgenden Abend, einem Samstag, wurden sie in fetten Lettern auf der ersten Seite des *Osservatore Romano* veröffentlicht.

Die faschistische Partei und Mussolini selbst, die Italien an der Seite der Wehrmacht marschieren lassen wollten, verstanden die drei Telegramme als einen direkten Angriff auf ihre Politik. Die Verkäufer und sogar die Käufer der Zeitung des Vatikans wurden brutal angegriffen und verprügelt, die Zeitungen wurden aus den Kiosken gerissen und verbrannt. Kardinal Maglione protestierte beim Botschafter Italiens, und ein Rundschreiben des Staatssekretariats informierte die Vertreter des Hl. Stuhles in der ganzen Welt darüber. Das änderte aber nichts daran, daß wenig später der Journalist Roberto Farinacci, der Chefredakteur der Parteizeitung *Regime fascista*, in der Nummer 25 vom August schrieb, »daß man den katholischen König von Belgien mit einem Telegramm des Papstes dazu getrieben hat, das Blut seines Volkes für die Sache der Juden, der Freimaurer und der Bankiers der City zu vergießen«.

Das änderte aber auch nichts daran, daß der französische Botschafter bereits am Montagmorgen bei Msgr. Tardini darauf bestand, daß Pius XII. in flammenden Worten klar und deutlich die Invasion der neutralen Staaten verurteile: Es sei eine Sache, den Opfern seine Sympathie zu bekunden, aber es sei eine andere, ein Verbrechen zu verurteilen. Msgr. Tardini verbarg sein Erstaunen nicht: Wer es denn lesen wollte, konnte in den Telegrammen all das erkennen, was der Botschafter forderte. Letzterer bestand, wenn auch ein wenig verlegen, dennoch darauf, daß sein Anliegen dem Papst vorgetragen wurde.

An diesem Vormittag des 13. Mai erschien der Botschafter Italiens, Dino Alfieri, zu einer Abschiedsaudienz beim Papst, denn er sollte als Vertreter Italiens in Deutschland nach Berlin gehen. Trotz des formellen Charakters dieses Höflichkeitsbesuches hatte Alfieri von Mussolini den Auftrag erhalten, gegen die Telegramme vom 10. Mai zu protestieren. Die Abschiedsaudienz nahm rasch eine »ausgesprochen ernste« Wendung, es ging sogar so weit, daß sich die Frau des Botschafters, die ihren Mann begleitete, zurückzog. Alfieri wies darauf hin, daß die Botschaften an die Herrscher von Belgien,

Holland und Luxemburg dem Chef der italienischen Regierung sehr mißfallen hätten. Mussolini habe darin einen Angriff auf seine Politik gesehen. Der Botschafter hob besonders die starken Spannungen hervor, die in den faschistischen Kreisen herrschten, und ließ durchblicken, daß sich schwerwiegende Vorfälle ereignen könnten. Der Papst antwortete ruhig, daß er sich auch nicht davor fürchte, in ein Konzentrationslager zu gehen. Und indem er an die kritischsten Momente seiner Nuntiatur in München erinnerte, fügte Pius XII. hinzu: »Wir haben Uns auch das erste Mal nicht vor den auf Uns gerichteten Revolvern gefürchtet; Wir werden bei einem weiteren Mal noch weniger Angst haben.« Im übrigen

> »wissen die Italiener sicherlich über die schrecklichen Dinge Bescheid, die sich in Polen ereignen. Wir müßten Worte des Feuers gegen solche Dinge schleudern und das einzige, was Uns zurückhält, ist das Wissen, daß, wenn wir sprechen würden, Wir das Los der Unglücklichen noch verschlimmern würden.«

Mussolini fürchtete wohl die Wirkung der Worte des Papstes auf das italienische Volk, aber die Alliierten, die in einer militärisch ausgesprochen schwierigen Lage waren und die Eröffnung einer zweiten Front fürchteten, wollten unbedingt jede Gelegenheit nutzen, um die Gefahr zu bannen. Bereits am nächsten Tag, dem 14. Mai, erschien der französische Botschafter erneut im Vatikan und bestand beim Staatssekretär darauf, daß dem Papst zur Kenntnis gebracht werde, daß seine Regierung eine eindeutige Verurteilung Deutschlands fordere. Kardinal Maglione antwortete, er könne diese Bitte nicht weitergeben, da der Papst bereits alles getan habe, was nötig und angemessen sei.

In Paris empfing der Nuntius am 15. Mai den Besuch des Botschafters der Vereinigten Staaten, der ihn darüber informierte, daß sicheren Quellen zufolge der Kriegseintritt Italiens nur noch eine Frage von Stunden sei. »Das einzige Mittel, das zu verhindern, wäre die Drohung des Papstes, Mussolini zu exkommunizieren, wenn er zur Tat schreiten und Italien in den Krieg ziehen sollte.« Msgr. Valeri antwortete, daß der Papst bereits alles getan habe, um Italien auf dem Pfad des Friedens zu halten; man solle von ihm nicht Unmögliches verlangen und insbesondere nicht, die Waffe der Exkommunikation einzusetzen, deren Wirkung heute sehr zweifelhaft sei.

Am 17. Mai erschien der Botschafter Frankreichs nach telephonischer Anmeldung um 23.15 Uhr im Vatikan und überbrachte ein dringendes Dokument, das er dem Substitut des Staatssekretariats übergab. Es handelte sich um einen Brief von Kardinal Emmanuel

Suhard, des Erzbischofs von Paris, an Pius XII. In dem Wissen, daß Italien innerhalb der nächsten Stunden Frankreich den Krieg erklären konnte, bat Kardinal Suhard den Papst inständig im Namen des gesamten Episkopats und aller Katholiken Frankreichs sowie im übergeordneten Interesse der Religion, alle seine Mittel und seine gesamte Macht einzusetzen, um dieses Unglück zu verhindern. Der Erzbischof führte weiter aus, daß der Ministerpräsident und der Außenminister über sein Vorgehen auf dem laufenden waren. Msgr. Montini überbrachte diesen Brief sogleich Kardinal Maglione und dieser telephonierte mit Pius XII., der zu dieser Stunde noch arbeitete. Der Papst antwortete, daß er sicherlich etwas versuchen werde, aber daß er nicht sonderlich insistieren könne angesichts der Antworten, die er bisher in dieser Frage erhalten habe. Tatsächlich antwortete Kardinal Maglione Kardinal Suhard am 25. Mai: »Der Hl. Vater hat bereits alles Mögliche getan, um im gewünschten Sinne zu intervenieren. Er hat dennoch eine neue Demarche unternommen, obwohl er leider nicht allzuviel Hoffnung auf den günstigen Ausgang seines Vorgehens hat.«

Welche Chance hatte denn auch der Papst, bei Mussolini Gehör zu finden, zu einem Zeitpunkt, da der Diktator bereits die Angebote Churchills und die letzte Botschaft Roosevelts verächtlich zurückgewiesen hatte? Bis zum letzten Augenblick faßte Pius XII. dennoch alle Möglichkeiten ins Auge, um Italien vom Abgleiten in den Krieg abzuhalten. Charles-Roux war in den Quai d'Orsay gerufen worden. Am 26. Mai empfing der Papst François-Poncet, den französischen Botschafter in Rom, der ihm von den Konzessionen berichtete, die die französische Regierung zugunsten Italiens machen könnte. Man lancierte die Idee eines erneuten Briefes des Hl. Vaters an Mussolini. Am gleichen Tag diskutierte der Papst die Frage mit dem Gesandten Großbritanniens: Er denke, sagte er, an eine neue Demarche bei Mussolini mit dem Inhalt, daß Frankreich zu Konzessionen zugunsten Italiens bereit sei. Konnte man das gleiche von England sagen? Osborne zeigte sich eher vorsichtig, und die britische Regierung bestätigte wenige Tage später die Zurückhaltung ihres Repräsentanten. Tatsächlich hatte die Sache keine Bedeutung mehr. Am 28. Mai hatte Ciano dem Nuntius unmißverständlich dargelegt: »Jetzt kommen die Franzosen und machen Zugeständnisse. Die hätten sie vor vier Jahren machen sollen. Jetzt ist es nur noch verlorene Zeit.«

Am 2. Juni, dem Tag des hl. Eugenius, bedankte sich Papst Eugenio Pacelli für die Glückwünsche des Heiligen Kollegiums. Er sprach von seinen Bemühungen um den Frieden und mußte ihre

Vergeblichkeit eingestehen. Sein Augenmerk müsse sich jetzt auf die
Länder richten, die Krieg führten oder die besetzt seien. Er erinnerte
an die Pflicht der Besatzungsmächte, die unter ihre Macht geratenen
Bevölkerungen so zu behandeln, wie sie selbst unter vergleichbaren
Umständen behandelt zu werden wünschten. Die Stunde der Diplomatie schien für den Hl. Stuhl vorüber zu sein, solange neue Ereignisse nicht geeignete Möglichkeiten bieten würden. Aus England berichtete der Apostolische Delegat Godfrey von der erbitterten
Entschlossenheit der Nation angesichts der wachsenden Gefahr.
Dieser Bericht stammte vom 10. Juni. Am gleichen Tag trat Mussolini seinerseits in den Krieg ein, da er fürchtete, dieser könnte ohne
ihn zu Ende gehen.

Da er bereits alles getan hatte, um Italien aus dem Krieg herauszuhalten, hoffte Pius XII. ihn wenigstens von Rom fernhalten zu
können und dieser Stadt die Bombardierung vom Meer oder aus der
Luft zu ersparen. Am 10. Juni intervenierte Kardinal Maglione beim
Gesandten Englands und am folgenden Tag beim Botschafter Frankreichs. Am übernächsten Tag telegraphierte er an den Nuntius von
Paris und an den Gesandten in London, um sie damit zu beauftragen, die französische und die englische Regierung zu bitten, Rom
nicht zu bombardieren. Die französische Regierung versicherte sogleich, daß Rom nicht bombardiert werde. Aber der Verlauf des
Krieges sollte der englischen Antwort, die in den darauffolgenden
Jahren beständig wiederholt wurde, erheblich mehr Bedeutung zukommen lassen. Die englische Regierung, schrieb der Apostolische
Gesandte am 17. Juni aus London, habe die Absicht, auf keinen Fall
die Vatikanstadt anzugreifen; in bezug auf Rom behalte sie sich hingegen jegliche Handlungsfreiheit vor, je nach dem, wie die italienische Regierung die Gesetze des Krieges befolge.

Der Kriegszustand, der von nun an zwischen Italien und den englischen und französischen Alliierten herrschte, warf für den Vatikan
sofort die Frage nach den diplomatischen Vertretern Frankreichs
und Großbritanniens auf, die beim Hl. Stuhl akkreditiert waren, die
aber bislang auf italienischem Territorium residierten. Nachdem man
ein Ausweichen in die Schweiz ins Auge gefaßt hatte, entschied man
sich für die Vatikanstadt. Am 13. Juni wurden die diplomatischen
Vertreter Frankreichs und Großbritanniens sowie Polens im Hospiz
der hl. Martha aufgenommen. Der Botschafter Frankreichs, Wladimir d'Ormesson, der von Laval zurückbeordert worden war, verließ
den Vatikan am 30. Oktober, aber für Sir d'Arcy Osborne dauerte
der erzwungene Aufenthalt in den engen Grenzen der Vatikanstadt
vier Jahre, bis zum Juni 1944.

Unterdessen wiegte sich Pius XII. einen Augenblick lang in der Hoffnung, daß der Kriegseintritt Italiens, den er so sehr zu verhindern gesucht hatte, ihm die Möglichkeit zu einer neuen Intervention für den Frieden bieten könnte.

Das Kabinett, das am 16. Juni 1940 von Marschall Pétain gebildet worden war, hatte Außenminister Paul Baudouin sofort mit der Eröffnung von Waffenstillstandsverhandlungen beauftragt. Zu diesem Zweck sollte er über spanische Vermittlung Kontakt zu den Deutschen sowie über die Vermittlung des Vatikans zu den Italienern aufnehmen. Kurz nach Mitternacht war die Bitte um Waffenstillstand dem spanischen Botschafter José Feliz Lequerica y Erquiza übergeben worden, während Msgr. Valeri erst am nächsten Morgen um 9 Uhr die für die Italiener bestimmte Erklärung erhielt. Das Telegramm traf im Vatikan ein, als Mussolini bereits auf dem Weg nach München war, wohin ihn Hitler bestellt hatte, um die französische Bitte um Waffenstillstand zu besprechen. Durch ein Telegramm seines Botschafters mußte Mussolini schon vor seiner Unterredung mit Hitler über die französische Bitte um Waffenstillstand informiert gewesen sein. Diese traf aber zu früh für den »Duce« ein, dessen Armeen noch nicht gekämpft hatten. Während Mussolini seinen Truppen den Befehl gab, in den Alpen vorzumarschieren, erteilte Weizsäcker dem Botschafter des Reiches in Madrid den Auftrag, den Franzosen mitzuteilen, daß der Waffenstillstand mit Deutschland nur zusammen mit dem Waffenstillstand mit Italien in Kraft treten könne. Er fügte den Rat hinzu, über die Vermittlung Spaniens Kontakt zu Italien aufzunehmen. Baudouin machte darauf aufmerksam, daß er bereits über die Vermittlung des Vatikans ein Waffenstillstandsgesuch an Italien gerichtet habe. Letztendlich erneuerte die Regierung in Bordeaux die Bitte um Waffenstillstand an Italien über die Vermittlung des spanischen Botschafters, und eine Presseagentur verbreitete die Neuigkeit. Pius XII. begriff, daß man ihn von den Verhandlungen über den Waffenstillstand ausschließen wollte.

Nach dem doppelten Waffenstillstand vom 25. Juni besprachen Msgr. Tardini und Kardinal Maglione die Möglichkeit einer neuen Friedensmission des Papstes, da sie es als eine dem apostolischen Amt obliegende Aufgabe betrachteten, das Blutvergießen und die Zerstörungen, die der Angriff Deutschlands auf England mit sich bringen würde, zu verhindern. Hitler, der sich bereits wegen Rußland Sorgen mache, sei sicherlich zu Verhandlungen bereit. Auf der anderen Seite bliebe England mit seiner Armee, seinem Territorium und seiner Flotte, die alle drei noch intakt seien, in einer guten Verhandlungsposition. Am folgenden Tag unterbreitete Msgr. Tardini

Pius XII. diese Idee, der antwortete, daß die Frage heikel sei und der Reflexion bedürfe. Schließlich entschied er, eine Sondierung vorzunehmen.

Die Note wurde den Botschaftern Deutschlands und Italiens am 28. Juni um 10.30 Uhr bzw. um 10.40 Uhr von Kardinal Maglione übergeben und dem Gesandten in England, Msgr. Godfrey, telegraphiert. Ciano sprach darüber mit Mussolini, der dies sofort ablehnte. Am 5. Juli überbrachte der Botschafter Italiens die offizielle Antwort seiner Regierung: Die Initiative des Papstes bringe sie in Verlegenheit, zumal man die Reaktion Hitlers noch nicht kenne. Man könne annehmen, daß er Verhandlungsvorschläge machen werde, bevor er seine Offensive auf England eröffne, aber diese Vorschläge würden möglicherweise die Form eines Ultimatums annehmen.

Die Antwort der britischen Regierung war zwar in der Form entgegenkommend, aber dennoch eine entschiedene Ablehnung. England war entschlossen, weder Europa noch sich selbst unter die nationalsozialistische Vorherrschaft geraten zu lassen und bis zum bitteren Ende zu kämpfen.

Am 19. Juli bot Hitler England in einer großen Rede vor dem Reichstag an, die Kampfhandlungen einzustellen. Die Antwort von Halifax kam unmittelbar und unmißverständlich. Dennoch bat der Vertreter der Vereinigten Staaten in Belgien, der am 25. Juli eine Audienz bei Pius XII. hatte, den Papst, bei der britischen Regierung zu intervenieren, damit diese wenigstens nicht den Eindruck vermittle, das Angebot Hitlers rundheraus abzulehnen: Konnte sie nicht zum Beispiel die deutsche Regierung um eine Präzisierung der Friedensbedingungen bitten? Der amerikanische Diplomat ließ durchblicken, daß er nicht an die Fähigkeit Englands glaube, dem Ansturm des Reiches zu widerstehen.

Ein für den Apostolischen Delegaten in London bestimmtes Telegramm wurde von Kardinal Maglione vorbereitet, der Papst selbst korrigierte den Text. Unter Erwähnung der Interventionen von Personen, »Kriegstreibern, die einen gerechten Frieden verhindern wollten«, beauftragte der Hl. Stuhl Godfrey gemeinsam mit dem Kardinalerzbischof von Westminster, diese Demarche zu unternehmen, »damit die englische Regierung das Friedensangebot des deutschen Kanzlers nicht einfach ablehne, sondern im Gegenteil die deutsche Regierung darum bitte, die konkreten Grundlagen für die Aufnahme von möglichen Verhandlungen zu spezifizieren«. Das Telegramm wurde um 2 Uhr am Nachmittag des 26. Juli abgeschickt.

Die Antwort traf am Morgen des 29. Juli ein. Der Kardinalerzbischof und der Apostolische Gesandte waren sich darüber einig, daß

die vom Papst vorgeschlagene Geste leicht falsch interpretiert werden könnte, so als ob der Hl. Stuhl sich auf Hitlers Seite schlüge, um
England zur Kapitulation zu drängen. Die englische Regierung sehe
in der Rede des »Führers« nicht ein Friedensangebot, sondern lediglich ein Verzögerungsmanöver. Der Kardinal fügte hinzu, die Rede
sei im übrigen nur eine Mischung aus Beleidigungen, Herausforde-
rungen und Drohungen und enthalte keinerlei Garantie für die besetzten Nationen, wie es die Weihnachtsansprache des Papstes gefordert hatte.

Der Gesandte Osborne zeigte sich weniger unnachgiebig als der
Erzbischof. Er hatte die Initiative des Hl. Stuhles begrüßt, und als
ihm Kardinal Maglione das Telegramm Godfreys zeigte, war er damit unzufrieden, denn er begriff, daß der Hl. Stuhl England nicht
zur Kapitulation drängen wollte. Aus Deutschland antwortete Weizsäcker dem Nuntius, der »Führer« habe seinen Wunsch nach Frieden sehr eindeutig gezeigt, Halifax habe ihm aber eine kategorische
Absage erteilt. Es sei also eindeutig, wer für die letzte Phase des
Kampfes, die sehr blutig sein werde, die Verantwortung trüge.

Alle Möglichkeiten der Diplomatie waren nun ausgeschöpft. Der
Papst hatte sich nicht allein für den Frieden eingesetzt: Er hatte auch
die Unterstützung des Präsidenten der Vereinigten Staaten erhalten,
der seinem moralischen Aufruf das Prestige einer politischen und
militärischen Großmacht hinzugefügt hatte, die eines Tages das
Gleichgewicht der Kräfte entscheidend verändern könnte. Aber die
Botschaften von Präsident Roosevelt hatten Mussolini ebensowenig
wie das päpstliche Handschreiben vom 24. April davon abhalten
können, den Pfad des Krieges zu beschreiten. Der Repräsentant von
Präsident Roosevelt, der schwer erkrankt war, kehrte in die Vereinigten Staaten zurück, wo er über den Delegaten Cicognani weiterhin die Rolle des Vermittlers zwischen dem Vatikan und dem
Weißen Haus spielte. Er nahm einen Brief des Papstes an den Präsidenten mit, der das Datum vom 22. August 1940 trug. Trotz der vorangegangenen Mißerfolge und trotz der düsteren Zeiten wollte Pius
XII. die Hoffnung nicht aufgeben. »Wir verdoppeln unsere Gebete
und unsere Anstrengungen«, schrieb er, »um einen gangbaren Weg
zu einem Frieden zu finden, der das Versprechen seiner Dauerhaftig-
keit in sich trägt und der die Menschen von der schweren Bürde der
Unsicherheit und des ständigen Schreckens befreit«.

III. DER PAPST UND DIE KIRCHE
IN DEUTSCHLAND[3]

Der Kriegszustand verschärfte die ohnehin sehr schwierigen Probleme, die sich dem Hl. Stuhl schon seit längerem stellten. An vorderster Stelle dieser Probleme stand die Kirche in Deutschland. Als Kardinal Pacelli im März 1939 Nachfolger von Pius XI. wurde, hatte das nationalsozialistische Regime bereits mehrere Jahre lang einen Kampf auf Leben und Tod gegen die katholische Kirche und gegen die anderen christlichen Konfessionen geführt. In den annektierten Gebieten Österreichs und des Sudetenlandes hatte es sofort die Maßnahmen verschärft, die es bereits im Altreich gegen die Kirche ergriffen hatte, wo die Regierung die Garantien des Konkordats von 1933 immer weniger respektierte. Über der Zukunft der Kirche in Deutschland schienen sich finstere Wolken zusammenzubrauen.

Zwei Jahre zuvor hatte der Hl. Stuhl mit der Enzyklika *Mit brennender Sorge* vom 14. März 1937, die nach einem Entwurf des deutschen Episkopats (Kardinal Faulhaber) entstanden war, auf das stärkste Mittel zurückgegriffen, das er gegen das Naziregime besaß. Er hatte vor aller Welt die Wirklichkeit des Nationalsozialismus enthüllt, »den hochmütigen Abfall von Jesus Christus, die Verneinung seiner Lehre und seines Erlösungswerkes, den Kult der Gewalt, die Vergötzung von Rasse und Blut, die Unterdrückung der menschlichen Freiheit und Würde«. Die Enzyklika des Papstes öffnete vielen

---

[3] Dokumentation zu diesem Kapitel III (darin auch die Protokolle der Versammlungen des Papstes mit den deutschen Kardinälen im März 1939): vgl. ADSS, II. Die Zitate aus den Briefen von Pius XII. sind bereits im Original in deutsch (übernommen aus: SCHNEIDER, Briefe, 1966), mit Ausnahme des Briefes vom 25. September 1939, dessen Original in Latein ist. Die Entwürfe zu den Briefen Pius' XII. an die deutschen Bischöfe stammen von einem deutschen Sekretär, Robert Leiber oder Ludwig Kaas, wurden aber vom Papst noch einmal durchgesehen und von eigener Hand korrigiert. Ein langer Brief an die Fuldaer Bischofskonferenz aus dem Jahre 1940 enthält mehr als hundert handschriftliche Korrekturen von Pius XII. Siehe dazu auch die Rede von Pius XII. an die Kardinäle vom 2. Juni 1945 (Documents pontificaux de Sa Sainteté Pie XII), und MACCARONE, Il nazionalsocialismo e la Santa Sede, 1945.

die Augen, aber nicht allen, beklagte sich der Papst, und selbst unter
den Gläubigen blieben viele Opfer ihrer Vorurteile und der Hoffnung auf politische Vorteile. Dennoch hatte die Enzyklika »all jenen,
die die Religion Christi ernst nahmen und sie folgerichtig in die Tat
umsetzten, Licht, Führung, Trost und Stärkung gebracht«. Die Verfolgung wurde dadurch nicht gebremst, sie verstärkte sich im Laufe
der folgenden zwei Jahre sogar noch. Die Kirche sah ihre Tätigkeit
immer stärkeren Schikanen und Einschränkungen ausgesetzt, und
die Gläubigen mußten die Konsequenzen an ihrem Hab und Gut sowie am eigenen Leib ertragen. Durchsuchungen fanden in den Bistü-
mern Köln, Trier und Aachen statt, wo Akten beschlagnahmt wurden, die die vertraulichsten Fragen der Seelsorge betrafen.

Im September desselben Jahres wurde auf dem Parteitag in Nürnberg, an dem zum ersten Mal auch die Botschafter Frankreichs und
Englands teilnahmen, Alfred Rosenberg der »Nationalpreis« verlie-
hen, der aus seinem *Mythus des zwanzigsten Jahrhunderts* offenbar
den offiziellen Katechismus der neuen germanischen Religion machen wollte. Die christliche Erziehung wurde zum Ziel wiederholter
Attacken, zunächst auf lokaler Ebene, dann allmählich auch im
ganzen Reich. Eine Verordnung vom 29. Dezember 1937 verfügte
die Schließung von 82 katholischen Schulen, die insgesamt 15.000
Schüler unterrichteten. Neben der Schließung der katholischen
Schulen wurde auch dem Religionsunterricht in den öffentlichen
Schulen der Kampf angesagt. Am 10. März 1938 erließ die bayeri-
sche Regierung ein Gesetz über die Schulaufsichtsbehörde, in dem
ein Artikel besagte, daß die mit diesem Unterricht beauftragten Priester eine Sondererlaubnis brauchten, die allen Nichtariern und all
denjenigen, die als »politisch unsicher« galten, verwehrt werden
würde. Am 2. April desselben Jahres informierte die Regierung in
Berlin die Schuldirektoren, daß sie die Einwände, die die Kir-
chenämter möglicherweise gegen laizistische Lehrer im Religionsunterricht vorbringen würden, nicht beachten sollten.

Gleich nach der Annexion erlebte Österreich eine Welle der Verfolgung, die nicht einmal, wie im Altreich, durch die Bestimmungen
des Konkordats gebremst wurde. Die Regierung in Berlin hatte
nämlich erklärt, die Annexion mache das österreichische Konkordat
von 1934 hinfällig, und weigerte sich, das mit dem Reich 1933 abgeschlossene Konkordat auch für Österreich anzuerkennen.
Schließung der katholischen Fakultät in Salzburg, Auflösung der Fakultät für katholische Theologie in Innsbruck, Vertreibung der Brüder der christlichen Schulen aus ihren Einrichtungen, Ausweisung
der Schwestern aus zahlreichen Schulen und sogar aus mehreren

Krankenhäusern, das waren für die österreichischen Katholiken die ersten Auswirkungen des Anschlusses an das Großdeutsche Reich. In Wien wurde der Kardinalerzbischof sogar beim Verlassen der Kathedrale beschimpft, und am folgenden Tag drang man in den Palast des Erzbischofs ein und verwüstete ihn. Die Verfolgungen machten nicht an der Schwelle des Gewissens halt. Man untersagte den Beamten, ihre Kinder in konfessionelle Schulen zu schicken, man ließ sie Formulare unterschreiben, die ihre ausdrückliche Zustimmung zum Neuheidentum Rosenbergs enthielten. Kurz, in dem Moment, in dem Kardinal Pacelli zu Papst Pius XII. wurde, galt erneut, was Pius XI. bereits in seiner Weihnachtsansprache 1937 beklagt hatte:

>»Um die Dinge beim Namen zu nennen: In Deutschland besteht wirklich eine religiöse Verfolgung [...]. Es ist eine Verfolgung, der es weder an Kraft und Gewalt mangelt, noch an Druck und Drohungen, noch an raffinierten Tricks oder Lügen.«

1939 war ein feierlicher Protest wie die Enzyklika von 1937 nicht mehr möglich, und sei es aus rein praktischen Gründen, denn man konnte das geheime Verteilungsnetz nicht wieder auf die Beine stellen, durch das das päpstliche Dokument unter der Nase der effizientesten Polizei jener Zeit in alle Winkel Deutschlands verteilt worden war. Im übrigen hatte das Münchener Abkommen gerade das Regime konsolidiert, und das deutsche Volk mußte unweigerlich den Zustand der politischen Demütigung und der wirtschaftlichen Misere, in dem es sich zum Zeitpunkt der Machtübernahme Hitlers befunden hatte, mit der neuen Situation vergleichen, die sich durch eine relativ florierende Wirtschaft und die politische Vormachtstellung auszeichnete, die die Techniken der Goebbelschen Propaganda in den glorreichsten Farben zu präsentieren wußte. Der Kirche schien nichts anderes übrigzubleiben, als alles Mögliche zu versuchen, um sich der Lage anzupassen, beziehungsweise eine Änderung der Religionspolitik des Reiches herbeizuführen.

Nach der Wahl vom 2. März 1939, bei der der ehemalige Nuntius in Deutschland zum Nachfolger von Pius XI. gewählt worden war, bat der Botschafter des Reiches, Diego von Bergen, um eine Audienz, um dem neuen Papst die Glückwünsche des Reichskanzlers zu überbringen. Am 5. März empfing Pius XII. den Botschafter zu einem Höflichkeitsbesuch, den man als einen ersten Schritt in Richtung auf eine Entspannung deuten konnte. Die außergewöhnliche Kenntnis, die der Papst von der Lage in Deutschland hatte, war sicherlich hilfreich. Eugenio Pacelli hatte als Nuntius in Deutschland gelebt, zunächst in München vom Mai 1917 bis zum Sommer 1925, dann bis 1929 in Berlin. Die Konkordate mit Bayern (1925) und mit Preußen (1929) waren ein sichtbares Ergebnis seiner Zeit als Nuntius. In seinem ersten Brief an den deutschen Episkopat vom 20. Juli 1939 erwähnte Pius XII. seine in Deutschland verbrachten Jahre und die Kontakte, die er seitdem bewahrt hatte:

»[Wir denken] in lebendiger Erinnerung an die langen Jahre, in denen Gottes Vorsehung Uns unter diesem Volke leben und arbeiten ließ, [und Wir danken] dem Herrn in Ergriffenheit für seine gütige Führung, durch die Wir so glücklich sind, heute für die Lage und die Leiden, die Aufgaben und Bedürfnisse der Katholiken Deutschlands das nur aus unmittelbarer und langjähriger Erfahrung erwachsende Verständnis zu haben.«

In einem Brief vom 6. August 1940, der ebenfalls an alle Bischöfe Deutschlands adressiert war, betonte er ein Jahr später die engen Beziehungen, die er nicht nur mit der Kirche, sondern auch mit dem deutschen Volk in den Jahren nach dem 1. Weltkrieg und der Niederlage unterhalten habe. Der lange Satz, in dem Pius XII. vier eigenhändige Korrekturen vorgenommen hat, enthält zweifellos einen der Schlüssel für das Verhalten des Papstes während des Zweiten Weltkrieges:

»Nachdem Wir in den Jahren Unserer Tätigkeit in Deutschland gesehen und gefühlt haben, wie schwer das deutsche Volk unter den lastenden und demütigenden Folgen seiner Niederlage gelitten, und nachdem Wir Zeuge waren, wie aus der Unausgeglichenheit des letzten Friedensvertrages mit verhängnisvoller Folgerichtigkeit die Gegensätze entstanden, deren Austragung mit den Mitteln der Gewalt heute die Welt erbeben macht, können Wir nur der heißen Hoffnung Ausdruck geben, daß in dem allein der Vorsehung bekannten Augenblick des Kriegsendes das Ohr der Sieger der Stimme jener Gerechtigkeit, Billigkeit, Weisheit und Mäßigung zugänglich bleibt, ohne die kein noch so feierlich verbriefter Friedensschluß den Bestand und die segensvollen Folgen haben könnte, welche die tiefe Sehnsucht aller Völker erwartet.«

Die Tätigkeit von Nuntius Pacelli fand die Zustimmung von Pius XI., der ihn am Ende des Jahres 1929 zum Kardinal erhoben und dann umgehend mit dem Amt des Staatssekretärs betraut hatte. Auf seinem neuen Posten behielt Kardinal Pacelli die Leitung der deutschen Angelegenheiten. Er führte persönlich die entscheidenden

Verhandlungen über die Konkordate mit Baden (1932) und dem
Reich (1933), dann die Diskussionen mit der Reichsregierung über
den Anwendungsbereich des Konkordats. Ab 1933 wurden dem
Botschafter Deutschlands beim Hl. Stuhl eine Reihe von diplomatischen Noten übergeben, die direkt aus dem Büro des Staatssekretariats stammten. Dies blieb so bis zu dem Tag, an dem der Kardinalstaatssekretär zu Papst Pius XII. wurde.

Am Tag nach seiner Wahl verlängerten die vier deutschen Kardinäle, die für das Konklave angereist waren, ihren Aufenthalt bis
zur Inthronisierung: Adolf Bertram aus Breslau, Michael von Faulhaber aus München, Karl-Joseph Schulte aus Köln und Theodor Innitzer aus Wien. Der neue Papst wollte gemeinsam mit ihnen die Lage der Kirche in Deutschland besprechen und nach Mitteln zu ihrer
Verbesserung suchen. Die Konferenzen begannen am Montag, dem
6. März, und wurden am Donnerstag, dem 9. März, mit zusätzlichen
Konsultationen fortgesetzt. Schon bei der ersten Zusammenkunft
hatte Pius XII. erklärt: »Das deutsche Problem ist für mich das
wichtigste. Ich behalte mir vor, mich selber mit ihm zu beschäftigen.« Während dieser beiden Zusammenkünfte, deren Sitzungspro-
tokolle erhalten sind, legte der Papst in Übereinstimmung mit den
deutschen Kardinälen die großen Linien der Politik fest, die der Hl.
Stuhl gegenüber dem Nationalsozialismus verfolgen sollte. Aus der
Gruppe, die 1937 die Enzyklika *Mit brennender Sorge* vorbereitet
hatte, fanden sich hier um den ehemaligen Staatssekretär Pacelli die
drei Kardinäle Bertram, Faulhaber und Schulte wieder ein. Bertram
und Faulhaber spielten eine ausschlaggebende Rolle, denn sie hatten
dem Papst bereits vor der Zusammenkunft Memoranden zukommen
lassen, die als Grundlage der Diskussion dienten.

Der Papst und die vier Kardinäle waren sich einig, daß man versuchen sollte, von der durch den Beginn eines neuen Pontifikats ge-
schaffenen Situation zu profitieren, um die Beziehungen zwischen
der Kirche und der deutschen Regierung zu verbessern. Man erinnerte sich an die ähnlich gelagerte Situation von 1878, als Leo XIII.
als Nachfolger von Pius IX. sofort eine entgegenkommende Haltung
gegenüber der preußischen Regierung eingeschlagen und auf diese
Weise die Beendigung des Kulturkampfes erreicht hatte. Im Verlauf
der beiden Konferenzen wurde der Text eines Briefes verfaßt, in dem
Pius XII. dem deutschen Staatschef seine Wahl mitteilen sollte. Das
sollte der erste Schritt zu einer Entspannung sein. Dennoch hatte
man eine klare Vorstellung von den Schwierigkeiten und der Unsicherheit der gegenwärtigen Situation. Während der ersten Zusammenkunft am 6. März erklärte Kardinal Faulhaber:

»Wir hegen manchmal Zweifel, ob man auf Seiten der oberen
Parteistellen überhaupt den Frieden will. Sie fühlen sich so als
Kämpfer, daß es ihnen lieber scheint, wenn sie Kampfgründe
bekommen. Besonders wenn es gegen die Kirche geht! Aber ich
glaube auch, daß wir Bischöfe tun müssen, als ob wir das nicht
sehen würden. Wir sind deshalb Eurer Heiligkeit ehrerbietigst
dankbar, wenn der Versuch zum Frieden gemacht wird.«

Darauf antwortete Pius XII.:

»Wir wollen sehen, einen Versuch wagen. Wenn sie den Kampf
wollen, fürchten wir uns nicht. Aber wir wollen sehen, ob es ir-
gendwie möglich ist, zum Frieden zu kommen. [Nach einem
Einschub über die großen Linien einer Enzyklika zum Beginn
des neuen Pontifikats fuhr der Papst fort:] Grundsätze kann
man nicht preisgeben. Wenn wir dann alles versucht haben und
sie doch unbedingt Krieg wollen, werden wir uns wehren. Aber
die Welt soll sehen, daß wir alles versucht haben, um in Frieden
mit Deutschland zu leben.«

Es ging in die gleiche Richtung, als Pius XII. während der zweiten
Konferenz die Gründe für einen erneuten Annäherungsversuch erläuterte: »Brechen ist leicht. Wenn aber wieder aufgebaut werden soll,
muß man weiß Gott was für Konzessionen machen. Die Regierung
wird nicht wieder die Beziehungen anknüpfen ohne Konzessionen von
unserer Seite. Wenn die Regierung abbricht, dann in Gottes Namen.«

Pius XII. hatte die vier Kardinäle und über sie den gesamten deutschen Episkopat aufgefordert, Briefe auch weiterhin direkt an ihn zu
richten. Schon bald sollte der Krieg diese besonderen Beziehungen
zu den Bischöfen Deutschlands noch wertvoller machen, während
das Verhältnis zu den deutschen Katholiken behindert wurde oder
sogar völlig unterbrochen war. Als er sie aufforderte, sich direkt an
ihn zu wenden, hatte der Papst den Kardinälen mitgeteilt, daß die
Nuntiatur in Berlin einen sicheren Weg für die Korrespondenz mit
Rom besitze. Die deutschen Bischöfe nutzten die ihnen gebotene
Möglichkeit, direkt mit dem Oberhaupt der Kirche zu korrespon-
dieren, weidlich aus, und sie schickten ihm jegliche Information, die
sie erhielten, einschließlich von Abschriften der wichtigsten Dokumente. Auf diese Weise entstand zwischen Pius XII. und dem deutschen Episkopat eine Korrespondenz, die bis in die letzten Kriegsjahre aufrecht erhalten wurde und die es dem Papst ermöglichte,
über die Situation der Kirche in Deutschland auf dem laufenden zu
bleiben. Die Briefe des Papstes, die von den deutschen Sekretären

zwar vorbereitet, von Pius XII. aber Wort für Wort durchgesehen und korrigiert wurden, sind ein außergewöhnliches Zeugnis seiner Gedanken und Intentionen.

Drei Monate nach dem Beginn des Pontifikats, am 13. Juli 1939, übergab Staatssekretär Maglione Botschafter Bergen eine ausführliche Denkschrift. Der in Italienisch geschriebene Entwurf enthält eine große Zahl von Änderungen, von durchgestrichenen oder vom Papst hinzugefügten Wörtern und Sätzen. Darin wurden die in der letzten Zeit von der Regierung gegen die katholische Kirche ergriffenen Maßnahmen in zwei große Gruppen unterteilt. Der erste Teil listete in acht Punkten und einem Anhang die allgemeinen Maßnahmen auf, die vor allem die Unterdrückung der konfessionellen Schulen, die Behinderungen für den Religionsunterricht in den Schulen oder sogar seine Abschaffung, die Entchristlichung der Schulen und den teilweisen Entzug der Unterstützungsgelder für die Kirche betrafen. Der zweite Teil führte in elf Punkten und einem Anhang eine Liste von besonderen Maßnahmen auf. Der Anhang über die Propaganda des Regimes, der den Schluß dieses Katalogs bildete, stammte fast vollständig aus der Hand des Papstes:

>»Was die nationalsozialistische Presse angeht, ist festzustellen, daß zwar die Tagespresse im allgemeinen in diesen letzten Monaten sich gegenüber der Kirche weniger feindlich verhalten hat, daß aber dennoch eine starke antikatholische Propaganda in den Wochenblättern, die besonders in den Organisationen und Schulungslagern der Partei zur Verteilung kommen, zu beklagen ist; dasselbe gilt auch von den Veröffentlichungen einiger Verlage, namentlich des Ludendorff-Verlags, für die mit großen Plakaten in der Öffentlichkeit geworben wird. Solche Bücher nehmen mit ihren aller historischen Wahrheit widersprechenden Anwürfen nicht einmal auf das Papsttum Rücksicht. Andererseits wird die strengste und einengendste Zensur gegenüber allen Veröffentlichungen der Katholiken ausgeübt, die daher keinerlei Möglichkeit haben, sich zu verteidigen und jene verleumderischen und verletzenden Angriffe zurückzuweisen. Es ist ihnen vielmehr sogar verboten, etwas über die günstige Lage der katholischen Kirche in jenen Ländern zu schreiben, die als politisch befreundete Mächte Deutschlands gelten (vgl. Verordnung des Reichspropagandaministeriums vom 9. Juni 1939).«

Wenig später zählte ein detaillierter Bericht des Vorsitzenden der Fuldaer Bischofskonferenz vom 17. Januar 1940 die gegen die Kirche im Laufe des Jahres 1939 ergriffenen Maßnahmen auf. Neben den aufgelösten Vereinigungen, den besetzten Häusern sowie den ausgewiesenen religiösen Gemeinschaften wurde der Schulsektor von der sukzessiven Schließung der konfessionellen Privatschulen, insbesondere der Ordensschulen, besonders betroffen. Den konfessionellen Volksschulen erging es genauso, vor allem im Westen und nun auch in Schlesien. Im westlichen Teil Deutschlands waren mehrere Konvikte geschlossen worden.

Hinzu kamen noch Behinderungen der Religionsausübung des Volkes, Redeverbote für einzelne Geistliche, Drohungen, auch noch die wenigen verbliebenen katholischen Sonntagsblätter zu verbieten, Einschüchterungen, um die Menschen daran zu hindern, sich katholischen Organisationen anzuschließen, und indirekte Hemmnisse, um die Jugendlichen davon abzuhalten, am Gottesdienst teilzunehmen, sowie die Einführung von kirchenfeindlichen Geschichtsbüchern in den Schulen. Zu Beginn des Krieges hatte man gehofft, daß zumindest während der Dauer des Konflikts die Attacken auf die katholischen Interessen unterbleiben würden, aber das Gegenteil trat ein: Die Partei nutzte die Gelegenheit, um lang vorbereitete Pläne in die Tat umzusetzen.

Trotz allem war Pius XII. entschlossen, jede Möglichkeit zu nutzen, die eine Entspannung herbeiführen könnte, ohne sich Illusionen über das zu erwartende Ergebnis hinzugeben. In einem Brief vom 8. Dezember 1940 erklärte er seine Haltung dem Vorsitzenden der Fuldaer Bischofskonferenz, Kardinal Bertram:

»Trotzdem erachten Wir es nach wie vor als Unsere Gewissenspflicht, keine Gelegenheit, die in der Richtung nach einem vertretbaren Frieden zwischen Kirche und Staat liegt, unbenützt vorübergehen zu lassen. Wir betonen, daß Wir von einem vor Gott und vor der Zukunft der katholischen Kirche in Deutschland vertretbaren Frieden sprechen: einem Frieden, der das Leben der Kirche sichert, wenn vielleicht auch ihre Betätigungsformen in manchem andere sein mögen als in der Vergangenheit – Wir sprechen aber nicht von einem „Frieden um jeden Preis": Eine solche Formel als Ausdruck der kirchlichen Friedensbestrebungen wäre unvereinbar mit den Grundsätzen des Glaubens und der Wesensart der katholischen Kirche.«

Der Besuch des Außenministers Ribbentrop im Vatikan am 11. März 1940 ließ etwas Hoffnung aufkommen; der Nuntius in Berlin glaubte in seinem ersten Bericht, den er kurz nach der Rückkehr des Ministers nach Deutschland schrieb, daß sich daraus eine positive Entwicklung ergeben könnte. Der Apostolische Administrator in

Innsbruck hatte ihm geschrieben, »er habe von einem hohen Ministerialbeamten erfahren, daß Herr Ribbentrop unter Hinweis auf seinen Besuch beim Hl. Vater die verschiedenen Ministerien ersucht habe, den Kampf gegen die katholische Kirche einzustellen.« Aber er mußte eingestehen, daß die Ergebnisse dieser Empfehlung noch nicht überall sichtbar waren. Und tatsächlich wurde der Kampf gegen die Kirche in gleicher Weise fortgesetzt, trotz der Ribbentrop gewährten Audienz des Papstes.

Der Hl. Stuhl behielt seine grundsätzliche Position bei: Das bedeutete, jede akzeptable Gelegenheit zu ergreifen, die zu einer Entspannung führen konnte, sowie praktische Hilfe für die deutschen Katholiken, die der Verfolgung ausgesetzt waren, sich aber gleichzeitig, unter realistischer Einschätzung der tatsächlichen Lage, vor übertriebenen und utopischen Erwartungen zu hüten. Eine eindeutige Erklärung für die erneuten Friedensangebote des Papstes findet sich in einem Brief vom 5. Juni 1942 an den Bischof von Mainz [Albert Stohr]:

> »Kein objektiv Urteilender kann heute noch im Zweifel darüber sein: Wenn den Bemühungen Unseres großen Vorgängers Pius XI. und Unsern eigenen um ein ausgeglicheneres Verhältnis zwischen Kirche und Staat der aufrichtig gewünschte und ernstlich erstrebte Erfolg versagt blieb, so ist die Verantwortung hierfür nicht auf kirchlicher Seite zu suchen. Je schwerer der Leidensweg ist, den die Katholiken Deutschlands zur Zeit gehen müssen, um so bedeutsamer ist für ihre innere Widerstandskraft und die Einheitlichkeit ihrer Haltung gegenüber den Gegnern das sichere Bewußtsein, in einem nicht mutwillig gesuchten, sondern ihnen aufgezwungenen Kampfe zu stehen, dessen einziges Ziel ihrerseits die Verteidigung ihrer heiligsten Rechte ist.«

Als er die Gefahren der Verfolgung aufzählte, betonte Pius XII. weniger die den Katholiken aufgezwungenen materiellen Opfer, sondern mehr die Gefahr, in der sich ihr Glaube und ihre Treue zur Kirche befanden. Er schrieb der Fuldaer Bischofskonferenz am 6. August 1940:

> »Tausend kirchenfeindliche und christusgegnerische Einflüsse strömen Tag für Tag aus Wort und Schrift und Haltung einer mehr oder minder entchristlichten Umwelt auf die Seelen der Gläubigen ein und unterwerfen sie einem geistigen Druck, der – verbunden mit äußeren Bedrängungen und Benachteiligungen – sie oft Prüfungen aussetzt, die heroische Glaubenstreue von ihnen verlangen.«

Es gab einige, die der Propaganda Glauben schenkten und es der Kirche anlasteten, daß man in Deutschland nicht zu einem Religionsfrieden fand. Je nach Standpunkt konnte der Kampf zwischen Kirche und Staat nicht beendet werden, weil die Kirche die legitimen Forderungen des Staates ablehnte oder sich an politische Formen klammerte, die längst überholt waren.

In diesem Kampf gegen die nationalsozialistische Ideologie maß der Papst der Erziehung und der Führung durch die Priester und Bischöfe vor Ort große Bedeutung bei und hielt deshalb eine völlige Übereinstimmung innerhalb des Episkopats für sehr wichtig. Bereits den ersten Brief an die Bischofskonferenz vom 20. Juli 1939 hatte Pius XII. mit der Aufforderung begonnen, den Kampf in der größten Einheit in Gedanken und Taten zu führen. In Deutschland war bekannt, daß es innerhalb des Episkopats Differenzen über das Verhalten gegenüber dem Regime gab. Pius XII. sah den Grund für diese Gegensätze in der Ungewißheit, die noch immer über die eigentlichen Absichten des Regimes herrschte. Am 6. August 1940 schrieb er an den deutschen Episkopat:

> »Nun bringen die Eigenart der gegenwärtigen staatlich-kirchlichen Verhältnisse in Eurem Vaterlande, die Unsicherheit und Unübersichtlichkeit, welche die wirklichen Absichten einflußstarker Kräfte gegenüber Religion und Kirche kennzeichnen, es mit sich, daß auch unter solchen, an deren kirchlicher Treue kein Zweifel statthaben kann, nicht immer gleiche Auffassungen herrschen bezüglich der Voraussetzungen und Aussichten eines Friedens zwischen Kirche und Staat sowie der praktischen Wege, die zu ihm führen.«

Es war Kardinal Bertram, der innerhalb des Episkopats eine Krise ausgelöst hatte, als er in seiner Eigenschaft als Vorsitzender der Fuldaer Bischofskonferenz an Hitler zu dessen Geburtstag am 20. April 1940 ein Glückwunschschreiben gesandt hatte. Dieser Brief war angeblich im Namen aller deutschen Bischöfe geschrieben worden. Der Bischof von Berlin, der wie seine Kollegen erst sehr spät davon unterrichtet worden war, sah darin eine übertriebene und durch nichts zu rechtfertigende Anbiederung an das Naziregime. Im Mai 1940 schrieb er Pius XII. drei Briefe, um ihn über diesen Vorfall zu informieren, und erbat die Erlaubnis, auf seine Diözese zu verzichten. Pius XII. hütete sich, eine Geste gutzuheißen, die die Meinungsverschiedenheit innerhalb des Episkopats vor der Öffentlichkeit offenbart hätte und sie noch mehr zu verschärfen drohte. Hingegen machte er in seinem Schreiben an die Fuldaer Bischofskonferenz vom 6. August 1940 seinen ganzen Einfluß geltend, um die bedrohte Einheit wiederherzustellen. Er hoffte, daß die durch die unterschiedlichen Auffassungen entstandenen Spannungen zu einer grundlegenden Debatte führen würden, »damit das, was in den vergangenen Jahren Eure Stärke gewesen ist und so erbaut und geradezu Bewunderung ausgelöst hat: die geistige Geschlossenheit des Episkopats, seine Einheitlichkeit im Wollen und Handeln aus solcher Aussprache geläutert und gefestigt hervorgeht.«

Wenn man den hauptsächlichen Tendenzen im deutschen Episkopat die Namen der beiden Führer der Fraktionen zuordnen wollte, einerseits Kardinal Bertram [in Breslau] und andererseits der Bischof von Berlin, Konrad Preysing, war es offensichtlich, daß Pius XII. den Standpunkt des Bischofs von Berlin teilte und dessen Einschätzung der internen Situation in Deutschland weitgehend zu seiner eigenen machte. Die Korrespondenz, die im Laufe dieser Jahre zwischen dem Papst und Preysing ausgetauscht wurde, ist sowohl von der Zahl als auch inhaltlich umfangreicher als jede andere. Die grundsätzliche Einstellung des Papstes zeigt eine vollständige Übereinstimmung mit der Position des Bischofs von Berlin. Eine Passage aus einem seiner ersten Briefe, mit dem Datum vom 7. Mai 1939, der ein ganzes Programm enthält, ist in diesem Zusammenhang sehr aussagekräftig:

»Wenn Du in der ersten der beiden Zuschriften die gegenwärtige Aufgabe des hochwürdigsten Episkopats Deutschlands mit den Worten zusammenfassest: „Die bisherige Linie (nach der Enzyklika *Mit brennender Sorge* usw.) einhalten, ohne unnötige Reibungen hervorzurufen, fest und entschieden Glaube und kirchliche Rechte verteidigen, Klerus und Volk im Ausharren stärken" – so legen Wir Wert darauf zu betonen, daß damit Unsere eigene Absicht gegenüber der kirchlichen Lage in Deutschland ausgedrückt ist und daß Wir den hochwürdigsten Episkopat nur ermuntern können zum Festhalten an dieser Linie, solange keine sicheren und echten Zeichen dafür vorliegen, daß das Verhalten gegenüber der katholischen Kirche sich zum Besseren zu ändern beginnt.«

Umgekehrt informierte kein anderer deutscher Bischof Pius XII. so ausführlich über die Lage in Deutschland, wie es Preysing tat. Seine Informationen übten einen deutlichen Einfluß auf die Entscheidungen von Pius XII. aus, wie man in mehreren Fällen sehen kann, in denen ihn der Papst ausdrücklich um seinen Rat bat. So in einem Brief vom 22. April 1940:

»Zwei Fragen möchten Wir heute Unsererseits Dir, ehrwürdiger Bruder, vorlegen. Die erste betrifft die Berichte des übrigens für gewöhnlich nicht amtlichen Vatikansenders über die Lage der katholischen Kirche in Deutschland. Die Berichte sind gegeben worden aus der Erwägung, daß ein vollständiges Schweigen des Hl. Stuhles in der Öffentlichkeit geeignet gewesen wäre, die deutschen Katholiken zu entmutigen und außerhalb Deutschlands das Mißverständnis zu fördern, als ob die kirchlichen Dinge in Deutschland eigentlich ziemlich normal stünden, jedenfalls sich gebessert hätten. Dieser mit Geschick und immer noch mit Erfolg betriebenen Tarnung haben die mit der Sendung Betrauten aber gerade begegnen wollen. Andererseits kommen, auch von bischöflichen Stellen, Klagen, ja Notrufe wegen der vom Gegner für die Berichte des Vatikansenders verhängten Repressalien. Wir möchten gewiß den deutschen Katholiken keine unnötigen Opfer auferlegen, wo sie um ihres Glaubens willen schon so bedrängt sind. Wir haben deshalb jene Berichte vorerst einstellen lassen, bis Wir das Für und Wider mit mehr Sicherheit abschätzen können. Wir wären Dir sehr verbunden, wenn Du Uns Dein geschätztes Urteil und Deine Erfahrung in der Angelegenheit mitteilen wolltest.«

Pius XII. konsultierte ihn auch wegen des Verhaltens des Hl. Stuhles für den Fall, daß die Ernennung Papens als Botschafter beim Vatikan aufrechterhalten werden sollte. Die Antwort Preysings war eine eindeutige Ablehnung. Schließlich fragte ihn der Papst, was er über die Ernennung eines Kandidaten, den er immerhin kannte, auf einen vakanten Bischofsstuhl denke. Preysing antwortete, daß er ihn für zu schwach gegenüber der Regierung halte. Pius XII. strich diesen Kandidaten von der Liste mit drei Namen, aus der das Domkapitel den neuen Bischof wählen sollte.

Gewiß tauschte Pius XII. keine Personen aus; insbesondere beließ er den Nuntius in Berlin, Orsenigo, auf seinem Posten, der eher dem Standpunkt Bertrams zuneigte, und dessen offizielles Auftreten der Bischof von Berlin häufig gegenüber dem Papst kritisierte. Es ging darum, zu bewahren, was bereits bestand, und es war undenkbar, daß die Regierung ihre Zustimmung zur Ernennung eines neuen Nuntius gegeben hätte. Andererseits war der Erhalt der Nuntiatur in Berlin für Rom und für die Kirche Deutschlands von größter Wichtigkeit, denn die diplomatische Vertretung des Hl. Stuhles war der einzige Kommunikationsweg zwischen der Kirche Deutschlands und dem Vatikan. Wenn schon in Friedenszeiten die Nuntiatur in Berlin der sicherste Weg für die Korrespondenz zwischen dem katholischen Deutschland und Rom gewesen war, so wurde sie durch den Krieg nun völlig unverzichtbar.

Die häufigen Bezüge auf die päpstlichen Reden, unter anderem die Radiobotschaften zu Weihnachten, die immer wieder in den Briefen Pius' XII. an die deutschen Bischöfe auftauchten, zeigten eindeutig, daß der Papst in seiner Korrespondenz die Ratschläge wiederholen wollte, die er bereits in seinen Reden gegeben hatte. Er mußte nämlich feststellen, daß der deutsche Episkopat mehr und mehr von ihm abgeschnitten war und seine Botschaften häufig nicht bis zu ihm vordrangen. Je länger der Krieg dauerte, erklärte er Faulhaber am 2. Februar 1942, um so dringender wurde es, daß der Episkopat der im Krieg befindlichen Länder mit ihm in Kontakt blieb, um sich über grundsätzliche moralische Probleme zu verständigen und um die Isolierung des nationalen Episkopats zu verhindern. In seinem Brief vom 1. März 1942 an den Bischof von Berlin stellte er fest:

»Während Unsere Radiobotschaft zum Weihnachtsfest in der gesamten Welt – weit über die Kreise der Christenheit hinaus – stärksten Widerhall gefunden hat, hören Wir zu Unserem Bedauern, daß die deutschen Katholiken von ihrer Kenntnis fast ganz ausgeschlossen blieben.«

Die Briefe des Papstes sollten die Isolierung des deutschen Episkopats überwinden. Die hauptsächlichen Elemente des Friedensprogramms, das Pius XII. in seiner Weihnachtsansprache 1939 entwickelt hatte, finden sich in den Briefen des Papstes an die Bischöfe wieder. Pius XII. sprach sich immer für einen Frieden aus, »der allen und jedem der beteiligten Länder gerecht wird, sich nicht zu scheuen braucht, an christlichen Grundsätzen gemessen zu werden, und deshalb die Gewähr der Sicherheit und Dauer in sich trägt«, wie er am 17. Januar 1940 schrieb. Und am 22. Februar 1944 legte Pius XII. Kardinal Faulhaber dar, wie der Weg aussehen sollte, der zu dem führte, was er einen »Verständigungsfrieden« nannte:

»Er sollte die Kriegsschuldfrage und die Forderung der Wiedergutmachung nicht zur Grundlage nehmen; er sollte andererseits Rückerstattung alles mit Gewalt eroberten und besetzten Gebietes in sich schließen; er sollte endlich keinem Volk den erzwungenen Verzicht auf Rechte oder Lebensnotwendigkeiten zumuten, den man auf das eigene Volk angewandt für untragbar halten würde.«

Pius XII. änderte sein Verhalten auch nicht, als die Deutschen in Rußland einmarschierten, und sprach niemals, auch nicht in einer Andeutung, von einem »Kreuzzug« gegen den Bolschewismus oder vom »Heiligen Krieg«. Seine Bemühungen um den Frieden unterschieden sich nach dem Juni 1941 in nichts von denjenigen, die er vorher unternommen hatte, eher nahmen sie noch an Intensität und an räumlicher Ausdehnung zu. Er verzichtete niemals auf seine Anstrengungen »für einen gnädigen Frieden, der sich fernhält von Vergewaltigung und Unrecht, der ausgleicht und versöhnt, der allen beteiligten Völkern ohne Ausnahme erträgliche Verhältnisse und die Möglichkeit einer gedeihlicheren Aufwärtsentwicklung schafft«. Denn: »Allein für das christliche Gewissen kommt ein anderer Friede grundsätzlich nicht in Frage.« (24. Februar 1942).

In den Prinzipien, die er für die Herstellung des Friedens festlegte, ging Pius XII. von einer Voraussetzung aus, die zu diesem Zeitpunkt alles andere als selbstverständlich war, daß es nämlich keine Kollektivschuld gab und deshalb auch keine kollektive Verantwortlichkeit: »Wir [werden] Unsererseits tun«, schrieb er am 15. Oktober 1942, »was Wir vermögen, um dem deutschen Volk die Vergeltung für Dinge zu ersparen, für die es in seiner Gesamtheit nicht verantwortlich ist und um welche die meisten von ihm vielleicht nicht einmal wissen.«

Umgeben von Völkern im Krieg wurde die Lage des Hl. Stuhles mit jedem Tag schwieriger. Pius XII. nahm darauf in seinen Briefen immer ausführlich Bezug. Am 21. Februar 1942 stellte er fest, »daß die Zeiten auch und gerade für den Stellvertreter Christi schwer sind und daß sie Papsttum und Kirche allmählich in eine Lage versetzen, die so verwickelt und gefahrdrohend ist wie selten in ihrer langen und leidvollen Geschichte«. Der Stellvertreter Christi stand vor sehr schwierigen Entscheidungen, so schrieb er am 20. Februar 1941, und war zerrissen zwischen den widersprüchlichen Forderungen seiner geistlichen Aufgabe: »Da, wo der Papst laut rufen möchte, ist ihm leider manchmal abwartendes Schweigen, wo er handeln und helfen möchte, geduldiges Harren geboten«.

Pius XII. hielt es dennoch für dringlich, häufig und mit Nachdruck auf die Notwendigkeit hinzuweisen, die Gläubigen, Priester und Laien vor der Versuchung zu warnen, dem Aufruf zu Haß und zur blinden Gewalt zu folgen, der unter der Fahne des energischen Einsatzes für den Dienst am Vaterland daherkomme. Auch wenn seine Worte bei den Führern des Regimes in Deutschland und bei den anderen kriegführenden Mächten ohne Wirkung blieben, so wollte er zumindest versuchen, bei den Gläubigen die Werte des christlichen Ideals zu bewahren. Er fürchtete eine schleichende Ausbreitung dieser Meinungen in den Köpfen der Katholiken, insbesondere bei der Jugend, und er bemühte sich, die Gläubigen über die Bischöfe gegen diese Gefahr zu wappnen:

>»Die Gefahr, daß auch die bisher guten Katholiken von einer gottwidrigen Denk- und Lebensart angesteckt werden, ist zu groß. Das gilt vor allem für die Jugend. Tut Euer Möglichstes, um das deutsche Volk vor einer Jugend zu bewahren, die nur noch Sinn hätte für Macht und Gewalt, der die Achtung vor dem Leben, der Würde und den Rechten des Menschen, er mag zum eigenen Volk gehören oder nicht, und die Ehrfurcht vor dem Geistigen, dem Sittlichen und Religiösen abhanden gekommen wäre.«

Und er beglückwünschte den Erzbischof, der sich in seinem Hirtenbrief nicht »allein um ausschließlich christliche und katholische Werte [gesorgt hatte], sondern ebenso um die letzten sittlichen Grundlagen des menschlichen Daseins und der Menschenwürde«.

Lediglich die offizielle Presse, die seinerzeit eine Hetzjagd auf Kardinal Pacelli veranstaltet hatte, versteifte sich noch immer darauf, Papst Pius XII. als einen Feind Deutschlands darzustellen. Jedes seiner Worte konnte nicht nur eine Welle von Repressalien auslösen, sondern riskierte es, in hinterhältiger Weise von der Propaganda der Partei ausgeschlachtet, ihm die Herzen und die Seelen der Katholiken zu entfremden.

Deshalb hatte Pius XII. am 6. August 1940 in seinem Brief an die Fuldaer Bischofskonferenz seine Neutralität oder eher noch seine Unparteilichkeit betont, die keine Unempfindsamkeit sei. Bezüglich der Telegramme, die er an die drei Herrscher von Belgien, Holland und Luxemburg nach der Invasion ihrer Länder geschickt hatte, erklärte er, daß er angesichts einer solchen Ungerechtigkeit nicht habe schweigen können, daß er sich damit aber nicht gegen das deutsche Volk wenden wollte. Wenn bereits 1914 der deutsche Reichskanzler Bethmann Hollweg den Einmarsch in das neutrale Belgien als jenseits des Völkerrechts stehend eingestuft hatte, ohne daß man seinen Patriotismus in Frage gestellt hatte, was konnte man dann dem Vater der Christenheit angesichts der Wiederholung und Ausdehnung dieses Verstoßes anderes vorwerfen, als sein großes Mitgefühl und seine Hoffnung ausgedrückt zu haben, daß das diesen Ländern zugefügte Unrecht wiedergutgemacht würde?

Im Verlauf des Krieges mußte Pius XII. verschiedentlich auf das gleiche Argument zurückkommen. Er forderte den Bischof von

Limburg mehrmals auf, seine Gläubigen davon abzuhalten, denjenigen Glauben zu schenken, die den Papst als einen Feind Deutschlands darstellten. Er erklärte Kardinal Faulhaber, daß er sein Verhalten während des Krieges immer mit dem Wort »Unparteilichkeit«
bezeichnet habe und nicht mit dem Wort »Neutralität«. Neutralität
könnte im Sinne einer passiven Gleichgültigkeit verstanden werden,
die dem Oberhaupt der Kirche einem solchen Geschehen gegenüber
nicht anstünde:

> »Unparteilichkeit besagt für Uns, Beurteilung der Dinge nach
> Wahrheit und Gerechtigkeit, wobei Wir aber, wenn es sich um
> öffentliche Kundgebungen Unserseits handelte, der Lage der
> Kirche in den einzelnen Ländern alle nur mögliche Rücksicht
> angedeihen ließen, um den Katholiken dortselbst vermeidbare
> Schwierigkeiten zu ersparen.«

Der Kampf, der auf zwei Ebenen tobte, auf der militärischen Ebene
zwischen Deutschland und den westlichen Mächten und auf der
ideologischen und geistigen Ebene zwischen dem Christentum und
dem nationalsozialistischen Neuheidentum, machte die Aufgabe des
Papstes besonders schwierig. Zu den Dingen, die ihn quälten, so
schrieb er am 3. März 1944 an den Erzbischof von Köln, rechnete
Pius XII. auch »die fast übermenschlichen Anstrengungen, derer es
bedarf, um den Hl. Stuhl über dem Streit der Parteien zu halten, und
die schier unentwirrbare Verschmelzung von politischen und welt-
anschaulichen Strömungen, von Gewalt und Recht (im gegenwärtigen Konflikt unvergleichlich mehr als im letzten Weltkrieg), so daß
es oft schmerzvoll schwer ist, zu entscheiden, ob Zurückhaltung und
vorsichtiges Schweigen oder offenes Reden und starkes Handeln geboten sind.« In vielen Fällen konnte eine Intervention des Papstes als
eine Parteinahme gegen Deutschland interpretiert werden und entweder Repressalien gegen die Kirche oder Mißdeutungen bei den
Katholiken auslösen. Solche Mißdeutungen konnten seinen Worten
nicht nur jede Wirkung nehmen, sondern auch die Treue der Gläubigen zur Kirche und ihrem Oberhaupt einer zu harten Prüfung unterziehen und sie ernsthaft erschüttern. Von Rom aus konnte man
die Risiken schlecht einschätzen. Zudem wollte Pius XII., daß die
Oberhirten vor Ort ihre Verantwortung übernahmen, wie er sehr
deutlich in einem Brief an Preysing vom 30. April 1943 sagte:

> »Den an Ort und Stelle tätigen Oberhirten überlassen Wir es
> abzuwägen, ob und bis zu welchem Grade die Gefahr von Ver-
> geltungsmaßnahmen und Druckmitteln im Falle bischöflicher

Kundgebungen sowie andere vielleicht durch die Länge und
Psychologie des Krieges verursachten Umstände es ratsam erscheinen lassen, trotz der angeführten Beweggründe, *ad maiora
mala vitanda* [um größere Übel zu verhüten] Zurückhaltung zu
üben.«

Daß diese *maiora mala vitanda*, die Pius XII. die Vorsicht angeraten
sein ließen, die er an den Tag legte und auf die er sich hier bezog,
nicht nur mögliche Repressalien sein könnten, sondern eher noch
diese Mißdeutungen, die die Gläubigen erschüttern könnten, scheint
doch recht offensichtlich zu sein. Nachdem er dem Bischof von Trier
zu seinen mutigen Äußerungen gratuliert hatte, fügte er nämlich hinzu: »Wir meinen, daß Vergeltungsmaßnahmen, selbst wenn sie hart
sein und nicht allein den Bischof, sondern vielleicht noch mehr andere treffen sollten, das Gute nicht aufwiegen könnten, das bischöf-
liche Worte wie die deinen in den Katholiken (und sicher auch in
vielen Nichtkatholiken) wirken«.

Der Papst fühlte sich ganz im Gegenteil zu großer Zurückhaltung
gezwungen. Das hatte er 1940 unter Beweis gestellt, als er die Euthanasie verurteilt hatte, die im Reich an den Geisteskranken prakti-
ziert wurde: Ein kurzes Dekret des Heiligen Offiziums hatte die
grundsätzliche Immoralität dieses Vorgehens in Erinnerung gerufen:
»Wir haben«, sagte der Papst, »die höchste Instanz der Kurie so kurz
und so maßvoll sprechen lassen, wie möglich.« Aber danach wartete
er ab, daß die Bischöfe begannen, daraus ihre eigenen Konsequenzen
zu ziehen. Und als ein Bischof, wie der Bischof von Münster, seine
Stimme gegen diese verdammenswerten Praktiken erhob, verbarg
der Papst seine Befriedigung nicht. Clemens August Graf von Galen, Bischof von Münster in Westfalen, glaubte sich nicht zur gleichen Diskretion verpflichtet wie der Papst. Immerhin setzte er seine
persönliche Sicherheit aufs Spiel, aber niemand konnte seinen Patriotismus in Frage stellen, noch ihn als Feind des deutschen Volkes
verleumden. Als im Juli 1941 die Gestapo die Jesuiten sowie die
Immakulataschwestern aus Münster auswies, als achthundert Gei-
steskranke aus den Krankenhäusern der Stadt geholt wurden, um
ihren Familien schließlich in einer Urne zurückgegeben zu werden,
stieg Galen auf die Kanzel und nannte die Dinge beim Namen. Unschuldige Nonnen auszuweisen sei ein Verbrechen gegen das Recht,
Euthanasie sei Mord, durch das Strafgesetz zum Tode zu verurteilen
sei die schwerste Verletzung des fünften Gebotes, die auf die Schul-
digen und ihre Komplizen den Zorn des beleidigten Gottes niederfahren lassen werde.

Als Pius XII. von diesen Predigten hörte, schrieb er am 30. September 1941 an den Bischof von Berlin, der sich über sie sehr erfreut gezeigt hatte:

>»Die drei Predigten des Bischofs von Galen bereiten auch Uns einen Trost und eine Genugtuung, wie Wir sie auf dem Leidensweg, den Wir mit den Katholiken Deutschlands gehen, schon lange nicht mehr empfunden haben.«

Und am 2. Februar des folgenden Jahres beglückwünschte er den Kardinal von München zu seinen beiden Predigten am 2. November und 31. Dezember 1941:

>»Wir haben sie mit tiefer innerer Erbauung gelesen. Wir hören aber auch stetig von dem Echo, das erleuchtete und mutige Bischofsworte im Volk finden, und Wir wissen, daß sie höchst wirksam, ja einfachhin notwendig sind, um die sittliche Widerstandskraft der Gläubigen aufrecht zu erhalten.«

Was der Papst nicht sagen konnte, ohne als Feind Deutschlands zu gelten und das Risiko einzugehen, die in ihrem Glauben wankenden und durch die deutschen Siege begeisterten Christen aus der Kirche zu vertreiben, konnten ein Galen oder ein Faulhaber von der Höhe ihrer Kanzeln in Münster oder München verkünden.

So wandte sich Pius XII. Anfang 1942 über Kardinal Faulhaber an die zu den Fahnen gerufenen Priester und Theologiestudenten und mahnte sie, »sich freizuhalten von allen Auffassungen, die der Gerechtigkeit und christlichen Liebe widerstreiten, und daß sie sich durch die Tat und, wo es nötig ist, auch durch das Wort zu den katholischen Überzeugungen bekennen, wie sie immer in der Kirche gegolten haben.« Er drückte seine Überzeugung aus, »daß es der katholischen Kirche in Deutschland und dem deutschen Volke vielleicht einmal zugute kommen könnte, wenn man in der Welt weiß, daß die deutschen katholischen Priester, ob Feldgeistliche oder Soldaten, sich allen gegenüber unerschrocken als Vertreter der *benignitas et humanitas* des Erlösers bewährt haben«.

Als Pius XII. von den Millionen von Katholiken sprach, die es im Reich gab, dachte er nicht nur an die Repressalien, die eine Rede von ihm gegen sie auslösen könnte, sondern es ging ihm auch darum, den Glauben und die Treue zur Kirche derjenigen, die den Verführungen und den Erfolgen der Partei gegenüber empfänglich waren, nicht einer zu harten Prüfung zu unterziehen. Die Enzyklika von Pius XI. hatte zu gegebener Zeit auf den Gegensatz zwischen der nationalsozialistischen Ideologie und den Glaubenssätzen der Kirche hingewiesen. Die Propaganda der Partei stellte die Kirche als einen Feind des germanischen Volkes dar. In diesen Kriegszeiten mußte diese Propaganda auf Köpfe und Herzen stoßen, die für diese Argumente leichter empfänglich waren.

Um diese Manöver zu durchkreuzen, hielt es Pius XII. für besonders wichtig, den engen Kontakt mit dem Episkopat aufrechtzuerhalten, um über ihn seine Weisungen bis zu den Gläubigen zu verbreiten. Weil er die Verbindung zu den Bischöfen und über sie zu den Pfarrern und den Gläubigen Deutschlands aufrecht erhalten wollte, löste Papst Pacelli, gegen den Rat der Prälaten, in die er sonst das größte Vertrauen setzte, die Nuntiatur in Berlin nicht auf. Politik und Diplomatie standen im Dienst der Mission des obersten Hirten.

IV. DIE KIRCHE
IM BESETZTEN POLEN[4]

Die Lage der Kirche in Deutschland bereitete dem Papst bereits mehrere Jahre vor dem Krieg die allergrößten Sorgen. Hingegen stellten erst die politischen und militärischen Ereignisse vom September 1939 die Kirche in Polen und den Hl. Stuhl vor ausgesprochen ernste Probleme. Innerhalb weniger Wochen wurde das Land von den Besatzungstruppen zweier fremder Mächte aufgeteilt, die beide – in unterschiedlicher Form – nicht nur eine antireligiöse Doktrin lehrten und praktizierten, sondern sie auch in die Tat umsetzen wollten, ohne Rücksicht auf Rechtsnormen und menschliche Würde.

Als die deutsche Offensive losbrach, ohne einen Unterschied zwischen der zivilen Bevölkerung und den kämpfenden Truppen zu machen, erklärte der Botschafter Frankreichs am 11. September dem Staatssekretariat, die Öffentlichkeit warte »auf ein Wort des Hl. Vaters, daß er diesen Ausbruch der Gewalt und der Grausamkeit verurteile und mitleide«. Der Papst vermied diese Verurteilung, wollte den Opfern aber dennoch ein Wort des Trostes zukommen lassen. Am 30. September 1939 hielt Pius XII. vor der polnischen Kolonie in Rom in Anwesenheit von Kardinal Augustyn Hlond, dem Primas von Polen, eine Rede, die als eine Botschaft des Trostes und der Hoffnung verstanden werden sollte.

> »Ihnen allen bleibt als leuchtender Hoffnungsschimmer in der augenblicklich herrschenden dunklen Nacht die Erinnerung an ihre große nationale Geschichte, die sich bald zehn Jahrhunderte lang dem Dienst an Christus verschrieben hat und unzählige Male für die edelmütige Verteidigung des christlichen Europa gekämpft hat. Ihnen bleibt vor allem der Glaube, der nicht

---

[4] Dokumentation zu diesem Kapitel IV: vgl. ADSS, III* und III**, und die Dokumente im Anhang zum Brief vom 2. März 1943, ADSS, VII, und in Der NOTENWECHSEL, sowie ADSS, VIII, für das Lager Miranda del Ebro. Ergänzend s.a.: Gabriel ADRIÁNYI, Die Kirche in Nord-, Ost- und Südosteuropa, in: Handbuch der Kirchengeschichte (Hg. Jedin), Bd. VII, S. 508-536.

nachlassen will und der noch heute so stark ist, wie er damals war, so wie er es erst gestern noch gewesen ist. [...] In seinem bewegten Leben hat das Volk Stunden der Agonie und Perioden des scheinbaren Todes durchlebt; aber es hat auch Zeiten des Wiederaufbaus und der Wiederauferstehung gekannt. Aber es gibt etwas in ihrer Geschichte, was man noch niemals gesehen hat, und ihre Anwesenheit hier zeigt Uns, daß man es auch nie sehen wird: Nämlich ein ungläubiges Polen oder ein Polen, das sich von Jesus Christus und seiner Kirche losgesagt hat.«

Eine Woche später, als Pius XII. gerade die Antrittsenzyklika seines Pontifikats verfaßte, schlug der Primas von Polen vor, darin eine Anspielung auf die Lage in Polen einzuschieben, zum Beispiel seinen Glauben an die baldige Wiederauferstehung Polens und eine Anrufung der Jungfrau Maria als »Hilfe der Christen«. Das wäre für die Polen eine Botschaft der Hoffnung und des Vertrauens. Diese Vorschläge wurden vom Papst in seine Enzyklika *Summi Pontificatus* übernommen:

> »Das Blut ungezählter Menschen, auch von Nichtkämpfern, erhebt erschütternde Klage, insbesondere auch über ein so geliebtes Volk wie das polnische, dessen kirchliche Treue und Verdienste um die Rettung der christlichen Kultur mit unauslöschlichen Lettern in das Buch der Geschichte geschrieben sind und ihm ein Recht geben auf das menschlich-brüderliche Mitgefühl der Welt. Vertrauend auf die mächtige Fürbitte Marias, der Hilfe der Christen, ersehnt es die Stunde einer Auferstehung nach den Grundsätzen der Gerechtigkeit und eines wahren Friedens.«

In seinem wenige Tage später abgeschickten Dankesbrief schrieb Kardinal Hlond: »Diese offiziellen und feierlichen Worte werden zusammen mit der unvergeßlichen päpstlichen Rede vom 3. September vor allem von den Polen gewürdigt werden, und sie werden noch für die kommende Generation ein großer Trost in ihrem Glauben und in ihrer traditionellen Verbundenheit mit dem Hl. Stuhl sein.«

Unterdessen war ganz Polen unter den Einfluß des nationalsozialistischen Deutschland und des sowjetischen Rußland geraten. Seine westlichen Gebiete wurden zu einem großen Teil vom Reich annektiert; der südliche Teil und der Rest von Polen wurde zu einer Art Kolonie, dem »Generalgouvernement«, während die Sowjetunion die östlichen Territorien annektierte. Polen befand sich also in den

Händen von zwei Mächten, die die Vernichtung des Christentums
auf ihre Fahnen geschrieben hatten. Was die Nazis in Deutschland
gegenüber einer gut strukturierten Kirche noch nicht wagen konnten, glaubten sie in einer Nation, die ihrer Armee und ihrer Polizei
ausgeliefert war, in die Tat umsetzen zu können. Um an dieser Stelle
den Ereignissen des Krieges vorzugreifen: die Zahl der Opfer, die
umgebracht wurden, wird heute auf 4 Bischöfe, 1.996 Priester, 113
Kleriker und 238 Nonnen geschätzt und die Zahl derjenigen, die in
die Konzentrationslager geschickt wurden, auf 3.642 Priester, 389
Kleriker, 341 einfache Brüder und 1.117 Nonnen.

Eine der ersten Fragen, die sich für den Hl. Stuhl stellte, war die
Frage der Leitung der Diözesen. Mehrere Bischofssitze waren bereits vakant, als der Krieg ausbrach, darunter auch der in der Hauptstadt Warschau, wo die Verhandlungen über die Nachfolge von Kardinal Alexander Kakowski, der im Dezember 1938 gestorben war,
noch immer nicht abgeschlossen waren. Msgr. Adam Stefan Sapieha
aus Krakau war bereits alt, litt unter seiner schlechten Gesundheit
und hatte dem neu gewählten Pius XII. bereits sein Rücktrittsgesuch
übergeben. Kardinal Augustyn Hlond, Primas von Polen, konnte
nicht in seine Diözese Gnesen (Gniezno) zurückkehren. Er war auf
Bitten ziviler und militärischer Stellen wieder nach Warschau gegangen, hatte dann die polnische Regierung nach Rumänien begleitet
und war von dort weiter nach Rom gereist. Auch Msgr. Stanisław
Okoniewski, Bischof von Kulm (Chełmno)-Pelplin, und Msgr. Karol Miczystaw Radoński, Bischof von Włocławek, hatten ihre Diözesen in den ersten Tagen des Krieges verlassen müssen. Der Weihbischof von Msgr. Radoński, Michał Kozal, wurde Ende 1939 verhaftet
und trotz wiederholter Bitten des Hl. Stuhles um seine Freilassung
blieb er bis zu seinem Tod in Dachau in den Händen der Deutschen.
Darin teilte er das Schicksal des Weihbischofs von Lublin,
Władysław Góral, der im Gefängnis von Oranienburg-Sachsenhau-
sen bei Berlin starb, und des Weihbischofs von Płock, Lew
Wetmański, der in Auschwitz umkam. Im Verlauf der folgenden Jahre wurden noch andere Bischöfe aus ihren Diözesen verjagt und interniert oder verhaftet.

Bereits in den ersten Monaten der Besatzung wurden Hunderte
von Priestern verhaftet und erschossen, katholische Intellektuelle,
Kleriker oder Laien, wurden in das Konzentrationslager Oranienburg geschickt. Diese Maßnahmen verfolgten das Ziel, die intellektuelle Elite und den traditionellen Einfluß des Klerus auszuschalten.
Unter solchen Umständen konnte man keine neuen Bischöfe ernennen. In den von der neuen deutsch-sowjetischen Grenze durch-

schnittenen Diözesen erhielten die Bischöfe der benachbarten Diözesen als Apostolische Administratoren den Auftrag, die kirchlichen Rechtsfragen der Teile der Diözese zu regeln, die vom Bischofssitz abgetrennt waren. Auch in anderen Diözesen, deren Amtsträger vertrieben, interniert oder inhaftiert waren, wurden Apostolische Administratoren ernannt (d.h. zeitweilige und provisorische Leiter der Diözesen, die mit den Vollmachten eines residierenden Bischofs ausgestattet waren). Angesichts der Wahrscheinlichkeit weiterer Verhaftungen erhielten die Bischöfe und Administratoren Anweisung, für den Fall ihres Todes oder ihrer Internierung zwei Priester als Nachfolger zu bestimmen.

Als die Wehrmacht und die Rote Armee sich in den Zonen, die der im August 1939 abgeschlossene Pakt definiert hatte, eingerichtet hatten, erklärte der Botschafter des Reiches, Diego von Bergen, am 9. Oktober dem Papst, »daß irgendwelche Eingriffe in das kirchliche Leben der Bevölkerung der besetzten Gebiete nicht beabsichtigt seien«. Wenn man zu einem späteren Zeitpunkt, versicherte Bergen, einige Änderungen vornehmen wolle, werde sich die Reichsregierung mit dem Vatikan in Verbindung setzen. Zur gleichen Zeit bemühte sich der Hl. Stuhl, für Kardinal Hlond die Erlaubnis zu erhalten, seinen Bischofssitz in Posen (Poznań) wieder einnehmen zu dürfen. Am 17. Oktober übergab der Botschafter dem Kardinalstaatssekretär aber eine Note, in der es hieß, Kardinal Hlond sei ein Feind Deutschlands und könne nicht die Erlaubnis erhalten, nach Polen zurückzukehren. Eine ähnliche Entscheidung fiel auch gegen den Bischof von Kulm (Chełmno)-Pelplin und gegen den von Kattowitz (Katowice).

Die Note des Botschafters besagte unter anderem, daß die Reichsregierung keine Einwände dagegen habe, wenn die vorübergehende Verwaltung dieser drei Bischofssitze an drei deutsche Prälaten vergeben werde. In ihr hieß es, daß Msgr. Franz Hartz von der Freien Prälatur Schneidemühl die Erzdiözese Gnesen-Posen (Gniezno-Poznań) verwalten könne, und sie war damit einverstanden, daß Msgr. Karl Maria Splett, Bischof von Danzig, die Diözese Kulm (Chełmno)-Pelplin zugewiesen erhielt, sowie Kardinal Bertram, Erzbischof von Breslau, die Diözese Kattowitz (Katowice). Am 20. Oktober notierte Msgr. Tardini nach der Unterredung des Papstes mit seinem Kardinalstaatssekretär: »Seine Eminenz hält es nicht für opportun, die polnischen Diözesen zu diesem Zeitpunkt deutschen Prälaten anzuvertrauen. Seine Heiligkeit erkennt die Richtigkeit dieses Einwands an und hat beschlossen, die Entscheidung aufzuschieben.«

In Abwesenheit des Nuntius von Warschau, der sich mit der Regierung nach Rumänien zurückgezogen hatte, begannen die polnischen Bischöfe unterdessen, sich an den Nuntius in Berlin zu wenden, der die einzige Zuflucht gegen die Willkürakte der deutschen Behörden war und den sichersten Weg für die Verbindung mit dem Hl. Stuhl bot. Nuntius Orsenigo erhielt am 1. November den Auftrag, in Polen das gleiche Amt wie in Deutschland auszuüben.

In den letzten Monaten des Jahres 1939 traf der Papst eine seiner umstrittensten Entscheidungen dieser Zeit. Eine Depesche von Nuntius Orsenigo vom 25. November malte ein beängstigendes Bild der Lage der Kirche in der Diözese Kulm (Chełmno)-Pelplin in Pommern. Der Bischof Stanisław Okoniewski war im Exil; sein Weihbischof war krank und konnte sein Amt nicht ausüben; die Domkapitulare waren in alle Winde zerstreut, ein einziger Kanoniker war vor Ort geblieben; der Klerus versteckte sich, befand sich im Gefängnis oder war hingerichtet worden. Von 500 Priestern der Diözese übten nur noch 20 ihr Amt aus.

Als er den Bericht von Orsenigo erhielt, änderte Pius XII. seine ursprüngliche Entscheidung, keine deutschen Bischöfe, nicht einmal vorübergehend, an die Spitze der polnischen Diözesen zu stellen. Auf den Brief von Orsenigo schrieb er am 29. November mit eigener Hand: »Es erscheint angebracht, den Bischof von Danzig als Apostolischen Administrator *ad nutum Sanctae Sedis* für die Diözese von Kulm (Chełmno) zu ernennen, am besten, indem wir den Polen erklären, daß es sich um eine interimistische Entscheidung für einen Fall von äußerster Dringlichkeit handelt, um den es sich nach dem Bericht des Nuntius ja auch tatsächlich zu handeln scheint«, und er ernannte den Bischof von Danzig, Msgr. Karl Maria Splett, zum Apostolischen Administrator für Kulm (Chełmno)-Pelplin. Die polnische Exilregierung in London sah in dieser Ernennung eine Verletzung der Vereinbarungen des Konkordats von 1925, wonach kein Teil des polnischen Territoriums unter die Verwaltung eines Bischofs mit Sitz außerhalb Polens gestellt werden dürfte. Der Hl. Stuhl beharrte weiterhin auf dem Standpunkt, daß der lediglich interimistische Charakter der Ernennung und vor allem die tiefe Sorge um das Seelenheil der Gläubigen der Diözese die Ernennung Spletts rechtfertigten.

Ebenso heikel war die Entscheidung für Wilna. Diese Stadt war nach dem Abkommen vom 10. Oktober mit der Sowjetunion an Litauen gefallen. Die litauische Regierung versuchte zu erreichen, daß der Erzbischof Romuald Jałbrzykowski versetzt wurde. Kardinal Maglione antwortete dem Gesandten Litauens am 4. Januar 1940:

»Die Regierung von Kaunas muß verstehen, daß der Hl. Stuhl nicht hinter den Armeen herlaufen und die Bischöfe auswechseln kann, sobald die kämpfenden Truppen neues Territorium erobern, das anderen Völkern als ihrem eigenen gehört.« Msgr. Jałbrzykowski verblieb also auf seinem Posten, bis er 1942 von den Deutschen ausgewiesen wurde.

Es war die Reichsregierung selbst, die dem Vatikan die Möglichkeit bot, seine Position eindeutig festzulegen. In einer Note vom 29. August 1941 brachte Botschafter Bergen das Ansuchen vor, daß alle Besetzungen von höheren Kirchenämtern in den annektierten Gebieten vorab Berlin mitgeteilt werden müßten. Die Forderung betraf die residierenden Bischöfe, die Koadjutoren mit Nachfolgerecht, die *Praelati nullius*, die Apostolischen Administratoren, die Kapitelvikare oder all jene, die eine gleichwertige Funktion in der Leitung der Diözese ausübten. Die Note nannte ausdrücklich das Generalgouvernement, Elsaß, Lothringen, Luxemburg, die Untersteiermark, Kärnten und die Krain, die von Jugoslawien abgetrennt worden war. Außerdem verlangte die Note entsprechende Vorabkonsultationen auch für die vom Hl. Stuhl auf der gleichen Ebene vorgenommenen Besetzungen innerhalb der Kirche im alten Reichsgebiet. Das deutsche Hoheitsrecht, so hieß es in der Note, gebe der Reichsregierung das Recht, bei diesen Ämterbesetzungen Bedenken allgemein politischer Natur geltend zu machen.

Auf diese Forderung nach einem faktischen Vetorecht bezüglich der Besetzung von Kirchenämtern in den Gebieten, die entweder unter deutscher Kontrolle oder militärischer Besatzung standen, antwortete der Staatssekretär am 18. Januar 1942 mit einer kategorischen Ablehnung: Es sei die Politik des Hl. Stuhles, keinerlei Änderungen im religiösen Leben eines Landes zu machen, wenn es in der Folge von militärischen Operationen annektiert oder besetzt worden sei. Im übrigen stehe die Ernennung von kirchlichen Würdenträgern ausschließlich der Kirche zu, und man könne sich in diesem Fall nicht auf die Souveränität des Staates berufen; schließlich handele es sich hier um Dinge, die nur Gegenstand von Konzessionen im Rahmen des Konkordats sein könnten.

Die Reaktion ließ nicht auf sich warten. Am 10. Juni 1942 gab Hitler folgenden Befehl: In Anbetracht der Tatsache, daß der Hl. Stuhl beschlossen habe, dem Reich keinerlei Rechte bezüglich der Besetzung von Kirchenämtern in den eroberten Gebieten einzuräumen, verweigere man ihm das Recht, bei den deutschen Behörden wegen dieser Gebiete vorstellig zu werden. Am 27. Juni notierte Nuntius Orsenigo, daß seit kurzem die Antworten auf seine Bitten und Eingaben länger als üblich auf sich warten ließen, und er berichtete, daß ihm Staatssekretär Weizsäcker am Vortag gesagt habe, daß »man entschlossen sei, die Demarchen und Bitten betreffend der Gebiete, die nicht zum Altreich gehörten, nicht mehr zur Kenntnis zu nehmen«.

Unterdessen hatte Kardinal Hlond bereits am 21. Dezember 1939 einen ausführlichen Bericht abgegeben, der die Welle der Brutalität und Unterdrückung beschrieb, die über die Kirche der beiden Erzdiözesen und der anderen von den Deutschen besetzten Diözesen hinwegbrandete. Zwei Tage später gab der Papst Anweisung, ein Dossier vorzubereiten, das in einer Sondersitzung der Kardinäle der Kongregation für außerordentliche kirchliche Angelegenheiten diskutiert werden sollte: »Welche Maßnahmen sollen ergriffen werden?«

Nach dieser Sitzung beschloß der Papst, sich des Radiosenders des Vatikans zu bedienen. Am 19. Januar 1940 notierte Msgr. Montini die Anweisung des Papstes: »*Ex audientia Sanctissimi*: Radio Vatikan für die deutschen Sendungen einige Hinweise über die Bedingungen der Kirche in Polen geben.« Als Folge davon verbreitete die Radiostation am 21. Januar nicht nur in deutscher, sondern auch in anderen Sprachen eine Beschreibung, ja sogar eine Anprangerung der deutschen Politik in Polen. Der Sprecher erklärte: »Die Bedingungen des religiösen, politischen und wirtschaftlichen Lebens haben das edle polnische Volk, insbesondere in den von den Deutschen besetzten Gebieten, in einen Zustand von Terror, Abstumpfung und, wir möchten sogar sagen: Barbarei versetzt, der dem sehr ähnlich ist, der 1936 in Spanien von den Kommunisten verursacht wurde. [...] Die Deutschen benutzen dieselben Mittel und vielleicht noch schlimmere als selbst die Sowjets.« Die englischsprachige Sendung behauptete, daß sich die gegen das polnische Volk gerichteten Exzesse nicht auf den sowjetischen Sektor beschränkten. »Die Angriffe auf die Gerechtigkeit und auf den elementarsten Anstand sind in den Teilen Polens, die unter deutsche Kontrolle gefallen sind, noch radikaler und häufiger.«

Die Sendungen vom 21. Januar 1940 wurden von den Alliierten positiv aufgenommen. Der *Manchester Guardian* befaßte sich zum Beispiel in einem Leitartikel vom 24. Januar mit der Sendung von Radio Vatikan über Polen und kam zu dem Schluß, daß dies »eine Warnung an all jene sei, die unsere Zivilisation zu schätzen wissen, daß sich Europa in tödlicher Gefahr befinde«. Die deutsche Reaktion ließ nicht auf sich warten. Am 27. Januar erschien der deutsche Botschaftsrat, Fritz Menshausen, im Staatssekretariat und teilte Msgr.

Montini mit, er habe von seiner Regierung die Instruktion erhalten, darauf aufmerksam zu machen, wie unangebracht die jüngste Sendung gewesen sei. Die Regierung beklage, daß sie in der Weltpresse und in der öffentlichen Meinung eine antideutsche Haltung hervorgerufen habe, die »unangenehme Reaktionen« in der deutschen Presse, aber auch von seiten der deutschen Regierung selbst, auslösen könne. Der Vatikan verstand die verhüllte Drohung mit Repressalien sehr wohl; zwei Tage später informierte Msgr. Montini Botschaftsrat Menshausen, daß Kardinal Maglione Radio Vatikan gebeten habe, die Sendungen über die traurigen Umstände in Polen auszusetzen. Am gleichen Tag, als Menshausen seinen Protest vortrug, am 27. Januar, schickte Kardinal Maglione Orsenigo eine nach außen hin höchst unverdächtige Depesche, in der den polnischen Priestern die Erlaubnis erteilt wurde, während der Woche die Messe in Privathäusern zu lesen. Tatsächlich war dies eine Maßnahme zugunsten der Priester, die im Untergrund lebten, [im *Maquis*, wie man bald sagen würde], so wie es Msgr. Stanisław Adamski von Kattowitz (Katowice) in einem von Orsenigo weitergeleiteten Bittgesuch erbeten hatte.

Ein wenig später, im Juni desselben Jahres, sandte die deutsche Botschaft eine Note des Generalgouvernements, die besagte, daß angesichts der feindlichen und antideutschen Haltung des Radios und der Presse des Vatikans den Priestern und Angehörigen religiöser Orden nicht erlaubt werden könne, Polen zu verlassen. Diese Anordnung machte die Kommunikation des Papstes mit Polen noch schwieriger. Die Gefahr, daß die Korrespondenz von den Deutschen oder den Russen abgefangen würde, zwang den Papst wie auch die Bischöfe zu äußerster Vorsicht bei der Abfassung ihrer Briefe. Politische Fragen und allzu eindeutige Hinweise auf schlechte Behandlung der Bevölkerung fanden sich darin kaum wieder.

Die Beziehungen zwischen dem Hl. Stuhl und den Bischöfen Polens und der baltischen Gebiete, die für einige Zeit unter das sowjetische Regime geraten waren, waren noch schwieriger als das Verhältnis zu den Bischöfen in der deutschen Besatzungszone in Polen. Zusätzlich zur Verstaatlichung des Eigentums und der Schulen wurde ein Programm zur Durchsetzung des Atheismus eingeführt, insbesondere bei der Jugend. Deportationen in großem Ausmaß wurden als Mittel eingesetzt, um den Widerstand zu brechen, insbesondere unter den Intellektuellen. In einem Brief vom 30. August 1941 schätzte der Erzbischof von Lemberg (Lwów), Msgr. Andrzej Szeptyckyj, die Zahl der deportierten Menschen allein aus der Ukraine, wo die große Mehrheit der griechisch-katholischen Bevölkerung lebte, auf 500.000.

Der Apostolische Administrator von Estland, der Jesuit Edouard Profittlich, fragte den Hl. Vater, ob er, als deutscher Staatsbürger und wegen der sowjetischen Besetzung von Estland, nicht nach Deutschland zurückkehren solle, denn er denke, daß er unter den Sowjets sein Amt nicht ausüben könne und wahrscheinlich sogar nach Sibirien deportiert werde. Der Papst überließ ihm die Entscheidung. Profittlich interpretierte diese Antwort als eine Aufforderung, auf seinem Posten zu bleiben. Wie er es vorausgesehen hatte, wurde er nach Sibirien deportiert, wo er starb. Msgr. Miczysław Reinys, Apostolischer Verwalter von Wilna, starb in einem russischen Gefängnis. Msgr. Teofilo Matulionis aus Kaišedorys wurde mehrmals von den Sowjets eingesperrt und starb in ihrer Gewalt. Die ukrainischen Bischöfe wurden ebenfalls hart getroffen. Msgr. Josip Kocylovškyj aus Przemyśl starb 1947 in einem Gefängnis in Kiew, sein Weihbischof Msgr. Grzegorz Lakota starb 1950 in Workuta, Msgr. Gregor Chomyšyn aus Stanisławów (Ivano-Frankovsk) starb ebenfalls 1945 im Gefängnis in Kiew.

An der Entschlossenheit der Besatzungsbehörden, die Religion auszulöschen, gab es keinen Zweifel. Szeptyckyj schrieb am 26. Dezember 1939: »In jeder Kleinigkeit zeigt sich eine Feindschaft, ein Haß auf die Religion, auf den Klerus, unglaublich, man könnte meinen, sogar auf den Menschen im allgemeinen.« Ein wenig weiter unten fügte er hinzu: »Man kann dieses Regime nur durch eine massenhafte diabolische Besessenheit erklären.« Er schlug dem Papst vor, um die Fürbitte der kontemplativen Orden zu bitten, der Karmeliter, Trappisten, Kartäuser und Kamaldulenser, denn »der Exorzismus der Kirche ist nicht an den Raum gebunden und kann aus der Ferne wirken«. In einem Brief vom 6. August 1941, nach dem Rückzug der Roten Armee, fällte Msgr. Chomyšyn ein ähnliches Urteil über das sowjetische System: »Das sind wilde Bestien, die von einem diabolischen Geist angetrieben werden.« Drei Wochen später, am 30. August 1941, schrieb der Metropolit von Lemberg (Lwów): »Unter den Bolschewiken waren wir quasi zum Tode verurteilt; man verhehlte nicht den Wunsch, das Christentum bis zum letzten Rest zu vernichten und auszurotten.« Einige Berichte aus den baltischen Staaten hatten einen ähnlichen Tenor, wie der vom 10. Oktober 1941 von Msgr. Skvireckas aus Kaunas (Kowno).

1941 folgte auf die sowjetische die deutsche Besatzung. Szeptyckyj übernahm nun die Begriffe, die er für die sowjetischen Machthaber benutzt hatte, um die nationalsozialistische Herrschaft zu charakterisieren. In einem Brief an Pius XII. vom August 1942 schrieb er, er habe, nachdem er durch die deutsche Armee aus den

Händen der Russen befreit worden war, eine gewisse Erleichterung verspürt, allerdings nur für kurze Zeit:

> »Heute ist das gesamte Land der Meinung, daß das deutsche Regime, vielleicht noch stärker als das bolschewistische [!], schlecht, ja fast diabolisch ist. Seit mindestens einem Jahr vergeht kein Tag, an dem nicht schreckliche Verbrechen, Erschießungen, Raub und Diebstähle, Konfiszierungen und Unterschlagungen begangen werden. Die Juden sind die ersten Opfer. Die Zahl der getöteten Juden in unserem kleinen Land ist sicherlich bereits auf über zweihunderttausend angestiegen.«

Ein großer Teil des polnischen Territoriums im Westen, das von Deutschland nach dem September 1939 annektiert worden war, bildete eine Verwaltungseinheit, die sich Reichsgau Wartheland nannte. Aus kirchlicher Sicht umfaßte er die gesamte Erzdiözese Posen (Poznań), ungefähr die gesamte Erzdiözese Gnesen (Gniezno), den größten Teil der Diözese Włocławek und Łódz sowie kleine Teile der Erzdiözese Warschau und der Diözese Tschenstochau (Czestochowa), mit einigen Gemeinden der Diözese Płock. An die Spitze dieser Region stellte Hitler – mit dem Titel eines Reichsstatthalters und mit außerordentlichen Vollmachten versehen – den ehemaligen Präsidenten des Senats von Danzig, Arthur Greiser. Ein Charakteristikum der Politik unter Greiser war die Härte der gegen die Priester und Bischöfe ergriffenen Maßnahmen, sowie der Versuch der Nazis, die Kirche nach der Maßgabe ihrer Ideologie zu reorganisieren. In der Vorstellung des Besatzers lag das Endziel in einer von Rom unabhängigen katholischen Kirche, zunächst im Wartheland, später dann auch im Großdeutschen Reich und seinen Satellitenstaaten.

Die Zahl der Priester dieser Gebiete, die verhaftet, nach Dachau geschickt oder erschossen wurden, war ausgesprochen hoch. Ein für Rom bestimmter Bericht kam zu der Feststellung, daß von den 2.000 Priestern ein Drittel tot und 700 im Gefängnis waren. Von den sechs Bischöfen, die bei Kriegsbeginn in diesem Gebiet residierten, war Anfang 1943 nur noch einer übrig, der Weihbischof und Generalvikar der Erzdiözese Posen (Poznań), Valentin Dymek, der aber unter Hausarrest stand. Kardinal Hlond, Msgr. Radoński und Msgr. Kozal waren weit weg von ihren Diözesen, die Diözese Łódz verlor sowohl ihren Bischof als auch ihren Weihbischof, die von den Deutschen in das Generalgouvernement vertrieben wurden. Der Bischof von Płock, Antoni Nowowiejski, starb im Juni 1941 im Konzentrationslager von Dzialdowo. Sein Weihbischof, Msgr. Lew

Wetmański, starb in Auschwitz. Im Oktober 1941 führten die wiederholten Schikanen der Behörden zur Inhaftierung von mehreren hundert Priestern. Was Ausweisungen, Verhaftungen und Todesstrafen anging, erlitten die Ordensgeistlichen das gleiche Schicksal. Die Priesterseminare von Gnesen (Gniezno), Posen (Poznań), Włocławek und Łódz wurden geschlossen, wie auch alle Noviziate und Studienhäuser der religiösen Gemeinschaften. Vierhundert Ordensschwestern wurden in ein Sonderinternierungslager verbracht.

In bezug auf die Erziehung der Kinder verordnete ein Dekret von Greiser vom 19. August 1941, daß der Religionsunterricht nur Kindern zwischen zehn und achtzehn Jahren erteilt werden dürfe, und nur in den Kirchen für eine Stunde pro Woche, zwischen drei Uhr und fünf Uhr nachmittags und nach vorheriger Anmeldung bei der Polizei. Viele Pfarrkirchen wurden für den Gottesdienst geschlossen, vor allem nach dem Oktober 1941. In den geöffneten Kirchen war die Messe auf nur wenige Stunden beschränkt, wenn der Priestermangel nicht jeden Gottesdienst völlig zum Erliegen gebracht hatte. Das Dekret über die religiösen Gemeinschaften, das »die römischkatholische Kirche deutscher Nation« schuf, wurde von Gauleiter Greiser am 13. September 1941 erlassen. Die Generalvikare von Gnesen (Gniezno) und von Posen (Poznań) zweifelten nicht daran, daß Greisers Endziel ein deutsches Reich war, in dem das Christentum nicht mehr existierte.

Diese Prälaten beschlossen deshalb, gemeinsam einen Appell an den Papst zu richten, um ihn auf den Ernst der Situation aufmerksam zu machen, die aus der neuen Gesetzgebung erwuchs, und um ihm einige Lösungsvorschläge zu unterbreiten. Die doppelte Bitte wurde am 26. September 1941 von Posen (Poznań) abgeschickt. Die beiden Generalvikare baten den Papst, einen Apostolischen Administrator für alle Deutschen im gesamten Distrikt sowie einen Apostolischen Administrator für alle Polen zu ernennen. Ihrer Meinung nach war das die einzige Lösung, die es ermöglichte, zumindest für eine gewisse Zeit die Gefahr für die Kirche abzuwenden, die sich aus der von den Besatzungsbehörden aufgezwungenen Trennung zwischen den deutschen und den polnischen Katholiken ergab.

Dieser Appell der beiden betroffenen Parteien verursachte einige Ratlosigkeit im Vatikan. Dennoch beherzigte der Papst die Mahnung der beiden Verfasser der Petition zur absoluten Notwendigkeit einer schnellen Entscheidung und ernannte den Kanoniker Josef Paech von der Kathedrale von Posen (Poznań) zum Apostolischen Administrator für die deutschen Katholiken im Warthegau. Im März 1942 wurde dieser aufgrund seiner schlechten Gesundheit von P. Hilarius

Breitinger abgelöst. Der Apostolische Administrator für die polnischen Katholiken, Msgr. Dymek, Weihbischof und Generalvikar, wurde erst im April 1942 ernannt, nachdem er eingewilligt hatte. Die unübliche Trennung der Zuständigkeiten nach Nationalitäten betraf vor allem die Diözesen von Gnesen (Gniezno) und Posen (Poznań), deren Diözesanbischof, Kardinal Hlond, in Lourdes im Exil lebte. Am 26. Mai 1942 beauftragte Kardinal Maglione den Nuntius in Vichy, Msgr. Valeri, diesem zu erklären, daß die Ernennung der beiden Apostolischen Administratoren durch die »sehr bedenkliche religiöse Situation« im Wartheland geboten sei, wo die Krise dringend außergewöhnliche Maßnahmen erforderte.

Unterdessen trafen im Vatikan weiterhin Anfragen ein, die den Hl. Stuhl inständig baten, etwas gegen die Ausschreitungen gegen das polnische Volk zu unternehmen. Orsenigo legte mit Schreiben vom 28. August, vom 2. September und vom 29. September wiederholt Protest bei Ribbentrop ein. Nach der Veröffentlichung der Anweisungen Greisers vom 13. September 1941 über die religiösen Gemeinschaften sandte der Nuntius noch ein weiteres Protestschreiben. Auf alle seine Eingaben erhielt er nur auf die beiden letzten vom August über den Kirchenbesitz eine Antwort.

Diese Proteste auf diplomatischem Weg blieben hinter den verschlossenen Türen der Kanzleien. Die polnischen Katholiken, die Opfer der Übergriffe, gegen die man protestierte, erfuhren nichts von ihnen. Deshalb glaubten viele von ihnen, der Hl. Stuhl bliebe ihrem Schicksal gegenüber gleichgültig. Mit einem Brief vom 2. August 1941 übermittelte Kardinal Hlond einen Bericht, der die wachsende Unzufriedenheit in gewissen Kreisen in Polen beschrieb:

> »Man hört die Polen darüber klagen, daß der Papst nicht gegen das Verbrechen protestiert, wenn die Deutschen 3.000 Priester in den Konzentrationslagern sterben lassen, daß der Papst seine Stimme nicht zu einer Verdammung erhebt, wenn man Hunderte von Priestern und Angehörigen der katholischen Bewegung, unter denen sich auch päpstliche *Cameriere* befanden, ohne einen Hauch von eigenem Verschulden erschießt.«

Im Vatikan nahm man diese Warnungen des Primas von Polen sehr ernst. Am 3. September entwarf Kardinal Maglione die großen Linien einer Antwort und beauftragte den Nuntius in Vichy, Msgr. Valerio Valeri, der sich gerade zu einem Urlaub in Rom aufhielt, Kardinal Hlond mündlich weitere Erläuterungen zu geben.

Vor allem wies Kardinal Maglione die Anschuldigung zurück, daß der Papst zum Schicksal der polnischen Katholiken geschwiegen ha-

be. Allein im Jahr 1941 habe er dreimal seine Stimme erhoben,
zunächst in seiner Osteransprache, dann in einer Botschaft an die
Vereinigten Staaten aus Anlaß des Eucharistischen Kongresses von
St. Paul in Minnesota, dann in der Botschaft vom 29. Juni aus Anlaß
des Festes Peter und Paul. Die Entscheidung über eine öffentliche
Erklärung, die sich ausdrücklich mit Polen beschäftigte, überließ
Kardinal Maglione dem Papst selbst, der auch den geeigneten Mo-
ment und die angemessene Form wählen sollte.

Bald erhoben sich auch in Polen selbst Stimmen, die eine energische Erklärung des Papstes wünschten. Am 3. November bat Msgr.
Sapieha, nachdem er berichtet hatte, die religiöse Verfolgung sei
schlimmer als jemals zuvor, in aller Ehrerbietung um eine ausdrückliche Verurteilung oder wenigstens ein Wort des Trostes.

Die Antwort des Kardinalstaatssekretärs vom 29. November 1941
liegt auf der gleichen Linie wie die, die er zuvor Kardinal Hlond gegeben hatte. Dann schrieb Pius XII. selbst am 6. Dezember an Msgr.
Sapieha und wandte sich über ihn an alle Bischöfe Polens, indem er
ihnen Mut zusprach und ihre Treue zur Kirche in dieser schwierigen
Situation pries, über die er sehr wohl informiert sei. Dennoch versprach er für die nahe Zukunft keine klareren Worte der Verurteilung, wie es Sapieha vorgeschlagen hatte.

Msgr. Sapieha insistierte nicht: Er habe, sagte er, seine Pflicht getan, indem er den Pontifex maximus über die Lage informiert habe.
Dennoch wollte er wenig später genauestens über die tragische Situation berichten, in der sich die Kirche Polens befand. Diese traurigen Stunden, die die Nation durchlebte, als sich die nationalsozialistische Macht auf dem Höhepunkt befand, werden durch das
Schicksal dieses von Msgr. Sapieha an den Papst adressierten Briefes
vom 28. Februar 1942 anschaulich illustriert. Er enthielt eine Beschreibung des ganzen Schreckens der nationalsozialistischen Besatzung Polens:

»Unsere Lebensbedingungen sind wirklich ausgesprochen tragisch: Fast aller Menschenrechte beraubt, der Grausamkeit von
Männern ausgeliefert, die zumeist bar jeglichen menschlichen
Gefühls sind, leben wir in einem schrecklichen Terror, ständig
in Gefahr, im Falle einer Flucht oder der Deportation, der Inhaftierung in den Lagern, den sogenannten Konzentrationslagern, aus denen nur wenige wieder lebend herauskommen, alles
zu verlieren. In diesen Lagern werden Tausende und Abertausende unserer besten Brüder festgehalten und das ohne jeden
Prozeß und ohne eigenes Verschulden. Unter ihnen befinden

sich sehr viele Welt- und Ordensgeistliche. Durch Gesetz sind
wir fast all dessen beraubt, was lebensnotwendig ist, denn was
uns legal zugestanden wird, reicht nicht aus, um auch nur die
geringsten Lebensansprüche zu befriedigen. Augenblicklich
wütet ein ansteckender Typhus, der sich immer weiter ausbrei-
tet, denn es fehlt an Medikamenten. Die Behörden beschränken
sich auf Versprechungen oder auf die fürchterliche Absonde-
rung der Kranken. Kann es unter solchen Umständen erstaunen, daß die Menschen empört und aufgebracht sind und daß
der kommunistischen Agitation und anderen Bewegungen dieser Art ein weites Betätigungsfeld überlassen wird?«

Unter diesen Umständen, fuhr der Prälat fort, finde die antirömische
Propaganda ein gut vorbereitetes Terrain bei denjenigen, die »angesichts der Gewalttaten und Greuel, unter denen wir leiden, gern eine
Verurteilung dieser Verbrechen hören würden, und die ohne nachzudenken das vernichtende Urteil der Agitatoren zu ihrem eigenen
machen.«
    Der Prälat hatte diesen Brief zunächst einem italienischen Kaplan,
Abbé Pirro Scavizzi, übergeben, hatte dann aber Angst bekommen
und ihm einen Boten mit der Bitte nachgeschickt, das Dokument zu
verbrennen, »aus Angst, daß der Brief in die Hände der Deutschen
fallen könnte, die daraufhin alle Bischöfe und vielleicht noch einige
andere erschießen würden«. Der Kaplan verbrannte den Brief
tatsächlich, aber erst nachdem er eine handschriftliche Kopie gemacht und einen eigenen Kommentar dazu verfaßt hatte.
    Der Apostolische Administrator für die Deutschen im Warthegau,
der Franziskaner Hilarius Breitinger, notierte wenig später am 28.
Juli 1942: »Immer wieder kann man unter polnischen Katholiken
Zweifel hören, ob es denn noch einen Gott gibt, wenn solche Unge-
rechtigkeiten möglich sind, oder ob denn der Papst, von dem man
ihnen früher, als es den Polen noch gut ging, so oft erzählt und ge-
predigt habe, die Polen ganz vergessen habe, nachdem sie jetzt in
solche Not geraten seien.« Die Klagen seien sachlich völlig unrich-
tig, meinte Breitinger, aber er hielte es für seine Pflicht, sie weiterzuleiten.
    Währenddessen trafen im Vatikan zwei Briefe von Msgr. Radoński
ein, dem Bischof von Włocławek, einem der drei polnischen Prälaten, die gezwungen waren, den Krieg im Exil zu verbringen. Er hatte
gerade die – unzutreffende – Nachricht gelesen, die in der katholischen Presse Englands veröffentlicht worden war, daß P. Breitinger
zum Apostolischen Administrator für den Warthegau ernannt wor-

den sei, der auch seine eigene Diözese Włocławek umschloß. Msgr. Radoński protestierte in einem Schreiben aus London vom 14. September 1942 an Kardinal Maglione energisch:

»Hier, sagen die Polen, werden die Kirchen entweiht oder geschlossen, die Religion ist in einem traurigen Zustand, die Messen werden nicht mehr abgehalten, die Bischöfe werden verjagt, Hunderte von Priestern werden getötet oder ins Gefängnis gesteckt, unschuldige Jungfrauen werden dem Vergnügen der verderbten Räuber überlassen, fast jeden Tag werden unschuldige Geiseln vor den Augen der zum Zusehen gezwungenen Kinder umgebracht, das Volk, dem man alles geraubt hat, stirbt vor Hunger, aber der Papst verharrt in Schweigen, als kümmere er sich nicht um seine Schäfchen.«

Er fügte hinzu, daß die Deutschen mit lauter Stimme verkündeten, daß sich alles vor den Augen und mit Wissen des Pontifex maximus und sogar mit seiner Zustimmung abspiele. Und da kein Dementi erfolge, glaube das Volk schließlich daran. Radoński fügte noch hinzu, daß einer neuesten Meldung zufolge die Deutschen das Erscheinen des *Osservatore Romano* in Deutschland und sogar in Polen erlaubt hätten. Dieser Preis des Schweigens, sagte man in Polen, stehe in traurigem Gegensatz zum Verhalten von Pius IX. im Jahre 1864.

P. Breitinger bestätigte in einem neuen Schreiben an den Papst vom 23. November die aus London stammenden Bedenken: »Die katholische Bevölkerung des Warthelandes wirft immer wieder die Frage auf, ob der Papst nicht helfen kann und warum er schweigt.« Selbst wenn eine öffentliche Verurteilung nicht möglich sei, so glaubten die Katholiken des Warthelandes dennoch, daß ein nachdrücklicher Protest des Papstes bei der deutschen Regierung nicht ohne Wirkung bleibe.

Aber ein Brief von Msgr. Sapieha vom 28. Oktober 1942 hatte bereits den Schlüssel zu dieser Situation geliefert: »Wir beklagen immer wieder, daß wir unseren Gläubigen nicht die Briefe Eurer Heiligkeit zeigen können, aber das würde nur einen Vorwand für neue Verfolgungen liefern, und wir beklagen bereits Opfer, die verdächtigt werden, heimlich mit dem Apostolischen Stuhl in Verbindung zu stehen.«

Der Präsident der Republik, Władysław Raczkiewicz, wandte sich seinerseits in einem Brief vom 2. Januar 1943 an Pius XII. Angesichts einer immer weniger haltbaren Situation bestätigte der Präsident, daß es seinem Volk »nicht nach Rache dürste, sondern nach

Gerechtigkeit«. Er verlange weniger eine diplomatische und materielle Hilfe als ein Wort, das eindeutig und entschieden sage, wo das
Übel liege, und dessen Urheber an den Pranger stelle.

In seiner Antwort an den Präsidenten erinnerte Pius XII. daran,
was er seit Beginn des Krieges gesagt und getan hatte, um das
schreckliche Leiden zu mildern. Er habe nicht versäumt,

>die Führer und Verantwortlichen an ihre Pflicht zu erinnern,
Recht und Menschlichkeit zu respektieren, die kein Krieg mit
Füßen treten dürfe. Diese Forderung erheben Wir im Einvernehmen mit dem, was Unser Amt als Verteidiger des göttlichen
und menschlichen Rechts Uns auferlegt. Unser Wort ist leider
nicht überall auf offene Ohren gestoßen und es erreichte nicht
einmal alle Völker, denen es zweifellos innigen Trost hätte bringen können.«

Zufällig teilte Botschafter Papée am 20. Februar 1943, am selben Tag,
als die Antwort des Papstes an Präsident Raczkiewicz abgeschickt
wurde, mit, er habe von seiner Regierung den Auftrag erhalten,
dem Pontifex maximus zu danken, der »in seiner letzten Weihnachtsansprache auch alle von den Deutschen begangenen Un-
gerechtigkeiten und Grausamkeiten verurteilt hat, deren Opfer die
polnische Nation war. Polen begrüßt diese Verurteilung; es dankt
dem Hl. Vater für dieses Wort, wie auch für alles, was er in seiner
Güte noch tun werde, um die Leiden der polnischen Nation zu lindern.« Dennoch glaubte die Regierung, daß eine ausdrückliche Verurteilung der nationalsozialistischen Verbrechen nicht nur die Polen
getröstet, sondern auch die Masse der Deutschen zur Vernunft gebracht hätte.

Der Kardinalstaatssekretär schickte sich an, Radoński unter dem
Datum des 9. Januar 1943 zu antworten, nicht ohne einer gewissen
Verwirrung Ausdruck zu verleihen. Der Bischof habe die Ernennung von Breitinger für eine feststehende Tatsache genommen und
vermittle den Eindruck, den Anschuldigungen zu glauben, von denen er berichtete, sogar den übertriebensten, die aus dem Schweigen
des Papstes eine Gegenleistung für den freien Vertrieb des *Osservatore Romano* machten. Es sei beklagenswert, mit ansehen zu müssen,
wie solche falschen Informationen selbst denen glaubhaft erschienen,
deren Aufgabe es sei, die Wahrheit zu verteidigen. Kardinal Maglione erinnerte an die Umstände, die zur Ernennung von Msgr. Splett
als Administrator der Diözese Kulm (Chełmno)-Pelplin und zu der
der beiden Apostolischen Administratoren in den von Deutschland
annektierten Gebieten Polens geführt hatten. Er betonte, daß die

Entscheidung des Papstes von den in Polen verbliebenen Bischöfen gutgeheißen worden sei, und erklärte dann, warum die Ermutigungen und die Trostworte, die an die Bischöfe in Polen gesandt wurden, nicht veröffentlicht wurden:

> »Wenn Du also fragst, warum die vom erhabenen Pontifex an die Bischöfe Polens gesandten Dokumente nicht veröffentlicht wurden, so wisse, daß dies geschah, weil man es für klug befand, hier den gleichen Regeln zu folgen, die diese selbst festgelegt hatten. Sie selbst haben sie nämlich nicht veröffentlicht, wie man sieht, aus Furcht, daß die ihnen anvertrauten Schäfchen zu Opfern von neuen und noch härteren Verfolgungen werden könnten. Muß man nicht so verfahren? Soll der Vater der Christenheit das Unglück, das die Polen in ihrem eigenen Land erdulden, noch grausamer machen?«

Msgr. Radoński antwortete am 15. Februar zunächst, um unter Hinweis auf die besonders ungewöhnliche Lage, in der die Polen lebten, die jetzt schon das vierte Jahr im Exil waren, um Verständnis für seinen Brief zu bitten, und außerdem, um noch einmal auf seine Argumente zu sprechen zu kommen, die er für eine öffentliche Erklärung des Papstes angeführt hatte. Er stellte die Klugheit derjenigen in Frage, die für Vorsicht und Schweigen plädierten.

> »Ich frage mich, welche Prälaten den Hl. Vater gebeten haben, weiterhin zu schweigen. Ich wage nicht zu entscheiden, ob ihr Rat ein guter war. Wenn man den Worten Eurer Eminenz Glauben schenkt, haben sie dies getan, um die Verfolgungen nicht zu verschärfen. Die Tatsachen beweisen, daß die Verfolgungen jeden Tag grausamer werden, auch wenn der Papst schweigt. Nun werden die Kinder ihren Eltern entrissen und massenhaft nach Deutschland deportiert und die Mütter, die versuchen, sie zu verteidigen, werden sofort getötet. Wenn solche Verbrechen begangen werden, die nach der Rache des Himmels schreien, wird das unerklärliche Schweigen des Höchsten Herrn der Kirche für diejenigen, die den Grund dafür nicht kennen, und das sind Tausende, ein Grund zum Abfall vom Glauben.«

Die Beschwerden aus London wurden trotz ihres wenig angemessenen Tones berücksichtigt. Am 4. Februar 1943 hatte Maglione an Sapieha geschrieben und vorgeschlagen, daß es vielleicht nützlich sein könnte, wenn ein oder zwei Briefe des Papstes an die Bischöfe Polens veröffentlicht würden. Der Erzbischof von Krakau schlug eine andere Lösung vor: Der Papst solle einen neuen Brief schreiben, mit einem aktuellen Datum, darin aber auf die früheren Briefe Bezug nehmen. Man könnte zum Beispiel neue Informationen über die karitativen Werke geben, wie bereits am 23. Dezember 1940. Dieser Brief könnte sofort in den *Acta Apostolicae Sedis* veröffentlicht und auf normalem Weg nach Polen gesandt werden.

Tatsächlich wurde ein Brief, der den Vorstellungen von Sapieha entsprach, im Staatssekretariat abgefaßt und am 31. Mai 1943 fertiggestellt. Im letzten Moment nahm Pius XII. die Dinge selbst in die Hand. Am 2. Juni 1943, seinem Namenstag, dem Fest des hl. Eugenius, sprach er selbst eindeutig über die Situation in Polen, in klaren Worten, wie man sie seit dem ersten Kriegsjahr nicht mehr vernommen hatte. Die Anspielungen auf Polen waren kurz, aber deutlich, und dieses Mal erreichten sie auch die polnischen Katholiken. Der Papst sagte, daß er keines der Völker, die Opfer des Krieges seien, vergesse, daß er in diesem Moment aber besondere Aufmerksamkeit richten wolle

»auf das tragische Schicksal des polnischen Volkes, das, umgeben von mächtigen Nationen, von den Wechselfällen des Lebens und dem Hin und Her eines dramatischen Kriegssturms aufgewühlt wird. Unsere Informationen und Unsere so häufig wiederholten Erklärungen lassen nicht den kleinsten Raum für Zweifel an den Prinzipien, nach denen das christliche Gewissen solche Akte verurteilen muß, wer auch immer die Verantwortlichen sind. Niemand, der die christliche Geschichte Europas kennt, kann ignorieren oder in Vergessenheit geraten lassen, wieviele Heilige und Helden Polens, wieviele seiner Wissenschaftler und Denker die geistige Entwicklung Europas und der Welt geprägt haben und wie sehr auch das einfache und gläubige Volk Polens, das mit stillem Heldentum sein jahrhundertelanges Leid ertragen hat, zur Entwicklung und zum Erhalt des christlichen Europas beigetragen hat.«

Kardinal Hlond schrieb am 11. Juni an den Kardinalstaatssekretär: »Die Polen brauchten diese Rede und sie warteten in banger Erwartung auf diese Erklärung, die den Legenden der Hitlerschen Propaganda ein Ende setzte, wonach der Hl. Stuhl ein Kreuz über dem Schicksal Polens gemacht habe.« An Pius XII. selbst wandte er sich mit herzlicheren Worten und bezeichnete die Rede vom 2. Juni als ein besonders wertvolles Zeugnis für alle Generationen, zusammen mit der unvergeßlichen Rede von Castelgandolfo und der Enzyklika *Summi Pontificatus*. Die Reaktion von Msgr. Sapieha, der am 18. Juni aus Krakau schrieb, war in etwa die gleiche:

»Ich bin davon überzeugt, daß das polnische Volk niemals diese
hehren und heiligen Worte vergessen wird, die ein Keim für eine neue und noch treuere Liebe zum Hl. Vater sein werden, ein
neues Band, das sie immer stärker an den Hl. Stuhl binden
wird, und gleichzeitig ein sehr wirksames Gegenmittel gegen
die vergiftete feindliche Propaganda.«

Sapieha fügte hinzu, er werde versuchen, der Rede mittels gedruck-
ter Kopien möglichst große Publizität zu verschaffen, sofern es die
Behörden erlaubten.

    Die deutsche Regierung konnte die Tragweite dieser Worte nicht
übersehen. Drei Monate zuvor hatte sie eine diplomatische Note erhalten, die den Höhepunkt in der Serie von Protesten des Hl. Stuhles
darstellte.

    Als der Abbé Scavizzi anvertraute Brief von Msgr. Sapieha vom
28. Februar 1942 im Vatikan eintraf, kopiert von ebendiesem Abbé,
der ihn mit seinem eigenen mündlichen Bericht ergänzte, hinterließ
er dort einen tiefen Eindruck. Man suchte nach angemessenen Maßnahmen, um auf die außergewöhnlichen Umstände zu reagieren, die
er beschrieb. Eine Note von Msgr. Tardini vom 18. Mai 1942 berichtete darüber:

»Man spricht mit Seiner Allerhöchsten Eminenz (Maglione)
über die sehr schmerzliche Situation in Polen. Dort sind die armen Polen der elementarsten Rechte beraubt, dort werden die
Bischöfe und der Klerus verfolgt, geschlagen und in der Ausübung ihres Amtes behindert. Bis jetzt war der Erzbischof von
Krakau die Stütze des Episkopats und der Katholiken: Sein
festes und mutiges Auftreten hat ihm nicht nur die Sympathie
und die Wertschätzung aller eingetragen, sondern auch, wie zu
erwarten war, die Prügel der Deutschen, die ihn von der Gestapo beschatten lassen, ihn ausspionieren, ihm Fallen stellen, ihn
entführen und ihm seine Mitarbeiter ins Gefängnis stecken: In
einem Wort, sie schaffen um ihn eine Atmosphäre des Er-
stickens.«

Zwei Dinge seien nötig, notierte Tardini: In erster Linie moralische
Unterstützung für die polnischen Bischöfe und insbesondere für den
Erzbischof von Krakau; dann Ermutigung für das polnische Volk,
wobei hervorgehoben werden sollte, daß der Hl. Stuhl der Verteidiger der unverletzlichen menschlichen und christlichen Rechte war.
Das erste Ziel sei relativ leicht zu erreichen; das zweite schon erheblich schwieriger. Sollte man vor aller Welt einen feierlichen Protest

verkünden? Tardini verwarf eine Aktion dieser Art. Nicht daß es an Gründen für einen solchen Protest gefehlt hätte, noch daß eine öffentliche Verurteilung nicht zu den Vorrechten des Hl. Stuhles gehört hätte, »der auch der Sachwalter des natürlichen Rechts ist«. Doch

> »unter den gegenwärtigen Umständen würde eine öffentliche Verurteilung des Hl. Stuhles von den am Konflikt beteiligten Parteien vor allem für politische Zwecke ausgenutzt. Außerdem würde die deutsche Regierung, die sich getroffen fühle, zweifellos zwei Dinge tun: Sie würde die Verfolgung der Katholiken in Polen noch verschärfen und sie würde auf jeden Fall verhindern, daß der Hl. Stuhl weiterhin Kontakt zum polnischen Episkopat unterhielte und dort sein wohltätiges Werk fortsetzte, das er dort im Moment, wenn auch in reduzierter Form, noch immer ausüben könne. So werde eine öffentliche Erklärung des Hl. Stuhles letzten Endes in ihrem Sinne verdreht und zum Zwecke der Verfolgung ausgenutzt.«

Eine diplomatische Note könnte nach Ansicht von Tardini die Nachteile einer öffentlichen Erklärung vermeiden. Er denke an eine »ordentliche Note«, die gleichzeitig gehoben, edel und vorsichtig in der Form, aber dennoch schrecklich in ihrer Aussage sei, d.h. in den darin vorgebrachten Argumenten. Er machte sich keinerlei Illusionen: Sie würde die Verfolger nicht aufhalten, aber sie wäre ein Dokument für die Zukunft. Möglicherweise könne man sie auch dem Erzbischof von Krakau und sogar den Bischöfen zukommen lassen.

Die Abfassung dieser Note wurde in Angriff genommen. Unterdessen erhielt Orsenigo Anweisungen, die auf eine Verhärtung der Haltung des Hl. Stuhles hindeuteten. Mehrere Briefe von Maglione, von Ende 1942 bis Anfang 1943, wie auch die vom 18. November 1942 und vom 13. Januar 1943, können in der Rückschau als vorbereitendes Material gesehen werden.

Unter der Kontrolle von Tardini vom *minutante* und späterem Kardinal Antonio Samoré ausführlich vorbereitet und siebzehn Mal überarbeitet, präsentiert sich das schließlich entstandene Schreiben in Form eines vom Kardinalstaatssekretär unterzeichneten Briefes mit dem Datum vom 2. März 1943. Man findet darin Formulierungen der diplomatischen Sprache, aber in der Substanz ist er eine erdrückende Anklageschrift gegen den Mißbrauch und die Verletzung der elementarsten Rechte, zu deren Opfer die Kirche Polens geworden war.

Der Hl. Stuhl erklärte sich »zutiefst betroffen von den schweren und systematischen Behinderungen, denen in gewissen, unter der

Autorität der Deutschen stehenden Gebieten die freie Ausübung des religiösen Glaubens und des katholischen Gottesdienstes ausgesetzt waren«. Es folgte eine ausführliche Auflistung aller in Polen von den nationalsozialistischen Machthabern begangenen Vergehen und Verbrechen. Von den ursprünglich sechs Bischöfen, die im annektierten Teil Westpolens lebten, sei nur einer übriggeblieben, der zudem noch in der Ausübung seines Amtes behindert werde: Für die Verhaftungen, Ausweisungen und Internierungen, denen die anderen zum Opfer gefallen seien, habe man keine zufriedenstellende Begründung erhalten.

In diesen westlichen Provinzen habe es mehr als tausend Priester gegeben. Ihre Zahl sei nun drastisch gesunken: Viele seien erschossen worden, andere ins Gefängnis oder ins Konzentrationslager geschickt worden. In Dachau hätten sich schon im Oktober 1941 einige Hundert von ihnen befunden, seitdem habe sich die Zahl um mehrere Hundert erhöht. Einige Amtsbezirke seien völlig ohne Priester; die Stadt Posen (Poznań) habe mit ihren 200.000 Einwohnern nur noch vier Priester. Bei den Ordensgeistlichen könne man von einer ähnlichen Dezimierung sprechen; etwa 400 Ordensschwestern seien in einem Lager interniert worden und obwohl man nur von einer vorübergehenden Maßnahme gesprochen habe, würden die Schwestern noch heute dort festgehalten. Im Warthegau seien die katholischen Schulen geschlossen worden, ein Dekret des Reichsstatthalters ziehe dem Religionsunterricht, dem Gottesdienst und der Seelsorge für die Gläubigen die engsten Grenzen. Die polnische Sprache sei im Gottesdienst und sogar bei der Beichte verboten. Außerdem sei es den polnischen Männern untersagt, sich vor dem 28. Lebensjahr zu verheiraten, für die polnischen Frauen liege die Grenze bei 24 Jahren. Die Kathedralen von Gnesen (Gniezno), Posen (Poznań), Włocławek (Leslau) und Łódz würden für weltliche Zwecke benutzt. Das finanzielle Unterstützungssystem für den Klerus sei verboten worden.

Die Situation sei in den anderen ebenfalls vom Reich annektierten Gebieten – Regierungsbezirk Ostpreußen, Regierungsbezirk Danzig-Westpreußen und Regierungsbezirk Oberschlesien – kaum besser. Der Bischof von Kulm (Chełmno) dürfe seinen Bischofssitz nicht wieder aufsuchen. Der Bischof von Płock, Nowowiejski, sei vertrieben worden, während sein Weihbischof Wetmański in einem »Übergangslager« gestorben sei. Was das Generalgouvernement anbetreffe, so könnten die wenigen vorhandenen Priesterseminare nur unter sehr schwierigen Bedingungen weiter existieren, die Aufnahme von neuen Kandidaten sei fast unmöglich. Zwei Diözesen hätten überhaupt keinen Bischof mehr: Pińsk, dessen regulärer Bischof, Kazimierz Bukraba, krank sei, und dessen Weihbischof, Karol Niemira, keine Erlaubnis zur Rückkehr erhalten habe; und Lublin, wo der reguläre Bischof, Marian Fulman, und sein Weihbischof Władysław Góral, verhaftet worden seien; der eine sei zu einem weit entfernten Aufenthaltsort verbracht worden, der andere in ein Konzentrationslager. Der Erzbischof von Wilna, Romuald Jałbrzykowski, stehe unter Hausarrest an einem von seiner Diözese weit entfernten Ort und könne die Gläubigen deshalb nicht mehr betreuen.

Ein weiterer wichtiger Grund für Klagen und Proteste sei die Verweigerung der Seelsorge für Polen, die in Deutschland arbeiteten. Neben vielen anderen Restriktionen dürften sie nicht heiraten und ihre Beichte nicht auf polnisch ablegen. Während all dieser Zeit sei die Verbindung zwischen dem polnischen Episkopat und dem Hl. Stuhl völlig abgeschnitten. Man erinnerte daran, daß der Papst persönlich im März 1940 Außenminister Ribbentrop vergeblich darum gebeten hatte, einen päpstlichen Gesandten nach Polen schicken zu dürfen. Sogar die Hilfeleistung für die Menschen sei von den verantwortlichen deutschen Behörden im Generalgouvernement unterbunden worden.

Abschließend und immer noch in diplomatischer Form betonte der Brief an Ribbentrop, daß der Hl. Stuhl die größte Zurückhaltung geübt und sich auf Aktionen beschränkt habe, die von Grundsätzen rein geistlicher Natur geleitet wurden, nämlich dem Wohl der Seelen. Man hätte eigentlich erwarten können, daß dieses Verhalten bei den deutschen Behörden auf Anerkennung gestoßen wäre und sie dazu gebracht hätte, ihre Haltung gegenüber den Katholiken zu ändern und ihnen wenigstens die Freiheit der Religionsausübung zu gewähren. Zu diesem Zeitpunkt wollte der Hl. Stuhl noch hoffen,

»daß die vorliegende Darstellung aufgrund der Zahl der besonderen Fälle, die sie nennt, die gebührende Aufmerksamkeit der Reichsregierung finden wird, wie sie diese auch dazu veranlassen wird, die so schmerzliche Situation zu beenden, die durch Maßnahmen verursacht wurde, die im Widerspruch zum Naturrecht und zum göttlichen Recht stehen.«

Der Brief wurde an den Nuntius in Berlin geschickt, mit der Anweisung, ihn Außenminister Ribbentrop zu übergeben, da man ziemlich sicher war, daß die deutsche Botschaft in Rom die Annahme verweigert hätte. Orsenigo übergab den versiegelten Brief am 15. März 1943 an Staatssekretär Weizsäcker, mit der Bitte, ihn an das Außenministerium weiterzuleiten. Weizsäcker versprach, dies zu tun, aber zwei Tage später rief er den Nuntius zu sich, um ihm zu sagen, daß er den Brief geöffnet habe und ihn nun, da er den Inhalt kenne, nicht an das Außenministerium weiterleiten könne, da er sich mit Fragen beschäftige, für die das Reich dem Nuntius keinerlei Zuständigkeit zugestehe. Um allzu heftige Reaktionen zu vermeiden und um die bereits gespannten Beziehungen zwischen dem Hl. Stuhl und Deutschland nicht noch weiter zu verschlechtern, habe er den Brief dem Ministerium nicht übergeben und bitte den Nuntius, ihn zurückzunehmen und als nicht vorgelegt zu betrachten. Der Nuntius bestand zunächst darauf, daß der Brief seinem Adressaten übergeben werde. Aber er begriff bald, daß »das Dokument dem Außenminister, und möglicherweise auch höheren Stellen, zur Kenntnis gebracht worden war«. Er hielt es für klug, dem Rat Weizsäckers zu folgen, und nahm den Brief zurück.

Im Vatikan ließ Pius XII. nach der Beratung mit der Kongregation für außerordentliche kirchliche Angelegenheiten Orsenigo die neue Anweisung erteilen, dem Ministerium mitzuteilen, daß der Hl. Stuhl die Weigerung, den Brief anzunehmen, als einen unfreundlichen Akt betrachte, und daß er das Dokument »als seinem Empfänger übergeben« betrachte. Tatsächlich war der Brief für den Gebrauch der höheren Dienststellen ins Deutsche übersetzt worden.

Wenn es Pius XII. im Moment nicht für opportun hielt, eine neue öffentliche Erklärung abzugeben, so entschloß er sich doch zu einer Geste, die für Deutschland nicht angenehm sein konnte. Er akkreditierte bei der polnischen Exilregierung in London einen Geschäftsträger, den Apostolischen Delegaten in Großbritannien, Msgr. Godfrey. Für den Geschäftsträger des Hl. Stuhles bei der polnischen Exilregierung in Angers, Msgr. Pacini, war dies nicht möglich, denn die britische Regierung betrachtete ihn als »Feind von Geburt« – er war Italiener – und verweigerte dem Prälaten die Einreise. Am 5. April informierte Msgr. Tardini Botschafter Papée über die Entscheidung des Papstes, mit der Bitte, dies seiner Regierung anzukündigen. Diese war mit dieser Ernennung zufrieden; am 14. Mai teilte Kardinal Maglione sie offiziell dem Außenminister Graf Raczyński und Msgr. Godfrey mit und erhielt ihre volle Zustimmung. Diese Geste scheint nur von untergeordneter Bedeutung zu sein. Dennoch ließ die englische Regierung dem Hl. Stuhl mitteilen, »daß sie ihre Zustimmung zu dieser höchst ungewöhnlichen Lösung gegeben habe«.

Ungefähr zur selben Zeit hatten schließlich auch die Demarchen zugunsten der Polen, die seit mehr als einem Jahr unternommen wurden, Erfolg. Die Polen, die beim Einmarsch der deutschen Truppen in Frankreich geflüchtet waren, waren über die Grenze nach Spanien gegangen. Dort wurden sie verhaftet und unter recht harten Bedingungen im Lager von Miranda del Ebro festgehalten. Es handelte sich überwiegend um ehemalige Soldaten, etwa 500 an der Zahl, die noch immer in der Lage waren, Waffen zu tragen. Sie standen in Gefahr, an die Deutschen ausgeliefert zu werden; ihre Freilassung zu fordern, konnte also als unfreundlicher Akt gegen das Reich verstanden werden. Dennoch wurde der Nuntius in Madrid beauftragt, bei der spanischen Regierung zu intervenieren und sie zu bitten, ihnen zu gestatten, die iberische Halbinsel in Richtung auf einen südamerikanischen Staat zu verlassen. Als der spanische Außenminister 1942 wieder in Rom war, sprach Kardinal Maglione mit ihm über ihre Freilassung. Ramón Serrano Suñer war persönlich damit einverstanden, sagte aber, daß er nichts ohne die Zustimmung der Deutschen tun könne, was zu jener Zeit einer Ablehnung gleichkam. Die Situation blieb bis zum Ende des Jahres unverändert. Schließlich, im März 1943, erhielten sie die Erlaubnis, Spanien zu verlassen.

Unterdessen gab es in der zweiten Hälfte des Jahres 1943 kaum noch eine Verbindung zwischen den Polen in ihrem Heimatland und dem Hl. Stuhl, der allmählich den Kontakt zu den Bischöfen verlor. Am 16. November 1943 hatte Kardinal Maglione Nuntius Orsenigo gebeten, ihm ausführlichere Informationen über den Warthegau zukommen zu lassen, denn es gab nur noch wenige Neuigkeiten über die polnischen Katholiken. Die Verbindungen mit dem östlichen Polen, das bereits fast völlig unter der Kontrolle der Roten Armee stand, waren noch schwieriger. Am 11. Februar 1944 informierte der Weihbischof von Przemyśl, der zum Apostolischen Administrator der Diözese Luck ernannt worden war, den Nuntius, es sei ihm unmöglich, in die Diözese zu reisen. Eine treffende Beschreibung der Situation findet sich in einer lapidaren Formulierung des Staatssekretariats vom 12. Februar 1945: »Die Situation in Polen muß besonders traurig sein. Seit fast zwei Jahren haben wir nichts von dort gehört. Zunächst nur sehr selten, jetzt absolut nichts mehr.« Vom Kapitelvikar von Warschau, Władysław Szlagowski, wußte man nichts, nicht einmal, ob er die Schlacht um Warschau überlebt hatte. Man hatte keine Nachricht von Msgr. Dymek, von Msgr. Sapieha, von Msgr. Bolesław Twardowski. Man beabsichtigte, die Vereinigten Staaten darum zu bitten, bei der Entsendung eines Vertreters des Papstes nach Polen behilflich zu sein, also möglicherweise einen Amerikaner polnischer Herkunft zu benennen, der über den Zustand des Landes Informationen sammeln und dem Hl. Stuhl darüber berichten könnte. Ein Brief dieses Inhalts wurde am 17. Februar 1945 von Msgr.

Tardini an den Apostolischen Delegaten in Washington, Msgr. Cicognani, geschickt. Der Bitte wurde nicht stattgegeben. Auch konnte
nichts unternommen werden, als die Deutschen Mitte des Jahres
1944 fast die gesamte katholische Hierarchie der baltischen Staaten
mit Gewalt vertrieben.

Die Verhaftung von Kardinal Hlond Anfang 1944 führte zu zahlreichen Interventionen, aber er wurde dennoch nicht freigelassen.
Über die Inhaftierung des Primas von Polen berichtete Msgr. Valeri
am 9. Februar 1944, der ein wenig später schrieb, daß sich zwei Angehörige der Gestapo in die Abtei von Hautecombe in Savoyen begeben hätten, wo der Kardinal zu jener Zeit lebte, und ihn mitgenommen hätten, angeblich für eine kurze Befragung. Tatsächlich
wurde er nach Paris gebracht und wenig später nach Bar-le-Duc. Die
Gründe für die Verhaftung des Kardinals wurden niemals ganz auf-
geklärt. Er wurde schließlich nach Wiedenbrück in die Erzdiözese
Paderborn gebracht, wo er von den amerikanischen Truppen gefunden und befreit wurde. Man brachte ihn mit dem Flugzeug nach Paris zurück, von wo aus er nach Rom weiterreiste. Obwohl sich die
Vereinigten Staaten geweigert hatten, sich bei den polnischen Behörden für seine Rückkehr einzusetzen, konnte der Primas mit dem Auto durch die vom Krieg verwüsteten Gebiete nach Polen zurückkehren. Der Hl. Stuhl, der darauf verzichtete, einen Sonderbotschafter
des Papstes zu entsenden, gewährte Kardinal Hlond weitestgehende
Vollmachten, um das Kirchenleben in Polen wieder auf die Beine zu
stellen.

V. DAS REICH TRIUMPHIERT[5]

Als nach dem Lärm der einrollenden Panzer und der Sturzflüge der Stukas die Ruhe des Waffenstillstandes vom Juni 1940 einkehrte, schien das seine Betäubung abschüttelnde Europa unter der Herrschaft der Nazis zu erwachen. Holland, Belgien und Luxemburg sowie die nördliche Hälfte von Frankreich waren unter die Kontrolle der Wehrmacht geraten, das sogenannte freie Frankreich befand sich in Wirklichkeit unter strenger Überwachung; das Italien Mussolinis hatte sein Schicksal an Hitlerdeutschland gekettet; die Staaten auf dem Balkan ahnten, daß die Tage ihrer Unabhängigkeit gezählt waren; die Schweiz, die sich nötigenfalls in das Reduit der Alpen zurückziehen wollte, fürchtete das gleiche Schicksal wie Österreich und die Tschechoslowakei. Spanien fand in seiner Schwäche die Kraft, sich der unmittelbaren Unterwerfung zu entziehen. Allein gegenüber dem Kontinent, verkündete Großbritannien mit der Stimme Churchills den festen Willen, den Kampf zu Wasser, zu Lande und in der Luft bis zum totalen Sieg fortzuführen. Viele Politiker zweifelten indessen an der Bedeutung dieser Entschlossenheit; die Frage blieb offen, ob die Westmächte im Juni 1940 nur eine Schlacht oder bereits den Krieg verloren hatten. Mussolini in Italien, Serrano Suñer in Spanien und Laval in Frankreich glaubten an die Richtigkeit der zweiten Antwort, Churchill und de Gaulle verkündeten laut die erste Alternative; viele andere, darunter höchstwahrscheinlich Pétain und Franco, schwankten noch und warteten auf eindeutige Zeichen.

Auch im Vatikan stellte man sich diese Frage. Die Beziehungen zwischen dem Dritten Reich und der Kirche waren nicht von der Art, den Hl. Stuhl einen deutschen Triumph wünschen zu lassen, den man aber aufgrund der überlegenen Siege der Wehrmacht nicht *a priori* ausschließen konnte. Pius XII. hatte seine politische Linie von Anfang an klar festgelegt: Unparteilichkeit gegenüber den verschiedenen Kriegsparteien. Aber eine solche Unparteilichkeit erfor-

---

[5] Dokumentation zu diesem Kapitel V: vgl. ADSS, IV; Dokument vom 15. Juli 1941, vgl. ADSS, V. Dazu auch: FRUS, 1941, Vol. II. Siehe auch: CHADWICK, Britain and the Vatican.

derte ständige Voraussicht und unablässige Willensanstrengung, um dem tagtäglichen Druck zu widerstehen.

Mit der deutschen Offensive vom Mai 1940 breiteten sich die deutschen Truppen über das ganze Gebiet von Holland, Belgien und Luxemburg aus; die Herrscher der Niederlande und von Luxemburg hatten ihre Länder verlassen, König Leopold von Belgien war Kriegsgefangener in seinem eigenen Königreich. Die Verwaltung dieser Staaten befand sich in den Händen der Behörden des Reiches. Der Vatikan wurde durch eine Verbalnote, die Nuntius Orsenigo am 29. Juni 1940 überreicht wurde, darüber informiert, daß die Nuntiaturen von Brüssel und Den Haag nunmehr gegenstandslos seien, und daß sich der Hl. Stuhl, wenn er Fragen bezüglich dieser Gebiete regeln wolle, von nun an über die Nuntiatur in Berlin an die Wilhelmstraße wenden müsse.

In seiner Antwort wies Nuntius Orsenigo Staatssekretär Weizsäcker auf den besonderen Status der Vertreter des Hl. Stuhles unter den anderen Diplomaten hin: Neben ihrer politischen Rolle als Botschafter bei den Regierungen erfüllten sie auch eine religiöse Aufgabe gegenüber den Bischöfen und den Gläubigen. Weizsäcker hörte ihn höflich an, ließ aber nicht viel Hoffnung aufkommen. Tatsächlich erwiesen sich die wiederholten Noten, die auf Anweisung von Pius XII. in Berlin vorgelegt wurden, als nutzlos: Der Nuntius in Belgien, Msgr. Clemente Micara, mußte Brüssel verlassen und Msgr. Paolo Giobbe, der Internuntius in Holland, Den Haag.

Kaum waren Micara und Giobbe wieder in Rom, von ihren jeweiligen Posten durch die Invasion der Nazis vertrieben, als ihren Kollegen in den baltischen Staaten durch die sowjetische Invasion das gleiche Schicksal widerfuhr; die Nuntien von Kaunas (Kowno) und Riga, Msgr. Antonio Arata und Msgr. Luigi Centoz, wurden gezwungen, ins Exil zu gehen, während sich Probleme ähnlicher Art an einem anderen Punkt des Horizonts abzuzeichnen begannen.

Der Kriegseintritt Italiens hatte zu militärischen Aktionen am Rande der englischen und italienischen Kolonien geführt. In der englischen Kolonie Kenia befand sich die katholische Mission unter der Leitung des Apostolischen Delegaten von Mombasa, Msgr. Antonio Riberi. Der Apostolische Delegat in London, Godfrey, teilte dem Staatssekretariat mit, daß die Anwesenheit dieser Vertreter des Vatikans, die einer feindlichen Nation angehörten, in Kriegszeiten unangenehme Konsequenzen haben und zu einer Quelle der Spannungen zwischen der britischen Regierung und dem Hl. Stuhl werden könnten. Um dieses Risiko zu vermeiden, hielte es die englische Regierung für angebracht, die Mitglieder der Apostolischen Ge-

sandtschaften, die einer feindlichen Nation angehörten, in andere
Missionen zu versetzen, zumindest für die Dauer des Krieges. Vergeblich erklärte Tardini dem britischen Gesandten Osborne, daß sich
der Hl. Vater von dieser Forderung ganz besonders betroffen fühle,
da er selbst während des letzten Krieges als Nuntius in Deutschland
tätig gewesen sei und sich dort größter Bewegungsfreiheit erfreut
habe. Die Regierung Seiner Majestät blieb unnachgiebig. Pius XII.
persönlich versprach ihr während der Audienz für den britischen
Gesandten am 2. Oktober, Msgr. Riberi zu einem Urlaub zurückzu-
beordern.

Ein wenig später akzeptierte der Vatikan, wie es scheint wider-
standslos, die Versetzung des Apostolischen Vikars in Ägypten, Msgr.
Igino Nuti, und des Sekretärs der Apostolischen Delegation in London, Msgr. Umberto Mozzoni.

Die britische Regierung hatte noch weitere Forderungen. Die Insel Malta war seit fast anderthalb Jahrhunderten eine Basis der englischen Flotte im Mittelmeer. Nach dem Kriegseintritt Italiens hatte
Mussolini mit der Luftwaffe und der Flotte Angriffe auf diese Insel
unternommen, die wegen ihrer Nähe einen leichten Sieg zu versprechen schien. Die Person des Erzbischofs von Malta war insofern für
die Engländer von einigem Interesse. Der damalige Erzbischof,
Msgr. Maurus Caruana, war bereits 73 Jahre alt und sein Gesund-
heitszustand hatte den Hl. Stuhl an die Ernennung eines Koadjutors,
Msgr. Michele Gonzi, denken lassen. Aufgrund eines 1890 unterzeichneten Abkommens hatte die britische Regierung das Recht, ihre Meinung zur Ernennung des Erzbischofs von Malta kundzutun.
Der Hl. Stuhl teilte ihr also den Namen von Msgr. Gonzi mit, der
Bischof auf der Nachbarinsel Gozo war, die mit Malta eine Kirchen-
provinz bildete. Leider hatte Msgr. Gonzi in der lokalen Verwaltung
Feinde, die behaupteten, er stehe einer pro-italienischen Bewegung
nahe. Die britische Regierung erhob Einspruch gegen die Wahl von
Msgr. Gonzi und nannte unter Überschreitung der im Abkommen
von 1890 zugestandenen Rechte den Namen eines anderen Kandidaten. Über die Besetzung der Erzdiözese Malta kam es zu einem erneuten Notenaustausch, dessen Höflichkeit die beiderseitige Unnachgiebigkeit kaum kaschierte. Msgr. Gonzi mußte bis zum
Oktober 1943 warten, bis er Koadjutor des Erzbischofs von Malta
werden konnte.

Während sich die britische Regierung darum bemühte, auf Malta
einen Erzbischof nach ihrem Herzen zu installieren, forderte die
Reichsregierung für sich das Aufsichtsrecht über die Ernennungen
von Bischöfen in den besetzten Gebieten. Böhmen befand sich seit

1939 unter dem Protektorat des Reiches, aber die Diözese von Budejovice hatte eine mehrheitlich tschechische Bevölkerung und nur
eine deutsche Minderheit. Der Papst ernannte dort Msgr.
Antonin Eltschkner und teilte der deutschen Regierung diese Ernennung vor
der Veröffentlichung im *Osservatore Romano* mit. Am 24. Juli 1940
begab sich Botschafter Bergen in den Vatikan und traf dort Msgr.
Tardini: Seine Regierung habe ihm Anweisung erteilt, für Budejovice
die Ernennung eines deutschen Bischofs oder eines Bischofs deutscher Herkunft zu verlangen. Tardini antwortete ihm, daß es Tradition des Hl. Stuhles sei, Bischöfe mit der gleichen Nationalität wie ihre Schäfchen zu ernennen, und da die überwiegende Mehrheit der
Diözesanen von Budejovice Tschechen seien, gezieme es sich, daß
auch der Bischof Tscheche sei. Der Botschafter bestand weiterhin
auf seiner Forderung und verwies darauf, daß der Hl. Stuhl nach
dem Krieg von 1914 in Elsaß-Lothringen, in Metz und Straßburg
französische Bischöfe ernannt habe. Tardini antwortete, diese Ernennungen seien erst nach dem Friedensschluß erfolgt, also nachdem
Metz und Straßburg an Frankreich gefallen seien: In Budejovice sei
die Situation hingegen sehr verschieden. Bergen akzeptierte schließlich, daß das Reich tatsächlich kein Recht habe, bei dieser Besetzung
einzugreifen, gab aber zu verstehen, daß der Weihbischof von Prag,
Msgr. Jean Remiger, ein hervorragender Kandidat sei. Tardini versprach, dies an seine Vorgesetzten weiterzugeben. Am übernächsten
Tag notierte er die Antwort von Kardinal Maglione: Der Nuntius
solle in Berlin erklären, daß die Ernennung bereits erfolgt sei, und
daß man im übrigen selbst in den Ländern, in denen nur Missionen
unterhalten würden, nur dort beheimatete Bischöfe wähle.

In einer Depesche vom 21. September 1940 berichtete Orsenigo,
daß Berlin die ohne Vorankündigung vorgenommene Ernennung in
Budejovice als einen unfreundlichen Akt seitens des Vatikans aufge-
faßt habe. Die Deutschen behaupteten, eine breite Umfrage habe ihnen gezeigt, daß bei allen anderen Staaten, mit denen der Hl. Stuhl
diplomatische Beziehungen unterhalte, die Vorankündigung üblich
sei. In Budejovice sei die Regierung vor vollendete Tatsachen gestellt
worden. Er habe darüber mit Staatssekretär Weizsäcker ein langes
Gespräch geführt und sich erkühnt, zu sagen, daß die Reichsregierung in bezug auf Klagen über vollendete Tatsachen in einer schlechten Position sei. Schließlich habe Weizsäcker den Rat gegeben, die
Dinge in die Länge zu ziehen und die Diözese unter der Leitung des
Kapitelvikars zu lassen. Durch mehrere Noten von Tardini vorbereitet, lehnte die Antwort des Vatikans vom 16. Oktober die Forderungen des Reiches strikt ab. Die Besetzung der Erzdiözese von Bude-

jovice könne schon deswegen nicht als ein unfreundlicher Akt gegen
die Regierung in Berlin gelten, weil ihr diese Ernennung mit besonderem Entgegenkommen bereits einige Tage vor der Veröffentlichung im *Osservatore Romano* mitgeteilt worden sei.

Dennoch wurde diese Frage in der Kongregation für außerordentliche kirchliche Angelegenheiten noch einmal aufgegriffen. Man beschloß, an der einmal erfolgten Ernennung festzuhalten, und wies
erneut darauf hin, daß der Hl. Stuhl einen tschechischen Bischof für
eine tschechische Bevölkerung ernannt habe, so wie es das Wohl der
Seelen verlange. Falls die deutschen Behörden den Bischof daran
hindern sollten, sein Amt anzutreten, werde die Ernennung keineswegs zurückgezogen, aber man werde provisorisch für die Leitung
der Diözese sorgen, in der Erwartung, »daß bessere Zeiten dem
Pfarrer erlauben würden, zu seiner Herde zu gelangen«.

Auch Ungarn, das nach dem zweiten Wiener Schiedsspruch am
30. August 1940 einen Teil der von Rumänien abgetrennten Gebiete
erhalten hatte, forderte eine Neuordnung der kirchlichen Verwaltung, die der neuen politischen Lage entsprechen sollte. Dazu notierte sich Msgr. Tardini: Die allzu häufigen Änderungen in der
kirchlichen Verwaltung seien schädlich für das Wohl der Gläubigen.
Deshalb werde der Hl. Stuhl erst dann eine Entscheidung fällen,
wenn die Situation eindeutig und mehr oder minder endgültig geklärt sei. Die aktuelle Situation könne man jedoch nicht als definitiv
bezeichnen: Die unterdrückten Völker, Polen, Norweger, Dänen,
Belgier, Holländer, Albaner, Griechen, Österreicher, Tschechen und
Rumänen seien zu zahlreich, als daß man sie für immer unter dem
Joch halten könne. »Sie sind es zur Zeit, weil Deutschland und Itali-
en stählerne Diktaturen sind, aber das kann nicht lange dauern.«
Und Tardini fuhr fort:

>»Der augenblickliche historische Zustand ist von diesem Ge-
>sichtspunkt aus sehr besorgniserregend: Hitler, der Feind der
>Kirche und Herr über einen großen Teil Europas, will auf die
>eine oder andere Weise die Ernennung von deutschen Bischö-
>fen in den nicht-deutschen Gebieten erzwingen und auf diese
>Ernennungen einen größeren Einfluß ausüben, als in den bishe-
>rigen Abkommen vorgesehen [...]. Was kann der Hl. Stuhl tun?
>Das, was er immer getan hat: Seine Unabhängigkeit erneut be-
>stätigen und verteidigen, mit Festigkeit seine Rechte gegen die
>Beschränkungen der Regierungen vertreten, wenn sie dem
>Wohl der Gläubigen schaden. Die Völker werden diese aposto-
>lische Festigkeit des Hl. Stuhles erfreut zur Kenntnis nehmen

und sich um ihn scharen wie um den einzigen Herold der göttlichen Wahrheit und einzigen Beschützer der menschlichen
Würde.«

Genauso wie in der Affäre der Diözese Budejovice mahnte Nuntius
Orsenigo auch in einer anderen Angelegenheit wiederholt zur Vorsicht, nämlich der der Sendungen von Radio Vatikan. Klagen der
deutschen Botschaft über tatsächliche und imaginäre Sendungen sowie Klagen der Alliierten über die Zurückhaltung des Papstes sollten sich während des ganzen Krieges abwechseln und die Lage derjenigen besonders unangenehm gestalten, die mehr oder weniger
direkt für den Sender des Vatikans verantwortlich waren.

   Am 17. Oktober 1940 begab sich der Botschaftsrat des Reiches,
Menshausen, zu Kardinal Maglione: Er hatte von seiner Regierung
die Anweisung erhalten, gegen eine Sendung von Radio Vatikan zu
protestieren, die sich zwei Tage zuvor mit der Lage in Elsaß-
Lothringen befaßt hatte, in der die von den Deutschen in diesen Gebieten verfolgte Politik als unmenschlich und barbarisch oder etwas
in dieser Art bezeichnet worden war. Der Diplomat verlangte den
genauen Text der Sendung. Unklugerweise fühlte er sich in diesem
Zusammenhang zu einer Verteidigung der Politik des Reiches in Elsaß-Lothringen veranlaßt, einer Politik, die seiner Meinung nach
gemäßigt war und die die Rechte der Kirche respektierte. Maglione
erinnerte ihn daran, daß die Nationalsozialisten den Bischof von
Metz von seinem Posten vertrieben hatten, wobei sie ihm nur zwei
Stunden für die Vorbereitung seiner Abreise gelassen hatten, sowie
dem Bischof von Straßburg die Rückkehr in seine Stadt verweigert
hatten. Der Staatssekretär fügte hinzu, daß die Gestapo in Innsbruck
bei den Kapuzinern eingedrungen sei und alles beschlagnahmt habe,
was sich dort befand, Papiere, Geld und sogar die für die Bruder-
schaft vorbereitete Mahlzeit, und daß man die Mönche ausgewiesen
habe, und ihnen ebenfalls nur zwei Stunden ließ, um sich vorzubereiten. Dies sei die Politik, schloß Maglione, die der Diplomat als
gemäßigt und die Rechte der Kirche respektierend bezeichne.

   Zwei Tage später erschien Menshausen erneut, um sich über eine
englischsprachige Sendung von Radio Vatikan zu beklagen, in der
die Glückwünsche des Papstes an den König und die Königin von
England erwähnt worden waren, die die Bombardierung des
Buckingham Palastes unverletzt überstanden hatten. Es entsprach
den Tatsachen, daß, nachdem Osborne die Nachricht von der Bombardierung des königlichen Palastes überbracht hatte, der Apostolische Delegat in London den Auftrag erhielt, dem Herrscherpaar die

Glückwünsche des Papstes zu überbringen, und Msgr. Godfrey hatte als Antwort den Dank Ihrer Majestäten übermittelt. Dieser Austausch von Telegrammen, von dem in den Radiosendungen in London und im Vatikan gesprochen wurde, hatte die Beschwerde des deutschen Geschäftsträgers ausgelöst. Eine Beschwerde, die völlig ungerechtfertigt war, denn der Papst hatte in gleicher Weise Hitler seine Glückwünsche überbringen lassen, als dieser im November 1939 einem Attentat in München entgangen war.

Unterdessen hatte Msgr. Tardini von der Direktion des Radiosenders den Text der Sendung vom 15. Oktober 1940 verlangt, über die sich die deutsche Botschaft beschwerte. Am 25. Oktober erschien Menshausen erneut im Staatssekretariat. Obwohl er den Text der beanstandeten Sendung nun schon seit zehn Tagen einfordere, habe er immer noch nichts erhalten. Tardini antwortete ihm, daß die Leitung des Radiosenders ihm zwar nicht den genauen Text gegeben habe, aber immerhin die am 15. Oktober in Englisch verbreiteten Nachrichten, in denen es hieß, daß in Elsaß-Lothringen die katholischen Schulen und die Priesterseminare geschlossen worden seien und die Priester in den Schulen keinen Religionsunterricht mehr erteilen dürften. All dies träfe zu. Die einzige Nachricht, für die er keine Bestätigung habe, sei die Schließung der Kathedrale in Straßburg. Menshausen tobte, als er den Text nicht erhielt, den seine Regierung von ihm verlangt hatte. Dann zog er aus seiner Aktentasche ein Blatt, von dem er einige Sätze ablas, nämlich den Text der Sendung, so wie er von den Deutschen aufgezeichnet worden war: In Elsaß-Lothringen übe der Nationalsozialismus seinen »verderblichen Einfluß« aus, man verbreite dort die »amoralischen Prinzipien des Nazismus«. Und während er immer wütender wurde, erklärte der Diplomat, daß das Radio und die Presse in Deutschland schon seit langem nicht mehr den Vatikan angriffen, daß aber Radio Vatikan eine feindliche Haltung gegenüber Deutschland einnehme, daß die behauptete Unabhängigkeit des Vatikansenders inakzeptabel sei, daß der Hl. Stuhl das totalitärste aller Regime sei, daß das Staatssekretariat über alle Mittel verfüge, um dem Radio Zügel anzulegen, und daß, wenn die Dinge so weitergingen wie bisher, man sich auf schärfste Reaktionen gefaßt machen müsse. Ohne sich aus der Ruhe bringen zu lassen, antwortete Tardini, er sei ebenfalls der Meinung, daß sich Radio Vatikan davor in acht nehmen müsse, unwahre Behauptungen zu verbreiten, zumal es genügend zutreffende gebe, um die religiöse Verfolgung in Deutschland zu belegen. Menshausen versuchte sich zu verteidigen, aber ohne große Überzeugung, notierte Tardini, denn er konnte die Tatsachen nicht leugnen. Um sich ei-

nen ehrenwerten Rückzug zu sichern, holte Menshausen ein anderes
Dokument hervor: die Meldung von Radio Vatikan über das Glück-
wunschtelegramm des Papstes an den König und die Königin von
England, die die Bombardierung ihres Palastes unversehrt überstanden hatten. Tardini erläuterte dem Diplomaten, daß der Hl. Stuhl,
wie es in der Diplomatie üblich sei, seinen Gesandten in London beauftragt habe, Ihren Majestäten zu gratulieren, daß sie der Gefahr
entronnen seien, mehr nicht. Menshausen wollte eine Diskussion an-
fangen, indem er behauptete, daß es sich in diesem Fall auch um Ge-
schosse der Luftabwehr gehandelt haben könnte. Tardini machte
darauf aufmerksam, daß der Vatikan nichts über die Ursache der
überstandenen Gefahr gesagt habe: In Rom betrachte man die Luftabwehr der Stadt als die hauptsächliche Gefahr.

Davon abgesehen erhielt der Direktor des Senders, P. Filippo Soccorsi, vom Staatssekretär die Anweisung, sich in den Sendungen auf
gut abgesicherte Nachrichten zu beschränken und darauf zu verzichten, sie durch mehr oder minder bissige Kommentare zu würzen.
Wie ein Spruch besagt, den Maglione gern benutzte, sprächen die
Fakten für sich selbst. Am selben Tag, dem 27. Oktober, gab auch
Pius XII. P. Soccorsi die gleiche Empfehlung.

Erneute Beschwerden, die Menshausen am 2. November 1940 gegen eine angebliche Sendung, die sich aber als Fälschung herausstell-
te, vorlegte, machten die Botschaft des Reiches für einige Zeit vorsichtiger. Dennoch, nachdem einige Monate vergangen waren, wagte
es der Geschäftsträger am 3. April des folgenden Jahres wieder, mit
Msgr. Tardini über den Sender zu sprechen. Diesmal handelte es sich
um eine Sendung in französischer Sprache, die sich ohne Zurückhaltung über das Neuheidentum der Nazis ausgelassen hatte. Diese
Sendung wurde sofort vom Londoner Sender aufgenommen, der sie
in Deutsch ausstrahlte. Msgr. Tardini versprach, den genauen Wortlaut zu beschaffen, gab aber seiner Hoffnung Ausdruck, daß es sich
diesmal nicht wieder um eine erfundene Sendung handele.

Nicht jeder teilte die Meinung über die Vorzüge dieser Radiosendungen. Der Weihbischof von Kaunas (Kowno) in dem von der
UdSSR besetzten Litauen hatte geschrieben, daß die Sendungen in
seiner Sprache, die sich gegen die bolschewistische Verfolgung richteten, nur die Wirkung hatten, die sowjetischen Behörden gegen die
Kirche aufzubringen. Bei der Bevölkerung sei eine solche Propaganda völlig überflüssig: Das tägliche Leben unter der Besatzung sei das
beste Mittel gegen den Kommunismus.

Zwar besaß Msgr. Tardini die Fähigkeit zu scharfen Antworten,
die dem Gesprächspartner die Worte raubten, dennoch war es un-

klug, die Berechtigung mancher Proteste zu mißachten, denn es kam
tatsächlich vor, daß unzutreffende Einzelheiten unter die vom Vati-
kansender ausgestrahlten Nachrichten gerieten. Vor allem, da auch
die alliierte Propaganda die Nachrichten und die Kommentare des
Radios des Hl. Stuhles für ihre eigenen Zwecke nutzte. Am 25. Januar 1940 übergab der Direktor des Senders Msgr. Montini persönlich den Text einer Sendung und fügte hinzu:»Ich möchte Sie darüber informieren, daß die englische Sendung Sie mehrmals zitiert hat
und sich darauf bezog, indem sie ihrerseits noch Dinge hinzufügte,
die wir nicht gesagt haben.« Das bedeutete, der Propaganda der Nazis Gelegenheit zu bieten, den Papst als einen Feind Deutschlands
hinzustellen. Pius XII. erließ Direktiven, die das Radio auf eine Linie der absoluten Objektivität festlegen sollten, und faßte darüber
hinaus sogar den Entschluß, Sendungen über Deutschland eine Zeitlang auszusetzen.

In einem Brief vom 30. April 1941 an Kardinal Maglione fühlte
sich P. Włodzimierz Ledóchowski, der Ordensgeneral der Jesuiten,
die für Radio Vatikan verantwortlich waren, dazu veranlaßt, auf die
Nachteile dieser Maßnahme hinzuweisen: Das neue Programm sei
gerade eben erst veröffentlicht worden und die Einschränkungen
könnten einen peinlichen Eindruck hinterlassen, denn es ginge das
Gerücht um, daß Deutschland und Italien in diesem Sinne interveniert hätten. Diese Einwände wurden nicht berücksichtigt, und am
Ende des Briefes vermerkte der Staatssekretär:»Über Deutschland
bis auf weiteres auf keinen Fall irgendwelche Nachrichten.«

Aber nun war es an den Briten, die die Sendungen für ihre eigenen Zwecke nutzten, gegen das Schweigen zu protestieren. Und Sir
d'Arcy Osborne, der Gesandte Großbritanniens, trat die Nachfolge
seines deutschen Kollegen an, um sich im Staatssekretariat über Radio Vatikan zu beschweren.

Im November 1940 beauftragte ihn Lord Halifax, dem Staatssekretariat ein Memorandum über die Haltung der europäischen Katholiken gegenüber dem Nationalsozialismus zu überreichen. Die
Nazis, besagte die Note aus London, führten eine Kampagne, um zu
verbreiten, daß sich das Reich im Augenblick gerade mit dem Hl.
Stuhl versöhne, und daß »die neue Ordnung der Achse« die vom
Papst gestellten Forderungen für einen gerechten und dauerhaften
Frieden erfüllen werde. Man argumentierte, daß der Nazismus er-
träglicher sei als der Kommunismus und daß in gewissen katholischen Gebieten die Idee einer Annäherung zwischen dem National-
sozialismus und der Kirche durchaus an Terrain gewinnen könne.
Das Foreign Office wollte sicher gehen, daß der Hl. Stuhl das Aus-

maß der Gefahr erkannte, und zudem in Erfahrung bringen, wie
man dieser Propaganda begegnen könne.

Ohne die Absichten der Engländer mißzuverstehen, erkannte Tardini dennoch die Richtigkeit einiger Beobachtungen an. Der Hl.
Stuhl war gezwungen, gegen die äußerst reellen Gefahren der Nazi-
Propaganda zu kämpfen und auf einige in den angelsächsischen Ländern, insbesondere in England, sehr verbreitete Anschuldigungen zu
antworten, wonach einflußreiche Persönlichkeiten des Vatikans angeblich für einen Kompromiß mit der Achse und der neuen Ordnung einträten. Dennoch wies die Note des Staatssekretariats vom
22. November zunächst den englischen Versuch, dem Hl. Stuhl eine
Erklärung zu entlocken, zurück, da sie einer eindeutigen politischen
Stellungnahme gleichgekommen wäre. »Der Hl. Stuhl wird sicherlich nicht vergessen, daß man nur allzu oft doktrinären und religiösen Handlungen einen rein politischen Charakter zu geben versucht,
was sicherlich nicht dazu beiträgt, die Verwirrung zu beenden, die
die Gesandtschaft Seiner britischen Majestät so sehr beunruhigt.«

Da das Staatssekretariat anerkannte, daß einiges von den Behauptungen des Foreign Office zutraf, bereitete es eine lange Note vor,
die ein düsteres Bild von der Lage der Kirche in den der Nazi-Herr-
schaft unterworfenen Gebieten, in Deutschland selbst und in den besetzten Ländern, insbesondere in Polen, zeichnete. Darin wurden
vor allem die katholischen Schulen und die geschlossenen Kirchen
erwähnt, die beschlagnahmten und besetzten Ordenshäuser, die ver-
hafteten Priester, die Bischöfe, die weit ab von ihrer Herde festgehalten wurden, sowie das Verbot des Religionsunterrichts und der auf
tausenderlei Art behinderte Gottesdienst. Durchgesehen und mit eigener Hand von Pius XII. korrigiert, vom Kardinalstaatssekretär unterzeichnet und datiert auf den 18. Februar 1941 wurde die Note an
die Vertreter des Hl. Stuhles in Frankreich, in der Schweiz, in Spani-
en, in Argentinien, in Brasilien und in den Vereinigten Staaten geschickt.

Leider wurde dieses Rundschreiben in den Amtsstuben des Vatikans und in den Nuntiaturen geheim gehalten, und die Informationen, die es enthielt, gelangten nur über inoffizielle Quellen an die
Öffentlichkeit. Die englische Regierung wurde darüber nicht informiert. Sie erwartete auf jeden Fall eine öffentliche Erklärung des
Papstes oder wenigstens des Vatikansenders. Auch verursachte die
Entscheidung des Papstes, die Sendungen von Radio Vatikan über
Deutschland einzuschränken oder sogar ganz auszusetzen, als sie
schließlich durchsickerte, seitens des britischen Kabinetts eine der
erstaunlichsten Noten dieser Dokumentenreihe:

»Die Regierung Seiner Majestät hat mit Erstaunen, mit Bestürzung und mit tiefem Bedauern erfahren, daß Ende April Radio Vatikan plötzlich alle Berichte über Deutschland und jede Erwähnung der in Deutschland gegen die Kirche ergriffenen Maßnahmen sowie der verleumderischen Behauptungen der deutschen Propaganda ausgesetzt hat.«

Dieses Schweigen, fuhr die britische Note fort, könne nur auf den Druck Deutschlands zurückgeführt werden. Indem er sich so den deutschen Forderungen beuge, lasse der Vatikan der Nazi-Propaganda in den besetzten Ländern freie Bahn, wo sie behaupte, daß der Hl. Stuhl mit dem Reich freundschaftliche Beziehungen unterhalte und daß die Nazi-Doktrin keinesfalls unvereinbar mit dem Christentum sei. Das bedeute, Hitlers Spiel zu spielen und seinem Wahn Vorschub zu leisten. Das Anliegen Englands, das von den Vereinigten Staaten unterstützt werde, werde am Ende triumphieren und die Revanche der Gerechtigkeit könne früher kommen als man erwarte: Was würden die Katholiken sagen, wenn die Kirche, die sich zunächst in einer mutigen Gegenwehr widersetzt hatte, am Ende sogar damit einverstanden sei, sich zu ergeben und in Schweigen zu verharren?

Die Note wurde Pius XII. am 10. Juni 1941 von Osborne übergeben, der den Inhalt näher kommentierte. Pius XII. antwortete, daß es keinerlei Abkommen zwischen dem Hl. Stuhl und den Achsenmächten gebe, aber es sei auch nicht gesagt, daß Radio Vatikan jeden Tag darüber sprechen müsse, was in Deutschland geschehe. Und vor allem dürfe der Papst nicht ignorieren, daß gewisse Sendungen die deutschen Katholiken und Kirchenvertreter harten Repressalien aussetzen könnten.

Trotz der Antwort des Papstes an Osborne oblag es dem Staatssekretariat, dem Foreign Office im einzelnen zu antworten. Es hatte gerade eben ein deutsches Memorandum erhalten, in dem beklagt wurde, daß ein offenkundiger Gegensatz zwischen der vom Papst offen bekundeten Unparteilichkeit und dem Verhalten des Senders bestünde. In den Sendungen des Vatikans berichte man zwar über tatsächliche Vorkommnisse, sie würden aber völlig aus dem Zusammenhang gerissen: Man spreche von der Unterdrückung durch die deutsche Polizei ohne den Terrorismus zu erwähnen; man spreche von der religiösen Verfolgung in Deutschland, indem man sie mit den Verfolgungen der frühchristlichen Kirche vergleiche; zahlreiche Fakten würden entstellt oder verstümmelt, um anschließend von der antideutschen Propaganda erneut aufgegriffen und hemmungslos

ausgenutzt zu werden. Hingegen habe Radio Vatikan niemals ein
Wort gegen den polnischen Terrorismus verlauten lassen oder gegen
die englische Blockade, die die Völker dem Hunger ausliefere, kurz
gesagt: Die Unparteilichkeit des Hl. Stuhles und die von hoher Stelle
gewünschte Neutralität seien offenbar nicht ausreichend garantiert.

Unter dem Datum vom 28. Juni 1941 antwortete die Note des
Staatssekretariats vierzehn Tage später im gleichen Ton auf die dem
Papst vom britischen Gesandten übergebene Note:

> »Nicht ohne Überraschung hat das Staatssekretariat das Memo-
> randum der königlich britischen Gesandtschaft betreffend Ra-
> dio Vatikan unter dem Datum vom 10. des laufenden Monats
> zur Kenntnis genommen.«

Der Umstand, daß Radio Vatikan seit einiger Zeit nicht mehr über
die religiöse Verfolgung in Deutschland berichtet habe, noch über
den Nazismus, werde auf den Druck zurückgeführt, dem der Hl.
Stuhl ausgesetzt sei, und auf eine Haltung der Resignation und des
Schweigens, die bereit sei, die Grundprinzipien der Kirche zu verraten. Wenn die britische Gesandtschaft diese Kritik vorbringe, habe
sie offenbar die Offenheit vergessen, mit der der Hl. Vater die Angriffe auf die Freiheit der Religionsausübung angeprangert habe, und
die Warnung an die Gläubigen vor den Übeln, die sie bedrohten.
Nun käme es leider vor, daß die Sendungen des Vatikans in einer
»erheblich veränderten Form oder in ihrem Inhalt entstellt« erneut
ausgestrahlt oder veröffentlicht würden. Aus diesen Sendungen habe
man aus ihrem Kontext gerissene einzelne Passagen, die zudem zahlreiche und schwerwiegende Ungenauigkeiten enthielten, über »ausgesprochen komplexe und heikle Probleme« in Umlauf gebracht.
Diese »unzutreffenden, tendenziösen und manchmal völlig falschen«
Berichterstattungen hätten der Nazi-Propaganda den gewünschten
Vorwand geliefert, um den Hl. Stuhl, seine Unabhängigkeit und seine Unparteilichkeit anzugreifen. Der Hl. Stuhl könne die Unan-
nehmlichkeiten, die aus einem solchen Vorgehen entstünden, nicht
ignorieren, noch erlauben, daß eine Maßnahme, die dazu gedacht sei,
die Katholiken über die Situation aufzuklären, dazu benutzt werde,
um unter ihnen Unruhe und Streit zu säen, noch könne er zulassen,
daß die dem Hl. Stuhl fälschlich unterstellte Parteilichkeit unangenehme Folgen für die Mitglieder der Kirche sowie die Gläubigen in
vielen Ländern habe. Als man habe feststellen müssen, daß dieses
Vorgehen immer schlimmere Formen annehme und sich häufe, daß
man sogar so weit gehe, Sendungen des Vatikan zu fälschen, habe
das Staatssekretariat einschreiten müssen. Zum Schluß wiederholte

Kardinal Maglione noch einmal die Versicherung, »daß keinerlei Übereinkunft über Radio Vatikan mit irgendeiner Macht abgeschlossen worden ist und daß der Hl. Stuhl die Absicht hat, unter allen Umständen seine volle Unabhängigkeit und seine absolute Unparteilichkeit aufrechtzuerhalten«.

Als der Hl. Stuhl sein Recht auf freie Meinungsäußerung gegen diejenigen verteidigte, die ihn zum Schweigen verdammen oder ihm im Gegenteil eine bestimmte Art der Äußerung aufzwingen wollten, fand er sich selbst als Zielscheibe der wiederholten Angriffe der faschistischen Presse wieder.

Pius XII. hatte seinen Wunsch und seine Hoffnung ausgedrückt, daß Italien nicht in den Krieg eintrete, ein Wunsch, der ziemlich genau mit dem der Mehrheit des italienischen Volkes übereinstimmte. In den Augen derjenigen, die Italien in den Krieg hineingezogen hatten, wirkte die Neutralität des Vatikans wie ein feindlicher Akt und ein ständiger Vorwurf. Die italienische Regierung konnte dagegen nicht offiziell in diplomatischen Noten protestieren, aber die Parteipresse und insbesondere das *Regime fascista* von Herrn Farinacci übernahm unverzüglich diese Aufgabe.

Die Telegramme des Papstes an die drei neutralen Staaten, die von der Wehrmacht am 10. Mai 1940 überrollt worden waren, hatten besonders heftige Attacken ausgelöst. Fast könnte man glauben, daß nach dem Protest, den Msgr. Tardini der italienischen Botschaft überreichte, entsprechende Ermahnungen ausgesprochen wurden, denn Roberto Farinacci richtete seine Feder gegen ein anderes Ziel. Um die antifaschistische Haltung des Vatikans zu belegen, griff er am 30. August 1940 den Erzbischof von New York an. Msgr. Spellman wurde im *Regime fascista* als »Agent der Juden Amerikas [bezeichnet], der sehr viele Dollars in den Vatikan überweise, als Gegenleistung für die vom Hl. Stuhl gebilligte antifaschistische Politik«. Am 1. September attackierte er noch einmal, um »die traurige Allianz zwischen der Kirche und den Juden [anzuprangern], die durch Dollars geschlossen wurde, die die Juden dem Vatikan über die Vermittlung von Spellman zukommen lassen«. Der Botschaft Italiens wurde eine Protestnote übergeben. Die Botschaft antwortete, sie sei, nachdem sie die Klagen des Hl. Stuhles an die übergeordneten Stellen weitergeleitet habe, nun in der Lage zu versichern, daß die Pressekampagne, über die sich das Staatssekretariat beklage, nicht den Absichten der Regierung entspreche. Für alle Fälle habe sie den Minister für Volkskultur auf die beanstandeten Artikel aufmerksam gemacht.

Für ungefähr zwei Monate schien wieder Ruhe eingekehrt zu sein. Am 7. November vertraute Francesco Babuscio Rizzi, der Berater der Botschaft Italiens beim Hl. Stuhl, Tardini jedoch an, daß eine erneute Pressekampagne gegen die Kirche in Vorbereitung sei. Mussolini war von Informanten gewarnt worden, die Stimmung im Vatikan werde zunehmend anglo- und frankophil, man hoffe dort bereits auf einen englischen Sieg; es gebe sogar hohe Prälaten und Kardinäle, die diesen Wunsch nicht mehr verbargen. Diese Stimmung in der Partei fand ihr Echo in der Presse, die so weit ging, daß der Nuntius im Juni zunächst in einer Verbalnote erneut protestieren mußte, der dann ein Brief des Staatssekretärs an die Botschaft Italiens folgte:

> »Das Staatssekretariat Seiner Heiligkeit muß mit dem allergrößten Bedauern von neuem feststellen, daß die Zeitung *Regime fascista* unbeeindruckt und ohne gehindert zu werden ihre bedauerliche Kampagne gegen angesehene Persönlichkeiten der Kirche, den Hl. Stuhl und gegen die katholische Religion an sich fortsetzt.«

In dieser Atmosphäre der Verdächtigungen und der Feindseligkeit widmeten sich der Papst und seine Mitarbeiter weiterhin ihrer religiösen Aufgabe und bemühten sich, für den Frieden einzutreten. Bei dem Versuch, die Auswirkungen der Katastrophe, die die Welt verwüstete, zu begrenzen, war eine der größten Sorgen des Hl. Stuhles, die Stadt Rom aus dem Krieg und seinen Zerstörungen herauszuhalten.

Die Frage, die sich seit dem Kriegseintritt Italiens am 10. Juni 1940 stellte, wurde im September aktuell, als die deutsche Luftwaffe begann, Tonnen von Bomben auf London und andere englische Großstädte zu werfen. Die Neuigkeit verbreitete sich, daß die italienische Luftwaffe an diesen Aktionen gegen England beteiligt sei. Der Gesandte Osborne ließ dem Papst mitteilen, daß im Falle einer Bombardierung Londons durch italienische Flugzeuge es nicht mehr ausgeschlossen sei, daß die Royal Air Force auch Rom bombardieren werde. Derweil ging der Luftkrieg gegen England weiter, heftiger als jemals zuvor. Die Bombardierung von London, schrieb Godfrey am 4. Oktober, dauere an, insbesondere bei Nacht, und zerstöre Menschenleben und Gebäude, aber die Bevölkerung gewöhne sich allmählich an die Gefahr. Trotz der Presseartikel, die zugleich dafür und dagegen seien, ging Godfrey davon aus, daß die Gefahr von Gegenschlägen nicht unmittelbar bevorstehe: Die Politik der Regierung Seiner Majestät sei es, die Militärmaschinerie des Gegners zu treffen.

Diese eher beruhigenden Nachrichten für das Schicksal von Rom waren im Vatikan noch nicht eingetroffen, als der britische Gesandte am 2. Oktober vom Papst empfangen wurde. Pius XII. sprach erneut über die Frage der Bombardierung Roms und bat Osborne, bei seiner Regierung darauf zu bestehen, daß Rom auf jeden Fall verschont werde. Es mangelte ihm nicht an Argumenten: Die Stadt sei die Diözese des Papstes, sie sei reich an Kunstschätzen und historischen Gebäuden von weltweiter Bedeutung; sie sei voller sakraler Bauten, die in der ganzen Welt verehrt würden. Zwar habe die englische Regierung versprochen, die Neutralität des Vatikans zu respektieren, aber wie sei es möglich, insbesondere in der Nacht, Irrtümer auszuschließen?

Osborne überreichte die Antwort an Kardinal Maglione am 5. Dezember:

>»Die Position der Regierung Seiner britischen Majestät wird, was die Frage der Bombardierung Roms anbetrifft, die gleiche bleiben, wie sie das Unterhaus am 7. November formuliert hat. D.h., daß die Regierung Seiner britischen Majestät die italienische Erklärung zur Kenntnis genommen hat, daß italienische Piloten und italienische Flugzeuge an der Bombardierung von London teilgenommen haben, und sie behält sich deshalb volle Entscheidungsfreiheit in bezug auf Rom vor.«

Im übrigen, erklärte das Foreign Office, hinterließe der Druck, den der Vatikan auszuüben suche, um Rom eine Bombardierung der Alliierten zu ersparen, »den unerfreulichen Eindruck, daß der Papst intervenieren wolle, um den italienischen Staat und die faschistische Regierung zu schützen«. Man bedaure im übrigen, daß der Papst die deutschen und italienischen Bombardierungen der heiligen Stätten der Anglikaner nicht öffentlich verurteilt habe. Dennoch werde im Falle einer Bombardierung Roms alles Mögliche getan, um den Vatikan zu verschonen. Diese Aufgabe könne dadurch erleichtert werden, daß Maßnahmen ergriffen würden, um die Grenzen der Vatikanstadt bei Tag und Nacht eindeutig zu kennzeichnen.

Das Memorandum des Foreign Office wurde vom Kardinalstaatssekretär an den Sekretär der Kongregation für außerordentliche kirchliche Angelegenheiten weitergereicht. Am 11. Dezember empfing Msgr. Tardini Osborne und legte erneut die Position des Hl. Stuhles dar, die er mit seinen eigenen Ansichten anreicherte. Man könne verstehen, daß die englische Regierung, irritiert von der tatsächlichen Bombardierung der Deutschen und der verbalen Bombardierung Mussolinis, manchmal Lust verspüre, Rom zu bombardieren. Daß man es aber dem Papst zum Vorwurf mache, sich für das Schicksal Roms, seiner eigenen Diözese, zu interessieren, sei unverständlich. Es sei unstatthaft, weil absolut falsch, dem Papst vorzuwerfen, dem Faschismus Vorschub zu leisten. Der Rat an den Papst, des Nachts die Grenzen der Vatikanstadt zu beleuchten, sei einfach kindisch. Das letzte Wort ließ den Gesandten im Protest aufspringen. Aber Tardini zog kein Wort zurück. Die nächtliche Beleuchtung der Vatikanstadt, erklärte er, hätte zwei Auswirkungen, die erste, unmittelbare, wäre, den englischen Piloten zu zeigen, wo sich Rom genau befinde, damit sie es besser bombardieren könnten, und erst in zweiter Linie, zu zeigen, wo sich der Vatikan befände, um ihn nicht zu bombardieren. Zudem käme der elektrische Strom für die Vatikanstadt aus Italien: Der Hl. Stuhl sollte also Italien um Strom bitten, um den feindlichen Bombern die Lage der Hauptstadt anzuzeigen. Osborne gestand ein, daß er daran nicht gedacht hatte. Tardini schloß mit den Worten: Wenn Sie Mussolini einen Gefallen tun und sich selbst schaden wollen, bombardieren Sie Rom!

Die Angelegenheit blieb bis März 1941 unverändert, als am 23. des Monats die englische Regierung durch ihren Gesandten beim Hl. Stuhl mitteilen ließ, daß im Falle einer Bombardierung Athens durch die Deutschen oder die Italiener, sie ihrerseits Rom bombardieren würden.

Die englischen Drohungen retteten den Balkan nicht. Das Scheitern des italienischen Angriffs auf Griechenland im Oktober 1940 führte zum Eingreifen der Wehrmacht. Hitler bereitete seine Aktion gegen Griechenland vor, indem er Jugoslawien auf seine Seite brachte, dessen Regierung unter der Bedrohung am 17. März 1941 ein Abkommen unterzeichnete. Am übernächsten Tag wurde die Regierung des Regenten Paul von einem Staatsstreich hinweggefegt, am 6. April wurde die deutsche Offensive gleichzeitig gegen Jugoslawien und Griechenland eröffnet. Vier Tage später verkündete Radio Zagreb die Bildung eines unabhängigen kroatischen Staates; am 13. drangen die deutschen Stoßtruppen in Belgrad ein, und am 17. legte die jugoslawische Armee die Waffen nieder. Trotz der englischen Hilfe konnte sich Griechenland nicht viel länger halten: Am 2. Juni fiel Kreta, die letzte Bastion des griechischen und britischen Widerstands, in die Hände der deutschen Fallschirm- und Gebirgsjäger.

Während Griechenland unter militärische Besatzung geriet, wurde Jugoslawien aufgeteilt. Hitler ließ ein theoretisch freies Serbien weiterbestehen, schlug einen Teil von Slowenien dem Reich zu und gab Dalmatien und die Inseln an Italien. Kroatien wurde als unabhängiger Staat etabliert: Es sollte ein Königreich unter einem Prinzen aus dem Hause Savoyen werden; bis dahin wurde Ante Pavelić, ein Veteran des Untergrundkampfes für die kroatische Unabhängigkeit, zum Regierungschef ernannt.

Als eine seiner ersten offiziellen Handlungen begab sich Pavelić zu einem Besuch nach Rom, am 16. Mai bat der Botschafter Italiens beim Hl. Stuhl für ihn um eine Audienz beim Hl. Vater.

Das war eine heikle Frage, wie Msgr. Tardini sogleich notierte, denn eine Audienz beim Papst mußte als eine Anerkennung des neuen Königreichs durch den Hl. Stuhl ausgelegt werden. Andererseits bezeichneten sich der kroatische Staat und Pavelić selbst als katholisch; da der Papst der Vater aller Gläubigen war, konnte die Weigerung, Pavelić zu empfangen, der Kirche in diesen Gebieten schaden, wohingegen ein Wort der Ermutigung oder der Warnung dort Gutes leisten könnte. Msgr. Tardini kam zu dem Schluß, die Audienz zu gewähren, wobei alles vermieden werden sollte, was der Begegnung einen politischen Charakter geben könnte. Pius XII. entschied sich ebenfalls in diesem Sinne: Pavelić werde empfangen, aber allein, ohne sein Gefolge, als einfacher Katholik und nicht als Chef einer Regierung.

Die Nachricht von der vom Führer des neuen kroatischen Staates erbetenen Audienz beim Papst erreichte auch die Gesandtschaft Jugoslawiens, die den Zusammenbruch des Staates überlebt hatte und sich beeilte, eine Protestnote abzufassen. Nach der deutschen Invasion in Jugoslawien habe »Ante Pavelić [...], derselbe, der von französischen Gerichten für die Ermordung von König Alexander von Jugoslawien zum Tode verurteilt worden war«, einen unabhängigen Staat Kroatien proklamiert, einen Staat, der von der Besatzungsarmee aufgezwungen worden sei und jeglicher rechtlichen Basis entbehre.

Dennoch wurde Pavelić am 18. Mai um 18 Uhr im Vatikan empfangen. Pius XII. sprach ihm seine Liebe zum kroatischen Volk aus, dessen Glaubenstreue ihm wohlbekannt sei, aber er betonte, daß er Pavelić lediglich als einen Sohn der Kirche empfange. Für die Anerkennung des neuen Staates müsse man den Friedensvertrag abwarten. Und noch am selben Tag versandte das Staatssekretariat ein Rundschreiben an die päpstlichen Gesandten, in dem klargestellt wurde, daß die Pavelić gewährte Audienz auf keinen Fall die Anerkennung des kroatischen Staates bedeutete.

Am 2. Juni erschien dann der Gesandte Jugoslawiens als Überbringer einer Protestnote: Das Gerücht gehe um, der Hl. Stuhl werde einen Repräsentanten in Kroatien ernennen. Msgr. Tardini antwortete ihm, der Hl. Stuhl vermeide zwar während der Dauer des Krieges jegliche politische Stellungnahme, behalte sich aber das Recht vor, einem Kirchenvertreter eine rein religiöse Mission anzuvertrauen: Die Regierungen und ihre Diplomaten könnten nicht wissen, was gut sei für die Seelen der Gläubigen.

Nachdem er seine Feinde zu Protesten veranlaßt hatte, protestierte Pavelić seinerseits. Pavelić sei wütend, so teilte der italienische Botschafter Tardini mit, weil die Slowakei eine Nuntiatur besitze, während der Papst nach Kroatien nur einen Beobachter entsenden werde. Tardini antwortete dem Botschafter, der Gesandte in Kroatien sei kein Beobachter, sondern ein »Apostolischer Visitator«. Als der Botschafter insistierte und fragte, ob nicht ein kroatischer Repräsentant im Vatikan empfangen werden könne, antwortete Tardini mit einem kategorischen Nein.

Während sich der Krieg in Europa immer weiter ausbreitete, blieben die Vereinigten Staaten auf der anderen Seite des Ozeans die große neutrale Macht, von der der Hl. Stuhl Unterstützung für eine Hilfsaktion zugunsten der Opfer des Krieges erwartete.

Im Jahr 1940 lief das zweite Mandat von Präsident Roosevelt aus; er brach mit den bisherigen Traditionen, stellte sich ein drittes Mal zur Wahl und wurde am 6. November 1940 wiedergewählt.

Am 14. Dezember telegraphierte der Apostolische Delegat Cicognani aus Washington und schlug Pius XII. ein handschriftliches Glückwunschschreiben vor. Die Idee fand Gefallen; am 20. Dezember richtete Pius XII. eine persönliche Botschaft an F.D. Roosevelt. Nachdem er betont hatte, daß die zweite Wiederwahl in diesen kritischen Zeiten ein Zeichen des außergewöhnlichen Vertrauens sei, das die Amerikaner in ihn setzten, brachte der Papst seine eigene Zufriedenheit zum Ausdruck. Er erinnerte an sein persönliches Treffen mit Roosevelt, die Mission von Myron Taylor, die gemeinsamen Bemühungen, den Krieg zu verhindern, und schloß mit dem Wunsch nach einem dauerhaften Frieden und einer Ära der Ruhe, der Zusammenarbeit und des Fortschritts.

Am 9. Januar berichtete der Apostolische Gesandte ausführlich über die Position der Regierung. Roosevelt hatte seine Absichten in zwei Reden vom 29. Dezember 1940 und 6. Januar 1941 öffentlich bekanntgegeben. Sie ließen sich in wenigen Worten zusammenfassen: Hilfe in jeder möglichen Form für das britische Empire, ohne selbst in den Krieg einzutreten. Man fragte sich aber, wie lange eine solche Haltung durchgehalten werden könnte, und viele sahen voraus, daß eines Tages das Eingreifen der Armee unvermeidlich sein würde.

Pius XII. verfolgte aufmerksam das Verhalten der Vereinigten Staaten, und auch Roosevelt war dasjenige des Hl. Stuhles zumindest nicht gleichgültig. Im April ergriff der Präsident die Initiative, sandte dem Papst Grüße zum Osterfest und betonte erneut die gemeinsamen Ideale zwischen dem Weißen Haus und dem Vatikan. Es handelte sich, notierte Msgr. Tardini, um einen Versuch, den Papst an einer Erklärung gegen Deutschland zu beteiligen. Die Antwort des Papstes wich dieser Frage aus, indem sie auf die höheren Prinzipien der christlichen Lehre verwies. Die unterschiedlichen Standpunkte richteten keinen Schaden an; am 17. Mai 1941 schrieb der Apostolische Gesandte aus Washington, daß man im Weißen Haus mit den bestehenden Beziehungen zum Vatikan vollauf zufrieden sei.

Hingegen, so Cicognani am 17. Juni, hege die Regierung einen Groll gegen die amerikanischen Bischöfe. Mehrere Prälaten hätten offen ihren geringen Enthusiasmus angesichts der Perspektive eines bewaffneten Eingreifens in Europa gezeigt, und Frauenverbände richteten heftige Petitionen an den Episkopat, damit er gegen den Krieg protestierte. Der Erzbischof von New York, Msgr. Spellman, hatte den Eindruck, daß man in den hohen Rängen der Regierung über das Verhalten der Bischöfe und des Klerus unzufrieden sei.

Als dieser Brief von Msgr. Cicognani im Vatikan eintraf, hatte die deutsche Offensive gegen Rußland bereits begonnen; sie sollte neue Fragen für den Klerus und die Gläubigen der Vereinigten Staaten aufwerfen. Aber der Hl. Stuhl hatte der Regierung in Washington bereits bewiesen, daß die Hilfe seiner Diplomatie nicht zu unterschätzen war.

In dem Moment, als die Westmächte Deutschland den Krieg erklärten, war in Spanien gerade der Bürgerkrieg zu Ende gegangen. Es war kein Geheimnis, daß Deutschland und Italien General Franco kräftig dabei geholfen hatten, die »Roten« zu schlagen, von außen unterstützt durch Waffen und Soldaten. Außerdem vertrat die autoritäre Regierung in Madrid Prinzipien, die auf den ersten Blick denen von Hitler und Mussolini sehr ähnlich waren. Bis zum Juni 1940 hatte die materielle und wirtschaftliche Erschöpfung des Landes jegliches Eingreifen Spaniens in den Krieg ausgeschlossen. Der Waffenstillstand im Juni 1940, der die deutschen Truppen bis an die Pyrenäen vordringen ließ, erleichterte die gegenseitige Hilfe.

Am 2. August 1940 teilte Ribbentrop dem Botschafter Francos in Berlin mit, daß die Reichsregierung einen möglichst umgehenden Beitrag Spaniens zum Krieg wünsche. In Berlin fanden Gespräche zwischen Serrano Suñer, Ribbentrop und Hitler statt. Es kam jedoch zu keiner Übereinkunft. Der spanische Minister machte auf dem Rückweg von Berlin einen Umweg über Rom, wo ihm Mussolini von einem Kriegseintritt Spaniens abriet. Im Laufe seines Aufenthalts in Rom ersuchte der Außenminister des katholischen Spanien nicht um eine Audienz beim Papst. Kardinal Maglione verhehlte nicht seine Überraschung: Sollte man darin ein Zeichen einer ideologischen Annäherung zwischen dem francistischen Spanien und dem nationalsozialistischen Reich sehen? Der Botschafter Spaniens beruhigte den Kardinalstaatssekretär: Serrano Suñer habe ihn damit beauftragt, dem Vatikan zu versichern, er habe ihm Laufe seiner Gespräche in Deutschland seine Partner gewarnt, daß »die Spanier als Individuen und als Nation eindeutig katholisch seien und auch bleiben wollten und daß sie deswegen keinen gegenteiligen Einfluß akzeptieren würden«.

Der Hl. Stuhl beobachtete deswegen nicht weniger beunruhigt den Einfluß, den Deutschland in Europa zu gewinnen schien. Mitten im Winter verlagerte der italienische Feldzug in Griechenland das Zentrum der Operationen auf das Mittelmeer und lenkte die Aufmerksamkeit Hitlers auf Gibraltar. Wenn man die Engländer aus Gibraltar vertrieb, konnte man das Mittelmeer für die britische Flotte schließen. Andererseits könnte die Wiedereroberung der Festung, die seit Beginn des 18. Jahrhunderts von einer ausländischen Macht besetzt war, den Spaniern als ein Preis erscheinen, der einige Anstrengungen wert war.

Der deutsche Botschafter erklärte Franco offen, sein Zögern könnte so gedeutet werden, daß er am Endsieg in diesem Krieg zweifle. Der Caudillo protestierte. Er sei nach wie vor vom Sieg der Achsenmächte überzeugt und warte auf den richtigen Moment, um in die Schlacht zu ziehen. Nur vermied er es, sich festzulegen, wann dieser Moment kommen werde. Am 24. Januar 1941 forderte Ribbentrop in einem an den Botschafter des Reiches in Madrid adressierten Brief, der sehr viel Ähnlichkeit mit einem Ultimatum hatte, den sofortigen Kriegseintritt. Einmal mehr antwortete die spanische Regierung, daß sie bereit sei, zum Sieg der Achse beizutragen, daß sie auch nicht die Hilfe während des Bürgerkriegs vergessen werde, aber daß sie eben aus diesem Grunde nicht zu einer Last für ihre Verbündeten werden wolle. Sie setze ihre Verhandlungen mit England und den Vereinigten Staaten fort, um ihre Versorgung zu vervollständigen und im gegebenen Moment in den Krieg einzutreten. Im übrigen verlangten die Härte des Winters und die Hitze des Sommers in Spanien, daß die Operation im Herbst stattfinden müsse.

Dennoch gab es in Spanien hochgestellte Persönlichkeiten, darunter möglicherweise Serrano Suñer, die auf einen Sieg der Achse setzten. Im Januar 1941 berichtete ein Artikel der Zeitung *Arriba* begeistert über die Neujahrsansprache Hitlers an die Armee. Eine andere Zeitung sprach von Hitler als der »menschlichsten Gestalt, die die Geschichte je gekannt habe«. Am 16. Januar berichtete der Nuntius in Madrid, Gaetano Cicognani, der Bruder des Apostolischen Dele-

gaten in den Vereinigten Staaten, über eine deutsche Propaganda-
kampagne, die das spanische Volk von der Überlegenheit des nationalsozialistischen Regimes überzeugen sollte, sowie von dem Respekt, den es der Religion zolle. Derselbe Gaetano Cicognani
schrieb ein wenig später, daß die Begeisterung für Deutschland im
Lande abgenommen habe und der Widerstand, den Franco dem
Druck der Achse, ihn zum Kriegseintritt zu überreden, entgegenset-
ze, im Volk auf uneingeschränkte Zustimmung stoße.

Am 8. April 1941, nachts um halb zwölf, telegraphierte der Nuntius aber aus Madrid, er habe aus verläßlichen Quellen erfahren, daß
Deutschland erneut Druck auf Spanien ausgeübt habe, um seine Unterstützung zu erhalten. Man sagte, daß Serrano Suñer vom Endsieg
Deutschlands überzeugt und entschlossen sei, am Konflikt teilzunehmen, um Gibraltar einzufordern, den spanischen Einfluß auf
Afrika auszudehnen und seinem Land einen privilegierten Platz in
der neuen europäischen Ordnung zu sichern. Eine antibritische
Pressekampagne sei in Vorbereitung, um die Öffentlichkeit vorzubereiten. Zwölf Tage später bestätigte ein neues Telegramm des Nuntius aus Madrid das vorherige und fügte hinzu, daß die Regierung in
den Pyrenäen und vor Gibraltar Sicherheitsmaßnahmen ergreife,
Truppen auf den Kanarischen Inseln und auf den Balearen konzen-
triere und schärfere Strafen für Anschläge auf die Sicherheit des Staates erlassen habe, alles in Vorbereitung einer noch bedeutenderen
Entscheidung. Man schrieb den 20. April. Die deutschen Erfolge auf
dem Balkan konnten Hitler dazu verleiten, eine größere Aktion im
Mittelmeerraum zu unternehmen und andererseits Madrid von den
Vorzügen einer Allianz mit dem Reich zu überzeugen.

Um der Gefahr zu begegnen, veranlaßte England die Vereinigten
Staaten zu einem Abkommen mit Spanien, in dem ihm die wirtschaftliche Hilfe versprochen wurde, die es brauchte. Gleichzeitig empfahl
London Washington jedoch, die Verhandlungen ohne die Vermittlung
von Serrano Suñer zu führen, der dieser Zusammenarbeit eher ablehnend gegenüberstehe. Als aber der Botschafter der Vereinigten Staaten, Alexander Weddell, um eine Audienz bei General Franco bat,
antwortete man ihm, der Staatschef sei im Augenblick zu sehr mit in-
nenpolitischen Dingen beschäftigt, er müsse bis zur folgenden Woche
warten. Der Botschafter antwortete, daß er »selbstverständlich von
diesem Aufschub überrascht und enttäuscht sei, denn seine Regierung
habe ihn beauftragt, das Gespräch so bald wie möglich zu führen«.

Weddell überreichte nacheinander am 3., 9. und 19. Mai 1941 weitere Noten. Schließlich antwortete Serrano Suñer, daß es unmöglich
sei, ihm eine Audienz bei General Franco zu gewähren, aber wenn

der Botschafter eine Nachricht hinterlassen wolle, sei er bereit, diese
weiterzuleiten. Weddell antwortete, daß er die Anweisung habe, zu
erklären, daß »meine Regierung nur schwer glauben könne, daß der
Staatschef, wenn er von meinem Gesuch Kenntnis hätte, diesen ungewöhnlichen Aufschub für das Gespräch gutheißen würde«. Man
stand offenbar kurz vor einem Bruch. Harold Tittmann, der ursprünglich Sekretär der Botschaft der Vereinigten Staaten in Italien
war und in Abwesenheit von Myron Taylor die Funktion des Geschäftsträgers im Vatikan ausübte, wurde informiert. Am 20. Juni
übergab er Kardinal Maglione eine Note, in der er die Meinungsverschiedenheit zusammenfaßte und erläuterte, daß der Botschafter den
General über die wirtschaftliche Hilfe informieren sollte, die die
Vereinigten Staaten Spanien leisten wollten, und schloß mit den
Worten: »Selbstverständlich trägt eine solche Art des Verhaltens
kaum dazu bei, ernsthafte und freundschaftliche Gespräche zwischen den Regierungen über Fragen von gegenseitigem Interesse zu
erleichtern.« Am übernächsten Tag telegraphierte Kardinal Maglione an den Nuntius in Madrid, um seine Aufmerksamkeit auf die dem
Botschafter der Vereinigten Staaten verweigerte Audienz zu lenken
und ihn um Informationen zu bitten. Der Nuntius antwortete, es
handele sich um eine persönliche Meinungsverschiedenheit zwischen
dem Botschafter und dem Minister und nicht um eine Ablehnung
seitens der spanischen Regierung gegenüber den Vereinigten Staaten:
Weddell habe sich Serrano Suñer gegenüber in einer Weise verhalten,
daß dieser den Drang verspürt habe, sich auf ihn zu stürzen.

Zur gleichen Zeit löste die Ankündigung der deutschen Offensive
gegen Rußland in Spanien gewalttätige Demonstrationen vor der
britischen Botschaft aus. Kardinal Maglione telegraphierte an den
Nuntius in Madrid, diese beiden Vorfälle sollten schnellstens und
zur Zufriedenheit aller geregelt werden. Gaetano Cicognani griff
tatsächlich ein, die beiden Vorfälle wurden bereinigt. Am 15. Juli
übermittelte Osborne, der seine Regierung über die Intervention des
Hl. Stuhles in Madrid informiert hatte, Kardinal Maglione den Dank
des Foreign Office: »Herr Eden bestätigt, daß die Initiative des
Nuntius [in Madrid] sehr wirkungsvoll gewesen sei, und er hat mich
beauftragt, Eurer Eminenz seine hohe Wertschätzung dieser will-
kommenen Intervention zu übermitteln.«

Das war, so schien es, die einzige diplomatische Demarche, die
dem Hl. Stuhl im Laufe dieser Monate der Unsicherheit, die dem
Waffenstillstand vom Juni 1940 folgten, möglich war.

Auf dem eigenen Terrain der Kirche, also auf dem religiösen Terrain, verfolgte Pius XII. hingegen weiterhin sein Werk des Friedens.

Gebete für den Frieden, Aufrufe an das christliche Volk, für den Frieden zu beten, das waren die wichtigsten Themen, die immer wieder in den Reden des Papstes auftauchten: in der Rede vom 24. November 1940, in den Radiobotschaften zu Weihnachten 1940, zu Ostern und Pfingsten 1941.

In der Weihnachtsbotschaft wurden die Voraussetzungen für eine neue politische Ordnung entwickelt: Verzicht auf den Haß, Treue zu den geschlossenen Verträgen, Aufgabe der rein utilitaristischen Prinzipien, wirtschaftliches Gleichgewicht zwischen den Nationen, Recht und Zusammenarbeit statt Egoismus. In seiner Osterbotschaft vom 13. April 1941 sprach Pius XII. über seine vergeblichen Bemühungen für den Frieden. Er wolle dennoch nicht resignieren, sondern statt dessen »unter dem wachsamen, fürsorglichen Vaterblick Gottes fortfahren, mit den Waffen des Gebets, der Ermahnung und des Trostes für den Frieden zu kämpfen zum Wohl der armen Menschheit«.

Als Antwort auf die Hilferufe, die aus den besetzten Ländern kamen, insbesondere aus Polen, das von zwei feindlichen Mächten, Deutschland und dem sowjetischen Rußland, zerdrückt wurde, erinnerte er die Besatzungsmächte an ihre Verantwortung:

> »Euer Gewissen und Eure Ehre führe Euch bei der gerechten, menschlichen und fürsorglichen Behandlung der Bevölkerung in den besetzten Gebieten. Legt ihnen keine Lasten auf, die Ihr in ähnlicher Lage als ungerecht empfunden habt oder empfinden würdet! [...] Darüber hinaus aber bedenkt: Gottes Segen oder Fluch für Euer eigenes Vaterland kann davon abhängen, wie Ihr jene behandelt, die das Kriegsglück in Eure Hände gibt.«

Im Juni 1941 schlug wie ein Donnerschlag die Nachricht von der deutschen Offensive gegen die Sowjetunion ein. Bis zum letzten Augenblick hatte der Nuntius in Bern, der in bezug auf Informationen an privilegierter Stelle saß, von Gerüchten über einen deutsch-russischen Krieg berichtet, ohne ihnen auch nur den geringsten Glauben zu schenken. Pius XII. wurde nicht unvorbereitet getroffen. Er hatte Anfang Mai 1940 die Offensive im Westen erwartet. Derselbe Informant hatte auch von der Operation gegen Rußland berichtet. Die neue Situation kam also für den Papst weniger unerwartet als für zahlreiche europäische Staatsmänner. Nichtsdestoweniger sollte sie den Pontifex maximus vor schwierige Fragen stellen.

VI. VOM EUROPÄISCHEN KRIEG
ZUM WELTKRIEG[6]

Am Morgen des 22. Juni 1941 setzte Hitler die Offensive gegen Rußland in Gang, die er bereits seit dem Ende des Jahres 1940 plante. Jeder konnte nun die Tragweite jener Entscheidung ermessen, die der Diktator selbst als die wichtigste seines Lebens bezeichnet hatte. Hinter einer oberflächlichen Empörung verbarg manch ein Politiker seine tatsächliche Zufriedenheit. England konnte sich glücklich schätzen, nicht mehr allein im Kampf gegen die Achse zu stehen. Der Botschafter der Vereinigten Staaten in Vichy, William Leahy, glaubte um sich herum eine gewisse Erleichterung zu verspüren: »Die allgemeine Auffassung war, daß zwei verhaßte Mächte schließlich handgemein geworden sind, und man hat den vagen Eindruck, daß Frankreich zumindest während der Kämpfe eine kleine Ruhepause vom Druck und den Drohungen der Deutschen haben könnte.« Aus dem Vatikan schrieb der Korrespondent der New York Times, Camille M. Cianfarra: »Der Vatikan hofft, daß der deutsch-sowjetische Krieg dem britischen Empire und den Vereinigten Staaten die Zeit geben werde, um ihre militärischen Vorbereitungen zu verbessern.« In diesem Fall wurde der Standpunkt des Hl. Stuhles ein wenig vorschnell mit dem der Alliierten gleichgesetzt.

Der Vatikan hatte keinerlei Grund, das Los der Sowjetunion zu beklagen, die nun dem Ansturm der Wehrmacht ausgesetzt war, nachdem sie sich mit Hitler die Überreste Polens geteilt hatte. Die Haltung der Kirche gegenüber dem Bolschewismus war hinreichend bekannt und hatte sich nicht geändert, seit Pius XI. in der Enzyklika *Divini Redemptoris* den Kommunismus als »in seinem innersten Kern schlecht« bezeichnet hatte. Es hatte sich auch nichts im Verhalten des Kommunismus gegenüber der Kirche geändert. Das brachte Hitler wohl auf den Gedanken, er führe durch die Entsendung von Flugzeugen und Panzern in Richtung Leningrad und Moskau eine Art Kreuzzug für die christliche Zivilisation. Ribbentrop hatte dem

---

6 Dokumentation zu diesem Kapitel VI: vgl. ADSS, V. Dazu FRUS, 1941, Vol. I
   und II; FRUS, 1942, Vol. III.

Papst in der Audienz vom 11. März 1940 bereits gesagt, Hitler habe, indem er Deutschland vor dem Kommunismus bewahrt habe, auch die Kirche gerettet. Pius XII. hatte darauf lediglich geantwortet, man könne nicht wissen, was geschehen wäre, wenn [...]. Das war bereits eine deutliche Absage an die nationalsozialistischen Ambitionen, das Dritte Reich als den Paladin der Christenheit gegen den Kommunismus hinzustellen.

Im Juni 1941 war die Lage der Kirche in Deutschland nicht geeignet, um den Papst in dem Glauben zu wiegen, daß er dort einen Verbündeten besaß. Seit dem Beginn seines Pontifikats hatte Papst Pacelli alles in seiner Macht Stehende getan, um gegenüber Deutschland alle Schwierigkeiten aus dem Weg zu räumen, die das Pontifikat von Pius XI. noch belastet hatten. Doch daraus hatte sich laut Diego von Bergen, dem Botschafter des Reichs beim Hl. Stuhl, nicht eine Entspannung entwickelt, sondern nur »eine Stabilisierung der Spannung, die Außenstehenden manchmal den unzutreffenden Eindruck vermitteln konnte, daß eine Annäherung bevorstand«.

Die Berichte, die vom Nuntius in Berlin nach Rom geschickt wurden, zeigen, daß weder der Krieg im Westen noch die Offensive gegen Rußland die nationalsozialistische Partei von ihrem Kampf gegen das Christentum abbringen konnte. Mehrere Depeschen von Orsenigo vom Juli und von Anfang August 1941 berichteten von einer Reihe willkürlicher Maßnahmen der Gestapo gegen die Kirche: vertriebenen Ordensschwestern, unter Zwangsverwaltung gestelltem und konfisziertem Besitz und Immobilien, aus der Wehrmacht verwiesenen Jesuiten, die als »dienstunwürdig« galten. Auch die Rede des Papstes vom 29. Juni 1940 war in Deutschland nicht bekannt geworden, weil die offizielle Presse und das Radio sie nicht erwähnten und inzwischen fast alle katholischen Zeitschriften ihr Erscheinen eingestellt hatten.

Trotz allem erbat der Botschafter des Reiches zu einem Zeitpunkt, der aus den Akten nicht eindeutig hervorgeht, eine Erklärung des Papstes zugunsten des Krieges gegen Rußland. Am 5. September bat auch der Botschafter Italiens, Bernardo Attolico, in einem Gespräch mit Msgr. Tardini um eine öffentliche Stellungnahme des Papstes, um Deutschland und Italien in ihrem Kampf gegen das sowjetische Rußland zu unterstützen. Er legte besonderen Wert darauf, daß es Mussolini zu verdanken sei, daß Hitler den antibolschewistischen Charakter dieses Unternehmens in den Vordergrund gerückt hatte. Sollte sich der Hl. Stuhl unter diesen Umständen »weiterhin in Schweigen hüllen, oder wäre es nicht besser, einige Worte gegen den Bolschewismus verlauten zu lassen? Insbesondere da der Krieg gegen Rußland lang und hart sein werde und sich die Italiener in immer größerem Maße daran beteiligen würden: Es wäre gut, wenn das italienische Volk, das in seiner Seele gegen den Bolschewismus sei, ein Wort vom Hl. Stuhl hören würde.« Der Sekretär der Kongregation für außerordentliche kirchliche Angelegenheiten antwortete dem Botschafter Italiens,

> »daß die Haltung des Hl. Stuhles gegenüber dem Bolschewismus nicht erneut deutlich gemacht werden müsse. Der Hl. Stuhl hat den Bolschewismus mit all seinen Irrtümern bereits mißbilligt, verurteilt und mit dem Kirchenbann belegt. Dem, was bereits gesagt wurde, ist nichts hinzuzufügen, und davon ist nichts zurückzunehmen. Heute erneut Stellung zu beziehen, könnte leicht eine politische Bedeutung erhalten, während der Hl. Stuhl deutlich *tempore non suspecto* gesprochen habe. Es steht außer Frage, daß derjenige, der in der Vergangenheit Freundschaftsverträge mit Rußland abgeschlossen hat, sein Verhalten erklären muß. Es ist offensichtlich, daß derjenige, der gestern noch erklärt hat, daß das Bündnis mit Rußland die Garantie für den Frieden im Osten sei und heute [...] einen Kreuzzug führt, daß dieser die Änderung seines Verhaltens erklären muß. Aber der Hl. Stuhl hat das nicht nötig. Er hat seine Haltung nicht verändert. Jetzt zu sprechen, könnte als ein Akt der Unterwerfung unter den Rat von Farinacci verstanden werden.« Tardini fügte hinzu, er wäre unter Berücksichtigung der Erklärungen, Verurteilungen etc. des Hl. Stuhles sehr glücklich, wenn der Kommunismus außer Gefecht gesetzt würde. »Er sei der schlimmste Feind der Kirche. Aber er sei nicht der einzige. Der Nazismus habe eine richtiggehende Verfolgung gegen die Kirche organisiert und tue dies noch immer. Dementsprechend sei das Hakenkreuz nicht [...] unbedingt das Kreuz [...] des Kreuzzuges. Und dennoch seien es eben die Deutschen und nicht Mussolini, die als erste von einem Kreuzzug gesprochen hätten.«

Attolico insistierte dennoch: Es handele sich nicht darum, einen Kreuzzug auszurufen, sondern es gehe darum, die katholischen Glaubensprinzipien gegenüber dem Bolschewismus zu behaupten. Msgr. Tardini antwortete, daß es in der gegenwärtigen Situation schwierig sei, die Irrtümer und Schrecken des Kommunismus zu verurteilen, »die Entgleisungen und Verfolgungen des Nazismus« aber zu vergessen. Attolico versuchte geschickt, dieser Parallele auszuweichen, indem er auf seine Erfahrung verwies: Er habe Berlin und Moskau gesehen. In Rußland sei die Lage der Kirche erheblich schlechter als in Deutschland, denn in Deutschland gebe es noch Gottesdienste, die in Rußland verboten seien. Tardini erwiderte, daß dies mehr oder minder die augenblickliche Lage sei, daß man aber Gründe habe, daran zu zweifeln, ob Deutschland nicht noch weiter gehen wolle. »Eben deswegen«, schloß Tardini, »halte ich zur Zeit statt des Ausdrucks Kreuzzug eher das Sprichwort „Ein Teufel jagt den anderen" für angemessen, und es ist um so besser, wenn dieser andere der schlimmere ist.«

Die Note, in der Msgr. Tardini sogleich seine Unterhaltung mit Attolico festhielt, wurde dem Papst überbracht. Als er sie zurückgab, beschränkte sich Pius XII. auf die Bemerkung, daß sich die Lage der Kirche in Deutschland verschlechtert habe, seit Attolico Berlin verlassen habe.

Jeder weitere Tag, der verstrich, verlängerte lediglich die Liste der von Berlin ignorierten Interventionen des Hl. Stuhles und der vom Hl. Stuhl zurückgewiesenen Forderungen der Deutschen. Der Anspruch des Reiches, als der Vorkämpfer des Christentums zu gelten, wurde jeden Tag lächerlicher. Bergen, der sich darüber wunderte, daß der Papst seine Weihnachtsbotschaft nicht genutzt hatte, um seiner Zufriedenheit darüber Ausdruck zu verleihen, daß das Christentum in den von den deutschen Truppen eroberten russischen Gebieten wieder erblühen könne, erhielt die Antwort, daß man nur schlecht von einer katholischen Wiedergeburt in diesen Gebieten sprechen könne, in denen sogar die Feldgeistlichen daran gehindert würden, den Bewohnern des Landes die Hilfe ihres Amtes anzubieten.

Am 24. Dezember 1941 richtete Pius XII. eine neue Botschaft an die vom Krieg heimgesuchte Welt. Weit davon entfernt, den Rußlandfeldzug und die neue Ordnung Hitlers zu rühmen, verkündete der Papst Prinzipien, die die Methoden der beiden Lager, des nationalsozialistischen und des sowjetischen, gleichermaßen verurteilten. In einer neuen, auf die Gerechtigkeit gegründeten Ordnung, sagte Pius XII., gebe es keinen Platz für Angriffe auf die Freiheit und auf die Sicherheit der anderen Nationen, ob groß oder klein, oder für die Unterdrückung von Minderheiten oder für den totalen Krieg noch für den hemmungslosen Rüstungswettlauf; und schließlich gebe es auch keinen Platz für die Verfolgung der Religion und der Kirche.

Als er diese Botschaft in seiner Diplomatenpost kommentierte, mußte der Botschafter des Reiches einige Wochen später wohl oder übel darauf hinweisen, daß damit Hitler-Deutschland ebenso wie das stalinistische Rußland gemeint gewesen sei.

Dennoch schätzte sich Bergen vierzehn Tage später glücklich, Berlin das offizielle Dementi des Staatssekretariats in bezug auf ein

Gerücht über einen Brief Stalins an den Papst übermitteln zu können: Es handele sich um eine reine Erfindung. Das Dementi entsprach sicherlich der Wahrheit. In den Archiven des Staatssekretariats wurde kein Brief aus dem Kreml gefunden. Unter dem gleichen
Datum enthielten die Akten desselben Staatssekretariats aber weniger sensationelle Depeschen, die dennoch Beunruhigung bei den
Herren des Dritten Reiches auslösen konnten.

Wenn ein Wort des Papstes angeblich in der Lage war, die Katholiken Deutschlands und Italiens zu ermutigen, an den Kriegsanstren-
gungen der Achse gegen Rußland teilzunehmen, so gab es auch auf
der anderen Seite des Atlantiks eine Gruppe von Katholiken, die
ebenso auf die Stimme des Papstes hörte und deren Verhalten Auswirkungen auf den Ausgang des Krieges haben konnte. Als Antwort
auf die Appelle Churchills kam Roosevelt dem kriegführenden England mit Krediten und Kriegsgerät zu Hilfe. Von dem Moment an,
in dem Rußland sich im Kriegszustand mit Deutschland befand,
stellte sich für den Präsidenten der Vereinigten Staaten die Frage, ob
er auch Stalin gegen Hitler helfen sollte. Eine positive Antwort auf
diese Frage stieß auf erhebliche Einwände. Die politische Diktatur
und die religiöse Verfolgung in Rußland stellten in den Augen der
meisten Amerikaner ein unüberwindliches Hindernis für jedwede
Zusammenarbeit zwischen der Sowjetunion und den Vereinigten
Staaten dar. In einer Versammlung, die am 17. September 1941 stattfand, sagte Ex-Präsident Herbert Hoover:

> »Ich glaube, und neunundneunzig Prozent der Amerikaner
> glauben, daß der Totalitarismus, sei er nationalsozialistisch oder
> kommunistisch, verabscheuenswert ist. Diese beiden Formen
> sind unmoralisch, weil sie die Religion ablehnen und eine Treue
> zu Verpflichtungen nicht kennen. Sie gehen in die Irre wegen
> ihrer unsäglichen Grausamkeiten und der verabscheuenswerten
> Ermordung von Millionen Menschenleben. Ich lehne jede Art
> von Kompromiß oder Bündnis Amerikas mit ihnen entschieden
> ab. Was würde aus den Millionen in Rußland und in ganz Euro-
> pa unterjochten Menschen und aus unserer eigenen Freiheit,
> wenn wir unsere eigenen Söhne schicken müßten, um für den
> Kommunismus den Krieg zu gewinnen?«

Hoover war nicht als einziger dieser Meinung: Religiöse Gruppen,
und insbesondere katholische Kreise, lehnten den Gedanken einer
Zusammenarbeit jeglicher Art mit Rußland ab. In seinem ausführlichen Bericht vom 1. September 1941 erklärte der Apostolische Delegat in Washington das Verhalten der amerikanischen Katholiken ge-

genüber diesem Krieg. Von wenigen Ausnahmen abgesehen, schrieb
er, seien sie alle gegen Deutschland, denn sie wüßten, daß ein Sieg
der Nazis eine Verschärfung der religiösen Verfolgung bedeute. Die
Mehrheit sei für die England gewährte Hilfe, aber was den Eintritt
in den Krieg bedeute, so sei dies eine andere Sache. Die Reden des
Papstes für die Wiederherstellung des Friedens bestätigten sie in
ihrem Wunsch, daß die Regierung der Vereinigten Staaten nicht zur
Verlängerung des Krieges beitragen und sich vielmehr darum
bemühen solle, die kriegführenden Staaten zu einem Abkommen zu
bewegen, um den Völkern ihre Unabhängigkeit und Freiheit wieder-
zugeben. Die Bischöfe hätten im allgemeinen von jeder öffentlichen
Erklärung abgesehen, und diejenigen, die sich geäußert hätten, hätten sich gegen die Intervention ausgesprochen, wie der Kardinalerzbischof von Boston sowie die Erzbischöfe von Dubuque, Baltimore
und Cincinnati. Viele Zeitungen und Zeitschriften machten kein Geheimnis aus ihren isolationistischen Neigungen.

Wenn die Hilfe für England bereits viele Katholiken ratlos lasse,
so rufe die Idee einer Unterstützung für Rußland eine noch viel stär-
kere Ablehnung hervor. Die Katholiken verurteilten jede Hilfe für
Rußland, indem sie auf die religiöse Verfolgung unter dem sowjetischen Regime verwiesen, und sie stützten ihre Ablehnung auf die
1937 veröffentlichte Enzyklika von Pius XI. gegen den atheistischen
Kommunismus und insbesondere auf die folgende Passage: »Der
Kommunismus ist in seinem innersten Kern schlecht, und es darf
sich auf keinem Gebiet mit ihm auf Zusammenarbeit einlassen, wer
immer die christliche Kultur retten will«. Eine Mithilfe der amerikanischen Regierung beim Kampf Rußlands gegen Deutschland verstoße gegen die päpstliche Empfehlung, die Katholiken würden sie
nicht gutheißen. Das Argument, betonte Msgr. Cicognani, mache
Eindruck auf die Gläubigen. Dennoch glaubten einige Prälaten, wie
der Erzbischof von Detroit, Msgr. Edward Mooney, daß diese Auslegung der Enzyklika *Divini Redemptoris* sich nicht durchsetzen
werde, und fürchteten, daß man den amerikanischen Katholiken
mangelnden Patriotismus vorwerfen könne. Msgr. Mooney schlug
deshalb vor, daß der Hl. Stuhl selbst eine Auslegung der Enzyklika
geben solle.

Es traf zu, daß andere Prälaten nicht gezögert hatten, sich offen
für die Politik Roosevelts auszusprechen. Msgr. Patrick Hurley, der
gerade den Bischofssitz von St. Augustine in Florida eingenommen
hatte, nachdem er dem Hl. Stuhl im Staatssekretariat gedient hatte,
hatte in einer Rede im Radio erklärt, daß ihm der Krieg unvermeid-
bar scheine, daß den Vereinigten Staaten nichts anderes übrig bleibe,

als den geeigneten Moment zu wählen, und daß man in diesem Punkt dem Präsidenten vertrauen müsse. Die Rede stellte die Interventionisten zufrieden, provozierte aber einen enormen Skandal bei den Katholiken. Es erschien völlig unangebracht, daß ein Bischof nach den Waffen rief; man beschuldigte ihn außerdem, zum Verfassungsbruch aufzurufen, weil er dem Präsidenten die Entscheidung über den Kriegseintritt überlassen wollte. Auf jeden Fall war die entstandene Aufregung ein Beweis für die Ablehnung, auf die die Interventionspolitik Roosevelts bei den Katholiken stieß.

Roosevelt wurde klar, daß er die Hilfe Roms brauchte, um seinen Standpunkt bei den Katholiken durchzusetzen und um die Mehrheit im Kongreß sicherzustellen. Ein Jahr zuvor hatte er Myron Taylor die Aufgabe übertragen, ihn bei Pius XII. zu vertreten. Taylor war aus gesundheitlichen Gründen gezwungen, in die Vereinigten Staaten zurückzukehren. Roosevelt hatte dann Harold Tittmann zu seinem Nachfolger bestimmt, der nun den Titel eines Geschäftsträgers *ad interim* trug. Trotzdem entschloß sich der Präsident, Taylor für eine kurze Mission erneut zum Papst zu entsenden. Am 27. August 1941 telegraphierte Msgr. Cicognani an den Vatikan, daß Myron Taylor am 4. September nach Rom aufbrechen werde, und erbat für ihn für den 10. September eine Audienz beim Pontifex maximus.

In seiner persönlichen Botschaft, die gleichzeitig das Beglaubigungsschreiben für Myron Taylor war, nannte Roosevelt Pius XII. offen das Ziel dieser Mission: Ihn zur Zustimmung zu einer Zusammenarbeit zwischen den Vereinigten Staaten und der UdSSR zu bewegen. Der Präsident versicherte, die Religion sei nicht vollständig aus Rußland verbannt, man könne hoffen, daß nach dem augenblicklichen Krieg die russische Regierung die Freiheit der Religionsausübung anerkennen werde. »Soweit ich informiert bin«, fügte er hinzu, »gibt es noch immer geöffnete Kirchen in Rußland.« Dann bestand Roosevelt auf der Tatsache, daß die nationalsozialistische Gefahr viel größer sei als die kommunistische, denn sie füge der inneren Zersetzung der Regierungen auch noch die bewaffnete Aggression hinzu.

Myron Taylor traf am 9. September als Überbringer dieses Briefes in Rom ein, am Abend des 10. wurde er zu einer Audienz empfangen. Da keine direkten Zeugnisse über die Audienz bei Pius XII. vorhanden sind, können die Notizen von Kardinal Maglione über seine eigene Unterredung mit dem Gesandten Roosevelts einen Eindruck von den angeschnittenen Fragen geben. In einem ersten Gespräch informierte Myron Taylor Kardinal Maglione über die materielle und moralische Situation in den Vereinigten Staaten. Alle Amerikaner seien überzeugt, daß Hitler den Krieg verlieren werde;

die Vereinigten Staaten hätten sich auf einen Verteidigungskrieg eingestellt und ihr militärisches Potential habe bereits »eine außergewöhnliche Stärke [erreicht], die man nicht vermuten würde«. Es treffe zu, daß die Zeitungen darüber klagten, daß diese Vorbereitungen noch nicht ausreichten, aber sie täten dies nur, um das Land aufzurütteln. Im übrigen blieben die Vereinigten Staaten außerhalb des Konflikts, solange Hitler sie nicht provoziere und solange die Alliierten nicht in Gefahr gerieten, geschlagen zu werden; aber im Falle eines Zwischenfalls werde die Zustimmung zum Frieden in eine Zustimmung zum Krieg umschlagen.

Nach diesen einleitenden Bemerkungen erläuterte Taylor die Atlantikcharta, die im August 1941 abgeschlossen worden war, also die amerikanische Erklärung über die Kriegsziele der Alliierten. Roosevelt und Churchill wollten, daß der Papst sich ihnen anschlösse »und daß er durch eine eigene Erklärung die vom amerikanischen Präsidenten und vom britischen Premierminister zum Ausdruck gebrachten Ideen unterstütze«. Maglione antwortete, der Papst habe in der Enzyklika *Summi Pontificatus* und in seinen Weihnachtsansprachen von 1939 und 1940 bereits die Bedingungen für einen gerechten Frieden genannt und darin für alle Völker, die kleinen und die großen, das Recht auf Unabhängigkeit gefordert. Der Papst könne dies aus gegebenem Anlaß wiederholen, aber er könne seine Stimme nicht mit der von Staatsmännern verquicken, denn dann würde er sich der Parteinahme für das eine oder andere Lager verdächtig machen.

Taylor schnitt dann eine Frage von noch größerer Bedeutung an. Es gebe in Amerika, abgesehen von den Iren, die Erbfeinde der Engländer seien, noch andere Katholiken, die die Enzyklika *Divini Redemptoris* in der Weise interpretierten, daß man den Kommunismus nicht vom russischen Volk trennen könne, so wie man auch Rußland nicht helfen könne, ohne gleichzeitig den Kommunismus zu unterstützen. Amerikanische Prälaten hatten Taylor gesagt, daß es einer Erklärung des Papstes bedürfe, um eine tiefe Spaltung der amerikanischen Katholiken zu verhindern. Maglione zeigte sich erstaunt darüber, daß eine so eindeutige Sache Zweifel hervorrufen könne: »Der Hl. Stuhl hat den Kommunismus verdammt und verdammt ihn noch immer. Er hat niemals ein Wort gegen das russische Volk gesagt und er wird es auch nicht sagen. Er hat außerdem die nationalsozialistische Lehre verdammt: Wer könne behaupten, daß der Hl. Vater ein Feind und nicht ganz im Gegenteil ein sehr großer Freund des deutschen Volkes sei?« Als Taylor darauf bestand, daß der Papst selbst die Enzyklika seines Vorgängers erläuterte, wiederholte der Kardinal, daß er die Notwendigkeit nicht einsehen könne.

Aber »wenn sich die Gelegenheit ergäbe, unauffällig auf den Unterschied zwischen dem Kommunismus und dem russischen Volk, zwischen dem Nationalsozialismus und dem deutschen Volk hinzuweisen, könnte die Kirchenhierarchie dies aus eigenem Antrieb tun, ohne gegen die Linie des Hl. Stuhles zu verstoßen.«

Am Mittag des übernächsten Tages, des 11. September, hatte Maglione erneut eine Unterredung mit dem Gesandten von Präsident Roosevelt. Die Erläuterungen, die er seinen Erklärungen vom Vortag hinzufügte, gaben mit Sicherheit die Absichten des Papstes wieder, mit dem er in der Zwischenzeit darüber gesprochen hatte. Der Kardinal sagte zunächst, daß der Papst bei erster Gelegenheit seine Ansichten über den Krieg, über die Gerechtigkeit und über die Barmherzigkeit wiederholen werde, die die Beziehungen zwischen den Völkern leiten sollten. Was die von mehreren amerikanischen Bischöfen gestellte Frage über die Bedeutung der Enzyklika *Divini Redemptoris* betraf, so versprach Maglione, den Apostolischen Delegaten in Washington anzuweisen, »den Prälaten, die ihn zu diesem Punkt befragen sollten, in diskreter und zurückhaltender Form zu antworten, in der Enzyklika von Pius XI. sei nichts gegen das russische Volk enthalten. Der Papst habe darin den Kommunismus verurteilt, und diese Verurteilung werde aufrechterhalten. Für das russische Volk empfinde der Papst auch weiterhin nur väterliche Gefühle«. In anderen Worten, die Katholiken sollten keine Skrupel haben, Roosevelt zu unterstützen, wenn er Stalin gegen Hitler Hilfe leisten wolle.

Taylor sprach noch einen dritten Punkt an. Der Papst habe in der Vergangenheit alles ihm Mögliche getan, um Italien aus dem Krieg herauszuhalten. Sah Maglione irgendeine Möglichkeit, Italien zu einem Separatfrieden zu überreden? »Ich sehe dazu keinerlei Möglichkeit«, antwortete Maglione.

> »Möglicherweise«, insistierte Taylor, »wegen der Gefahren, denen sich Italien aussetze, wenn es sich von Deutschland trenne.«
> »Das ist ein Grund, aber nicht der einzige.»
> »Ich verstehe«, endete Taylor.

Die Mission von Taylor betraf zunächst die Auslegung und die Auswirkungen der Enzyklika *Divini Redemptoris*. Um vom Papst die Erlaubnis für die amerikanischen Katholiken zu erhalten, die Hilfeleistungen für Rußland zu unterstützen, hatte Roosevelt gegenüber Pius XII. behauptet, in Rußland sei die freie Religionsausübung möglich. Im Vatikan verfügte man aber noch über andere Informationsquellen über die Lage der Kirche in Rußland als den Präsidenten der Vereinigten Staaten: Inhaftierung von Priestern und Gläubigen, steuerliche Überbelastung und sogar Massaker waren die Realität. Was die geöffneten katholischen Kirchen in der UdSSR anbetraf, so wußte der Vatikan von nur zwei Kirchen, einer in Moskau und einer in Leningrad. Msgr. Tardini hatte also Grund, Gedanken zu Papier zu bringen, die als Einwände gegen die amerikanische Bitte verstanden werden konnten.

Roosevelt versicherte, daß in Rußland Religionsfreiheit bestehe und daß das Fortbestehen des Kommunismus weniger gefährlich sei als das des Nationalsozialismus. Zumindest dem zweiten Punkt gestand Tardini in gewisser Weise, wenn auch nur vorübergehend, Gültigkeit zu:

> »Der Präsident«, schrieb Tardini, »behauptet, daß Deutschland gefährlicher sei als Rußland. Wenn sich alles auf den politischen und den militärischen Bereich reduzieren ließe, wäre diese These zutreffend. Das nationalsozialistische Deutschland ist politisch viel stärker organisiert als Rußland, und es ist militärisch erheblich stärker. Aber wenn man sich den religiösen Bereich ansieht, was soll man da sagen? Unter dem ideologischen Aspekt sind Kommunismus und Nazismus gleichermaßen falsch und gefährlich, beide sind materialistisch, beide sind antireligiös, beide zerstören die Grundrechte des Menschen und beide sind unversöhnliche Gegner des Hl. Stuhles.«

In Deutschland sei der Gottesdienst noch nicht ganz abgeschafft; aber das hänge von den besonderen Bedingungen des Landes ab, wo der Nationalsozialismus »mit Millionen und Abermillionen von Katholiken [rechnen müsse], mit einem großen und tapferen Klerus, mit einem geeinten und kampferprobten Episkopat«. Im übrigen wolle Deutschland über die Verfolgung, die innerhalb seiner Grenzen betrieben werde, nichts nach außen dringen lassen. Aber wenn er erst einmal seine Macht gefestigt habe, werde der Nationalsozialismus ohne Rücksicht sein antireligiöses Programm durchsetzen. Daraus ergebe sich, daß weder das Überleben des Nationalsozialismus noch des Kommunismus für die Religion ermutigende Perspektiven zu eröffnen scheine.

Drei Tage später dachte Msgr. Tardini erneut über diese Fragen nach. Zunächst über die Bedeutung der umstrittenen Passage in *Divini Redemptoris*. Hatte Pius XI. darin im voraus die militärische und wirtschaftliche Hilfe für Rußland verurteilt? Nein, Pius XI. hatte lediglich die Politik der ausgestreckten Hand im Innern der verschiedenen Nationen verurteilt. So verhielt es sich zumindest in der Theorie. Aber, fragte sich Tardini, traf es in der Praxis nicht zu, daß die Unterstützung für Rußland gleichzeitig auch bedeutete, den Kommunismus zu unterstützen? Es reichte nicht aus, darauf hinzuweisen, daß die Russen angegriffen worden waren. Auch sie hatten sich auf einen Angriff vorbereitet: »Stalin ist kein friedlicher Führer, der zum Krieg gezwungen worden ist: Er ist ein Kriegstreiber, dem ein noch verwegenerer Krimineller in seinen kriminellen Plänen zuvorgekommen ist.« Sicherlich, in der Theorie bedeutete die Hilfe für das russische Volk, den Krieg zu gewinnen, nicht die Verteidigung der kommunistischen Doktrin und des militanten Atheismus. Aber in der Praxis hieß es, »wenn die Russen den Krieg gewinnen, wird es der Sieg Stalins sein; und niemand kann ihn mehr von seinem Thron stoßen. Und Stalin, das ist der Kommunismus, der siegreiche Kommunismus, das ist der Kommunismus, der absoluter Herrscher auf dem europäischen Kontinent wird«.

Angesichts dieser wenig ermutigenden Aussichten hoffte Msgr. Tardini, daß »der Kommunismus aus dem Krieg, der derzeit in Rußland herrscht, geschwächt und der Nazismus daraus entkräftet hervorgehen wird und [...] zur Strecke gebracht werden kann«. In seiner Schlußfolgerung hielt Msgr. Tardini jedwede Erklärung für inopportun, um eine solch heikle Frage, wie die einer Hilfe jeglicher Art für Rußland, zu entscheiden.

Man kann sich nur schwer vorstellen, daß Tardini seine Überlegungen dem Papst nicht mitgeteilt hat. Dennoch entsprach die Entscheidung von Pius XII. nicht der des Sekretärs der Kongregation für außerordentliche kirchliche Angelegenheiten. Unter dem Datum des 20. September 1941 und in Form eines von Msgr. Tardini unterzeichneten Briefes sandte das Staatssekretariat dem Apostolischen Delegaten in Washington eine Instruktion, die eine authentische Auslegung der Enzyklika *Divini Redemptoris* enthielt, so wie sie Maglione gegenüber Taylor dargelegt hatte: Der Papst hatte den Kommunismus verurteilt, nicht Rußland. Unter dieser Voraussetzung bereitete die Auslegung des Textes von Pius XI. keine außergewöhnlichen Schwierigkeiten:

> »Es ist nämlich die grundlegende Regel einer Exegese, daß der gesamte Text mit Sorgfalt in seinem ursprünglichen Zusammenhang gelesen werden muß. Wenn man dies zugrunde legt, fällt es der ganzen Welt nicht schwer festzustellen, daß Pius XI. sich in diesem Zusammenhang auf das wohlbekannte Manöver der „ausgestreckten Hand" beziehen wollte. Der Papst gab den

Gläubigen den dringenden Rat, sich nicht einmal in humanitären Angelegenheiten auf eine Zusammenarbeit mit den Kommunisten einzulassen, denn diese würden von dieser Zusammenarbeit profitieren, um ihr bolschewistisches Programm zu verbreiten und zum Triumph zu führen.«

Das sei die von Pius XI. in seiner Enzyklika beabsichtigte Deutung, und das sei die Interpretation, an die man sich halten solle. Es sei offensichtlich, daß Pius XI. den atheistischen Kommunismus verurteilt habe und »nicht das russische Volk, dem er im gleichen Dokument sein väterliches Wohlwollen und seine väterliche Liebe ausgedrückt habe«.

Diese Bemerkungen waren leicht zu verstehen; aber der Delegat Cicognani begriff sogleich, daß es weder für den Hl. Stuhl noch für den *Osservatore Romano* ratsam sein konnte, sie öffentlich zu verkünden. Hingegen konnte der Delegat sie mündlich und in vorsichtiger Form Msgr. Mooney und anderen Bischöfen mitteilen. Die Bischöfe sollten lediglich jede Bezugnahme auf den Hl. Stuhl vermeiden.

Msgr. Cicognani berichtete einen Monat später darüber, wie er die römischen Anweisungen in die Tat umgesetzt hatte. Nachdem er mit mehreren Bischöfen darüber gesprochen hatte, berief er den Erzbischof von Cincinnati, Msgr. John T. MacNicholas, nach Washington, den man für den geeignetsten Prälaten für eine öffentliche Erklärung hielt: Niemand würde ihn verdächtigen, dem Druck der Regierung nachgegeben zu haben. Msgr. Cicognani setzte ihn über die Instruktionen des Vatikans in Kenntnis und bat ihn, eine öffentliche Erklärung dieses Inhalts zu machen. Der Erzbischof zeigte sich dazu sofort bereit und versprach, sich in einem an die Gläubigen seiner Diözese gerichteten Hirtenbrief zu äußern. So geschah es:

»Nachdem er die Gläubigen an die Barmherzigkeit und an die Toleranz in politischen Fragen gemahnt hatte, erinnerte Msgr. MacNicholas«, schrieb Cicognani, »an die Passagen in der Enzyklika von Pius XI. über Deutschland und über den Unterschied, den man dort zwischen dem Nationalsozialismus und dem deutschen Volk machen könne; anschließend habe er dieselben Überlegungen über das sowjetische Regime und das russische Volk angestellt; dann habe er die angesprochenen Passagen in der Enzyklika *Divini Redemptoris* untersucht, sie in ihren eigentlichen Zusammenhang gestellt und sei darüber zu der Schlußfolgerung gekommen, daß sie im gegenwärtigen Augenblick der bewaffneten Auseinandersetzung nicht angewandt werden dürfe.«

Der Delegat befürchtete, die öffentliche Erklärung des Erzbischofs von Cincinnati könnte zu einem Gegenangriff führen. Erst vor kurzem hatte der Erzbischof von Dubuque erklärt: »Es ist an der Zeit, mit der Unterscheidung zwischen der Roten Armee und dem sowjetischen Staat aufzuhören. Die Rote Armee ist der sowjetische Staat, solange sie den Befehlen eines gottlosen Tyrannen untersteht.«

Sechs Wochen später veränderte der Angriff Japans auf die Vereinigten Staaten die Ausgangsbasis des Problems: Die Vereinigten Staaten und die Sowjetunion wurden durch die Macht des Schicksals Alliierte im Krieg gegen die Achsenmächte. Dieser Umstand schränkte zwar die Wirkung der an die Prälaten Amerikas gesandten römischen Instruktionen in der Praxis ein, aber er schmälerte nicht die Bedeutung, die die Entscheidung von Pius XII. für die Überwindung der Skrupel der amerikanischen Katholiken angesichts der Politik Roosevelts gespielt hat.

Es waren noch keine zwei Monate seit dem japanischen Angriff auf die amerikanische Flotte in Pearl Harbor vergangen, als am 21. Januar 1942 der italienische Botschaftsrat, Babuscio Rizzo, erschien, um den Kardinalstaatssekretär darüber zu informieren, daß Japan einen Sonderbeauftragten an den Hl. Stuhl entsenden wolle. Maglione versicherte, daß der Hl. Vater sicherlich ohne Schwierigkeiten zustimmen werde, verwies aber darauf, daß die offizielle Anfrage über den Apostolischen Gesandten in Tokio abgegeben werden müsse. Er drückte seine Hoffnung aus, daß es sich um eine dauerhafte Mission handele und daß der japanische Diplomat ausschließlich beim Hl. Stuhl akkreditiert sei. Pius XII. bestätigte diese Antwort: Er werde den japanischen Gesandten gerne empfangen. Der Papst fügte hinzu, daß auch Nationalchina gerne einen Vertreter in den Vatikan entsenden würde.

Am 30. Januar traf ein Telegramm aus Tokio ein. Der Apostolische Delegat Paolo Marella hatte eine Unterredung mit dem Außenminister Japans gehabt und darüber ein Memorandum erhalten, das er in italienischer Übersetzung vorlegte:

»Die japanische Regierung möchte unter Berücksichtigung der Situation in der Welt und in der Überzeugung, daß die Vertiefung der bereits bestehenden freundschaftlichen Beziehungen mit dem Vatikan für beide Seite wünschenswert ist, einen außerordentlichen Gesandten beim Hl. Stuhl akkreditieren. Die Regierung bittet Ihre Hochwürdigste Eminenz [!], diesen Wunsch unmittelbar dem Vatikan mitzuteilen, um die Absichten des Hl. Stuhles betreffend den Empfang eines außerordentlichen Gesandten kennenzulernen.«

Am nächsten Tag nahm der Kardinalstaatssekretär in einem Telegramm an den Gesandten in Tokio »mit Befriedigung die Wünsche und Absichten der [japanischen] Regierung in bezug auf die Beziehungen zum Hl. Stuhl zur Kenntnis«. Der Vatikan hätte lieber einen Botschafter empfangen, aber man machte daraus keine Bedingung *sine qua non*, und war bereit, einen außerordentlichen Gesandten mit einer Sondermission zu akzeptieren. Man nahm im übrigen an, daß dieser Repräsentant ausschließlich beim Hl. Stuhl akkreditiert sei; auf jeden Fall sollte er nicht zusätzlich bei einem der kriegführenden Staaten akkreditiert sein.

Drei Tage später übermittelte Msgr. Marella die gewünschten Versicherungen: Der japanische Gesandte werde nur beim Hl. Stuhl akkreditiert sein, und die japanische Regierung bestätigte ihre Absicht, ohne sich in dieser Beziehung festzulegen, den außerordentlichen Gesandten sobald wie möglich durch einen Botschafter zu ersetzen.

Die beiden Parteien waren sich also in kürzester Zeit einig geworden, und nichts schien weniger Schwierigkeiten zu bereiten als die Aufnahme diplomatischer Beziehungen zwischen dem Hl. Stuhl und dem Reich der aufgehenden Sonne. Einige Monate früher wäre es zweifellos auch so gewesen. Aber am 7. Dezember 1941, noch während der Verhandlungen zwischen den Diplomaten, war die amerikanische Pazifikflotte überraschend von japanischen Luftstreitkräften in der Bucht von Pearl Harbor aufs Schwerste getroffen und vorerst ausgeschaltet worden. In den darauffolgenden Wochen und Monaten waren die japanischen Erfolge im Pazifik ebenso fulminant wie der deutsche Vormarsch 1941 in Rußland: Hongkong fiel noch am 25. Dezember 1941, Singapur am 15. Februar 1942; am 7. März folgte Rangun, und einen Tag später kapitulierten die niederländischen Truppen auf Java. Damit war die ganze indonesische Inselwelt von Sumatra bis Neuguinea in japanischer Hand. Der letzte amerikanische Widerstand auf den Philippinen wurde am 6. Mai 1942 eingestellt. Daß es der Diplomatie Nippons gelang, neben den militärischen Erfolgen auch noch das Prestige eines Abkommens mit dem Hl. Stuhl zu erreichen, konnte den Alliierten natürlich nicht gefallen. Der Kardinalstaatssekretär war sich darüber sehr wohl im klaren, als er am 4. Februar 1942 den Gesandten Englands und den Geschäftsträger von Präsident Roosevelt vertraulich darüber informierte, daß Japan eine Diplomatische Mission beim Hl. Stuhl akkreditieren werde.

Tittmann gab selbst zu, daß er bei der Ankündigung dieser Neuigkeit unwillkürlich eine Grimasse schnitt und die Bemerkung fallen
ließ, dies werde keinen guten Eindruck in den Vereinigten Staaten
hinterlassen. Maglione antwortete ihm, er verstehe dies sehr wohl,
aber der Hl. Stuhl sei nicht in der Lage abzulehnen. Am 23. Februar
1942 erhielt Pius XII. persönlich vom britischen Gesandten eine Note, die fast einem diplomatischen Verweis gleichkam:

> »Die Zustimmung Sr. Heiligkeit in diesem Augenblick zur Er-
> nennung eines japanischen Repräsentanten beim Hl. Stuhl hat
> einen sehr ungünstigen Eindruck bei der Regierung Seiner Ma-
> jestät hinterlassen, der es sehr schwer fällt, diese Entscheidung
> mit den wiederholten Erklärungen des Vatikans gegen die Aus-
> weitung des Krieges in Übereinstimmung zu bringen [...]. Die
> Regierung Seiner Majestät ist gegen ihren Willen gezwungen,
> daraus die Schlußfolgerung zu ziehen, daß S. Heiligkeit erneut
> dem Druck der Regierungen der Achsenmächte nachgegeben
> hat.«

Kardinal Maglione ließ umgehend eine Antwort vorbereiten: Die
Frage der diplomatischen Beziehungen zwischen Japan und dem Vatikan stelle sich seit 1922; der Schutz der katholischen Interessen im
japanischen Kaiserreich, dessen Territorium sich zu diesem Zeitpunkt weiter als jemals zuvor ausdehne, und der Krieg selbst, der die
Japaner in Gebiete geführt habe, wo es zahlreiche katholische Missionen gebe, habe es dem Hl. Stuhl angeraten sein lassen, diesen Vorschlag anzunehmen. Die Entscheidung des Hl. Stuhles könne nicht
dem politischen Druck der Achse zugeschrieben werden; das Staatssekretariat habe nicht ohne Bedauern »mit ansehen müssen, wie Ein-
schätzungen dieser Art Einzug in ein Dokument gehalten hätten, das
in die verehrten Hände des Hl. Vaters gelegt worden sei.«
Am 2. März überbrachte der Geschäftsträger von Präsident Roosevelt, Tittmann, Msgr. Tardini den ersten Protest seiner Regierung:
Das State Department verstehe das japanische Vorgehen als eine Pro-
pagandaaktion bei den Katholiken des Fernen Ostens und Lateinamerikas. Msgr. Tardini gab ihm die gleiche Antwort, die bereits
Maglione gegeben hatte. Es waren dieselben Auskünfte, die der Au-
ditor der Apostolischen Gesandtschaft in Washington, Msgr. Egidio
Vagnozzi, Unterstaatssekretär Welles gab. Aber diese Erklärungen
konnten den Amerikaner nicht überzeugen: »Ich sagte«, schrieb er
in einer Aktennotiz, »daß ich es für nötig erachtete, mit allem Nachdruck, zu dem ich fähig war, und mit dem allergrößten Ernst, zu erklären, daß meiner Meinung nach diese Entscheidung seitens des Hl.

Stuhles bedauerlich sei.« Der Vatikan verfalle genau in dem Augenblick auf den Gedanken, eine japanische Mission zu empfangen, in dem Japan zum Preis von namenlosen Grausamkeiten den Einfluß der Weißen in Asien zu eliminieren suche. Welles hoffte, daß es noch nicht zu spät war, dieses Projekt zu verhindern.

Am 5. März wurde der Apostolische Delegat in Washington, der von einer Reise in den Westen zurückkehrte, über die Unterredung von Vagnozzi mit Sumner Welles in Kenntnis gesetzt. Er beeilte sich, die Reaktionen des State Department nach Rom zu telegraphieren. Seine Depesche wurde kurz nach zwölf Uhr abgeschickt. Am Abend traf er seinerseits den Unterstaatssekretär Welles und sagte ihm, er habe die kürzlich gegenüber Vagnozzi vorgebrachten Einwände bereits nach Rom weitergeleitet. Welles antwortete ihm, daß er die Frage an diesem Tag auch mit Roosevelt besprochen habe. Der Präsident habe erklärt, er könne, so wie er Pius XII. kenne, die Nachricht nicht glauben. Am nächsten Tag schickte Cicognani ein neues Telegramm an Maglione: »Der Präsident hat erklärt, daß es ihm, da er den Standpunkt und die Gefühle Sr. Heiligkeit kenne, unglaubhaft erscheine, daß man eine solche Demarche zu Ende führen und bekannt machen könne.« Das Ganze werde als ein Sieg Japans verstanden, der Hl. Stuhl verliere sehr viel an Prestige in Amerika. Staatssekretär Welles erteilte Tittmann die Instruktion, zu Kardinal Maglione zu gehen und dort die amerikanische Position mit Nachdruck zu vertreten.

Kardinal Maglione hatte Cicognani bereits erklärt, warum sich der Hl. Stuhl für eine japanische Vertretung aussprach. Als Antwort auf das zweite Telegramm des Delegaten, das die persönlichen Gefühle Roosevelts wiedergab, schickte er seinerseits ein zweites Telegramm. Pius XII. selbst hatte den bisher genannten Überlegungen folgende Erläuterungen hinzugefügt: Die Entscheidung des Hl. Stuhles werde von der Sorge diktiert, die katholischen Interessen in einer großen Nation zu schützen sowie seine wohltätige und pazifistische Mission fortzusetzen; sie entspringe keineswegs politischen Überlegungen. Der Papst sei in die Schußlinie der Angriffe der faschistischen Presse geraten, weil er es vermieden habe, die schon früher ausgesprochene und noch immer gültige Verurteilung des Kommunismus zu wiederholen, denn unter den gegebenen Umständen hätte diese Verurteilung als politisches Kalkül gelten können. Er zähle auf den Präsidenten, um zu verhindern, daß die Haltung des Hl. Stuhles heute falsch interpretiert werde.

Einige Tage später wurde Msgr. Spellman von Präsident Roosevelt empfangen. Er machte ihn darauf aufmerksam, daß dreiunddreißig

Prozent der bewaffneten Kräfte katholisch seien und daß dies nicht der geeignete Moment sei, in der Nation Unruhe zu verbreiten. Der Präsident ließ sich offenbar überzeugen, denn einige Tage später erklärte er in einer Pressekonferenz, der Hl. Stuhl habe nicht anders handeln können, als er es getan habe.

Am 22. März 1942 unternahm der Gesandte Englands aber einen neuen Versuch: Die Japaner hätten, behauptete er, Repressalien gegen die katholischen Missionare angedroht, wenn der Hl. Stuhl ihr Ersuchen ablehne; der Hl. Stuhl habe sich also erpressen lassen. Maglione zitierte Osborne herbei, um ihm zu erklären, daß das Verhalten der Japaner ausgesprochen korrekt gewesen sei. Noch am 27. März sandte Welles Instruktionen an Tittmann, seine nächste Audienz zu nutzen, um dem Papst »fundamentale [*deep-rooted*] Einwände« des State Department gegen die japanische Vertretung beim Vatikan zu übermitteln. So *deep-rooted* sie auch im State Department waren, so hatten diese Einwände doch keine große Bedeutung mehr, nachdem der Außenminister Tokios schon den Namen von Ken Harada, des Beraters der Botschaft in Frankreich, für die im Vatikan vorgesehene Position genannt hatte, und Kardinal Maglione zwei Tage später die erbetene Zustimmung bereits erteilt hatte.

Am 9. Mai 1942 wurde der japanische Botschafter von Pius XII. offiziell empfangen und überreichte die Briefe, die ihn als »Sonderbeauftragten im Range eines Botschafters« auswiesen. Das Zeremoniell verletzte amerikanische Empfindlichkeiten: Tittmann bemerkte, daß Ken Harada im Thronsaal empfangen worden war, während Myron Taylor nur im Saal des kleinen Thron (*tronetto*) empfangen worden sei. Im Staatssekretariat erklärte man ihm, der japanische Gesandte sei der offizielle Vertreter des japanischen Kaiserreichs und deshalb mit dem den Botschaftern vorbehaltenen Protokoll empfangen worden, während Myron Taylor, der persönliche Repräsentant von Präsident Roosevelt, einem etwas anderen Protokoll habe folgen müssen. Man versicherte Tittmann aber, daß Myron Taylor noch größere Ehren zuteil geworden seien als jene, die man dem japanischen Botschafter erwiesen habe.

Zur gleichen Zeit hatte der Apostolische Delegat in Washington die offizielle Anfrage der Regierung von Tschiang Kai-schek übermittelt, einen Vertreter beim Hl. Stuhl akkreditieren zu dürfen. Am übernächsten Tag antwortete Kardinal Maglione, der Hl. Vater sei gern dazu bereit, einen chinesischen Entsandten zu empfangen. Nun nahmen die Japaner die Aussicht, sich an der Seite eines Chinesen im Vatikan zu finden, übel. Der Botschafter Italiens informierte den Va-

tikan offiziell über ihre Enttäuschung. Das Staatssekretariat mußte
für die Japaner auf die gleichen Erklärungen zurückgreifen, die es
dem State Department in bezug auf Japan selbst gegeben hatte.
Schon viele Male seit dem Pontifikat von Leo XIII. habe China daran gedacht, offizielle Beziehungen zum Vatikan aufzunehmen, zu
denen sich der Vatikan immer bereit gezeigt hatte. Es habe nun seine
Bitte erneut ausgesprochen und der Hl. Stuhl könne darauf nur zustimmend antworten. Es handelte sich selbstverständlich um das
China von Tschiang Kai-schek. Auf der anderen Seite gab es aber
noch die von Japan eingesetzte Regierung von Nanking, deren Vertreter Japan beim Hl. Stuhl akkreditiert sehen wollte. Kardinal Maglione erinnerte daran, daß der Hl. Stuhl niemals während eines Krieges die Staaten anerkannt habe, die aus militärischen Operationen
hervorgegangen seien.

Msgr. Marella schlug vor, das Problem zu lösen, indem man einen
Apostolischen Gesandten ernannte, der in China mit den japanischen Stellen verhandeln sollte. Über diesen Punkt war eine Eini-
gung möglich; Msgr. Mario Zanin wurde damit beauftragt, sich auf
das Gebiet von Nanking zu begeben, um dort die Missionare zu besuchen und mit der Regierung Kontakt aufzunehmen.

So versuchten beide Lager, den moralischen und diplomatischen
Einfluß des Hl. Stuhles für sich zu nutzen. Seit Hitler aber am 22.
Juni 1941 seinen Feldzug gegen Rußland eröffnet hatte, erfüllten die
Erfolge nur zum Teil seine Erwartungen. Sicherlich war die Wehr-
macht 1.200 Kilometer tief in das sowjetische Reich vorgedrungen;
aber im Dezember, in dem Moment, als der Generalstab hoffte,
Moskau in der Hand zu haben, hatten Timošenko und Schukov eine
Gegenoffensive eröffnet und Moskau entlastet. Die Wehrmacht
mußte ihre Fronten für den Winter zurücknehmen und plante eine
neue Offensive für den Frühling, in dem Wissen, daß die Russen den
Willen und die Mittel hatten, sich zu verteidigen, und daß neue Siege
in Rußland nicht das Ende des Krieges bedeuteten. Viele Deutsche,
sogar in Regierungskreisen, faßten einen Verständigungsfrieden ins
Auge.

Im April 1942 gab der Botschafter des Reiches in Ankara, Franz
von Papen, gegenüber Msgr. Roncalli seinen Einsatz für den Frieden
und für die Zukunft Deutschlands zu erkennen. Er und sein Gast,
Baron Kurt von Lersner, schlugen vor, Pius XII. solle eine Art Umfrage bei den Regierungen machen. Eine Woche später kündigte
Roncalli an, daß Baron von Lersner sich nach Rom begeben werde,
dort Vertreter des Vatikans zu treffen wünsche und hoffe, vielleicht
sogar vom Papst empfangen zu werden. Tatsächlich befand sich Lers-

ner am 22. Mai in Rom, wo er sich, da er sich als »ziemlich überwacht« bezeichnete, unter dem Vorwand, die Gärten zu besichtigen,
in den Vatikan begab. Von dort wurde er unauffällig zum Kardinalstaatssekretär gebracht. Er behauptete, nur als Privatmann zu sprechen, und erklärte, alle deutschen Generäle seien davon überzeugt,
daß der Sieg nicht den Frieden bringen werde, daß sich die Türkei
zwar freiwillig als Vermittler anbiete, aber daß seiner Meinung nach
eine solche Rolle dem Hl. Stuhl zustehe. Lersner wiederholte gegenüber Kardinal Maglione ungefähr, was Papen bereits Roncalli erklärt hatte: »Der Hl. Stuhl solle bei den verschiedenen Mächten vor-
fühlen, um deren Absichten und Programme zu erfahren, und im
nächsten Oktober könne man konkrete Schritte unternehmen.« Gegenüber Msgr. Montini äußerte sich Lersner in ähnlicher Weise.

Hinter diesen »persönlichen« Äußerungen vermutete Msgr. Tardini eine Initiative der deutschen Regierung. Auf jeden Fall sei die Ein-
sicht, daß der Sieg nicht den Frieden bringen werde, ein Zeichen
dafür, daß die Deutschen selbst erkannt hätten, daß sie den Krieg
nicht gewinnen würden. Sie hofften offenbar, bis zum Oktober
Erfolge zu erzielen, auf die sie sich bei der Aufnahme von Verhandlungen stützen konnten, und mit Blick auf diese Verhandlungen versuchten sie, sich der Hilfe des Hl. Stuhles zu vergewissern.

Hatte die amerikanische Regierung Wind bekommen von diesen
Manövern oder gleichzeitigen Demarchen? Auf jeden Fall wollte sie
den Papst und seine Umgebung warnen. In einem Brief vom 8. August 1942 erinnerte der Geschäftsträger Präsident Roosevelts Kardinal Maglione an »das Verhalten der Vereinigten Staaten angesichts der
Friedensbemühungen der Achsenmächte«. Diese Reaktion ließ sich
in einem Satz zusammenfassen: »Ein Frieden mit der Achse werde
von der Regierung der Vereinigten Staaten nicht einen Augenblick
lang in Erwägung gezogen, bevor das Hitlerregime nicht vollständig
beseitigt wird.« Die Mitteilung, die sich auf eine Erklärung vor dem
Kongreß vom 6. Januar des gleichen Jahres bezog, war eindeutig.

Aber Roosevelt wollte dennoch keinerlei Zweifel aufkommen lassen. Am Donnerstag, dem 17. September, traf sein persönlicher Repräsentant bei Papst Pius XII., Botschafter Myron Taylor, auf dem Flug-
hafen Littorio ein. Er wurde sofort zum Vatikan gefahren und blieb bis
zum Montag, dem 28., bei Geschäftsträger Tittmann. Mussolini hatte
die Fahrt durch das italienische Territorium autorisiert, aber während
seines Aufenthalts durfte Taylor die Vatikanstadt nicht verlassen. Er
hatte drei Audienzen bei Pius XII., am 19., 22. und 26. September.

In der ersten Unterredung, die auf den zweiten Tag nach seiner
Ankunft festgesetzt worden war, verlas und kommentierte Myron

Taylor vor dem Papst ein langes Memorandum, das als eine Basis präsentiert wurde, »auf der die gleichzeitigen Bemühungen Sr. Heiligkeit und des Präsidenten Roosevelt um einen gerechten und moralischen Frieden ruhen könnten«. Der erste Teil betonte die Übereinstimmung der Standpunkte zwischen den Vereinigten Staaten und dem Hl. Stuhl, erinnerte an die päpstlichen Bedingungen für einen gerechten Frieden und die gleichlautenden Erklärungen der amerikanischen Bischöfe. Der zweite Teil wiederholte, daß Washington niemals mit den nationalsozialistischen Führern verhandeln werde, und warnte den Hl. Stuhl vor einem eventuellen Manöver der Achse. Amerika sei seines Sieges sicher:

>»Die Welt hat noch niemals eine ähnliche Flut von Kriegswaffen gesehen, die von erfahrenen Technikern und freien Männern mit stolzem Herzen gehandhabt werden, so wie wir sie 1942 oder 1943 gegen die Achse einsetzen werden. In einigen Bereichen sind wir bereits in der Offensive, da wir im Verhältnis zum ursprünglichen Plan einige Monate Vorsprung haben. Diese Offensive wird sich zu einem unaufhaltsamen Crescendo steigern, das immer schneller und schneller, immer stärker und stärker anschwillt, bis der Totalitarismus mit seiner Bedrohung der Religion und der Freiheit endlich und vollständig gebrochen ist.«

Die Achsenmächte würden sich darum bemühen, dieser Gefahr zu begegnen, indem sie versuchen würden, »den Hl. Stuhl auf Umwegen schon bald dazu zu zwingen, Vorschläge für einen Frieden ohne Sieg gutzuheißen«. Die Alliierten wollten dem Vatikan helfen, diesem Druck zu widerstehen, denn sie seien fest dazu entschlossen, jeden Kompromißfrieden abzulehnen.

In der zweiten Audienz am 22. September antwortete Pius XII. auf verschiedene Punkte, die am 19. angesprochen worden waren. Auf die Warnung Roosevelts vor einem Manöver der Achse für einen Kompromißfrieden antwortete Pius XII., daß er die Bemühungen des Präsidenten für »einen Frieden, der dem Wert des Menschen und seinem Schicksal würdig sei«, mit Befriedigung zur Kenntnis nehme. Was den Verständigungsfrieden um jeden Preis angehe, so habe der Papst selbst niemals daran gedacht, so wie er es in aller Deutlichkeit in seinen Weihnachtsbotschaften 1939, 1940 und 1941 erklärt habe: »Über gewisse Prinzipien des Rechts und der Gerechtigkeit kann es keinen Kompromiß geben.« Und er präzisierte: »Wir werden niemals gutheißen und Wir werden schon gar nicht einen Frieden fördern, der denjenigen freie Hand läßt, die die Fundamente des Christentums untergraben und die Religion und die Kirche ver-

folgen.« Er erinnerte aber auch daran, und die Anspielung sowohl
auf das sowjetische Rußland als auch auf das Reich Hitlers waren
recht eindeutig, daß dieser wirkliche Frieden auch normale Beziehungen zwischen den Völkern und den Regierenden voraussetzte
sowie den Respekt vor religiösen Überzeugungen und vor der Ver-
ehrung Gottes verlangte.

Taylor übergab ein Memorandum über die Unterstützung der
Angelsachsen, die in Rußland für die Einführung der religiösen Toleranz sorgen sollte. Dazu bemerkte Tardini: »Die Wahrheit ist ganz
anders: Wenn Stalin siegen wird, dann wird er der Löwe sein, der
ganz Europa verschlingen wird.«

Nach der Audienz beim Papst traf Taylor Tardini. Er sprach mit
ihm zunächst über »die richtige Gelegenheit und die Notwendigkeit
eines Papstwortes gegen die von den Nazis begangenen Greueltaten«.
Dieser Wunsch, sagte Taylor, war auf mehreren Seiten ausgesprochen
worden. Tatsächlich hatten sich, kurz vor der Ankunft Taylors, die
Botschafter von Polen, Belgien und Brasilien, der Gesandte Englands
und der Geschäftsträger Roosevelts zusammengetan, um dem Papst
eine feierliche Verurteilung des Nationalsozialismus und seiner Verbrechen zu entlocken. Msgr. Tardini, der verschiedene Anstürme von
Diplomaten erlebt hatte, wiederholte gegenüber Myron Taylor, der
Papst habe sich bereits mehrere Male geäußert, indem er die Verbrechen, wer auch immer sie verübt habe, verurteilt habe. Einige hätten
sicherlich eine ausdrückliche Verurteilung von Hitler gewollt, was
aber unmöglich gewesen sei. Taylor antwortete: »Das habe ich nicht
erbeten, ich habe niemals darum gebeten, Hitler zu nennen.« Als Tardini erwiderte, daß in diesem Fall der Papst bereits alles gesagt habe,
erklärte Taylor: »Er könnte es noch einmal tun.« Tardini stimmte
dem zu. Dann begann Taylor von der Freundschaft zwischen dem
amerikanischen und dem italienischen Volk zu sprechen; als Tardini
antwortete, das italienische Volk habe, wie auch er persönlich, nichts
gegen das amerikanische Volk, ließ Taylor seine eigentlichen Absichten durchblicken, indem er sagte, daß genau deswegen ... und er
brach lächelnd ab. Tardini begriff, daß der Gesandte Roosevelts auf
einen Separatfrieden anspielen wollte, es sich aber vorbehielt, mit anderen offen darüber zu sprechen.

Die dritte und letzte Audienz für Myron Taylor am Morgen des
26. September 1942 war den Antworten gewidmet, die der Gesandte
Roosevelts vom Papst erbeten hatte, sowie mehreren Anfragen, die
der Papst selbst an den Präsidenten der Vereinigten Staaten richtete.
Pius XII. übergab Taylor einen persönlichen Brief für Roosevelt:
Der Papst dankte dem Präsidenten für die Mission Myron Taylors

und versicherte ihm, daß er mit allen Mitteln, die ihm zur Verfügung stünden, weiterhin für die Wiederherstellung einer Weltordnung kämpfen werde, die auf Gerechtigkeit und Barmherzigkeit gegründet sei.

Pius XII. übergab Taylor auch eine Note über die Luftangriffe auf Städte. Der Papst glaubte, ein Memorandum des deutschen Botschafters nicht ignorieren zu können, das seine Aufmerksamkeit auf »die Leiden der Zivilbevölkerung [lenkte], auf Frauen und Kinder ohne Zuflucht, auf Kranke und Alte, für die ein harmloser Himmel zu einer Quelle von Schrecken, Feuer, Zerstörung und Ruinen werde«. Zwei andere Noten, die dem Botschafter vom Papst überreicht wurden, betrafen einerseits den Nachrichtendienst des Hl. Stuhles für Kriegsgefangene und andererseits das Schicksal der katholischen Priester und Bischöfe, die sich in Rußland in Konzentrationslagern befanden.

Schließlich erfüllte der Papst die Bitte des Gesandten von Litauen und ließ dem Repräsentanten Roosevelts eine Note mit einer Fürsprache für diese Nation übergeben, die sich durch die UdSSR bedroht fühlte. Der litauische Gesandte hoffte, daß die Vereinigten Staaten sein Land vor jeglicher fremden Besatzung schützen würden.

Am 27. September erschien Taylor ein letztes Mal im Staatssekretariat und übergab dem Substitut eine inoffizielle Note in Erwiderung auf die inständige Bitte, die der Papst zugunsten der Zivilbevölkerung, die Opfer der Bombenangriffe sei, ausgesprochen hatte. Der amerikanische Diplomat fragte, ob der Hl. Stuhl auch wegen der Luftangriffe auf London, Warschau, Rotterdam, Belgrad und Coventry interveniert habe, die von den Bomben der deutschen Luftwaffe getroffen worden seien. Jetzt, da die Royal Air Force und ihre amerikanischen Alliierten in der Lage seien, die härtesten Schläge auszuteilen, vermittle der Hl. Stuhl den Eindruck, mit seinem Eingreifen dem Druck der Achsenmächte nachzugeben, die nun ihrerseits Opfer einer Waffe wurden, deren verheerende Wirkung gerade ihnen klar sein mußte. Dennoch versprach Myron Taylor, London und Washington von diesen Bombardierungen abzuraten und sie dazu zu drängen, die Zivilbevölkerung in Zukunft zu ermahnen, sich von militärischen Objekten fernzuhalten.

Die Erlaubnis Mussolinis für die Durchreise Myron Taylors durch italienisches Territorium schien auf einen gewissen guten Willen der faschistischen Regierung gegenüber dem Vatikans hinzudeuten. Und tatsächlich sah es so aus, als wäre nach der Rußlandkampagne eine leichte Entspannung in den Beziehungen des Vatikans zum benachbarten Italien eingetreten. Am 23. Juli 1942 kam der neue ita-

lienische Botschafter im Auftrag von Graf Ciano von sich aus zu
Kardinal Maglione, um Äußerungen gegen die Kirche zu dementie-
ren, die dem Chef der italienischen Regierung zugeschrieben wurden. »Der „Duce"«, sagte Botschafter Guariglia, »legt Wert darauf,
dem Hl. Vater und Eurer Eminenz diese Versicherung zu geben.«
Der Botschafter selbst äußerte seine eigene Befriedigung darüber,
mit welcher Dringlichkeit der Minister und der Regierungschef dieses Dementi abgeben wollten. Der Kardinalstaatssekretär versprach,
diese Versicherungen dem Papst zu übermitteln: Im übrigen hätten
sie tatsächlich von diesen Mussolini zugeschriebenen Äußerungen
gehört, aber weder der Hl. Vater noch er selbst hätten daran glauben
wollen.

Trotz alledem war Farinacci damit noch nicht zum Schweigen gebracht. Am 8. März begab sich Nuntius Borgongini Duca mit einem
Paket von Zeitungen zu einer Audienz bei Graf Ciano, um neue
Proteste gegen den faschistischen Journalisten vorzubringen. Ciano
regte sich nicht auf: »Machen Sie es wie ich«, sagte er dem Nuntius,
»lesen sie *Regime fascista* einfach nicht«.

Trotz all der Forderungen, denen nachzukommen sich der Hl.
Stuhl weigerte, kannten die Regierungen doch das eigentliche Ziel
des Papstes: einen Frieden in Gerechtigkeit. Im Jahr 1942 feierte Pius
XII. sein fünfundzwanzigjähriges Bischofsjubiläum. Die zahlreichen
Telegramme, die er aus diesem Anlaß von Staatschefs und Regierungen erhielt, ja auch die Wortwahl vieler von ihnen, zeigten die Wertschätzung, die die Führer der Nationen, die gegeneinander Krieg
führten, sowohl für das Wirken als auch für die Persönlichkeit von
Papst Pacelli empfanden, und den Preis, den sie für die Aufrechterhaltung von korrekten Beziehungen mit ihm zu zahlen bereit waren.

Die diskreteste Form wählte die Wilhelmstraße, die Bergen beauftragte, »im Namen des Kanzlers seine Glückwünsche zu überbringen, in einer Form, die ihm angemessen erscheine«. Diesem Auftrag
kam Bergen am 13. Mai 1942 mit einem Besuch beim Kardinalstaatssekretär nach, der ihm wenige Stunden später bei einem Gegenbe-
such im Namen des Papstes seinen Dank ausdrückte. Aus Italien erhielt der Papst nicht nur »die glühendsten Glückwünsche« des
königlichen Paares, sondern auch von Mussolini »seine herzlichsten
Glückwünsche, auch von der faschistischen Regierung«. Auf der anderen Seite beschränkte sich England auf ein recht förmliches Telegramm von König Georg VI. Präsident Roosevelt ließ ihm einen
persönlichen Brief überbringen, in dem er wiederholte, »daß die Anstrengungen, die er [Pius XII.] unternommen habe, um in dieser
vom Krieg zerrissenen Welt die Ideale der Christenheit gegenüber

den Aggressoren aufrechtzuerhalten, zutiefst gewürdigt werden müßten, insbesondere an dem Tag, an dem die freien Menschen endlich miteinander in Frieden leben könnten, ohne Furcht vor einem Angriff«. In weniger offizieller Form ließ General de Gaulle über den Apostolischen Delegaten in London dem Haupt der Kirche »seine Ergebenheit als Sohn« überbringen.

Nicht nur Briefe und Telegramme verließen den Vatikan, um all denjenigen zu danken, die ihre Glückwünsche überbracht hatten, sondern Pius XII. wandte sich noch am Tag seines Bischofsjubiläums, dem 13. Mai, in einer Radiobotschaft an alle Gläubigen. Die Worte des Papstes waren zunächst die des obersten Hirten, Worte des Vertrauens in die Kirche, die »uneinnehmbar, unzerstörbar und unbesiegbar ist; sie ist unbeweglich, unlösbar, in ihrem Gründungsakt mit dem Blute Christi auf innigste vereint«. Sicherlich kämpfe sie in mehreren Gegenden um ihr Überleben, gegen den militanten Atheismus, gegen das systematische Antichristentum, gegen die Gleichgültigkeit. Ihre Einheit sei bedroht, geschwächt auch ihre Handlungsfähigkeit in einem Moment, in dem ihr Einfluß so wünschenswert und wohltuend für alle gewesen wäre. Die Hilfsappelle erreichten sie von allen Seiten, riefen ihr und ihrem Oberhaupt in Erinnerung, daß sie »ihre Autorität einsetzen [müsse], damit die augenblicklichen schrecklichen Konflikte ein Ende nähmen und damit der Strom von Tränen und Blut in einen gerechten und dauerhaften Frieden für alle münde«. Und obwohl er eingestehen mußte, daß er im Augenblick keinerlei Aussichten für den Frieden sah, richtete er an alle Führer einen erneuten Appell, den Trümmern und dem Leid ein Ende zu setzen:

> »Die inmitten der Völker durch den Krieg verursachten Zerstörungen, im materiellen wie im geistigen Bereich, werden sich zu einem solchen Maß anhäufen, daß wir jede nur mögliche Anstrengung einfordern, um ein schnelles Ende dieses Konflikts herbeizuführen. Auch ohne die willkürlichen Gewalttaten und Grausamkeiten zu erwähnen, gegen die wir schon unter anderen Umständen unsere Stimme und unsere Warnungen erhoben haben, und wir tun dies heute erneut mit dem lebhaftesten Nachdruck und inständigsten Bitten, angesichts der Drohung von noch tödlicheren Methoden, verursacht der Krieg bereits als solcher, mit der technischen Perfektion der Waffen, den Völkern unsäglichen Kummer, Schmerzen und Leid.«

Schließlich, nachdem er die Toten, die Gefangenen, die Mütter und die Ehefrauen – die Söhne, die von den Ihren getrennt waren – und das zerstörte Familienleben erwähnt hatte, schloß Pius XII.: »Trifft es nicht zu, daß jedes dieser Worte über das Böse und den Ruin an eine Reihe von Fällen erinnert, in denen sich all das zusammenfassen und kondensieren läßt, was es an Erbärmlichstem, Grausamstem und Herzzerreißendstem gibt, was die Menschheit jemals erlitten hat?« Das Bild dieser vom Krieg gänzlich zerrissenen Menschheit gab den Hintergrund ab, vor dem Pius XII. jedes einzelne Problem sah, das jeder Tag erneut hervorbrachte. Es war diese Gesamtsicht, die seinen Gesprächspartnern, die ihn ungeduldig auf ihre Positionen festlegen wollten, verborgen blieb, die seine Worte und sein Handeln diktierte.

VII. RASSENGESETZE
UND VERFOLGUNGEN[7]

Nachdem seine Bemühungen, den Krieg abzuwenden, gescheitert waren, und auch die Hoffnung, den Frieden wiederherzustellen, in eine noch sehr ungewisse Zukunft entschwand, wollte der Hl. Stuhl den Opfern des Krieges wenigstens durch die Erleichterung ihrer materiellen und seelischen Leiden zu Hilfe kommen. Während des Ersten Weltkrieges hatte sich Pius XII. – damals noch als Eugenio Pacelli Nuntius von Papst Benedikt XV. in Bayern – besonders eingesetzt, indem er Lager besuchte, um den Gefangenen nicht nur den Trost seiner Anwesenheit und seines Wortes zu spenden, sondern auch Lebensmittel- und Kleiderspenden zu übergeben. In diesem neuen Konflikt wollte der Hl. Stuhl seiner alten Linie treu bleiben. Eine Note von Maglione vom 20. Juni 1942 erinnerte daran, was mit Hilfe Großbritanniens und der Vereinigten Staaten erreicht werden konnte:

>»Dank dem Geist der Verständigung haben die päpstlichen Repräsentanten, persönlich oder durch ihre Vertreter, die Kriegsgefangenen in den Konzentrationslagern in Australien, Kanada, Ägypten, England und Italien besuchen können, um ihnen Worte des Trostes und der ernsthaften Teilnahme des Hl. Vaters zu übermitteln, sowie Nachrichten ihrer Familien zu überbringen und um Nachrichten für diese in Empfang zu nehmen.«

Ein Projekt lag Pius XII. besonders am Herzen: Wieder einen Nachrichtendienst auf die Beine zu stellen, um den Informationsaustausch zwischen den Gefangenen und ihren Familien sicherzustellen. Bereits am 18. September 1939 hatte der Papst entschieden, daß ein Informationsbüro eingerichtet werden sollte. Ihn erwartete eine herbe Enttäuschung: Die Regierung in Berlin, die in den ersten Jahren des Krieges die meisten Kriegsgefangenen hatte, weigerte sich noch immer, Namenslisten abzugeben, Listen, die der Vatikan brauchte, um die Anfragen zu beantworten, die von allen Seiten bei ihm eintrafen.

---

[7] Dokumentation zu diesem Kapitel VII: vgl. ADSS, VI, VIII und IX. Außerdem: La Chiesa e la guerra. Documentazione dell'ufficio informazioni del Vaticano, Città del Vaticano, 1941.

Inständige und wiederholte Bitten konnten daran nichts ändern. Unter dem Druck einer ausdrücklichen Anordnung der Regierung ließ das Sekretariat der Fuldaer Bischofskonferenz die Pfarrer sogar auffordern, den Informationsdienst des Papstes nicht mehr von der Kanzel zu erwähnen und seine Formulare nicht mehr zu verwenden.

Als sich das Waffenglück zugunsten der Alliierten wendete, füllten fortan deutsche und italienische Gefangene die Lager der Angelsachsen. Auf Seiten Großbritanniens und der Vereinigten Staaten war die Zusammenarbeit nicht spontan; erst nachdem viele Telegramme ausgetauscht worden waren, gelangte man schließlich ans Ziel. Nach der Landung der Angelsachsen in Nordafrika schickte der Vatikan einen amerikanischen Prälaten nach Algier, der dort mit Hilfe der Engländer, Franzosen und Amerikaner ein Informationsbüro des Hl. Stuhles einrichten sollte.

Dem Werk des Vatikans stand die Tatsache im Wege, daß eine solche Aktivität eigentlich Aufgabe des Internationalen Roten Kreuzes war. Das Rote Kreuz erfüllte eine besondere Rolle und besaß das anerkannte Privileg, das ihm durch die Genfer Konvention von 1929 rechtmäßig zuerkannt worden war, offiziell für den Schutz der Kriegsgefangenen zu sorgen. Es verfügte über eine Schiffsflotte für den Transport von Lebensmitteln, Medikamenten und Kleidung. Es übermittelte Nachrichten für die Kriegsgefangenen. Es besaß überall in der Welt Personal, das die Erlaubnis hatte, in die Kriegsgefangenenlager zu gehen, um dort die Einhaltung der Genfer Konvention zu kontrollieren. Außerdem stand es unter dem Schutz der Schweizer Regierung und verfügte über finanzielle Unterstützung durch die Staaten, deren Angehörige es schützen sollte. All diese Mittel überschritten bei weitem die juristischen, politischen und finanziellen Mittel des Hl. Stuhles. Aber das Internationale Komitee des Roten Kreuzes tolerierte wohlwollend die Arbeit anderer Wohltätigkeitsorganisationen, wie die der Schweizer Katholischen Mission, deren Sitz in Fribourg war.

Nachdem die Vertreter des Hl. Stuhles an den Kongressen des Roten Kreuzes 1934 in Tokio und 1938 in London teilgenommen hatten, war es zu einer Übereinkunft über eine Zusammenarbeit zwischen dem Vatikan und der Genfer Organisation gekommen. Mitte Oktober 1939 erhielt der Nuntius in Bern zum ersten Mal den Auftrag, Kontakt mit dem Internationalen Komitee in Genf aufzunehmen. Es sei möglicherweise angebracht, so hieß es in seiner Anweisung, »vorsichtig mit dieser Organisation Kontakt aufzunehmen, um sie darüber zu informieren, was der Hl. Stuhl tut, und um durch eine gegenseitige Übereinkunft unsere jeweiligen Aufgaben der Informa-

tion und der Hilfe zu erleichtern«. Aber der Kontakt zwischen dem
Hl. Stuhl und dem Roten Kreuz kam vor allem über die Schweizer
Katholische Mission zustande, die während des Ersten Weltkrieges
für die Kriegsgefangenen eingerichtet und vom Bischof von Fribourg gleich in den ersten Tagen der 1939 beginnenden Kampfhandlungen wieder ins Leben gerufen worden war. Der Bischof von Fribourg, Msgr. Marius Besson, hatte damals aus eigenem Antrieb dem
Hl. Stuhl die Unterstützung der Schweizer Katholischen Mission
angeboten, die mit den Feldgeistlichen in den Gefangenenlagern
Kontakt aufnehmen und dorthin im Namen des Papstes auch
Hilfspakete schicken konnte. Das Informationsbüro des Vatikans
sandte über die Mission auch einige Nachrichten, die es von deutschen Gefangenen der Alliierten erhalten hatte. Auf diese Weise waren bis Ende 1943 120.000 Namen übermittelt und ungefähr 42.000
Päckchen in die Gefangenenlager geschickt worden.

Indem der Hl. Stuhl sich zusammen mit dem Internationalen Roten Kreuz um die Betreuung der Kriegsgefangenen kümmerte, setzte
er eine Linie fort, die bereits im Verlauf des Ersten Weltkrieges eingeschlagen worden war. Während dieses Zweiten Weltkrieges trat
neben den gefangenen Soldaten und den Vertriebenen noch eine andere Kategorie von Personen auf, die seine Hilfe in einer Form er-
flehten, die es in den Jahren 1914–1918 nicht gegeben hatte: Es handelte sich in der Sprache der Zeit um »Nichtarier«, anders gesagt um
Menschen jüdischer Herkunft, gleich welcher Konfession oder Nationalität sie angehörten.

Schon vor dem Krieg hatten die Schikanen, deren Opfer Juden
waren, zunächst in Deutschland, dann auch in den Staaten, die unter
die Kontrolle des Dritten Reiches geraten waren, immer mehr zugenommen. Bereits während der berüchtigten »Kristallnacht« vom 9.
auf den 10. November 1938 waren Hunderte von Synagogen und eine unermeßliche Zahl von jüdischen Geschäften angezündet worden. Der Kriegszustand hatte dann, weit davon entfernt, eine Heilige
Allianz hervorzurufen, nicht nur die Verfolgung der katholischen
Kirche verschlimmert, sondern wurde bald auch zum Signal für immer brutalere Verfolgungen der Juden.

Der nationalsozialistische Staat schien die Lösung der »Judenfrage« ursprünglich in der Ausweisung der Israeliten aus dem deutschen Territorium zu suchen. Die Hilfe für die Opfer bestand also
zunächst darin, für sie ein Aufnahmeland zu finden. Der Hl. Stuhl
kümmerte sich am Anfang nur um die getauften Juden, denn diese
Gruppe bedurfte unbedingt der Hilfe, da sich die jüdischen Hilfsor-
ganisationen für sie häufig nicht zuständig fühlten.

Ein erster Schritt zu ihrer Hilfe war das Rundschreiben vom 30. November 1938, das sich an alle päpstlichen Vertreter in Nord- und Südamerika, in Afrika, im Nahen Osten und in Irland wandte, um Mittel für den Unterhalt der Juden zu finden, die zur Auswanderung gezwungen waren. Dann, Anfang Januar 1939, erging ein erneutes Rundschreiben an die Erzbischöfe der freien Staaten, das sie zur Gründung von nationalen Hilfskomitees für katholische Nichtarier aufforderte. Am folgenden Tag schrieb Pius XI. an die beiden Kardinalerzbischöfe der Vereinigten Staaten und Kanadas, um ihnen die jüdischen Wissenschaftler zu empfehlen, die Deutschland verlassen mußten. Von allen nationalen Komitees hat offenbar das niederländische Komitee die besten Ergebnisse erzielt, bis zu dem Tag, an dem die deutsche Besatzung seiner Tätigkeit ein Ende setzte.

Ein anderes Hilfskomitee, das besonders in Deutschland aktiv war, war der St. Raphaelsverein. Gegründet 1871, »um den katholischen deutschen Emigranten zu helfen«, verfügte dieser Verein in Deutschland und im Ausland über eine gut funktionierende Verwaltung, von der auch die neue Organisation profitieren sollte, die sich im März 1935 dem Verein anschloß, der sogenannte »Hilfsausschuß für katholische Nichtarier«. Trotz großer Schwierigkeiten konnte der St. Raphaelsverein bis zu seinem Verbot durch die Geheime Staatspolizei im Juli 1941 einer relativ großen Zahl von rassisch Verfolgten helfen. Der Hl. Stuhl unterstützte diesen Verein mit erheblichen finanziellen Zuwendungen.

Als die Lage für Deutsche jüdischer Abstammung oder Religion immer bedrohlicher wurde, wurden neue Projekte diskutiert, in Erwartung einer groß angelegten Hilfsaktion. Eine solche schlug die Organisation der rumänischen Juden in Spanien vor; im Laufe des Sommers 1939 legte ein gewisser Dr. Manfred Kirschberg dem Staatssekretariat einen Plan vor, mit dessen Hilfe Juden in der portugiesischen Kolonie Angola angesiedelt werden sollten. Ein anderes Projekt, das von der Schweiz vorgeschlagen wurde, sprach sich für die jüdische Emigration nach Venezuela aus. Um den von den Organen der nationalsozialistischen Partei vorgelegten Plan einer Ansiedlung der deutschen Juden in Madagaskar zu durchkreuzen, verfiel allerdings jemand auf die Idee, die Niederlassung im Süden von Alaska vorzuschlagen. P. Odo OSB plante die Emigration der Juden in mehreren Etappen, wobei sie zunächst nach Ecuador, dann nach Australien und schließlich nach Venezuela gebracht werden sollten, mit einem Zwischenstopp auf den Jungferninseln. Zur Unterstützung dieser Odyssee bot P. Odo die Hilfe seiner verwandtschaftlichen Beziehungen zur königlichen Familie von England an.

Der Vatikan hielt sich lieber an konkretere Möglichkeiten. Mit Hilfe des St. Raphaelsvereins und anderer europäischer Hilfswerke konzentrierte er seine Anstrengungen auf die sogenannte »Brasilienaktion«, die, um der Wahrheit die Ehre zu geben, nur kleine, dafür aber reelle Erfolge erzielte.

Am 31. März 1939 hatte Kardinal Faulhaber Pius XII. um eine Intervention zugunsten der katholischen Nichtarier, die auswandern mußten, gebeten. Es werde immer schwerer, für sie ein Aufnahmeland zu finden. Die Vereinigten Staaten hätten ihre Immigrationspolitik dermaßen reglementiert, daß diejenigen, die jetzt um Aufnahme baten, eine Wartezeit von drei oder vier Jahren zu erwarten hätten. Brasilien hingegen wäre bereit gewesen, 3.000 Einwanderungsvisa auszustellen, aber die Demarchen des Kardinals von München hätten zu keinem Erfolg geführt. Faulhaber hoffte, daß eine Intervention des Papstes die Situation aus der Sackgasse befreien könnte. Am 5. April gab Kardinal Maglione in einem Telegramm dem Nuntius in Rio de Janeiro den Auftrag, beim Präsidenten der Republik vorstellig zu werden, damit er 3.000 Einwanderungsvisa für deutsche nichtarische Christen zur Verfügung stellte.

Das Jahr verging mit Verhandlungen, in denen die Bedingungen und Modalitäten für die Bereitstellung der Visa festgelegt wurden. Schließlich schlug der Botschafter Brasiliens beim Hl. Stuhl, Ildebrando Accioly, am 4. März 1940, nach entsprechenden Instruktionen seiner Regierung, dem Staatssekretariat ein Verfahren vor, das bei der Zuteilung der 3.000 von Präsident Vargas zugestandenen Visa einzuhalten war. 2.000 Visa sollten vom Vertreter Brasiliens in Deutschland an im Reich verbliebene nichtarische Katholiken verteilt werden, die vom Raphaelsverein vorgeschlagen wurden. 1.000 weitere stünden für katholische Nichtarier zur Verfügung, die Deutschland bereits verlassen hatten und in einem anderen europäischen Land auf ihre Auswanderung warteten: Sie würden vom Botschafter Brasiliens beim Hl. Stuhl auf Empfehlung des Staatssekretariats verteilt werden.

Ab März 1940 konnte die Brasilienaktion, insofern sie vom Botschafter Brasiliens beim Hl. Stuhl abhing, in die Phase der Realisierung treten. So bat das Staatssekretariat Botschafter Accioly am 30. Mai um die Visa für etwa 50 katholische Nichtarier, die in die Schweiz geflüchtet waren und die der Nuntius in Bern empfohlen hatte. In Deutschland wurde die Brasilienaktion hingegen zunichte gemacht, da der Botschafter Brasiliens in Berlin und der Generalkonsul in Hamburg, die Vollmacht hatten, Visa auszustellen, ununterbrochen neue Schwierigkeiten geltend machten, und letzten Endes wurde kein Visum ausgegeben.

Ein Fall unter vielen anderen, mit denen sich das Staatssekretariat im Laufe der Periode 1939–1940 befaßte, zeigte zum einen die Bemühungen des Vatikans und der anderen kirchlichen Instanzen, andererseits aber auch das tragische Ende, das die Nachlässigkeit der verantwortlichen Behörden für die Betroffenen bewirken konnte. Am 24. April 1940 hatte der Bischof von Berlin, Preysing, den Hl. Stuhl um eine Intervention gebeten, um möglichst schnell ein Visum für einen nichtarischen Katholiken aus Lemberg (Lwów), A. Th., zu erhalten, der in Polen verhaftet und in das Konzentrationslager Oranienburg gebracht worden war. Nach mehreren Demarchen des Staatssekretariats erhielt Preysing am 10. Juli vom Botschafter Brasiliens in Berlin folgende Mitteilung: »Ich bedaure Euer Gnaden mitteilen zu müssen, daß diese Botschaft noch nicht die Anweisung erhalten hat, katholischen Emigranten semitischer Herkunft ein Visum auszustellen. Aus diesem Grund sieht sie sich gezwungen, die vorgenannten Anweisungen abzuwarten.« Im September erbat der Bischof eine erneute Intervention des Kardinalstaatssekretärs. Im Januar 1941 schrieb ihm Preysing, daß das Generalkonsulat Brasiliens in Hamburg erneut Schwierigkeiten wegen des Visums für Herrn Th. mache. Trotz der mündlichen Versicherung gegenüber dem Nuntius in Berlin, wonach das Visum bereit liege, weigere sich der Konsul noch, es auszuhändigen. Nach einem weiteren Appell des Bischofs von Berlin wurde der Nuntius in Rio de Janeiro gebeten, sich mit diesem Fall zu befassen. Das Telegramm an den Nuntius trug das Datum vom 17. März. Jegliche Bemühung war nunmehr überflüssig. Die Akte Th. konnte am 25. April mit folgender Mitteilung Preysings geschlossen werden: »Th. starb im Konzentrationslager.«

Anfang 1941 wußte der Hl. Stuhl sehr wohl, daß es für politisch und rassisch Verfolgte immer schwieriger wurde, die Gebiete zu verlassen, die der Regierung in Berlin unterstanden. Man sprach bereits vereinzelt von »Deportation« statt »Emigration«. Am 4. Februar 1941 berichtete Kardinal Innitzer in einem Brief an den Papst, daß die erwähnte Deportation der 60.000 Juden Wiens, darunter 11.000 Katholiken jüdischer Herkunft, begonnen hatte: »Auf Alter und Religionsbekenntnis wird keine Rücksicht genommen.« Der Appell Innitzers war, wie auch dem Kardinal selbst bewußt zu sein schien, in großer Erregung geschrieben worden, und er entschuldigte sich für seine Hartnäckigkeit: »Man wird meine Vorschläge vielleicht als allzu kühn und gewagt bezeichnen. Wer aber unsere eigene Ohnmacht zu helfen und das unbeschreibliche Leid der Betroffenen kennt, wird meinen Freimut verstehen und auch begreifen, daß Hilfe, wenn sie noch wirksam werden soll, möglichst rasch gebracht werden muß.«

Der Brief des Erzbischofs von Wien kreuzte sich mit der Antwort Magliones auf einen früheren Appell, den der Prälat am 20. Januar an den Papst geschickt hatte, um Geld für die getauften Juden zu erbitten, die über keinerlei eigene finanzielle Mittel verfügten. Denn, so schrieb er, die Quäker, die Schwedische Mission und die Jüdische Gemeinde hätten gleich mehrere Fonds zu ihrer Verfügung. Ganz zu schweigen von der Tatsache, daß die brasilianischen Visa aus Hamburg nicht einträfen.

Die Antwort Magliones vom 6. Februar war eine Zusammenfassung dessen, was bis zu diesem Zeitpunkt unternommen oder versucht worden war. Der Brief konnte in seiner Kürze das Gefühl der Ohnmacht nur teilweise wiedergeben, unter dem auch der Vatikan litt, nicht nur Kardinal Innitzer. Maglione schrieb, als sei er der Überzeugung, und vielleicht war er es auch immer noch, daß der Erzbischof von Wien über das Ausmaß der Aktionen des Hl. Stuhles für die Juden, ob katholisch oder nicht, in den den Deutschen und ihren Verbündeten unterworfenen Gebieten nicht auf dem laufenden sei: Interventionen, um die Rassengesetze zu mildern, um internierte Juden freizubekommen, um die Haftbedingungen der Gefangenen zu verbessern, wirtschaftliche Hilfe für die Familien, Unterstützung bei der Bildung von nationalen Komitees für Flüchtlingshilfe, Einreisevisa für Nord- und Südamerika, darunter 1.000 bereits zugesagte Visa für Brasilien. Maglione schloß mit der Ankündigung, daß der Papst Innitzer 2.000 Dollar für sein Hilfswerk schicken werde, daß aber nur wenig Hoffnung bestehe, Einreisevisa für die amerikanischen Republiken zu erhalten. Die Bemerkungen, die Innitzer zu diesem Brief Magliones machte, spiegelten nur zu deutlich die wachsende Tragik der Situation wider. In seiner Antwort vom 28. Februar schrieb der Erzbischof, daß das 1939 gegründete Komitee in Wien keine große Hilfe gewesen sei. Er verlasse sich lediglich auf das argentinische Komitee. Er zeigte erneut seinen tiefen Schmerz darüber, daß die getauften Juden vergessen wurden, und erregte sich über den betrüblichen Gegensatz zu den Quäkern, der Schwedischen Mission und den jüdischen Organisationen. Die Katholiken jüdischer Herkunft seien »furchtbar enttäuscht« gewesen: In den Augen ihrer jüdischen »Rassegenossen« galten sie als Abtrünnige und Renegaten, und ihr Übertritt zur katholischen Kirche bedeutete, daß sie von jeglicher finanziellen Hilfe abgeschnitten waren. Innitzer versicherte aber, daß sie inmitten ihrer Prüfungen ein bewundernswertes Beispiel für Geduld waren: »Zahlreiche Katholiken, die nach Polen evakuiert wurden, ertragen ihr hartes Los mit bewunderungswürdigem Mut und gehen in das ungewisse Schicksal ihrer Verbannung mit christlichem Heldenmut, an dem sich sogar mosaische Juden erbaut haben.«

Zu diesem Zeitpunkt wurde es schwierig, noch Transitvisa zu erhalten, sogar für die iberische Halbinsel. Aus Rom schrieb ein Mitglied des Raphaelsvereins, P. Franz Hecht, am 28. Februar 1941, daß dort 150 Personen, die immerhin ein brasilianisches Visum besaßen, zurückgehalten wurden, da sie kein spanisches Transitvisum hatten. Im übrigen, schrieb Hecht, habe die italienische Regierung inzwischen die Emigration aller Juden verboten, die einen Nansen-Paß ohne Angabe der Nationalität oder einen italienischen Paß besaßen. Als Maglione diese Information am 7. März erhielt, beauftragte er umgehend P. Tacchi Venturi damit, Mussolini gegenüber das Erstaunen des Hl. Stuhles zum Ausdruck zu bringen: Es sei eine diskriminierende Maßnahme, nur den Juden mit einem ausländischen Paß die Emigration zu gestatten und nicht denjenigen, die im Besitz des Nansen-Reisedokuments oder eines ordnungsgemäßen italienischen Passes seien. Die einzige gute Nachricht, die zu dieser Zeit im Vatikan eintraf, war die Zusage Panamas, das sich bereit erklärte, aus Deutschland stammende katholische Juden solange aufzunehmen, bis diese woanders, d.h. in den Vereinigten Staaten, aufgenommen würden. Am 29. April übermittelte Nuntius Orsenigo einen Plan des Raphaelsvereins, sich diese Erlaubnis zunutze zu machen, eine Hoffnung, die sich wohl in Luft auflösen sollte.

Am 16. Mai 1941 wandte sich die Delasem (*Delegazione Assistenza Emigranti Ebrei*) wegen der Transitvisa, die die Schwesteragentur in Lissabon nicht beschaffen konnte, an den Papst. Der Delegation war es gelungen, 2.000 Juden (deutsche, österreichische, rumänische und ungarische) herauszubringen. Aber gegen Ende 1940 hatte die portugiesische Regierung die Auflage eingeführt, daß die Transitvisa nur in Lissabon in Empfang genommen werden konnten. Deshalb saßen viele, die ein Visum und einen reservierten Platz besaßen, dort fest und mußten erneute Demarchen unternehmen, um ein neues Visum für Amerika zu erbitten. Die ideale Lösung wäre, meinte die Delasem, daß der Konsul Portugals in Rom von seiner Regierung die Erlaubnis erhielte, Transitvisa auszustellen, wenn der Raphaelsverein ordnungsgemäße Papiere und eine Platzreservierung für ein Schiff vorlegen könne.

Ein ähnlicher Vorschlag wurde dem Papst am 27. Juni von P. Anton Weber vom Raphaelsverein gemacht. Noch zwei Monate zuvor war es möglich gewesen, in Lissabon nur bei Vorlage einer Schiffskarte ein Transitvisum zu erhalten. Nun drohten die brasilianischen Visa durch diese neue Verzögerung ihre Gültigkeit zu verlieren, und die Emigranten, die gerade abreisen wollten, mußten in die Lager zurückkehren. Bereits am 26. Juni traf ein harter, aber keineswegs unvorhergesehener Schlag das Emigrationshilfswerk der deutschen Flüchtlinge. Die Zentrale des Raphaelsvereins in Hamburg war von der Polizei geschlossen worden. Orsenigo telegraphierte die Nachricht am 3. Juli:»Das Motiv sind angeblich massive, für Deutschland diffamierende Abwanderungen. Bitte Eure Hochwürdigste Eminenz, dies den Pallotinerpatres mitzuteilen, damit sie jegliche Korrespondenz und Aktivität einstellen.« Damit war nun auch der letzte Ausgang aus Deutschland versperrt. Nur die Büros in Rom und Lissabon setzten ihre Arbeit noch fort. Höchstwahrscheinlich hatte so mancher Flüchtling, der mit oder ohne Hilfe des Raphaelsvereins entkommen war,»zuviel geredet«, nachdem er erst einmal auf sicherem Boden angekommen war. Der offizielle Grund für die Schließung des Büros in Hamburg war aber nur ein Vorwand, um eine in Berlin bereits getroffene Entscheidung zu rechtfertigen.

Weitere schlechte Nachrichten trafen für die Flüchtlinge in Italien ein. Die Delasem schrieb am 25. Juli 1941 aus Genua an Borgongini Duca, daß das amerikanische Komitee der *Society of Friends* (Quäker) gezwungen gewesen sei, seine Hilfsdienste einzustellen. Laut P. Weber hatten sie den katholischen Juden in Italien pro Monat eine finanzielle Unterstützung in Höhe von 40.000 Lire zukommen lassen. Die Delasem informierte den Nuntius, daß sie ihre Hilfe nicht auf diese Personen ausdehnen könne, auch wenn sie jüdischer Abstammung seien:»Selbst mit dem besten Willen ist es unmöglich, unsere regulären Aktivitäten auch auf Flüchtlinge auszudehnen, die nicht der hebräischen Religion angehören.« In der Vergangenheit, so hieß es in dem Schreiben, habe die Delasem es als eine zwingende Pflicht der menschlichen Solidarität empfunden, den Juden, die zum Katholizismus konvertiert waren,»eine außergewöhnliche und vorübergehende Unterstützung« zukommen zu lassen.

Angesichts des bevorstehenden Eintritts der Vereinigten Staaten in den Krieg führte die wachsende Spannung zu einer weiteren Verschärfung der Einwanderungsbestimmungen. Am 14. November lenkte Kardinal Maglione die Aufmerksamkeit des Botschafters von Brasilien, Ildebrando Accioly, auf die 156 jüdischen Katholiken in Holland, die der Botschafter für ein Visum vorgesehen hatte. 33 von ihnen hatten tatsächlich ein Visum erhalten; aber diese Visa liefen bald aus und mußten verlängert werden. Für die 123 anderen fragte man an, ob der brasilianische Konsul in Lissabon nicht die Erlaubnis erhalten könne, die noch fehlenden Formalitäten vorzunehmen, da diese Juden nicht nach Berlin reisen könnten. Die Antwort von

Accioly erfolgte zwar umgehend, war aber niederschmetternd. Am 20. November erklärte er Kardinal Maglione, daß die Ausstellung der Visa ausgesetzt worden sei. Ungefähr zur gleichen Zeit teilte auch die spanische Regierung mit, daß sie keine Transitvisa mehr ausgeben werde. Der Botschafter Portugals vermied eine grundsätzliche Aussage, indem er den Hl. Stuhl lediglich bat, die Anträge für portugiesische Transitvisa »auszusetzen« oder zumindest zu »verzögern«. Er hoffe, noch in der Lage zu sein, Transitvisa für vom Hl. Stuhl besonders empfohlene Personen beschaffen zu können.

Das Schicksal der 156 katholischen Juden, die 1941 in Holland und Belgien in der Falle saßen, war auch im folgenden Jahr 1942 noch nicht entschieden. Am 15. April 1942 gab Orsenigo das Ergebnis einer Wartezeit von mehreren Monaten bekannt: »Auf meine mündliche Note vom vergangenen 25. November, in der ich darum bat, daß den oben genannten Juden die notwendige Erlaubnis erteilt werde, aus den besetzten Gebieten auszureisen, antwortete mir der Außenminister erst heute, daß laut einer Erklärung des Innenministeriums den Juden deutscher Nationalität, die sich in Belgien oder Holland befänden, aus allgemeinen polizeilichen Gründen keine Ausreisegenehmigung erteilt werden könne.« Einige Monate später schrieb Orsenigo in seinem Bericht vom 28. Juli, er habe gehört, daß die holländischen Bischöfe energisch protestiert hätten und daß es ihnen gelungen zu sein scheine, die getauften Juden von den Deportationsmaßnahmen auszunehmen. In Wirklichkeit hatte die Gestapo am 26. Juli, zwei Tage bevor Orsenigo seinen optimistischen Bericht über die Lage in Holland schrieb, dort ihre berüchtigte Strafaktion gegen die katholischen Juden durchgeführt. Sie traf besonders die deutschen Juden, und man weiß, daß sich die Konvertitin Edith Stein, die Karmelitin geworden war, unter den Opfern befand. Man kann davon ausgehen, daß die 156 Kandidaten für die Emigration nach Brasilien ebenfalls deportiert wurden.

Am 9. Oktober 1942 überreichte Msgr. Giobbe, der Internuntius in den Niederlanden, der sich nach Rom zurückgezogen hatte, Kardinal Maglione zwei Dokumente, die er aus Holland über die Deportation erhalten hatte. Eines war der gemeinsame Hirtenbrief vom 20. Juli, der die Gläubigen über den an die deutschen Behörden gerichteten gemeinsamen katholischen und protestantischen Protest informierte: »Die Bitte soll vor allem die Massendeportation von Nichtariern verhindern, so wie sie vorgekommen sind und wie sie noch immer vorkommen, Frauen und Kinder eingeschlossen.« Das andere Dokument war ein Brief des Erzbischofs von Utrecht, Johann de Jong, an Reichskommissar Arthur Seyss-Inquart.

»Während in der ersten Zeit noch zugestanden worden ist, daß nichtarische Bürger christlicher Religion nicht den gegen nichtarische Bürger allgemein ergriffenen Maßnahmen unterworfen wurden (die Gegenstand des oben erwähnten Hirtenbriefes waren), so ist dieses Zugeständnis, sofern es die katholischen Nichtarier betraf, zurückgenommen worden. Der Vorwand für diese gegen die Katholiken gerichtete Maßnahme war der Umstand, daß man mit dem oben erwähnten Hirtenbrief vom 20. Juli auch den Text des Protestes veröffentlicht hatte, den die Oberhäupter der christlichen Konfessionen an den Reichskommissar geschickt hatten.« Der Internuntius fügte möglicherweise eine versteckte Anspielung auf Edith Stein hinzu:»Nach meinen Informationen hat man kürzlich sogar Nonnen deportiert.«

Orsenigo erklärte den Stopp der Emigration, indem er die Formulierung »aus allgemeinen polizeilichen Gründen« verwendete. Das sollte heißen, daß die Gestapo das Schicksal der Juden völlig unter ihre Kontrolle gebracht hatte und ihre polizeilichen Vollmachten dazu einsetzte, um den mäßigenden Einfluß jeglicher anderer Organe zu verhindern, zum Beispiel denjenigen des Außenministeriums. Bereits am 20. April antwortete der Bischof von Osnabrück, Msgr. Wilhelm Berning, dem Maglione 5.000 Dollar für die deutschen Juden geschickt hatte, die sich in die Niederlande geflüchtet hatten und dort auf ihre Abreise nach Brasilien warteten, daß er das Geld »aus allgemeinen polizeilichen Gründen« nicht verwenden könne. Einen Monat später, am 20. Mai 1942, appellierte Kardinal Innitzer erneut. Dieser Appell kann als der letzte zugunsten der Emigranten betrachtet werden. Die Deportation, von der er vor mehr als einem Jahr berichtet habe, nehme erhebliche Ausmaße an: »Die Lage der katholischen Nichtarier wird immer trauriger; auf der einen Seite wird die Not immer größer, auf der anderen Seite die Möglichkeiten zu helfen geringer; vor allem fehlt jede Möglichkeit einer Ausreise. Von Wien wurden 20.000 Nichtarier in das Generalgouvernement umgesiedelt, darunter ungefähr 1.000 Katholiken, deren Lage verzweifelt ist. Von hier aus ist eine Hilfe so gut wie ausgeschlossen.«

Trotz schwindender Hoffnungen leitete der Vatikan die Anfragen ununterbrochen weiter. Am 24. Juni 1942 antwortete Orsenigo auf einen besonderen Appell von Msgr. Montini zugunsten eines jüdischen Ehepaares. Diese beiden Juden befänden sich momentan zwar nicht in einem Konzentrationslager, schrieb er, aber das mache keinen Unterschied: Kein Jude erhalte jemals ein Ausreisevisum. Der Nuntius fügte unter Hinweis auf andere Einzelfälle, von denen ihm Montini oder andere Würdenträger des Vatikans berichtet hatten, hinzu:

»Ich bedaure hinzufügen zu müssen, daß ich festgestellt habe, daß diese Empfehlungen nicht nur nutzlos sind, sondern daß sie vor allem auch schlecht aufgenommen werden; sie führen letztlich nur dazu, die Behörden auch gegen weniger schwierige Fälle aufzubringen, die nicht bereits im Vorfeld durch allgemeine Regeln entschieden werden, so wie es bei nichtarischen Personen der Fall ist.«

Am 21. Juli gab Orsenigo in einem anderen Fall zusätzliche Informationen über das Verhalten der Regierung in Berlin: »Die Lage der Juden ist von jeglicher gutgemeinten Intervention ausgeschlossen.« In der Wilhelmstraße habe man ihm mehr als einmal zu verstehen gegeben, daß es um so besser sei, je weniger er von den Juden spreche: »Der Beamte, der sich den Fall angehört hatte, erklärte sofort, daß er die Bitte der Apostolischen Nuntiatur nicht entgegennehmen könne, und fügte hinzu, daß es ratsam sei, nicht einmal zu erwähnen, daß man ihm eine solche Bitte vorgelegt habe.« Das sei bereits im Mai geschehen, berichtete Orsenigo, als er den besonders tragischen Fall von zwei jungen Juden vorgetragen habe, die nach Polen deportiert werden sollten und die sich nun eingesperrt in einer Synagoge befänden.

Eine Woche später, am 28. Juli, antwortete Orsenigo auf eine von Msgr. Montini übermittelte Anfrage für die Juden, die Nachrichten von ihren Familien in Deutschland oder Polen erhalten wollten. Man könne nicht nur nichts für sie tun, um die Emigration zu erreichen oder die Deportation zu verhindern, sondern es sei auch völlig unmöglich, nach der Deportation Auskünfte über sie zu erhalten. Es sei sogar gefährlich, auf der Straße stehen zu bleiben, um mit Menschen zu sprechen, die den Davidstern trügen. So sei es auch in Wien. Von der Tragödie, die sich unter dem Mantel des Schweigens abspielte, konnte Orsenigo nur in Form von Mutmaßungen und Befürchtungen sprechen:

»Wie man leicht annehmen kann, öffnet dieser Mangel an Nachrichten den makabersten Mutmaßungen über das Schicksal der Nichtarier Tür und Tor. Leider gehen nur schwer kontrollierbare Gerüchte von katastrophalen Transporten und sogar von massenhaften Massakern an Juden um. Jede Intervention, und sei es auch nur zugunsten der katholischen Nichtarier, ist bis heute mit der üblichen Antwort beiseite geschoben worden, daß nämlich auch das Taufwasser das jüdische Blut nicht ändern könne und daß sich das deutsche Reich gegen die nichtarische Rasse verteidige und nicht gegen die religiöse Konfession der getauften Juden.«

Orsenigo, dem das Staatssekretariat weiter die Appelle zuleitete, antwortete nochmals am 9. Dezember 1942 auf eine Bitte um Intervention für einen Juden, der in Polen lebte und dem es gelungen war, in Uruguay aufgenommen zu werden. In verhüllter Form signalisierte Orsenigo Maglione: 1. daß er sich nicht an die Gestapo wenden könne, die er erst dadurch auf die Existenz dieser Person aufmerksam machen würde, 2. daß sich Uruguay mit Deutschland im Krieg befände, 3. daß keinerlei Ausreisevisa für die Juden Deutschlands ausgestellt würden, schon gar nicht für die Juden Polens: »Hier handelt es sich, leider, um einen dieser zahllosen und so schmerzlichen Fälle, denn man kann ihnen nicht einmal ein Wort zukommen lassen, das diese Unglücklichen trösten könnte, die in der Angst vor der Deportation leben und deren Existenz ein wirklicher Kampf auf Leben und Tod ist.«

Ein Bericht, der dem Staatssekretariat Ende 1942 von einem Nuntiaturrat in Berlin, der nach vielen Jahren aus der Reichshauptstadt nach Rom zurückkehrte, übergeben wurde, gab einen Überblick über die Lage der katholischen und nichtkatholischen Juden in Deutschland. Im Laufe der Jahre 1941–1942 waren die gegen die Juden ergriffenen Maßnahmen besonders brutal geworden. Der Beginn des Feldzuges gegen Rußland hatte eine weitere Gruppe von Juden in vormals von den Russen besetzten Teilen Polens dem gleichen Schicksal ausgeliefert, deren Zahl auf 1,5 Millionen geschätzt wurde; dazu kamen 260.000 in den baltischen Staaten, die bis 1941 unter sowjetischer Kontrolle gestanden hatten. Weitere 1,5 Millionen lebten in den russischen Gebieten, die bis Ende 1942 von der deutschen Armee besetzt wurden. Das bedeutete, daß sich ungefähr 3,5 Millionen Juden in den Händen der Deutschen befanden.

In diesem Bericht wurden zum ersten Mal die Konzentrationslager erwähnt. Nachdem von den beiden Ghettos in Łódz und in Warschau die Rede war, sagte der Bericht, daß alle Juden, die nicht in diesen Ghettos untergebracht werden konnten, in Konzentrationslager verbracht wurden,

> »wo sie ein sehr hartes Leben führen; man gibt ihnen nur wenig zu essen; sie müssen außergewöhnlich schwere Arbeiten verrichten, was sehr schnell zu ihrem Tod führt. Man sagt, daß solche Konzentrationslager bislang in Polen errichtet wurden, was zu der Vermutung führt, daß die östlichen Regionen von der deutschen Regierung dazu ausersehen sind, zum endgültigen Aufenthaltsort der jüdischen Bevölkerung Europas zu werden.«

Der Nuntiaturrat in Berlin berichtete, daß die deutsche Bevölkerung nicht so reagiere, wie es die Partei wünsche: Goebbels beklage die übertriebene Humanitätsduselei der Deutschen und fordere sie auf, in jedem Träger des Davidsterns einen Verräter an ihrem Volk zu sehen. Er zitierte aus einer Rede von Rosenberg, der erklärt hatte, daß die »Judenfrage« in Deutschland erst dann gelöst sei, wenn der letzte Israelit das Territorium des Großdeutschen Reiches verlassen habe. Die Bevölkerung scheine von der Propaganda des Regimes nicht überzeugt zu sein: »Man hört niemals einen Scherz, nicht einmal einfache Ironie auf Kosten der Juden. Eine solche Gleichgültigkeit nach außen läßt auf eine sehr tiefe innere Abneigung gegen die Unmenschlichkeit dieser Maßnahmen schließen, die, und das wissen selbst die Deutschen sehr gut, niemals zum Vorteil eines zivilisierten Volkes gereichen können, vor allem, wenn es sich um ein Volk handelt, das sich als den höchsten Kulturträger der Welt versteht.«

Im Frühjahr 1942 hatte die Umsetzung dessen begonnen, was die geheimen Dokumente des Dritten Reiches bereits die »Endlösung« nannten. Der entscheidende Moment schien die Wannseekonferenz am 20. Januar 1942 gewesen zu sein, in deren Verlauf Reinhard Heydrich, der Chef des Reichssicherheitshauptamtes (RSHA), den Vertretern der Ministerien und den anderen Organen der Regierung den Plan für »die Endlösung der Judenfrage« vorlegte, der nach seiner Einschätzung 11 Millionen Juden betraf, darin eingeschlossen die 330.000 Juden Englands. Unter dem Deckmantel des Rußlandfeldzuges nahm der Plan die Form eines Massentransports der Juden Europas nach Polen an. 1942 wurden die Möglichkeiten zur Emigration völlig blockiert, und eine neue Methode wurde angewandt: die Vertreibung der Juden, Männer, Frauen und Kinder, aus ihren Wohnorten und ihre Deportation aus Deutschland.

Von nun an mußten die Interventionen des Hl. Stuhles eine neue Richtung einschlagen: Statt die nun unmöglich gewordene Emigration zu unterstützen, mußte man versuchen, die Deportation zu verhindern, deren tragisches Ende man zu ahnen begann.

Im Vatikan fand man sich nur schwer mit dem Gedanken ab, daß es unmöglich war, in Deutschland selbst etwas für die Opfer der nazistischen Ideologie zu tun. Der Nuntius in Berlin, Orsenigo, befand sich in einer wenig beneidenswerten Lage. Er konnte weder seine Vorgesetzten in Rom noch die deutschen Bischöfe zufriedenstellen und mußte zumindest den Schein von korrekten Beziehungen zu den Beamten in der Wilhelmstraße aufrechterhalten, die, um der Wahrheit die Ehre zu geben, fast ebenso machtlos waren wie er. Anfang 1943 gab der Bischof von Berlin zu verstehen, daß einerseits

Nuntius Orsenigo seiner Aufgabe nicht gewachsen war, und daß sich andererseits auch die Politik des Reiches dermaßen verschlechtert hatte, daß es für den Papst nicht länger angemessen schien, sich dort noch vertreten zu lassen: »Ich frage mich«, schrieb Preysing am 23. Januar 1943 an Pius XII., »ob es gut ist, daß die erhabene Person Eurer Heiligkeit in diesen Zeiten noch durch einen Botschafter bei der Reichsregierung vertreten ist.«

Dennoch trafen aus dem Vatikan weiterhin Gesuche beim Nuntius in Berlin ein, sich für Personen einzusetzen, die von den Zivil- oder Militärgerichten zum Tode verurteilt worden waren, selbst in besonders heiklen Fällen. Sollte, konnte der Hl. Stuhl für den Chef eines Nachrichtendienstes um Gnade bitten? Am 27. Oktober 1942 rief der Botschafter Belgiens den Hl. Stuhl wegen Graf Jean d'Ursel zu Hilfe, der wegen Spionage verhaftet worden war und sich in Lebensgefahr befand. Man bat den Papst, einen Austausch mit einem deutschen Agenten, der in die Hände der Alliierten gefallen war, vorzuschlagen. Zunächst antwortete der Hl. Vater, er sehe keine Möglichkeit für ein Eingreifen dieser Art. Später aber, auf wiederholte Bitten des belgischen Botschafters hin, erhielt der Nuntius in Berlin die Anweisung zu intervenieren. Graf d'Ursel hatte großes Glück, den Krieg zu überleben. Am 25. Juni 1943 konnte Orsenigo berichten, daß seine Intervention für den Kanoniker Otto Stanovsky aus Prag von Erfolg gekrönt war. Er selbst hatte den Text des Appells formuliert, ihn von der Schwester des Priesters unterzeichnen lassen und an Hitlers Kanzlei geschickt. Am Vortag, dem 24. Juni, war die Nachricht eingetroffen, daß die Verurteilung zum Tode in acht Jahre Gefängnisstrafe umgewandelt worden war. »Seine Schwester ist hier überglücklich erschienen, um mir die gute Nachricht zu überbringen und um ihre große Dankbarkeit für das erfolgreiche Eingreifen des Hl. Stuhles in Person seines Apostolischen Nuntius auszudrücken.« Ähnliche Appelle erreichten den Papst auch von Belgiern, die wegen Spionage zum Tode verurteilt worden waren. Am 17. November 1943 berichtete Orsenigo, daß von 18 zum Tode verurteilten Belgiern drei eine Strafumwandlung erhalten hatten.

Wenn es sich aber um Juden handelte, war jede Demarche vergebens, ja sogar gefährlich. Die militärischen Rückschläge, die Deutschland nun hinnehmen mußte, verhärteten noch die Unnachgiebigkeit der Naziführer. Am 12. Januar 1943 erinnerte Orsenigo das Staatssekretariat in einem weiteren Fall daran, daß es für einen Juden unmöglich war, Deutschland oder ein von Deutschland besetztes Land zu verlassen, insbesondere für einen Juden, der weder

katholisch noch ausländischer Staatsbürger war. Am 19. Januar antwortete er seinen Vorgesetzten auf einen anderen Hilferuf für einen
Juden aus dem Warthegau, daß der Franziskaner Odilo wegen der
Beschuldigung, Juden geholfen zu haben, nach Dachau geschickt
worden sei. Die Hilfsgesuche für Juden, sagte er, würden ohne Prüfung sofort beiseite gelegt. Im September berichtete er von demselben Schicksal Gertrud Luckners, die wegen ihrer Hilfe für Juden
nach Ravensbrück verbracht worden war.

Ein wenig bekannter Aspekt des Dramas der Juden während des
Zweiten Weltkrieges betraf die deutschen Juden, die mit Katholiken
verheiratet waren, sowie die Kinder aus gemischten Ehen, die im katholischen Glauben erzogen worden waren. Entsprechend den
Nürnberger Gesetzen sollten mit Christen verheiratete Juden und
ihre im christlichen Glauben erzogenen Kinder als Arier betrachtet
werden. Infolge dieser Bestimmungen wurde eine auf etwa 300.000
Menschen jüdischer Herkunft geschätzte Gruppe bis 1943 von den
antisemitischen Maßnahmen ausgenommen. Dennoch erreichten den
Nuntius ab 1942 Gerüchte, nach denen das Gesetz möglicherweise
geändert werden sollte und Tausende von Menschen davon bedroht
seien. Am 7. September 1942 teilte Orsenigo mit, daß der deutsche
Episkopat deswegen ernsthaft beunruhigt sei; er habe auch seinerseits die Aufmerksamkeit der Regierung auf die Ungerechtigkeit und
Unmenschlichkeit dieses Planes gelenkt. Dann verstrichen Monate
ohne Neuigkeiten; erst Ende Februar oder Anfang März 1943
sickerte durch, daß die Verhaftungen begonnen hatten.

Am 3. März berichtete Nuntius Orsenigo vom Beginn der Krise.
Am 24. Februar 1943 hatte Hitler in München zum Jahrestag der
Gründung der Partei eine antisemitische Rede gehalten. Seine Erklärung, schrieb Orsenigo, zeichnete sich durch ungewöhnliche
Heftigkeit gegenüber dem »Weltjudentum« aus; er rief die europäischen Nationen dazu auf, dem Beispiel Deutschlands bei der Jagd
auf die Juden zu folgen. Die Auswirkungen ließen nicht auf sich
warten, so daß Orsenigo berichten mußte: »Tatsächlich waren der
28. Februar und der 1. März zwei besonders fürchterliche Tage für
die Deportation der Juden Berlins in ein unbekanntes Schicksal.
Auch getaufte oder mit Ariern verheiratete Juden waren darunter,
deren Familien auf diese Weise zerstört wurden [...]. Ich habe dies als
Anlaß genommen, um dem Außenminister gegenüber noch einmal
den bedauernswerten Eindruck zum Ausdruck zu bringen, den alle
Katholiken dadurch erhielten; man hat mich angehört, aber ich weiß
auch, daß niemand sich der handgreiflichen und entfesselten Gewalt
der sogenannten Gestapo entgegenstellen kann.«

Letztendlich entgingen die durch diese Maßnahmen in Deutschland bedrohten Juden und Halbjuden durch ein merkwürdiges Aufeinandertreffen von Umständen, deren genaue Zusammenhänge niemals zufriedenstellend geklärt worden sind, zum großen Teil der Deportation. War es wegen des Widerstandes der Bevölkerung oder wegen der Uneinigkeit zwischen rivalisierenden Naziorganisationen? Die von Adolf Eichmanns Ämtern geplanten Maßnahmen gegen die mit Katholiken verheirateten Juden und gegen die Kinder aus gemischten Ehen wurden im Reich, weder in Berlin noch in Wien, niemals vollständig umgesetzt.

Obwohl Italien durch den Stahlpakt mit dem Reich verbündet und an seiner Seite in den Krieg eingetreten war, unterschied sich die Lage der Juden dort ganz erheblich. Dennoch interessierte sich der Hl. Stuhl auch hier für das Schicksal der italienischen Nichtarier. Noch vor dem Krieg, im November 1938, hatte ein erstes Gesetz die Heirat zwischen Ariern und Nichtariern verboten. Die geheimen Verhandlungen des Hl. Stuhls mit der italienischen Regierung darüber führten zu keinem Ergebnis. Anfang November richtete Pius XI. einen persönlichen Brief an Mussolini und einen anderen an König Viktor Emanuel III. Dennoch wurde das Gesetz am 10. November erlassen; der Kardinalstaatssekretär überreichte deshalb der italienischen Regierung eine offizielle Protestnote. Am 6. März 1939 warnte das Heilige Offizium öffentlich vor der in Italien vertretenen Rassenideologie. In Italien gab es viele katholische Nichtarier. Der Hl. Stuhl bemühte sich darum, den Kreis dieser katholischen Nichtarier so weit wie möglich auszudehnen, indem er dazu auch die Katechumenen und sogar die Juden zählte, die noch nicht diesen Status erreicht hatten, sowie die Halbjuden. Seine ersten Bemühungen richteten sich darauf, daß die nichtarischen Katholiken das Recht behielten, weiterhin als Freiberufler zu arbeiten; daß den halbjüdischen Kindern der Schulbesuch nicht untersagt wurde; daß die konvertierten Juden Arier heiraten durften; daß die Heirat zwischen Ariern und Nichtariern nicht zu einem Rassenvorurteil führte, sondern daß die auf diese Weise entstandene Familie als eine arische Familie eingestuft wurde. Es läßt sich nicht in jedem Einzelfall genau feststellen, ob und welche Erfolge der Hl. Stuhl durch seine Interventionen erzielte, aber sie waren sicherlich nicht unerheblich. Im Laufe der ersten Kriegsjahre erwirkte der Hl. Stuhl bei der Regierung in Rom recht weitreichende Konzessionen zugunsten von Italienern und Ausländern, die unter die antisemitische Gesetzgebung der Vorkriegszeit fielen, entweder vollständige »Diskriminierung«, d.h.

Ausnahme von jeglicher Beschränkung, Erlaubnis zur Emigration oder eine bessere Behandlung in materieller oder moralischer Hinsicht in den Internierungslagern, die der Apostolische Nuntius besichtigen konnte. Schließlich erhielten die Katholiken jüdischer Herkunft die Erlaubnis, bei ihren Lagergeistlichen bleiben zu können.

Unter den verschiedenen Internierungslagern in Italien beherbergte das Lager von Ferramonti Tarsia in Süditalien mehrere Tausend ausländische Juden, die meisten Polen und Tschechen und sogar Deutsche. Später wurde eine Gruppe von 500 slowakischen Juden, die Bratislava (Preßburg) verlassen hatten und zunächst die Donau mit dem Ziel Palästina abwärts gefahren waren, deren Boot aber schließlich vor Rhodos gesunken war, von den Italienern aufgefischt und nach Ferramonti Tarsia gebracht. 1941 wurden dort auch katholische Juden aus Jugoslawien untergebracht. Ein französischer Kapuziner, P. Calixtus Lopinot, wurde ihnen als Lagergeistlicher zugewiesen; er teilte ihr Leben mit ihnen und fungierte oft als ihr Sprecher, bis zu dem Tag, an dem das Lager im Juli 1943 von den alliierten Truppen, die in Süditalien gelandet waren, befreit wurde.

Im Laufe des Jahres 1941 hatten die Interventionen des Hl. Stuhles aber immer seltener Erfolg, die Zuwanderung von Juden, die vor der nationalsozialistischen Verfolgung nach Italien flohen, wurde nach und nach unmöglich gemacht.

Das Schicksal der Juden Jugoslawiens, die aus Kroatien geflüchtet waren, um in der von den Italienern besetzten Küstenzone, wie Dalmatien und der slowenischen Provinz Lubliana (Laibach), Schutz zu suchen, blieb ungewiß. Am 14. August 1941 traf im Vatikan ein Brief des Präsidenten der Union der jüdischen Gemeinden in Italien, Lionello Alatri, ein, der über das Schicksal der Juden der italienischen Besatzungszone in Dalmatien und Kroatien beunruhigt war. Man verhaftete sie völlig grundlos und, nachdem man sie ihres Besitzes beraubt hatte, schickte man die Männer in die Salzminen von Bosnien, die Frauen, die Alten und die Kinder wurden an die Küste gebracht. Alatri bat den Vatikan, bei den italienischen und kroatischen Behörden zu intervenieren, damit die Verhaftungen und Konfiszierungen beendet würden. Er schlug den Transfer von 6.000 bedrohten Menschen nach Italien vor, wo sich ihre Glaubensbrüder um sie kümmern könnten. Nuntius Borgongini Duca erhielt die Anweisung, sich näher darüber zu informieren. Am 11. September antwortete er, daß die italienische Polizei ihm versichert habe, daß trotz gegenteiliger Gerüchte die Juden, die sich an die dalmatinische Küste geflüchtet hatten, nicht zur Rückkehr nach Kroatien gezwungen wurden. Aber sie dürften nicht nach Italien ausreisen, sondern müß-

ten in den von Italien annektierten jugoslawischen Provinzen bleiben, »weil«, so sagte der Beamte, »wir unser Land nicht in ein Asyl
für Juden verwandeln können«.

P. Tacchi Venturi war nicht nur bei Mussolini als offizieller Vermittler des Vatikans tätig, sondern auch bei verschiedenen Regie-
rungsstellen, wie dem Chef der Polizei und dem Amt für Demogra-
phie und Rasse, das für Ausländer und insbesondere für Juden
zuständig war. Bischof Gregor Rožman aus Lubliana (Laibach), einer von den Italienern besetzten Stadt, hatte einen Hilferuf an die
Regierung gerichtet, in dem er sie inständig bat, die kroatischen Katholiken jüdischer Herkunft nicht nach Kroatien zurückzuschicken,
»wo sie sehr harten Leiden ausgesetzt waren«. Am 10. September
1941 berichtete Tacchi Venturi, der Polizeichef, Carmine Senise, habe sofort den Quästor für die Verwaltung von Lubliana (Laibach)
anrufen lassen, um diese Bitte zu unterstützen. Einen Monat später
teilte P. Tacchi Venturi wiederum mit, der Innenminister habe zugestimmt, daß die getauften Juden im Lager von Ferramonti Tarsia aufgenommen würden. Diese Aufnahme der jüdischen Flüchtlinge in
Italien ist möglicherweise der letzte Fall dieser Art: Am folgenden
17. Dezember schrieb Tacchi Venturi an Kardinal Maglione, daß es
für ausländische Juden, selbst wenn sie katholisch waren, keine
Hoffnung mehr gebe, in Italien Asyl zu finden.

Auch wenn die italienische Regierung die Pforten des Landes für
Juden schloß, die aus dem Norden kamen, so weigerte sie sich doch
bis zum Ende, diejenigen auszuliefern, die sich bereits in ihrem Ein-
flußbereich befanden.

Tausende von Juden waren vor dem Ustascha-Staat in Kroatien
geflohen und hatten sich in die Gebiete Jugoslawiens zurückgezogen, die von der italienischen Armee besetzt waren. Desgleichen zogen sich 1942, als auch der Süden Frankreichs großenteils von den
Deutschen besetzt wurde, weitere Tausende von Juden in die von
den Italienern besetzten Gebiete Südfrankreichs zurück. 1943 verbreitete sich die Angst, daß diese Juden den Deutschen ausgeliefert
werden sollten. Darüber entstand eine umfangreiche Korrespondenz
zwischen dem Vatikan und den faschistischen Behörden, vor allem,
nachdem jüdische Persönlichkeiten und Organisationen aus der
ganzen Welt Hilferufe an den Hl. Stuhl gerichtet hatten. Jetzt wurde
deutlich, daß Mussolini den Entschluß gefaßt hatte, die Juden, denen
es gelungen war, sich in den italienischen Machtbereich zu begeben,
nicht zu den Deutschen zurückzuschicken. Der Druck, der aus Berlin auf ihn ausgeübt wurde, hatte in dieser Hinsicht keinerlei Erfolg.

Mussolini bekannte sich aber niemals offen zu dieser Politik und sprach noch in seiner letzten Rede am 24. Juni 1943 von der »Heimführung der Ausländer«. Aber die von seinen Untergebenen ergriffenen konkreten Maßnahmen liefen immer auf eine Behinderung und oft sogar die Sabotage jeglicher Maßnahme zur Deportation hinaus. Der Hl. Stuhl hatte nur diejenigen zu beruhigen, die ihn gebeten hatten, bei der italienischen Regierung vorstellig zu werden.

Am 13. Februar 1943 beauftragte Maglione den Nuntius in Italien, gegen die drohende Deportation von 1.700 kroatischen Juden zu intervenieren, die in Spalato Zuflucht gefunden hatten. Das Gerücht hatte sich verbreitet, daß die Flüchtlinge, die keine Verwandten in Italien besäßen, zurückgeschickt würden. Da nur wenige von ihnen eine Familie in Italien hatten, wäre die Mehrheit in Gefahr gewesen. Die Nachricht wurde allerdings von der italienischen Polizei dementiert.

Dennoch hielt die Unsicherheit an. Am 6. März 1943 telegraphierte der Apostolische Delegat in Washington, Cicognani, einen Appell von Myron Taylor, der seinerseits wiederum vom Präsidenten des American Jewish Congress alarmiert worden war, an Kardinal Maglione: »Ungefähr 1.500 Jugoslawen jüdischer Herkunft, die sich in Italien oder in den italienischen Besatzungszonen aufhalten, sollen sehr bald auf die Bitte der Deutschen diesen ausgeliefert und nach Polen deportiert werden. Das würde für sie das Todesurteil bedeuten.« Kardinal Maglione bat P. Tacchi Venturi zu intervenieren. Der Jesuit traf daraufhin eine Verabredung mit dem Unterstaatssekretär Giuseppe Bastianini. In seinem Bericht vom 14. April 1943, den er nach der Unterredung abschickte, bestätigte Tacchi Venturi, daß es die italienische Regierung ablehne, es in der Frage der Juden ihren deutschen Verbündeten gleichzutun:

> »Mussolini hat folgendes Prinzip festgelegt: bei den Juden Abschottung, nicht Verfolgung. Wir wollen keine Schlächter (er hat tatsächlich diesen deutlichen Ausdruck gebraucht [...]. Die kroatischen Juden, von denen über 4.000 nach Dalmatien emigriert sind, sind nicht in ihre Heimatorte zurückgeschickt worden, um sie vor dem grausamen Schicksal zu bewahren, das in einigen ungastlichen Gebieten Polens auf sie wartet.«

Das gleiche galt für die Juden Frankreichs: Man forderte nachdrücklich ihre Auslieferung ein, »aber Italien weigert sich«. Nur für die kroatischen Juden, die in den von Deutschland annektierten Gebieten Sloweniens oder im kroatischen Staat geblieben seien, könne die italienische Regierung nichts tun. Allerdings bestätigte der Nuntius noch am 13. Juni, daß in der bisherigen Politik keinerlei Änderung eingetreten sei und daß »infolgedessen kein Jude den deutschen Behörden ausgeliefert werde«.

Im August 1943, nach dem Sturz des faschistischen Regimes, wurden Maßnahmen ergriffen, um die Lage der Juden in den Lagern der italienischen Besatzungszone in Dalmatien zu verbessern. Am 24. August telegraphierte Maglione dem Apostolischen Delegaten in London, Godfrey, um die jugoslawische Regierung in London darüber zu informieren, daß die Italiener der Bitte des Hl. Stuhles Folge leisteten und nun die kroatischen und slowenischen Internierungslager auflösten. Das betraf auch 4.000 Juden, die auf die Insel Arbe verlegt worden waren. Am 24. September teilte eine hohe Persönlichkeit des *World Jewish Congress* Godfrey mit, daß diese nun außer Gefahr seien, da die Insel von den Partisanen eingenommen worden sei. »Ich bin sicher, daß die Bemühungen Eurer Gnaden und des Hl. Stuhles zu diesem glücklichen Ausgang geführt haben, und ich möchte dem Hl. Stuhl und Ihnen selbst den herzlichsten Dank des *World Jewish Congress* übermitteln.«

Die Position, die die Verwaltung und der Chef der italienischen Regierung trotz der antisemitischen Gesetze einnahmen, die sie selbst erlassen hatten, ist besser zu verstehen, wenn man berücksichtigt, daß es bereits Diskussionen über den Sinn von Deportationen gab. Welches Schicksal erwartete die Deportierten am Ende der Deportation? Schon 1942 schrieb der Geschäftsträger des Hl. Stuhles in Bratislava (Preßburg), Msgr. Burzio, daß die Deportation in den meisten Fällen einem Todesurteil gleichkam. Einige Wochen später berichtete der Nuntius in Budapest, Angelo Rotta, die jüdischen Kreise in Ungarn seien sicher, daß die slowakischen Deportierten »zu einem großen Teil in den sicheren Tod gingen«. Was man bereits über die Bedingungen wußte, unter denen der Transport stattfand, verhieß nichts Gutes über das, was sie bei der Ankunft erwartete, und rechtfertigte solche Befürchtungen. Trotzdem hoffte man gegen alle Vernunft, daß die Stärksten von ihnen der Prüfung standhalten würden. Zudem versuchten auch die Familien und die jüdischen Glaubensbrüder, Nachrichten über sie zu erhalten. Der Nuntius in Berlin hatte mehrere Male von der Wilhelmstraße Informationen verlangt, aber immer vergebens.

Während seines kurzen Besuchs im Vatikan im September 1942 überreichte der persönliche Repräsentant Präsident Roosevelts, Myron Taylor, am 26. September eine offizielle Bitte um Auskunft. Man hatte vom Genfer Büro der *Jewish Agency for Palestine* Nachrichten über die verzweifelte Lage der polnischen oder der nach Polen deportierten Juden erhalten. Dieser Bericht vom 30. August beschrieb die Liquidierung des Warschauer Ghettos sowie Exekutionen in einem Belick genannten Lager, in Lemberg (Lwów) und in Warschau. Der Ausdruck Deportation bedeute den Tod: »Die Juden, die aus Deutschland, Belgien, Holland, Frankreich und der Slowakei deportiert wurden«, hieß es in dem Bericht, »werden ins Schlachthaus geschickt, während nur die Arier aus Holland und Frankreich, die in den Osten deportiert wurden, wirklich zur Arbeit eingesetzt werden.« In der Denkschrift von Taylor an Kardinal Maglione hieß es: »Ich wäre Eurer Eminenz sehr dankbar, wenn Ihr mir mitteilen könntet, ob der Vatikan über Informationen verfügt, die den in diesem *pro memoria* enthaltenen Bericht bestätigen könnten. Wenn ja, würde ich gerne wissen, ob der Hl. Vater Vorschläge für ein geeignetes Vorgehen hätte, um die Macht der öffentlichen Meinung der zivilisierten Welt einzusetzen, um die Fortsetzung dieser Barbarei zu verhindern.«

Kardinal Maglione antwortete am 10. Oktober 1942, daß er seinerseits über keine genauen Informationen verfüge, die den Bericht aus Genf bestätigen könnten. In der Tat war die detaillierteste Auskunft, die der Vatikan in diesen Tagen erhielt, die gleiche, die auch den Vereinigten Staaten zugegangen war. Die Quellen waren der polnische Botschafter Papée und die jüdischen Organisationen selbst. Unter diesen Umständen wisse man nicht, wie man auf die zweite Frage über die praktischen Möglichkeiten eines Eingreifens antworten könne: »Die Berichte über die harten Maßnahmen, die gegen die Nichtarier ergriffen werden, haben den Hl. Stuhl auch aus anderen Quellen erreicht, aber bis heute war es nicht möglich, ihren Wahrheitsgehalt zu überprüfen.«

Die Anmerkungen von Maglione, die er gemacht hatte, nachdem er das Dokument Taylors erhalten hatte, sind einigermaßen aufschlußreich: »Ich glaube nicht, daß wir über Informationen verfügen, die diese sehr ernsten Neuigkeiten bestätigen. Oder doch?« Dazu hatte der *minutante* angemerkt: »Es gibt noch die von Herrn Malvezzi.« Aber die Hinweise von Malvezzi, eines Angestellten eines italienischen Unternehmens, der kürzlich aus Polen zurückgekehrt war, bestätigten den Bericht aus Genf nicht.

Was der Kardinalstaatssekretär unter »harten Maßnahmen« verstand, kann man aus den Dokumenten dieser zwei Jahre herauslesen. Die Informationen, die im Vatikan eintrafen, stammten von Berichten aus zweiter oder dritter Hand und betrafen die brutale Behandlung der Juden in Ungarn, Kroatien, der Slowakei, Frankreich und anderen Ländern. Wie hieß das endgültige Ziel der Deportierten, welchen Plan hatten die Nazis, das alles blieb noch ein Rätsel. Als zum Beispiel ab März 1942 Burzio, der Geschäftsträger in der Slowakei, davon sprach, daß die Deportierten in »den sicheren Tod« gingen, war ersichtlich, daß sich diese Behauptung auf die inhumanen Bedingungen der Abtransporte und die Brutalität der Wachen stützte. Nach einem solchen Anfang war es leicht vorstellbar, daß die Alten, die Kranken und die Kinder nicht lange leben konnten, selbst wenn in den überbelegten und unhygienischen Lagern nicht der Typhus wütete. In die gleiche Richtung ging die Bemerkung des kroatischen Polizeichefs Slavko Kvaternik, der Abbé Giuseppe Marcone sagte, daß die Deutschen bereits zwei Millionen Juden umgebracht hätten und daß das gleiche Schicksal die kroatischen Juden erwarte. Wenig später haben sich seine Worte als nur zu wahr herausgestellt. Dennoch scheint es, als habe der Vertreter des Hl. Stuhles, Abbé Marcone, als er die Worte an seine Vorgesetzten weiterleitete, geglaubt, daß man sie nicht wörtlich nehmen müsse. Wenn man von ihnen hörte und über sie berichtete, nahmen solche Aussagen die Gestalt einer ernstzunehmenden Gefahr an, Vorboten einer Tragödie, deren reellen Hintergrund man nicht ahnte.

Ende des Jahres 1942 wurden mehrere öffentliche Erklärungen über die Deportationen abgegeben. Am 17. Dezember publizierten die Alliierten in London eine Erklärung über die Menschenrechte, in der man in eindeutigen, aber allgemeinen Ausdrücken die den Juden zugefügte Behandlung verurteilte.

Am 19. Dezember 1942 berichtete der in den Vatikan geflüchtete polnische Botschafter Kazimierz Papée von der Krise im Warschauer Ghetto und betonte, daß die Deportierten sicherlich nicht in Arbeitslager geschickt würden, denn man weise auch Kranke, Alte und Kinder aus: »Die Deportierten werden an eigens für diesen Zweck eingerichteten Orten mit unterschiedlichen Methoden umgebracht.« Welche Wirklichkeit sich hinter diesen »unterschiedlichen Methoden«, diesen »eigens dazu eingerichteten Orten« verbarg, blieb im Ungewissen.

Der britische Gesandte Osborne hatte Pius XII. die Erklärung der Alliierten vom 17. Dezember mit der Bitte überbracht, sie durch eine öffentliche Rede zu unterstützen. Pius XII. beendete seine Weihnachtsansprache 1942 mit dem Wunsch nach dem Ende der Kämpfe im Interesse aller Opfer des Krieges, der Soldaten, Witwen und Waisen und der Exilierten. »Dieses Gelöbnis«, sagte er, »schuldet die Menschheit den Hunderttausenden, die persönlich schuldlos bisweilen nur um ihrer Volkszugehörigkeit oder Abstammung willen dem Tode geweiht oder einer fortschreitenden Verelendung preisgegeben sind.«

Bei der Analyse der Rede des Papstes unterlag der Sicherheits-
dienst des Reiches keinem Irrtum: »Er [der Papst] beschuldigt
tatsächlich das deutsche Volk der Ungerechtigkeit gegenüber den Juden und er macht sich zum Sprecher der Juden, der Kriegsverbre-
cher.« Die Botschafter der Alliierten in Rom waren unterdessen nur
halb zufrieden, da sie alle eine ausdrückliche Verurteilung der nationalsozialistischen Verbrechen wünschten, die in ihren Augen eher
geeignet war, ihrer Sache zu dienen. Pius XII. seinerseits verhehlte
dem amerikanischen Geschäftsträger nicht, daß er in diesem Fall an
Übertreibungen der alliierten Propaganda glaube.

Um die immer noch anstehenden Probleme zu lösen, gedachte der
Hl. Stuhl auf die Mithilfe des Roten Kreuzes zurückzugreifen.

Die Probleme des Hl. Stuhles waren auch die des Roten Kreuzes.
Was konnte man für die zivilen Internierten tun, insbesondere die
Juden, für die es keinen international garantierten Schutz gab? Das
Internationale Komitee des Roten Kreuzes befand sich selbst am En-
de seiner Möglichkeiten. Brachten seine Interventionen zugunsten
der Juden, und sei es auch nur, um Informationen zu erhalten, nicht
die eigentliche Aufgabe in Gefahr, die es für die Millionen von
Kriegsgefangenen zu erfüllen hatte? Am 4. Januar 1943 hatte der
Nuntius in Bern in der Nuntiatur eine Unterhaltung mit Carl Jacob
Burckhardt, dem wichtigsten Mitarbeiter des Präsidenten des Komitees, mit Professor Max Huber und mit Prinz Johannes von
Schwarzenberg. Trotz der Konferenz von Tokio im Jahre 1934, wo
man versucht hatte, die für die Militärs geltenden Garantien auch auf
Zivilpersonen auszudehnen, hatte das Rote Kreuz nur sehr wenig er-
reicht und suchte die Zusammenarbeit mit dem Hl. Stuhl.

Am 17. Februar informierte Msgr. Filippo Bernardini das Staatssekretariat über die Konferenz, die das Komitee des Roten Kreuzes
am 12. Februar 1943 in Genf veranstaltet hatte, um das Problem der
Juden zu beraten, die unter die nationalsozialistische Herrschaft geraten waren. Ein Prälat der Diözese Fribourg, dessen Note der Nuntius weiterleitete, hatte daran teilgenommen, zusammen mit Vertretern verschiedener internationaler Organisationen, die sich um
Flüchtlinge kümmerten, darunter auch einem Pastor des Ökumeni-
schen Rates der Kirchen. Vom Internationalen Komitee des Roten
Kreuzes waren Prinz Schwarzenberg und Suzanne Ferrière anwesend, die die Position dieses Komitees in bezug auf das jüdische Problem erläuterte. »Das Komitee«, sagte sie,

> »erhält von allen Seiten zahlreiche Anfragen nach Auskunft
> über Juden, die in den von Deutschland besetzten Ländern le-

ben. Ihm kann das Schicksal dieser Unglücklichen nicht gleichgültig sein. Es hat alles getan, was in seiner Macht lag, aber es ist auf unüberwindliche Schwierigkeiten gestoßen.«

»Man ist vielerorts erstaunt darüber«, fuhr Fräulein Ferrière fort, »daß das Internationale Komitee nicht bei den Regierungen protestiert. Zum einen führen die Proteste zu nichts; im übrigen könnten sie denjenigen einen sehr schlechten Dienst erweisen, denen man eigentlich zu Hilfe kommen möchte. Schließlich muß sich das Internationale Komitee in erster Linie um diejenigen kümmern, für die es eingerichtet wurde, d.h. um die Kriegsgefangenen. Deshalb und wegen der zahlreichen Schwierigkeiten hat das Internationale Komitee die Frage der Auskunftsersuchen fallengelassen.«

Dennoch fragte Kardinal Maglione noch am 16. März 1943 beim Bischof von Fribourg an, der oft als Vermittler zwischen dem Vatikan und dem Roten Kreuz fungierte, wie man Informationen über deportierte Juden erhalten könne, »über die man keinerlei positive Angaben hat«.

Die Informationen, die von der polnischen Exilregierung verbreitet wurden, hoben die barbarische Behandlung hervor, der die Polen, ob Juden oder Nichtjuden, in den Konzentrationslagern ausgesetzt waren. Trotz allem blieb der endgültige Bestimmungsort der Deportierten von einem Geheimnis umgeben; auch die Führer der jüdischen Gemeinden in den Ländern, die der nationalsozialistischen Verfolgung ausgesetzt waren, konnten nichts Genaues in Erfahrung bringen. Das Schweigen, der völlige Mangel an Nachrichten von den Deportierten, sobald sie die polnische Grenze überschritten hatten, rechtfertigte die schlimmsten Befürchtungen. Manchmal wurde das Schweigen durch einen irreführenden Brief durchbrochen, der von der Lagerleitung abgeschickt worden war.

Diese Zeit des Bangens, die von kurzen Phasen der Hoffnung unterbrochen wurde, hielt mehrere Monate an, bis in das Jahr 1944 hinein. Offensichtlich besaßen die päpstlichen Vertreter und die jüdischen Gemeinschaften, mit denen sie in Kontakt standen, keine konkreten Informationen. Einige erste Hinweise, die sich später als nur allzu richtig herausstellen sollten, kamen von Burzio aus Bratislava (Preßburg), von Roncalli aus Istanbul, von Bernardini aus Bern, von Cassulo aus Bukarest, von Rotta aus Budapest, von Marcone aus Zagreb (Agram) und von Valeri aus Vichy. In Berlin verfügte Nuntius Orsenigo nur über ungenaue Informationen, für die er keine Garantie übernehmen wollte. Von den Diplomaten der Alliierten, die im Vatikan geblieben waren, schien der Botschafter Polens der bestplazierte zu sein, um genaue Informationen über die nationalsozialistischen Greueltaten zu liefern.

Ein Bericht von Burzio beschrieb, ohne es bestätigen zu können, wie die Wirklichkeit aussah. Er leitete am 7. März 1943 einen Brief weiter, den er von einem Pfarrer aus Bratislava (Preßburg) erhalten hatte, der behauptete, daß man aus den Leichen der deportierten und massakrierten Juden Seife herstelle. »Das sind keine Märchen. Ein deutscher Offizier hat die Sache kalt und zynisch vor einer Person, die ich kenne, zugegeben. Dort unten werden die Juden mit Giftgas oder mit dem Maschinengewehr oder auf andere Weise umgebracht.«

Aus Istanbul, wo Msgr. Roncalli an einer Schaltstelle saß, an der Informationen über Palästina zusammenliefen, schienen keine wichtigen Neuigkeiten einzutreffen. Am 13. März 1943 übermittelte der Delegat aber ein Memorandum der *Jewish Agency* über die Juden in Polen: »Die Situation in Polen, wo ungefähr zwei Drittel der jüdischen Bevölkerung auf grausame Weise umgebracht worden sind, bedarf keines Kommentars.« Es gab indessen kein eindeutiges Anzeichen, daß die jüdischen Organisationen über das »unbekannte Ziel« informiert gewesen wären. Es war möglicherweise dieses Memorandum, das die Antwort des Apostolischen Delegaten an Botschafter Franz von Papen beeinflußte, der sich heftig über die Tausende polnischer Offiziere erregte, die von den Sowjets umgebracht worden waren und deren Leichen man im Wald von Katyn entdeckt hatte. Roncalli, der Msgr. Montini über das Gespräch berichtete, schrieb am folgenden 8. Juli: »Ich antwortete mit einem traurigen Lächeln, daß man zuerst die Millionen von Juden vergessen machen müsse, die nach Polen verfrachtet und dort umgebracht worden seien.«

Bereits am 23. März 1943 richtete der Ökumenische Rat der Kirchen zusammen mit dem *World Jewish Congress* einen Appell an die britische und die amerikanische Regierung, die Einwanderungsbeschränkungen aufzuheben. Die Erklärung besagte unter anderem:

> »Das Sekretariat des Ökumenischen Rates der Kirchen und das des *World Jewish Congress* besitzen äußerst glaubwürdige Berichte, die besagen, daß sich die systematische Vernichtungskampagne gegen die Juden, die von den nationalsozialistischen Führern organisiert wurde, im Augenblick auf dem Höhepunkt befindet. Sie bitten deshalb darum, daß die Regierungen der Alliierten ihre Aufmerksamkeit auf die absolute Notwendigkeit richten, umgehend eine Rettungsaktion für die verfolgten jüdischen Gemeinden ins Leben zu rufen.«

Pastor Adolf Freudenberg, der an der Versammlung des Roten Kreuzes vom 12. Februar teilgenommen hatte, reichte dieses Dokument an die Nuntiatur in Bern weiter, am 4. Mai 1943 schickte es der Geschäftsträger ad interim an den Kardinalstaatssekretär.

Dieses Dokument hat möglicherweise das Memorandum des Staatssekretariats vom 5. Mai 1943 beeinflußt, das die Reaktion der römischen Kurie angesichts des undurchsichtigen Geheimnisses um die Deportationen wiedergibt:

> »Juden. Fürchterliche Lage. In Polen gab es vor dem Krieg ungefähr 4.500.000 von ihnen; man rechnet heute, daß von all denen, die noch aus den anderen von Deutschland besetzten Ländern gekommen sind, nicht einmal 100.000 übriggeblieben sind. In Warschau hatte man ein Ghetto eingerichtet, in dem ungefähr 650.000 lebten; heute sind es angeblich nur noch 20.000 bis 25.000. Selbstverständlich sind einige der Kontrolle entgangen. Aber es gibt keinen Zweifel, daß der größte Teil umgebracht worden ist. Nach Monaten und Monaten des Transports haben Abertausende von Menschen nichts mehr von sich hören lassen. Ein Umstand, der sich nur durch den Tod erklären läßt, insbesondere wenn man den rührigen Charakter des Juden bedenkt, der, wenn er lebt, auf die eine oder andere Weise von sich hören läßt (*se vive si fa vivo*). Spezielle Todeslager in der Nähe von Lublin (Treblinka) und bei Brest-Litovsk. Man erzählt, daß sie zu Hunderten in Räumen eingesperrt werden, wo sie unter dem Einfluß von Gas enden. Transportiert in Viehwaggons mit einem Boden aus ungelöschtem Kalk, die hermetisch abgeriegelt werden.«

Hier handelte es sich um einen Bericht, den man kaum zu glauben wagte. Nur das Schweigen der Deportierten war gewiß. Sollte man daraus die letzte Schlußfolgerung ziehen?

Dennoch ergriff Pius XII. wieder einmal das Wort. In seiner Rede an die Kardinäle vom 2. Juni, d.h. einen Monat nach der Abfassung des Memorandums, ließ der Papst etwas von seiner Meinung über die Deportationen durchblicken. Die Rede wandte sich zunächst an die Polen, er erwähnte aber auch die Juden:

> »Seid nicht erstaunt, Ehrwürdige Brüder und liebe Söhne, wenn Wir mit besonders eiliger Fürsorge auf die Bitten derjenigen antworten, die sich an Uns wenden, die Augen voll von ängstlichem Flehen, diejenigen, die aufgrund ihrer Nationalität oder ihrer Rasse zur Zielscheibe für noch größere Katastrophen und

noch heftigere Schmerzen geworden sind, und die manchmal
sogar, ohne eigenes Verschulden, zur Ausrottung bestimmt
✝ sind. Die Anführer der Völker sollten nicht vergessen, um die
Sprache der Heiligen Schrift zu gebrauchen, daß diejenigen, die
das Schwert tragen, nur nach dem Gesetz Gottes, von dem alle
Macht ausgeht, über Leben und Tod der Menschen verfügen
können.«

Der Papst hielt sich an maßvolle Worte, und er erklärte dies in derselben Rede:

»Jedes Wort von Uns, das darüber an die zuständigen Behörden
gerichtet wird, jede öffentliche Anspielung muß mit allergröß-
tem Ernst erwogen und gewichtet werden, im eigenen Interesse
derjenigen, die leiden, damit ihre Lage nicht noch schwerer und
unerträglicher gemacht wird als vorher, auch nicht durch Un-
achtsamkeit und ohne es zu wollen.«

Um so mehr, als es in Frankreich und Italien sogar denjenigen, die es
am meisten betraf, nicht gelang, die genaue Bedeutung der Deportation offenzulegen. Ein typisches Beispiel für die Ungewißheit, die zu
dieser Zeit herrschte, zeigte sich in den Berichten eines französischen
Kapuziners, P. Marie-Benoît, die er dem Papst während einer Privataudienz am 15. Juli 1943 überreichte. Die Denkschrift enthielt Anfragen und Informationen, die der Pater für den Papst bei jüdischen
Persönlichkeiten gesammelt hatte. Ein Dokument trug den Titel: *Informationen über die Lager in Oberschlesien.* Von den Lagern, die
sich auf einer Linie Katovice-Birkenau (Auschwitz)-Wadowice befanden, hieß es: »Die Moral unter den Deportierten ist im allgemeinen gut, und sie haben Vertrauen in die Zukunft.«
Die alliierte Propaganda, die sich ausführlich über die deutschen
Grausamkeiten, die brutalen Repressalien und die Geiselerschießungen ausließ, schwieg sich über die Todeslager aus. Die Polen in London, die vielleicht am besten informiert waren, stießen nach Katyn
auf wachsende Skepsis. Noch am 30. August berichtete der amerikanische Außenminister:

»Es gibt keinen hinreichenden Beweis, um eine Erklärung über
die Hinrichtung in den Gaskammern zu rechtfertigen.«

Zehn Tage nach der Razzia bei Tausenden römischer Juden schrieb
der Vertreter des Oberrabbiners von Rom, David Panzieri, am 27.
Oktober 1943 an Pius XII. Er fürchtete um das Leben der Deportierten wegen der Winterkälte, der die geschwächten Körper der Al-

ten, Kranken und Kinder ausgesetzt seien. Könnte der Papst, fragte Panzieri an, nicht den Versand von Kleidung für die Deportierten erleichtern?

Im darauffolgenden Jahr, insbesondere im Mai und Juni 1944, unternahm Nuntius Rotta zahlreiche Demarchen bei ungarischen Regierungsmitgliedern und Bischöfen, um die Deportation ungarischer Juden zu stoppen. Kannte der Nuntius das tatsächliche Schicksal der Deportierten? Es ist möglich, daß zumindest in Budapest einige jüdische Führer das »Auschwitz-Protokoll« gekannt haben, in dem zwei junge Juden, die in diesem Frühling 1944 aus dem Lager entkommen waren, die Ausrottung von Juden in Gaskammern anprangerten. Aber die Berichte von Rotta enthielten keinerlei Hinweis, der hätte vermuten lassen können, daß er das Protokoll gesehen oder davon gehört hatte. Seine Reaktion auf die Deportationen im Mai 1944 wurde von der Brutalität der Verhaftungen und möglicherweise von den Hilfeschreien ausgelöst, die Juden an ihn richteten.

Von allen päpstlichen Vertretern ließ nur der Geschäftsträger in der Slowakei, Burzio, erkennen, daß er eine Version des »Auschwitz-Protokolls« in Händen gehalten hatte. Am 22. Mai 1944 schickte Burzio eine lange Beschreibung des Todeslagers an den Vatikan, 29 Seiten in Deutsch, einzeilig mit der Maschine geschrieben. Er gab dazu, außer dem Hinweis, daß die Person, die ihm den Text übergab, um vertraulichen Gebrauch gebeten hatte, keinerlei Kommentar ab. Es handelte sich tatsächlich um das »Auschwitz-Protokoll«, das Ende Juni zumindest teilweise publiziert wurde, während die vollständige Version erst im November vom *War Refugee Board* veröffentlicht wurde. Die von Burzio abgeschickte Kopie wurde ein Opfer der Blockade der an den Vatikan adressierten Korrespondenz nach dem Einmarsch der Alliierten in Rom und erreichte das Staatssekretariat nicht vor Ende Oktober, in dem Moment, als eine andere, kürzere Version vom Nuntius in der Schweiz abgeschickt wurde. Burzio hat niemals verraten, von wem er dieses Dokument erhalten hatte, noch einen Besuch der beiden aus Auschwitz Entkommenen in der Nuntiatur erwähnt.

Am 9. Juni 1944 berichtete der Apostolische Delegat in Washington von einem an den Papst gerichteten Appell vier einflußreicher Rabbiner. Es sei absolut sicher, sagten sie, daß die Ausrottung der Juden Ungarns begonnen habe: Eine Million Menschenleben stehe auf dem Spiel. Sie baten den Papst um einen öffentlichen Appell in sehr deutlichen Worten, um sie zu retten. Am selben Tag richtete auch der Rabbi von Palästina, Isaac Herzog, einen gleichlautenden Appell an den Papst. Dennoch schien die von Cicognani übermittelte Botschaft davon auszugehen, daß die Juden in Ungarn und von Ungarn ausgerottet wurden, sie enthielt keinen Hinweis auf die Deportation und die Todeslager.

Noch am 13. Dezember 1944 leitete der Nuntius in Rumänien, Andrea Cassulo, ein Bittgesuch jüdischer Persönlichkeiten aus Bukarest weiter, die über das Schicksal von 150.000 Juden beunruhigt waren, die aus Siebenbürgen deportiert worden waren und von denen man keine Nachricht hatte. Der Papst wurde angefleht, beim Botschafter des Reiches beim Hl. Stuhl zu intervenieren, damit sie die Erlaubnis erhielten, ihren Glaubensbrüdern aus Siebenbürgen, die sie noch am Leben wähnten, Lebensmittel und Kleidung zu schicken. Die Verfasser dieser Bittschrift schrieben nämlich:

> »Unsere Bitte ist, daß der Papst bei der deutschen Regierung intervenieren möge, damit diese aus Anlaß des Weihnachtsfestes die Verteilung von Paketen mit Lebensmitteln, Medikamenten und Kleidung über die Apostolische Nuntiatur in Deutschland und das Internationale Rote Kreuz erlaubt, um den Unglücklichen wenigstens eine vorübergehende Hilfe zukommen zu lassen.«

Solange der Krieg andauerte, lag Dunkelheit über dem Schicksal der Deportierten. Man kannte die mörderischen Bedingungen, unter denen die Transporte stattfanden. Man zweifelte nicht daran, daß Unterernährung, Zwangsarbeit und Epidemien in den übervölkerten Lagern Abertausende von Opfern forderten. Man nahm die Berichte über Massaker in Polen, in Rußland und anderswo ernst. Aber über diesen eindeutigen Fakten und den Berichten von einigen wenigen Entkommenen über die Todeslager lag ein dichter Nebelschleier, den sogar die Verwandten und die jüdischen Glaubensbrüder der Opfer nicht durchdringen konnten oder wollten.

Dieser hartnäckige Nebel über dem unbekannten Schicksal war für Pius XII. niemals ein Vorwand, um die Verfolgten ihrem Schicksal zu überlassen. Er setzte alle Hebel, über die er verfügte, in Bewegung, um sie zu retten. Er beschränkte seine öffentlichen Kundgebungen, von denen er sich nichts Gutes erhoffte, auf ein Minimum. Er redete nicht, er handelte.

In den Gebieten, die direkt der Regierung in Berlin unterstanden, stieß jede Aktion des Hl. Stuhles auf unüberwindliche Schwierigkeiten und jedes Eingreifen zugunsten der Nichtarier war im vorhinein zum Scheitern verurteilt. Es gab aber Gebiete, in denen der Vatikan noch Einfluß ausüben konnte, nämlich in den mit dem Reich verbündeten oder vom Reich abhängigen Staaten, wie der Slowakei,

Rumänien, Kroatien und Ungarn. Wie die folgenden Kapitel zeigen werden, übte der Papst über persönliche Botschaften und über seine vor Ort anwesenden Vertreter sein Rettungswerk bis in die letzten Tage des Krieges aus.

VIII. JUDENVERFOLGUNG UND DEPORTATION: DIE SLOWAKEI UND KROATIEN[8]

In Italien wurden die Interventionen des Hl. Stuhles zugunsten der Nichtarier durch geheime Anordnungen der Regierung und der Verwaltung erleichtert. Umgekehrt waren sie in Deutschland dagegen überflüssig, da sie angesichts der unerbittlichen Entscheidungen der nationalsozialistischen Machthaber im vorhinein zum Scheitern verurteilt waren. Aber außer den beiden Achsenmächten, die in dieser Frage entgegengesetzte Positionen vertraten, gab es Gebiete, die der Kontrolle des Reiches unterschiedlich stark unterlagen. Dadurch war wiederum der Hl. Stuhl in der Lage, einen gewissen Einfluß auszuüben und die Pläne der Regierung in Berlin zu durchkreuzen. Dies war der Fall bei den Verbündeten oder den Satellitenstaaten der Achse, also in der Slowakei, in Kroatien, Rumänien und Ungarn.

Gegen Ende 1940 wurde in der zwar katholischen, aber dem deutschen Einfluß direkt ausgesetzten Slowakei eine Rassengesetzgebung vorbereitet. Da der Präsident der Republik ein Priester war, ergab sich für den Hl. Stuhl dort eine besondere Situation. Josef Tiso, der zunächst Dekan in Bánovce war, dann Nachfolger von Msgr. Andrej Hlinka als Führer der nationalen slowakischen Bewegung wurde, war 1939 der erste Präsident der neuen slowakischen Republik geworden. Er war ein treuer Anhänger der katholischen Kirche, der aber ebenso entschieden für die slowakische Unabhängigkeit eintrat. Sein Aufstieg in eine Position mit hoher politischer Verantwortung hatte den Hl. Stuhl sehr bedenklich gestimmt. Der Geschäftsträger der Nuntiatur in Bratislava (Preßburg), Giuseppe Burzio, glaubte, daß Tiso dieser heiklen Lage gern entronnen wäre, aber in der Hoffnung auf seinem Posten geblieben sei, um zu retten, was zu retten war.

Die antisemitischen Gesetze wurden in der Slowakei am 9. September 1941 ganz plötzlich durch eine Regierungsverfügung erlassen, ohne öffentliche Debatte im Parlament. Burzio teilte die Neuigkeit sofort per Telegramm mit, das er am 18. September durch einen

---

[8] Dokumentation zu diesem Kapitel VIII: s. ADSS, VIII, IX und X.

Bericht über die genauen Bestimmungen des Gesetzes ergänzte. Daraufhin erhielt Burzio umgehend Anweisung, schriftlich gegen die neue Verfügung Protest einzulegen, während das Staatssekretariat den Gesetzestext einer Prüfung unterzog; am 12. November wurde dem Gesandten, der die Slowakei im Vatikan vertrat, Karol Sidor, eine Protestnote übergeben. Der Hl. Stuhl habe mit tiefem Schmerz zur Kenntnis genommen, schrieb der Kardinalstaatssekretär, daß in der Slowakei, deren Bevölkerung fast in ihrer Gesamtheit katholisch sei, eine Rassengesetzgebung erlassen worden sei, die »verschiedene Verfügungen enthält, die in direktem Gegensatz zu den katholischen Prinzipien stehen«.

Sechs Monate lang mußte der Hl. Stuhl auf die Antwort warten: In einer Note vom 23. Mai 1942 wurde ihm mitgeteilt, die Frage habe jegliche Aktualität verloren, da die slowakische Regierung beschlossen habe, das jüdische Problem durch Deportation zu lösen.

Die ersten Berichte über die Deportationen erreichten den Vatikan über Burzio. Am 9. März 1942 berichtete er in einem dringenden Telegramm, daß das Gerücht umgehe, die Deportation der Juden ohne Rücksicht auf Geschlecht, Alter oder Religion stehe unmittelbar bevor. Das Ziel sei Galizien oder Lublin. Der Vertreter des Hl. Stuhles schrieb »diesen grausamen Plan« Ministerpräsident Vojtěch Tuka zu, der ihn zusammen mit Innenminister Sano Mach verfolge. Man behauptete, das Projekt sei nicht unter deutschem Druck entstanden, sondern die slowakische Regierung bezahle die Deutschen dafür, daß sie die Deportierten aufnahmen. Burzio schloß mit den Worten: »Samstag bin ich zum Präsidenten des Ministerrates Tuka gegangen, der die Nachricht bestätigt hat; er hat die Rechtmäßigkeit der Maßnahme entschieden verteidigt und er, (der seinen katholischen Glauben ostentativ zur Schau trägt), wagte zu sagen, daß sie nichts Inhumanes oder Antichristliches habe. Die Deportation von 80.000 Menschen nach Polen, wo sie der Gnade der Deutschen ausgeliefert sind, kommt für viele einer Verurteilung zum Tode gleich.«

Am folgenden Tag, dem 10. März, teilte der Nuntius in Bern, Filippo Bernardini, mit, *Agudas Israel* (die internationale Organisation der orthodoxen Juden) wünsche, daß der Papst über die unmittelbar bevorstehenden Deportationen aus der Slowakei informiert werden solle. Sie setze ihr ganzes Vertrauen in die Intervention des Hl. Vaters, weil es hieß, daß die Juden Englands und Amerikas nichts tun könnten. Am 13. März übersandte der Nuntius in Ungarn, Rotta, einen Hilferuf der jüdischen Gemeinde in Bratislava (Preßburg), die sich über die Vermittlung eines ungarischen Prälaten an ihn gewandt hatte.

Als Folge dieser Hilferufe übergab Kardinal Maglione am 14.
März 1942 dem slowakischen Vertreter beim Hl. Stuhl, Karol Sidor,
eine Note, die im wesentlichen das Telegramm von Burzio aufgriff
und mit den Worten schloß: »Das Staatssekretariat wiegt sich in der
Hoffnung, daß diese Informationen nicht der Wahrheit entsprechen,
denn es kann nicht glauben, wie in einem Land, das sich von katholischen Grundsätzen leiten läßt, solch harte Maßnahmen ergriffen
werden können, die so schmerzliche Konsequenzen für so viele Familien haben werden.«

Am 24. März traf ein neues Telegramm aus Budapest ein, in dem
es hieß, in der Slowakei seien junge Jüdinnen entführt worden, die
für deutsche Bordelle im Osten bestimmt seien. Auf Anordnung des
Papstes zitierte Kardinal Maglione sofort Sidor herbei, und der Kardinal selbst notierte: »Ich habe den Gesandten zu mir gerufen und
ihn gebeten, sofort bei seiner Regierung einzuschreiten, um eine solche Untat zu verhindern.« Fast zur gleichen Zeit berichtete Burzio
über dieses Gerücht, der außerdem mitteilte, daß die Deportation
aufgrund der Intervention des Hl. Stuhles verschoben worden sei,
was allerdings bereits am folgenden Tag dementiert wurde. Wie sich
später herausstellen sollte, trafen diese Berichte nicht zu: Die jungen
Jüdinnen, die entführt worden waren, waren nicht für die Prostituti-
on bestimmt, sondern für die Deportation zunächst nach Majdanek,
dann zusammen mit den anderen Juden nach Auschwitz.

Tatsächlich telegraphierte der Geschäftsträger des Hl. Stuhles in
Bratislava (Preßburg) am 25. März erneut, um zu berichten, daß entgegen seinem letzten Bericht die Deportation nicht verschoben worden sei, sondern daß 10.000 Männer und 10.000 Frauen demnächst
deportiert werden sollten; weitere Deportationen sollten bis zur
vollständigen Evakuierung folgen. Tardini notierte die Instruktionen, die ihm Kardinal Maglione gegeben hatte: Burzio über den Protest informieren, den er Sidor übergeben hatte, ihn damit beauftragen, ein Protestschreiben an Staatspräsident Josef Tiso selbst zu
überbringen. Tardini fügte noch einen eigenen Kommentar hinzu:
»Ich weiß nicht, ob es durch die Demarchen gelingen wird ... die
Verrückten aufzuhalten. Es gibt zwei Verrückte: Tuka, der handelt
und Tiso, ... den Priester, der dies zuläßt.« Das von Tardini verfaßte
und sofort abgeschickte Telegramm gab Burzio den Auftrag, »sich
persönlich an den Präsidenten der Republik zu wenden, wobei er
auch an sein Gewissen als Priester appellieren sollte.«

In der Zwischenzeit hielt Burzio seine Vorgesetzten weiterhin auf
dem laufenden. In einem Bericht vom 9. April schrieb er, daß die
Razzien gegen die jüdische Gemeinde täglich stattfänden, sowohl in

Bratislava (Preßburg) als auch in den Provinzen. Der Brutalität der Hlinka-Garde ließ man dabei freien Lauf. Einigen Juden gelinge es, heimlich die ungarische Grenze zu überqueren; andere versuchten, von Präsident Tiso Ausnahmegenehmigungen zu erwirken. Tausend dieser Anfragen hätte der Staatschef bereits erhalten. Die slowakischen Bischöfe bereiteten ihrerseits gerade einen Hirtenbrief vor.

Der slowakische Gesandte Sidor, der nach Bratislava (Preßburg) gefahren war, um seine Regierung zu konsultieren, wurde einige Tage nach seiner Rückkehr am 11. April von Maglione empfangen. Er hatte mit Staatspräsident Tiso und mit Ministerpräsident Tuka über die antijüdischen Maßnahmen gesprochen. Tiso hatte ihm versichert, er habe persönlich eingegriffen, um die Maßnahmen zu mildern, und werde vielen getauften Juden Ausnahmegenehmigungen erteilen, zu denen er im Rahmen des Gesetzes berechtigt sei. Ministerpräsident Tuka habe den Wunsch, nach Rom zu kommen, um dort dem Papst seine Politik erklären. Dazu merkte Maglione an: »Minister Sidor hat versucht (ohne große Überzeugung), mir einige Rechtfertigungsgründe für die Massendeportationen der Juden zu nennen. Ich habe die Gelegenheit ergriffen, um auf die Sichtweise des Hl. Stuhles hinzuweisen, die ihm mehrere Male dargelegt worden ist, und ich habe mich dann nachdrücklich gegen die Behandlung ausgesprochen, der kürzlich Hunderte von jungen Mädchen unterzogen wurden, die ihren Familien entrissen wurden, um in die [...] Verdammnis geschickt zu werden. Ich habe ihm gesagt, daß Handlungen dieser Art eine Schmach seien, ganz besonders für ein katholisches Land.« Maglione hatte darauf bestanden, daß Sidor seiner Regierung von diesem Gespräch berichtete.

Am 27. April 1942 sandte Burzio den Hirtenbrief der Bischöfe, der von den katholischen Zeitungen des Landes verbreitet worden war. Die Veröffentlichung war schließlich für den Preis der Streichung der schärfsten Passagen erkauft worden, aber man hatte folgenden Satz beibehalten können: »Auch die Juden sind Menschen und deshalb muß man sie auf menschliche Weise behandeln.«

Trotzdem erließ das Parlament am 15. Mai rückwirkend einen Verfassungsartikel über die Juden, der die Deportation, die Ausbürgerung und die kürzlich erfolgten Beschlagnahmungen rechtfertigte. Nur zwei Gruppen waren von diesen harten Maßnahmen ausgenommen: diejenigen, die vor 1939 Mitglied einer christlichen Gemeinde geworden waren, und diejenigen, die vor September 1941 einen Nichtjuden geheiratet hatten, dem Stichtag, an dem solche Eheschließungen verboten worden waren; außerdem diejenigen, die von Präsident Tiso eine Ausnahmegenehmigung erhalten hatten.

Auch die Priester unter den Abgeordneten hätten für das Gesetz gestimmt, beklagte sich Burzio, einige hatten sich zwar der Stimme
enthalten, aber niemand hatte dagegen gestimmt.

In einer Note vom 23. Mai 1942, die dem Staatssekretariat in
Form einer offiziellen Antwort auf den Protest vom 12. November
1941 übergeben wurde, verteidigte die Regierung ihre antisemitische
Politik. Die Antwort erfolge so spät, besagte die Note, weil die jüdische Frage eine sehr schwierige Frage sei, die die ganze Aufmerksamkeit der Behörden erfordere. Die ursprüngliche Absicht des Ministerpräsidenten und Außenministers Tuka sei es gewesen, sich
nach Rom zu begeben, um alles in einem mündlichen Gespräch zu
klären. Da die Reise im Augenblick aber unmöglich sei, habe sich
der Minister entschlossen, schriftlich zu antworten.

Die Deportation der Juden der Slowakei, hieß es in der Note, sei
Teil eines Generalplanes und im Einverständnis mit den deutschen
Behörden in die Tat umgesetzt worden. 500.000 Juden sollten nach
Osteuropa transferiert werden. Die Slowakei werde der erste Staat
sein, aus dem Deutschland Bürger jüdischer Herkunft übernehme.
Zur gleichen Zeit würden auch Juden aus Frankreich, Holland und
Belgien in das Protektorat und das Reich deportiert. Ungarn plane,
800.000 Juden zu transferieren. Diese Juden würden an verschiedenen
Orten in der Nähe von Lublin untergebracht, wo sie auf Dauer »unter
dem Schutz des Reiches« blieben. Die slowakische Regierung habe
von den Deutschen das Versprechen erhalten, daß Christen jüdischer
Herkunft in einem abgetrennten Gebiet untergebracht würden. Auch
»wurde uns von der deutschen Regierung mitgeteilt, daß die Juden
menschlich behandelt würden«. Die Note dementierte die Gerüchte
über die jungen Jüdinnen, die angeblich für deutsche Bordelle bestimmt gewesen seien, mit dem Argument, Deutsche seien erschossen
worden, weil sie Beziehungen zu Jüdinnen unterhalten hatten. Der
Außenminister behauptete, auch das Verbot der Eheschließung zwischen Juden und Christen rechtfertigen zu können, indem er Schrif-
ten des kanonischen Rechts zitierte, die stipulierten, daß die Zivil-
behörden im Interesse des Allgemeinwohls manchmal berechtigt
seien, Hinderungsgründe für Eheschließungen festzulegen.

Auf die Deportation von 60.000 bis 80.000 Juden im Herbst 1942
folgte in der Slowakei eine Periode der relativen Ruhe. Am 7. Februar 1943 kündigten sich in einer Rede von Innenminister Alexander
Mach aber die Vorboten neuer Stürme an. Am 26. Februar warnte
der Nuntius in Budapest, Angelo Rotta, davor, daß auch die konvertierten ungarischen Juden mit einbezogen werden könnten: 20.000
slowakische Juden seien in Gefahr. Kardinal Maglione sandte am 6.

März zunächst eine Depesche an den Geschäftsträger des Hl. Stuhles in Bratislava (Preßburg), der die Richtigkeit dieses Berichtes überprüfen und gegebenenfalls bei der Regierung protestieren sollte. Burzio antwortete, daß er, ohne auf Instruktionen zu warten, unmittelbar nach der Rede von Mach zu Tiso gegangen sei. Der Präsident habe versucht, die Bedeutung dieser Ministerworte kleinzureden, es gelang ihm aber nicht, den Vertreter des Hl. Stuhles zu überzeugen. Die slowakischen Bischöfe ihrerseits hatten am 17. Februar einen Brief an die Regierung gerichtet, in dem sie forderten, daß zumindest die getauften Juden, zu welchem Zeitpunkt auch immer sie getauft worden seien, nicht deportiert würden. Drei Wochen später veröffentlichten sie einen Hirtenbrief, in dem sie für die Juden eintraten, insbesondere für diejenigen, die zum Katholizismus übergetreten waren. Sie rügten die »alten« Katholiken, die sich weigerten, mit den neuen Konvertiten in die Kirche zu gehen. Vor allem, so riefen sie in Erinnerung, seien die Gesetze des Staates eindeutig: Niemand dürfe für Verbrechen bestraft werden, die er nicht selbst verübt habe. Das war eine Verurteilung der Idee der kollektiven Schuld, deren sich die slowakischen Beamten gegen die jüdische Gemeinschaft bedienten.

Unterdessen gab sich der Kardinalstaatssekretär nicht mit diesem Protest von Burzio bei den Behörden in Bratislava (Preßburg) zufrieden. Er ließ ein Schreiben im gleichen Sinn für den slowakischen Gesandten beim Hl. Stuhl, Sidor, vorbereiten. In der Slowakei sei dieses Vorgehen ein um so größerer Skandal, weil der Staatschef selbst Priester sei. Der Hl. Stuhl sah sich gezwungen, noch einmal in noch eindeutigerer Weise zu wiederholen, was man Sidor bereits in der Note des vorhergehenden Jahres gesagt hatte.

Während man im Vatikan die für Sidor bestimmte Note vorbereitete, wurde der Geschäftsträger des Hl. Stuhles am 7. April 1943 von Außenminister Tuka empfangen. »Als ich den Gegenstand meines Besuches dargelegt hatte«, schrieb Burzio an Maglione, »veränderte sich sein Gesichtsausdruck sichtbar und er sagte kurz angebunden: „Monseigneur, ich verstehe nicht, was der Vatikan mit den Juden der Slowakei zu tun hat. Lassen Sie den Hl. Stuhl wissen, daß ich diese Demarche zurückweise."« Seine Aufgabe sei es, sagte Tuka, sein Land von »dieser Pest, dieser Bande von Übeltätern und Gangstern« zu befreien. Burzio machte darauf aufmerksam, daß es ungerecht sei, Tausende von Frauen und unschuldigen Kindern, die bereits deportiert worden seien, als Übeltäter zu bezeichnen. »Eure Exzellenz«, fügte Burzio hinzu, »ist sicherlich über die traurigen Nachrichten unterrichtet, die über das schreckliche Schicksal der nach Polen und in die Ukraine deportierten Juden zirkulieren. Die ganze Welt

spricht darüber. Wenn man nur einen Moment einmal davon ausgeht, daß ein Staat keine Rücksicht auf das Naturrecht und die
christliche Moral nimmt, so scheint es mir doch unmöglich, daß er
schon allein aus Prestigegründen oder wegen des zukünftigen Wohl-
ergehens seiner Nation keine Rücksicht auf die Meinung der internationalen Öffentlichkeit und auf das Urteil der Geschichte nehmen
könnte.« Tuka erwiderte darauf, daß die Berichte über die Grausamkeiten der jüdischen Propaganda entsprungen seien, und daß er,
wenn sie zuträfen, keinen einzigen Juden mehr die slowakische
Grenze überschreiten lassen würde. »Ich bedaure, daß sogar der
Vatikan vor solcher Beeinflussung nicht völlig gefeit ist«, schloß er.
    Am 1. Mai 1943 besprach Kardinal Maglione mit dem Vertreter
der Slowakei noch einmal die Frage der Juden und bestand darauf,
die Deportationen einzustellen. Sidor antwortete, er werde mit seiner Regierung darüber sprechen, sobald er in die Slowakei zurückkehre, und versicherte, daß die Drohungen von Mach nicht in die
Tat umgesetzt würden. Die Proteste Magliones fanden sich in der
Note vom 5. Mai wieder, die an Sidor adressiert war. Der Hl. Stuhl
erinnerte an seine vorhergehenden Proteste und an seine Erwartung,
daß die slowakische Regierung auf die Ausweisung der Juden ver-
zichte. Nun scheine es aber so, als beabsichtige die Regierung die
Abschiebung aller in der Slowakei lebenden Juden, darunter Frauen
und Kinder und sogar derjenigen, die der katholischen Religion angehörten. »Der Hl. Stuhl würde seinen göttlichen Auftrag verfehlen,
wenn er diese Absichten und Maßnahmen nicht anklagen würde, die
die Menschen ihrer natürlichen Rechte berauben, allein aus dem
Grund, daß sie einer bestimmten Rasse angehörten.«
    Diese Demarchen schienen endlich Erfolg zu haben. Staatspräsident
Tiso berief den Geschäftsträger des Hl. Stuhles ein, um ihm sein Bedauern über das Verhalten des Innenministers auszudrücken. Burzio
erfuhr vom Religionsminister, daß, als Tuka im Ministerrat von der
Demarche des Hl. Stuhles berichtet hatte, die Minister erklärt hätten,
die Intervention des Vatikans sei eine Ehre für die Slowakei; sie beschlossen umgehend, die Deportation von 4.000 Juden, für die bereits
alle Vorbereitungen getroffen waren, abzusagen und des weiteren zu
verbieten, daß ein getaufter Jude deportiert wurde, ganz gleich, zu
welchem Zeitpunkt er getauft worden war. Von den anderen Juden
sollten nur die deportiert werden, die eine wirkliche Gefahr für den
Staat darstellten. »Ich hoffe«, schloß Burzio, »daß diese Informationen durch Taten bestätigt werden.« Am 4. Juni telegraphierte Burzio,
daß die Deportation der Juden tatsächlich aufgeschoben worden sei.
So schien das Jahr 1943 in der Slowakei friedlich zu Ende zu gehen.

Im Frühjahr 1944 zeigten sich erneute Vorzeichen für die Gefährdung der jüdischen Gemeinde der Slowakei, insbesondere für die jüdischen Flüchtlinge aus Polen. Am 29. Januar wandte sich der *World Jewish Congress* über den Apostolischen Delegaten in Washington mit der Bitte an den Hl. Stuhl, die slowakische Regierung aufzufordern, für diese Menschen eine angemessene Behandlung sicherzustellen. Zur selben Zeit übermittelte Nuntius Rotta ein Memorandum der ungarischen Bischöfe, das zahlreiche Informationen enthielt, die ein schlechtes Omen für die Juden der benachbarten Slowakei bedeuteten. Der Innenminister habe öffentlich seine Drohung wiederholt, das Land von allen Juden zu befreien, ob sie nun getauft seien oder nicht, und man sei gerade dabei, alle Juden zu erfassen. Diese und andere ähnliche Maßnahmen seien das Vorspiel für die Unterbringung in Ghettos, mit allem, was dies impliziere. Man bat also den Papst, erneut seine Stimme zu erheben, wie er dies 1942 zu Beginn der Deportation getan habe.

Diese Nachricht traf am 25. Februar 1944 im Vatikan ein, als Burzio gerade in Beantwortung zweier früherer Telegramme mitgeteilt hatte, daß diese alarmierenden Informationen übertrieben seien. Es sei keinerlei Deportation in Sicht und die Erfassung, die zu Anfang des Monats begonnen habe, diene nur dazu, gewisse Individuen, die als gefährlich galten, dingfest zu machen. Was die geflüchteten Polen anbetraf, so habe ihm Tiso versichert, daß sie zwar in einem Lager untergebracht seien, aber nicht mißhandelt würden. Es sei ebenso möglich, ihnen bei der Flucht in ein anderes Land zu helfen, so wie man es bei den aus Deutschland entkommenen Kriegsgefangenen mache. Der Optimismus von Burzio schien also zunächst berechtigt. Aber die jüdischen Organisationen forderten weiter eine Intervention des Hl. Stuhles gegen die Ausweisung der Juden aus der Slowakei in deutsche Gebiete. Das Staatssekretariat leitete diese wiederholten Appelle am 22. April an Burzio mit der Anweisung weiter, alle Demarchen zu unternehmen, die ihm möglich und opportun erschienen. Burzio wiederholte am 18. Mai, daß keine Deportation bevorstand, ohne jedoch ein erneutes Aufflammen der Gefahr auszuschließen, die durch »Interventionen aus dem Ausland« verursacht werden könnte.

Zu Beginn des Herbstes fanden jedoch eben diese Interventionen aus dem Ausland statt. Ende August 1944 hatte das Näherrücken der russischen Armee in der Slowakei einen Aufstand ausgelöst. Fallschirmjäger, die die tschechoslowakische Exilregierung in London geschickt hatte, landeten im Land, wo sich ihnen Anhänger des örtlichen Widerstandes anschlossen. Die Deutschen reagierten umge-

hend, der Aufstand wurde mit Hilfe der Wehrmacht niedergewor-
fen. Zu den Opfern mußte man auch die slowakische Republik
zählen, der der letzte Rest Unabhängigkeit genommen wurde, den
sie noch besaß, und vor allem die Juden, die als fünfte Kolonne betrachtet wurden. Sie wurden in die Lager zurückgebracht, aus denen
die meisten zuvor geflohen waren, und die Deportationen begannen
von neuem. Das Ziel hieß nun nicht mehr Auschwitz, dessen Ver-
nichtungsanlagen auf Befehl Himmlers demontiert worden waren,
sondern Bergen-Belsen bei Hannover.

Am 15. September 1944 versetzte Burzio seine Vorgesetzten in
Alarm: Die Gestapo habe mit Massenverhaftungen bei den Juden begonnen. In Bratislava (Preßburg) habe sich noch nichts geändert,
aber die Hauptstadt könne sehr bald auch davon betroffen sein. Burzio drängte den Vatikan, auf höchstem Niveau zu intervenieren: Er
war der Ansicht, daß eine Demarche des Hl. Stuhles bei der Regierung Erfolg haben könnte. Am gleichen Tag übermittelte der Nuntius in der Schweiz ein Telegramm aus Istanbul: Der Delegat Roncalli
hatte Gerüchte gehört, daß die Juden der Slowakei in höchster Todesgefahr seien.

Unverzüglich erhielt Burzio die Anordnung, zu intervenieren,
zunächst beim Außenminister und gegebenenfalls bei Tiso, »wobei
er darauf hinweisen solle, daß der Hl. Stuhl von den slowakischen
Behörden ein Verhalten erwarte, das mit den katholischen Prinzipien
und Gefühlen des slowakischen Volkes in Übereinstimmung sei«.
Auch eine gemeinsame Aktion der Bischöfe könnte möglicherweise
von Nutzen sein. Das Staatssekretariat überreichte zur gleichen Zeit
dem slowakischen Gesandten im Vatikan, Karol Sidor, eine mündliche Note, die zum Teil die Worte aufgriff, die bereits in der Depesche an Burzio enthalten waren: »Der Hl. Stuhl richtet ein inbrün-
stiges Gebet an die slowakische Regierung im Vertrauen darauf, daß
sie in dieser Hinsicht eine Haltung einnimmt, die mit den katholischen Prinzipien und Gefühlen des slowakischen Volkes überein-
stimmt.« Zwei Wochen später, am 7. Oktober, teilte Sidor dem Vatikan mit, daß die Deutschen tatsächlich die Absicht gehabt hätten, die
Juden zu deportieren, daß sich Präsident Tiso aber im Interesse der
slowakischen Bürger auf die Verfassung des Landes berufen habe
und deshalb ein Abkommen geschlossen worden sei: Die Juden sollten zwar in Arbeitslagern zusammengefaßt werden, aber sie sollten
nicht deportiert werden.

Leider hielt dieses Abkommen, auch wenn es ernsthaft ins Auge
gefaßt worden war, nur einige Tage, und wieder trafen zahlreiche
Appelle im Vatikan ein. Zum Beispiel ein Schreiben vom *War Refu-*

gee Board, das dem Papst am 23. September von Myron Taylor überreicht wurde, der sich in Rom aufhielt, und eine Botschaft des Rabbiners von Jerusalem, Isaac Herzog, die am 30. September vom Geschäftsträger des Vatikans, Arthur Hughes, aus Kairo übermittelt wurde. Burzio hatte bereits am 22. September den Außenminister gesprochen und war am 24. mit Präsident Tiso zusammengetroffen, während der Bischof von Nitra, Msgr. Karol Kmetko, im Namen der slowakischen Kirchenhierarchie interveniert hatte. In der Hauptstadt hatten die Verhaftungen begonnen. Ungefähr 2.000 Juden wurden verhaftet und mißhandelt, ohne Unterschied, ob es sich um Christen handelte oder nicht. Die Gestapo war auf der Suche nach Juden in verschiedene Klöster eingedrungen und durchsuchte ein Kloster in derselben Nacht dreimal. Die Proteste der vorangegangenen Woche hatten nichts genützt. Burzio war erneut zum Staatspräsidenten gegangen, um ein Eingreifen, zumindest zugunsten der getauften Juden, zu erreichen, aber es war vergebens. Tiso, schrieb Burzio, »sieht in den Juden die Wurzel allen Übels und er verteidigt die von den Deutschen gegen die Juden ergriffenen Maßnahmen, die aufgrund der übergeordneten Interessen des Krieges erforderlich seien«. Der Außenminister habe den Deutschen allerdings in einer Note erklärt, daß diese Juden unter dem Schutz der Gesetze und der Verfassung der Slowakei stünden, und daß die Regierung ihrer Deportation nicht zustimmen könne. Am 26. Oktober telegraphierte Burzio aber, alle seine Bemühungen seien vergebens gewesen: Die Deportation habe bereits begonnen und die Jagd auf die Juden ginge im geheimen weiter. Die Regierung habe ihre Unabhängigkeit verloren und das Volk frage sich, warum Präsident Tiso sich nicht entschließen könne, zurückzutreten.

Der Papst wollte es dabei nicht belassen. Ein Telegramm, dessen Entwurf handschriftliche Korrekturen von Pius XII. trägt, wurde umgehend an Burzio gesandt. Der Vertreter des Hl. Stuhles sollte sofort Tiso aufsuchen, ihm den tiefempfundenen Schmerz Sr. Heiligkeit wegen des so vielen Menschen aufgrund ihrer Volkszugehörigkeit oder ihrer Rasse zugefügten Leides übermitteln und »ihm im Namen des Pontifex maximus die Gefühle und Verpflichtungen in Erinnerung rufen, die seiner priesterlichen Würde und seinem priesterlichen Gewissen entsprächen«. Aufgrund dieser Anweisung begab sich Burzio am 4. November 1944 zu Staatspräsident Tiso, nicht um mit ihm in seiner Eigenschaft als Präsident, sondern als Priester zu sprechen. Tiso versprach, dem Hl. Vater zu schreiben; am 9. November rief er Burzio zu sich und übergab ihm seinen Brief. Am folgenden Tag telegraphierte Burzio, daß er die Anweisungen ausgeführt und einen an Pius XII. adressierten Brief von Präsident Tiso abgeschickt habe.

Der versprochene Brief, mit Datum vom 8. November, der handschriftlich in Latein abgefaßt und mit *Dr. Ioseph Tiso sacerdos* unterzeichnet war, traf in Rom mit der Post vom 19. Dezember ein. Er begann mit dem Ausdruck seiner Ergebenheit an den Hl. Vater. Aber dann verteidigte der Präsident seine Regierung. Die Gerüchte über von der Republik verübte Grausamkeiten gegenüber Menschen wegen ihrer Nationalität oder ihrer Rasse, schrieb er, seien Übertreibungen der Feinde der Slowakei. Der slowakische Staat sei ohne Blutvergießen errichtet worden und während der fünfjährigen Existenz des neuen Staates sei kein einziges Todesurteil ausgesprochen worden. Die gegen Tschechen und Juden ergriffenen Maßnahmen verfolgten die Absicht, den schädlichen Einfluß dieser Elemente auszulöschen, den das Land schon so lange ertragen müsse. Die Juden und Tschechen, die in der Slowakei verblieben seien, hätten unter guten Bedingungen gelebt, aber im August hätten sie sich den Fallschirmjägern angeschlossen, deshalb habe die schwache slowakische Regierung um die Hilfe ihres deutschen Beschützers gebeten. Was danach geschehen sei, falle in den Rahmen militärischer Operationen, für die die slowakische Regierung nicht verantwortlich sei. Und schließlich dürften die Slowaken nicht vergessen, daß die Deutschen die Unabhängigkeit ihres Landes anerkannt und verteidigt hätten. Was seine priesterliche Würde und sein priesterliches Gewissen angehe, so versicherte Tiso, daß er beide immer vor Augen gehabt habe und daß es sich um »Pharisäertum der Feinde der Slowakei« handele, die den Priester entehren wollten, der »die kleinen Nationen verteidigt und ihnen gedient« habe. In den Akten findet sich kein Kommentar zum Brief von Tiso. Msgr. Tardini hat auf dem Original lediglich vermerkt: *24 dicembre 1944. Visto dal Santo Padre* (gesehen vom Hl. Vater).

Der unabhängige Staat Kroatien, dessen Existenz 1941 begann, war vom Großdeutschen Reich noch stärker abhängig als die Slowakei. Die Lage der Juden, schätzungsweise 40.000, wurde dort schnell bedrohlich. Am 14. August 1941 fragte die Delasem Kardinal Maglione, ob er über eine Möglichkeit verfüge, mit den Juden in Kroatien in Kontakt zu treten und ihre Ausreise nach Italien zu ermöglichen. Am 6. September zeigte sich Msgr. Rožman, der Bischof von Lubliana (Laibach), beunruhigt und bat darum, daß die getauften Juden, die sich in die von Italien annektierte Provinz Lubliana geflüchtet hatten, nicht nach Kroatien zurückgeschickt würden, wo eine sehr schlechte Behandlung auf sie warte. Am 21. April 1942 faßte Kardinal Maglione in seiner Antwort auf einen Appell der amerikanischen Juden die Lage wie folgt zusammen:

> »Der ehrenwerte Abbé Marcone, der vom Hl. Stuhl nach Kroatien geschickt worden ist, hat die Aufmerksamkeit verschiedener Persönlichkeiten in Zagreb (Agram) auf die Lebensbedingungen gelenkt, die Nichtariern auferlegt werden. Sein Sekretär und der des Erzbischofs von Zagreb (Agram) [Stépinac] haben verschiedene Konzentrationslager besichtigen können und haben dort Worte des Trostes und der Hilfe sprechen können. Für diejenigen, die sich in das von den italienischen Truppen besetzte Gebiet geflüchtet haben, hat das Staatssekretariat erreicht, daß sie nicht in ihre Heimatländer zurückgeschickt werden.«

Zu dieser Zeit wurde die Angst vor Deportationen von der Sorge um die schlechte Behandlung überlagert, die den Gefangenen in den Lagern in Kroatien widerfuhr. Aber am 17. Juli 1942 teilte Marcone mit, die kroatischen Behörden hätten sich, als man sie um Auskunft gebeten habe, in den letzten Monaten »in unerklärliches Schweigen« gehüllt. Antworten würden nur auf wiederholte Proteste gegeben. In einer anderen Mitteilung vom gleichen Tag leitete er eine Information weiter, die in ihrer Bedeutung mit Abstand diejenigen übertraf, die der Vatikan bis dahin erhalten hatte. Er war zum Polizeichef, Slavko Kvaternik, gegangen und hatte sich über die Grausamkeit beschwert, der die Juden ohne Rücksicht auf ihr Alter und ihre gesundheitliche Verfassung ausgesetzt waren. Kvaternik hatte ihm geantwortet, die deutsche Regierung habe ihm befohlen, alle Juden an Deutschland auszuliefern, »wo man, wie mir Kvaternik selbst berichtet hat, in der letzten Zeit zwei Millionen Juden umgebracht hat. ✚ Es sieht so aus, als erwarte die kroatischen Juden das gleiche Schicksal, insbesondere wenn sie alt oder arbeitsunfähig sind«.

Diese schreckliche Nachricht hatte auch jüdische Kreise in Zagreb (Agram) erreicht. Der Oberrabbiner Šalom Freiberger war oft zu Marcone gegangen, um mit ihm über die Drohungen zu sprechen, die über seiner Gemeinde schwebten, und schrieb dem Papst am 4. August, um ihn um Hilfe für sein Volk zu bitten.

Die Bemühungen des Hl. Stuhles hatten nur begrenzten Erfolg. Am 30. September 1942 berichtete Marcone: »Leider ist es uns nicht gelungen, den Lauf der Ereignisse zu ändern. Dennoch wurden viele Ausnahmen, die wir in bezug auf die Deportation der Juden vorgeschlagen haben, gewährt, und die Familien, die durch Mischehen zwischen Juden, auch wenn sie nicht getauft sind, und Katholiken entstanden sind, sind ausnahmslos verschont worden.« Nach neuen Instruktionen des Staatssekretariats schrieb der Gesandte des Hl. Stuhles am 8. November, daß er alles in seiner Macht Stehende getan habe, um das Schicksal der kroatischen Juden zu erleichtern, daß er darüber oft, aber mit geringem Erfolg mit Pavelić und dem Chef der Polizei gesprochen habe: »Man hat etwas erreicht, aber wenig.« Der neue Polizeichef, ein Beamter der alten österreichischen Schule, habe ihm offen gesagt, »daß er die Maßnahmen gegen diese Unglücklichen im wesentlichen nicht ändern könne und daß früher oder später alle nach Deutschland transportiert werden müßten«.

Das Jahr 1943 begann unterdessen unter günstigen Vorzeichen mit einem Bericht Marcones vom 23. Februar, der den Dank des Großrabbiners von Zagreb (Agram), Šalom Freiberger, für die Hilfe des Vatikans bei der Ausreise jüdischer Kinder in die Türkei übermittelte.

Aber noch immer stand die jüdische Gemeinde unter der Drohung der Deportation. Eine Anordnung der Polizei, die alle Juden verpflichtete, persönlich zu erscheinen, hatte neue Befürchtungen ausgelöst. Marcone ging erneut zum Staatschef, der dem Vertreter des Reiches, Siegfried Kasche, angeblich erklärt hatte, er werde die getauften Juden nicht verfolgen lassen, eine Erklärung in diesem Sinne sei auf Plakaten veröffentlicht worden. Daraufhin hätte der besagte Kasche ausgerufen: »Der Hl. Stuhl wird in Kroatien langsam zu einflußreich. Dieses Mal werden wir sehen, wer gewinnen wird, er oder ich!« Marcone schloß mit den Worten: »Ich bitte den Herrn, Poglavnik die Kraft zu geben, zu widerstehen.«

Diese Informationen stammten vom 13. März 1943. Am 30. März telegraphierte Maglione aufgrund von alarmierenden Nachrichten an Marcone, alle möglichen Schritte zu unternehmen, um die Deportation zu verhindern, die den kroatischen Juden drohe, von denen 80 Prozent getauft seien. Marcone antwortete am nächsten Tag, er verfolge die Lage der Juden ständig, die ihn selbst auch wachsam hielten, indem sie ihn jeden Tag um Neuigkeiten baten. Von der Regierung werde ihm versichert, daß es in bezug auf die Juden nichts Neues gäbe und daß auf jeden Fall die Mischehen und die getauften Juden verschont würden.

Dennoch blieb Marcone mißtrauisch, nicht ohne Grund. Sechs Wochen später wurden alle Juden, zunächst mit Ausnahme derjenigen, die mit Katholiken verheiratet waren, verhaftet und nach Deutschland verbracht. Auch die schon seit langem getauften Juden wurden fortgebracht. Mitten in der Nacht, während alle Welt schlief, waren Polizisten bei den Juden eingedrungen und hatten sie ohne

Rücksicht auf Alter, soziale Stellung oder Taufe mitgenommen. Einer der ältesten war vor Angst gestorben. Weder die Proteste des päpstlichen Vertreters noch die Predigten oder die Proteste des Erzbischofs von Zagreb (Agram), Stépinac, hatten gegen die Macht des nationalsozialistischen Deutschland etwas vermocht.

Dennoch konnte Marcone am 31. Mai 1943 die Versicherung des Außenministers übermitteln, daß die Mischehen »geschützt« seien und keinerlei Maßnahme gegen sie ergriffen werde:

> »Viele Menschen, die schon seit Jahren in einer Mischehe leben und die bis gestern in der beständigen Furcht lebten, von einem Moment auf den anderen abgeholt zu werden, überfluten unsere Wohnung und danken mit Tränen in den Augen dem Hl. Stuhl, der sich, als einziger in dieser traurigen Zeit, noch um die Söhne Israels kümmert.«

In seiner Antwort auf diese gute Nachricht sagte Maglione, »er wünsche, daß die Regierung von jeglicher Maßnahme gegen die Juden Abstand nehme, auch gegen diejenigen, die nicht in einer Mischehe lebten«.

Weniger als vierzehn Tage später, am 11. Juni, schickte ein Mitglied einer Hilfsorganisation für die europäischen Juden, Meir Touval-Weltmann, einen Brief an den Apostolischen Delegaten in Istanbul. Er äußerte gegenüber Msgr. Roncalli seinen Dank »für jede konkrete Hilfe des Hl. Stuhles, Eurer Exzellenz und derjenigen von Msgr. Righi [Sekretär der Gesandtschaft]«. Sein Brief wurde von einem Memorandum begleitet, das den Gesandten diesmal darum bat, den Dank der Israeliten an den Erzbischof von Zagreb (Agram) weiterzuleiten, denn sie wüßten, »daß Msgr. Dr. Stépinac alles ihm Mögliche getan habe, um den Juden in Kroatien zu helfen und ihr unglückliches Schicksal zu erleichtern«. In dem Memorandum wurde auch mitgeteilt, daß es in Kroatien nur noch 2.500 Juden gebe. Schließlich baten sie Msgr. Stépinac, sein Werk fortzusetzen, um einige Hundert Juden zu retten, darunter den Großrabbiner, der im vorangegangenen Monat verhaftet worden war, und zu intervenieren, um die Abreise der Juden Kroatiens nach Ungarn und Italien zu erleichtern, von wo aus sie hofften, sie in neutrale Länder oder nach Palästina schaffen zu können.

IX. JUDENVERFOLGUNG
UND DEPORTATION:
RUMÄNIEN UND UNGARN[9]

Der Nuntius in Rumänien hieß Andrea Cassulo. Obwohl die Mehrheit der Bevölkerung der orthodoxen Kirche angehörte, wurden die Beziehungen zum Hl. Stuhl durch ein Konkordat geregelt. Bereits vor Ausbruch des Krieges gab es eine antisemitische Gesetzgebung, aber Anfang 1941 sollte sie geändert werden. Am 8. Januar berichtete Cassulo der römischen Kurie über Schwierigkeiten der Kinder von konvertierten Juden: Sie konnten weder in christliche noch in jüdische Schulen gehen und in den staatlichen Schulen wurden sie nur in kleinen Kontingenten zugelassen. Alarmiert durch die Bischöfe hatte sich der Nuntius an den Außenminister und an den Regierungschef, General Ion Antonescu, gewandt und die Zusicherung erhalten, daß diese Vorschriften geändert würden. Tatsächlich konnte er am 21. Februar über ein Dekret vom 19. Februar 1941 berichten, das die Konfessionsschulen allen christlichen Kindern öffnete, gleich welcher Herkunft sie waren.

Im darauffolgenden Monat meldete aber eine Presseagentur, die rumänische Regierung habe den Juden unter Androhung schwerer Strafen verboten, die Religion zu wechseln. Auf ein Telegramm von Maglione, der um nähere Informationen bat, antwortete Cassulo am 31. März, er habe sich ins Außenministerium begeben, wo ihm der Generalsekretär versichert habe, daß seine Abteilung für dieses Dekret nicht verantwortlich sei. Der Nuntius legte dennoch Wert darauf festzustellen, daß, wenn die Hände der Kirche in dieser Frage der Zulassung von Konvertiten zur Taufe gefesselt werden sollten, sie nicht umhin könne zu protestieren, um ihre Freiheit zu verteidigen. Am 12. Mai telegraphierte Maglione an Cassulo die Frage, ob er schriftliche Zusicherungen in bezug auf die freie Religionsausübung

---

[9] Dokumentation zu diesem Kapitel IX: vgl. ADSS, VIII, IX und X. Dazu auch: Angelo MARTINI, La Santa Sede et gli ebrei della Romania, in: Civiltà Cattolica, 1961/III, S. 449-463.

habe. Cassulo antwortete am 15. Mai: »Regierung hat die schriftliche Zusicherung gegeben.«

Am 16. Mai legte der Sekretär des Heiligen Offiziums für den Nuntius die Grundsätze fest, nach denen Juden in die Kirche aufgenommen werden sollten. Die Rassengesetze, besagte die Anweisung, dürften kein Grund sein, denjenigen die Taufe zu verweigern, die sie wirklich wollten. Angesichts der Umstände seien dennoch einige Vorsichtsmaßnahmen notwendig, denn etliche »könnten sich mit derselben Leichtigkeit, mit der sie ihren Namen der Kirche gegeben haben, wieder von ihr lossagen«. Jeder Kandidat solle in bezug auf seinen persönlichen Lebenswandel und sein bisheriges Verhalten überprüft werden. Im Falle von berechtigten Zweifeln solle die Taufe verschoben werden.

Die Zulassung von Juden zur Taufe bereitete dennoch immer noch Schwierigkeiten. Die Zahl derjenigen, die getauft werden wollten, hatte erheblich zugenommen, und es verbreitete sich das Gerücht, daß der Hl. Stuhl, »angesichts der Gefahr, in der sich die Juden befanden, angeordnet hatte, sie massenhaft zu taufen, nach nur kurzer Unterweisung, während die vollständige Unterweisung auf später verschoben wurde«. Am 18. April 1942 beschwerte sich der rumänische Gesandte beim Hl. Stuhl bei Kardinal Maglione, daß die Zahl der Konversionen hoch sei, zu hoch und deshalb verdächtig. Die Regierung schlage deshalb vor, daß der Papst während des Krieges die Aufnahme in die katholische Kirche aussetze. Dieser Vorschlag wurde selbstverständlich abgelehnt.

Nuntius Cassulo griff mit vollem Recht ein, wenn es sich um katholische Juden handelte, aber er fand sich mehr und mehr veranlaßt, sich auch für die gesamte jüdische Gemeinde einzusetzen. Am 7. August 1941 berichtete er von Übergriffen gegen die Juden und davon, wie er seinen ganzen Einfluß für die Opfer geltend gemacht habe, Ergebnisse seien aber kaum spürbar.

Am 5. Dezember erklärte er seinen Vorgesetzten, die Regierung habe harte Maßnahmen gegen die Juden unter dem Vorwand ergriffen, sie sympathisierten mit den Kommunisten. »Da sie keine einflußreichen Persönlichkeiten haben, die sie unterstützen könnten, haben sie sich an den Vertreter des Hl. Vaters gewandt, überzeugt davon, daß er die einzige Autorität war, die ihnen wenigstens etwas Hilfe leisten konnte. Auf diese Weise bin ich in eine sehr delikate und schmerzliche Lage geraten. Einerseits glaubte ich, mich für so viele arme Familien einsetzen zu müssen; andererseits mußte ich dies mit Takt und Diskretion gegenüber der Regierung tun, um mich nicht über die durch meine Aufgabe gesetzten Grenzen in die inne-

ren Angelegenheiten des Landes einzumischen.« Der Nuntius fand
dennoch eine Möglichkeit, sich um die nichtkatholischen Familien
zu kümmern, »und auf die Bitte der Regierung habe ich Listen von
Personen angefertigt, die, laut der erhaltenen offiziellen Erklärungen, von jeglicher verwerflichen Aktion ausgenommen werden sollten«.

Das funktionierte in Rumänien so gut, daß zwischen dem Apostolischen Nuntius Cassulo und den Führern der jüdischen Gemeinde,
dem Oberrabbiner Alexandre Safran und Dr. Wilhelm Fildermann,
eine enge Zusammenarbeit entstand. Zwar führte das Land keine Deportationen nach Polen durch, aber Tausende von Juden waren vor
Ort umgebracht worden. Am 23. September 1942 nahm Kardinal
Maglione Bezug auf eine Information, die die unmittelbar bevorste-
hende Deportation der Juden Siebenbürgens nach Transnistrien
ankündigte, einer nunmehr rumänischen Provinz, die das der Sowjetunion 1941 geraubte Gebiet umfaßte, das zwischen den Flüssen
Dnjestr und Bug lag und mit Odessa einen Zugang zum Schwarzen
Meer bot. Der Kardinalstaatssekretär gab dem Nuntius die Anweisung, an die rumänische Regierung einen Appell zu richten, in der
Durchführung dieses Planes zumindest Mäßigung an den Tag zu legen. Transnistrien wurde unterdessen zu einer Art Strafkolonie für
deportierte Juden. Am 14. Januar 1943, nach einem Appell des Vorsitzenden des Schweizerischen Israelitischen Gemeindebundes, der
vom Nuntius in Bern weitergeleitet worden war und in dem von der
traurigen Lage der Juden in Rumänien die Rede war, wies Maglione
den Nuntius in Bukarest erneut an, sich einzusetzen, »um die Maßnahmen zu mildern, die der Lehre der christlichen Moral so sehr wi-
dersprechen«. In seiner Antwort vom 14. Februar warnte Cassulo
davor, daß es Leute gebe, die die guten Absichten der Regierung zu
blockieren suchten, zum Beispiel den Religionsminister, dessen Handeln sich direkt gegen die Anordnungen des Vizepremierministers,
Mihail Antonescu, richtete. Der Nuntius war erneut beim Minister
vorstellig geworden, der sofort eine die Rechte der Kirche verletzen-
de Maßnahme zurücknahm. Cassulo hatte ihm gegenüber auch die
Sorge der jüdischen Kreise wegen ihrer Glaubensbrüder zum Ausdruck gebracht, die nach Transnistrien deportiert worden waren. Minister Antonescu hatte ihm geantwortet, »daß auch er sich darüber
Sorgen mache und daß er nicht die Absicht habe, zum Verfolger zu
werden, auch wenn er eingreifen müsse, um die Dinge wieder in
Ordnung zu bringen«. Der Führer der jüdischen Gemeinde in Rumänien war bereits zweimal erschienen, um dem Nuntius für die Hilfe
und den Schutz des Hl. Stuhles für seine Glaubensbrüder zu danken.

Um unter Beweis zu stellen, daß Rumänien nichts zu verbergen hatte, erhielt der Nuntius die Erlaubnis, die Internierten in Transnistrien zu besuchen: Er begab sich zunächst nach Odessa, dann von dort nach Chisinau (Kischinew), der Hauptstadt von Bessarabien, einer Stadt, die früher einen starken jüdischen Bevölkerungsanteil hatte, deren Häuser aber verbrannt und zerstört worden waren. Dann begab er sich nach Cernauti (Czernowitz), anschließend nach Mogilew, wobei er überall die Kriegsgefangenenlager und die jüdischen Internierungslager besuchte. Anfang Mai 1943 traf er wieder in Bukarest ein.

Am 19. Mai 1943, nach seiner Reise nach Transnistrien, schrieb Cassulo an den Außenminister, um seine Aufmerksamkeit auf einige wichtige Einzelfälle zu lenken, zuallererst auf die Kinder. Unter den nach Transnistrien deportierten Juden waren 8.000 Waisenkinder, von denen 5.000 Vater und Mutter verloren hatten. Ob es nicht möglich sei, sie nach Rumänien zurückzuholen, um sie eventuell nach Palästina ausreisen zu lassen? In der Zwischenzeit könnten sie jüdischen Familien anvertraut werden. Das war ein Plan von Fildermann, der im Verlauf der Jahre 1943 und 1944 auf starken Widerstand und sogar auf richtiggehende Sabotage stieß. Cassulo legte die Vorschläge der jüdischen Führer dem Kommissar für jüdische Angelegenheiten vor und nahm den Eindruck mit, daß dieser sie positiv beurteilte. Dieser hatte sogar versichert, »daß eine große Zahl von Waisen nach Palästina geschickt würde«. Aber am 6. September war noch nichts für die Kinder getan worden, und Antonescu antwortete Cassulo, für den Transport der Kinder aus Transnistrien sei kein konkreter Plan vorgelegt worden.

Auch wenn er die jüdische Gemeinde nicht vergaß, so war es doch Cassulos Aufgabe, sich insbesondere für die getauften Juden einzusetzen, von denen viele nach Transnistrien deportiert worden waren und für die es durch das Konkordat eine bessere Grundlage für Interventionen gab. Am 26. Februar 1943 übermittelte er an Kardinal Maglione die erneuten Versicherungen des Außenministers, daß das Konkordat Punkt für Punkt eingehalten werde. Am 20. Mai sah er sich aber gezwungen, sich darüber zu beklagen, die Versprechen würden nicht eingehalten. Außerdem schrieb er am 25. Mai an die katholischen Bischöfe Rumäniens, daß trotz gegenteiliger Informationen dieses oder jenes Beamten, sie das gesetzlich verbriefte Recht hatten, Juden in die katholische Kirche aufzunehmen, die in angemessener Weise unterwiesen worden seien. Der Religionsunterricht für Kinder und die tägliche Unterrichtung im Glauben für diejenigen, die vom jüdischen Glauben kamen, sei von der Regierung gebilligt worden.

Schließlich konnte Cassulo am 7. Dezember dem Vatikan ein »deutliches und kategorisches« Rundschreiben des Innenministers übermitteln, das nach einer Kabinettssitzung verfaßt worden war: »Der Religionsminister hat in einer Note vom 13. Februar 1943 festgelegt, daß der katholischen Kirche das Recht zuerkannt wird, Juden zu taufen, wobei davon ausgegangen wird, daß diese Änderung keinerlei Auswirkung auf den Familienstand des Neugetauften hat.« In seinem Bericht, der diesem Dokument beigefügt war, schloß der Nuntius: »Ich hoffe also, daß nach dieser so wichtigen Entscheidung der Regierung die Übergriffe aufhören und daß man die Kirche frei ihre Rechte ausüben läßt, die ihr seit langem zustehen.«

Bis 1944 war Rumänien der militärischen Kontrolle der Deutschen entgangen, die SS-Kommandos hatten keine freie Hand, um ihre Politik der Deportationen in das besetzte Polen durchführen zu können. Aber Transnistrien stand immer noch im Mittelpunkt des Interesses der jüdischen Gemeinde und des Nuntius, insbesondere als die Verschlechterung der militärischen Lage nun befürchten ließ, daß die Rumänen die Juden bei ihrem Rückzug in die Hände der deutschen Truppen fallen ließen, die sich bereits in diesem Gebiet aufhielten. Die jüdische Gemeinde setzte sich zum Ziel, für die Verlegung der Juden aus diesem Sektor ins »Königreich« (Rumänien) oder wenigstens in den westlichen Teil von Transnistrien, der als sicherer galt, zu sorgen und die Emigration dieser Juden oder zumindest der Waisen nach Palästina zu ermöglichen. Die rumänische Regierung hatte nämlich keinen grundsätzlichen Einwand gegen die Auswanderung der Juden nach Palästina. Um dieses doppelte Ziel zu erreichen, bat die jüdische Gemeinde, die vor allem von Alexandre Safran, dem Oberrabbiner von Rumänien, vertreten wurde, weiterhin um die Unterstützung des Nuntius und des Hl. Stuhles.

Am 22. Januar 1944 brachte Rabbi Safran ein Memorandum über 4.000 jüdische Waisenkinder in die Nuntiatur, die er von Transnistrien nach Rumänien holen wollte; die Regierung hatte das Höchstalter dafür auf zwölf Jahre festgelegt, er bat Cassulo deshalb einzuschreiten, um das Höchstalter auf sechzehn Jahre anzuheben. Am 26. Januar richtete der Nuntius einen Appell an den Außenminister, in dem er forderte, daß die Evakuierung schnell in Angriff genommen werde und daß das Höchstalter der Waisen, die für die Rückkehr ins Königreich vorgesehen waren, angehoben würde. Am 2. Februar intervenierte er für die rumänischen Juden, die das Pech gehabt hatten, über den Bug hinaus in die Hände der Deutschen abgedrängt worden zu sein.

Der Fall der 4.000 Waisen bot größere Aussicht auf Erfolg; aber auch der übrige Teil der deportierten Bevölkerung war nicht in Vergessenheit geraten. Am 28. Februar 1944 traf im Staatssekretariat ein Telegramm von Msgr. Roncalli, dem Apostolischen Delegaten in Istanbul, ein. Der Oberrabbiner von Jerusalem, Isaac Herzog, sei in die Gesandtschaft gekommen, um dem Hl. Vater für die Hilfsbereitschaft zu danken, die er in den letzten Monaten bewiesen hatte, und habe um die dringende Intervention des Hl. Stuhles für die Juden von Transnistrien gebeten. Bereits am 2. März schickte der Vatikan eine Botschaft mit der Anweisung an Nuntius Cassulo nach Bukarest, alle ihm möglichen Schritte zu unternehmen. Wie in so vielen anderen Fällen, in denen diverse Kanäle benutzt wurden, war der Nuntius bereits über die Lage im Bilde. Es sei überflüssig, schrieb er am 16. März, noch weitere Schritte zu unternehmen als diejenigen, die er bereits auf die Bitte von Rabbi Safran unternommen hätte. Die Regierung neige zur Versöhnung, und er würde mehr tun, wenn er nicht die Reaktion derjenigen fürchten würde, die eingeschworene Feinde der Juden seien, das hieß der Deutschen. Der Nuntius fügte Neuigkeiten von großer Wichtigkeit hinzu: Die zivile Verwaltung von Transnistrien sei zurückberufen und die Bevölkerung, darunter auch die Juden, sei in Gebiete diesseits des Dnjestr, also in die sichere Zone evakuiert worden. Dennoch wollte sich der Nuntius keinerlei voreiligem Optimismus hingeben und versprach, die Situation weiter zu beobachten und darüber zu berichten. Da die rumänische Regierung keinen grundsätzlichen Einwand gegen die Emigration der Juden hatte, mietete das *War Refugee Board* ein türkisches Schiff, die *Tari*, auf der die rumänischen Juden in mehreren Fahrten vom Hafen Constanza am Schwarzen Meer aus evakuiert werden sollten. Das Internationale Komitee des Roten Kreuzes, in dessen Namen die Operation stattfand, bestand zunächst darauf, daß das Schiff einen Geleitbrief der deutschen Regierung erhielt; man glaubte, daß der Einfluß des Hl. Stuhles in diesem Zusammenhang nützlich sein könnte. Am 21. April bat das *Board* den Vatikan, zugunsten des Schiffes und seiner 1.500 Passagiere zu intervenieren. Schließlich wurden andere Schiffe, mit oder ohne Geleitbrief, mit der ausdrücklichen oder stillschweigenden Zustimmung der rumänischen Regierung eingesetzt. Am 11. Juli informierte der Nuntius seine Vorgesetzten, daß der erste Transport mit 750 rumänischen Flüchtlingen, darunter 250 aus Transnistrien, vor einigen Tagen in Istanbul eingetroffen sei. Rabbi Safran habe ihm die Neuigkeit überbracht, und Rabbi Herzog habe ihm ein Danktelegramm geschickt.

Das Schicksal der ungarischen Juden betraf die jüdische Gemeinde
in Rumänien aus einem besonderen Grund auch direkt. Im August
1940 war der nördliche Teil Siebenbürgens von Rumänien abgetrennt und Ungarn zugeschlagen worden. Die jüdische Bevölkerung
dieses Gebietes, 150.000 Menschen, war unter den ersten, die im Mai
und Juni 1944 nach Auschwitz abtransportiert wurden. In seinem
Brief an Nuntius Cassulo vom 30. Juni 1944 zeigte sich Rabbi Safran
äußerst besorgt. Der Rabbi berichtete, daß seine Glaubensbrüder in
Siebenbürgen »großen Einschränkungen und Leiden ausgesetzt« sei-
en. Cassulo übersetzte in seinem Bericht vom 11. Juli: »Es scheint,
als befänden sie sich seit einiger Zeit in einer sehr schwierigen und
schmerzlichen Situation«, und am 28. Juli sprach er noch von
»außergewöhnlichen Zwangsmaßnahmen«. Er übermittelte einen
Appell von sechs Israeliten an den Papst, die Verwandte in Siebenbürgen hatten: »Schon seit geraumer Zeit haben wir nichts von unseren Verwandten gehört, da alle unsere Versuche, etwas in Erfahrung
zu bringen, ergebnislos verlaufen sind.« Die Unterzeichner wollten
wissen, was aus ihren Verwandten geworden war und wie sie mit ihnen in Verbindung treten und ihnen helfen könnten.

Am 8. August teilte Cassulo per Telegramm dem Staatssekretariat
den Inhalt eines an ihn adressierten Briefes von Dr. Ernest Grossmann mit, der ihm in seiner Funktion als Delegierter der Gruppe der
Juden Nordsiebenbürgens, die dort ihre Verwandten hatten, schrieb.
2.000 jüdische Familien aus Nordsiebenbürgen seien in Ungarn von
der Deportation bedroht. Er bat den Hl. Stuhl, von den deutschen
Behörden eine Erlaubnis zu erbitten, um diese jüdischen Familien
nach Palästina schicken zu dürfen, wobei sie den Weg über die Donau nehmen sollten, was die Zustimmung der deutschen Behörden
in Rumänien erforderlich machte. Der Brief von Grossmann ist bezeichnend für die Art, wie die jüdischen Kreise damals sowohl die
Interessen des Vatikans als auch die deutschen Absichten einschätz-
ten:

> »Ich möchte betonen, daß die Emigration der Juden aus Europa
> in den Blick der deutschen Behörden gerät, und da ich weiß,
> was die katholische Kirche bis heute für die Israeliten aller Län-
> der getan hat, bin ich davon überzeugt, daß wir auch in diesem
> Fall ihre ganze Unterstützung haben werden, um so mehr, als es
> sich um ein Werk von größter Menschlichkeit handelt, für das
> 6.000 Seelen Gott danken werden.«

Das Staatssekretariat antwortete am 21. April 1944, die Nuntiatur in
Budapest sei sogleich auf die Angelegenheit angesetzt worden.

Unterdessen bestand weiterhin Ungewißheit über das Schicksal der rumänischen Juden, die aus dem nördlichen Siebenbürgen evakuiert worden waren. Am 11. Dezember wandten sich ihre in Rumänien gebliebenen Verwandten ihretwegen noch einmal an den Papst. In einem Schreiben mit dem Briefkopf des »Curatorio generale ebraico per la Transylvania del Nord« baten der Präsident und der Generalsekretär, Ernest Martòn und Leo Goldenberg, den Vatikan um eine Intervention. Sie berichteten, daß bereits im Mai und Juni 150.000 Juden deportiert worden seien; seitdem habe man nichts mehr von ihnen gehört, außer die beunruhigendsten Gerüchte. Die Unterzeichner des Appells sagten, daß es weder den jüdischen Organisationen noch den alliierten Regierungen gelinge, Kontakt mit ihnen aufzunehmen. Konnte der Hl. Stuhl nicht von Berlin die Erlaubnis erbitten, Pakete, Medizin und Kleidung für Weihnachten zu verteilen? Tatsächlich hatte der Vatikan bereits am 14. November, mit dem Näherrücken des Winters, ganz allgemein zur Hilfe für alle Gefangenen und Internierten aufgerufen. In seinem Brief vom 13. Dezember 1944 faßte Nuntius Cassulo seine Informationen über die Lage noch einmal zusammen:

>In Nordsiebenbürgen, wo sich seit langem zahlreiche und im allgemeinen mit ausreichenden materiellen Mitteln ausgestattete jüdische Familien aufhielten, haben die Deutschen gemeinsam mit den Ungarn so harte Maßnahmen ergriffen, daß innerhalb von kurzer Zeit fast alle diese Familien ihren Besitz und ihr Land verloren haben und schließlich zunächst nach Schlesien und dann nach Deutschland abtransportiert worden sind. Die Art, in der diese Familien behandelt wurden, ist allgemein bekannt. Es ist nicht nötig, daß ich darüber berichte. Die Alten und die Babys sind auf dem Transport oder in den Konzentrationslagern gestorben; diejenigen, die zurückgeblieben sind, haben nichts mehr und leiden sehr.«

Dieser Bericht vom 13. Dezember, der möglicherweise erst mit erheblicher Verspätung eingetroffen ist, zeigt die hartnäckige Hoffnung, die die Verwandten der aus Siebenbürgen verschwundenen Juden weiterhin hegten. Am 31. Januar 1945 übermittelte der Nuntius in der Schweiz ein Hilfsangebot Carl Jacob Burckhardts, des Vorsitzenden des Internationalen Komitees des Roten Kreuzes: Das Rote Kreuz schätze sich glücklich, seine Hilfe anzubieten, um die Lage der Juden aus Siebenbürgen zu erleichtern.

Nachdem er diesen Bericht verspätet erhalten hatte, gab Msgr. Tardini Nuntius Orsenigo, der sich nach der Zerstörung seiner Nuntiatur in Berlin durch die Bomben der Alliierten nach Eichstätt zurückgezogen hatte, am 27. Februar 1945 die Anweisung, »zu sehen, welche anderen Demarchen später noch unternommen werden könnten«.

Es ist klar, daß unter solchen Umständen nicht viel von den Demarchen erwartet werden konnte, die der Nuntius in Deutschland noch hätte unternehmen können.

In Ungarn wurde eine Rassengesetzgebung bereits im Frühjahr 1939 fertiggestellt und schließlich trotz der Opposition der Bischöfe, die im Oberhaus eine Stimme hatten, verabschiedet. 1941 kam es zu Ausweisungen von polnischen Juden, die sich nach Ungarn geflüchtet hatten. Aber massive Deportationen der Juden fanden erst statt, nachdem das Reich 1944 die völlige Kontrolle über das Land übernommen hatte.

Anfang 1944 schwebte die Drohung über den polnischen Juden, die sich nach Ungarn geflüchtet hatten. Am 29. Januar übermittelte der Apostolische Delegat Cicognani aus Washington einen Appell des *World Jewish Congress*: Könnte der Hl. Stuhl nicht seinen Einfluß auf die ungarische Regierung nutzen, um einen Plan für materielle Hilfe zu unterstützen, dessen Kosten durch Gelder aus den Vereinigten Staaten gedeckt werden sollten? Aber am 23. März 1944 marschierte die Wehrmacht in Ungarn ein, die Deutschen übernahmen die Kontrolle des Landes. Am 25. März informierte Msgr. Cicognani den Vatikan, daß das *War Refugee Board* den Hl. Stuhl gebeten habe, dringende Maßnahmen zu ergreifen, um den etwa zwei Millionen Juden in Ungarn und Rumänien zu Hilfe zu eilen, die unter der deutschen Besatzung von der Ausrottung bedroht waren. Das *Board* bestand auf der Zusammenarbeit mit dem Nuntius in Budapest. Dieser Appell wurde, begleitet von einer entsprechenden Anweisung, vom Staatssekretariat sofort an die Nuntien Rotta und Cassulo weitergeleitet.

Am 31. März traf im Vatikan auf Vermittlung des Apostolischen Delegaten in Istanbul eine Botschaft des Rabbi von Jerusalem, Herzog, ein. Am gleichen Tag sandte der Delegat in London, Godfrey, einen Appell des Rabbi von London. Am 1. April überbrachte der britische Gesandte Osborne dem Staatssekretariat die inständige Bitte seiner Regierung, daß der Hl. Stuhl seinen Einfluß geltend machen sollte, um zu verhindern, daß die nach Ungarn geflüchteten Juden den nationalsozialistischen Machthabern ausgeliefert würden.

Die ersten Informationen, die zu dieser Zeit von Nuntius Rotta abgeschickt wurden, waren relativ optimistisch. In seiner Beschreibung der politischen Lage vom 30. März 1944 schrieb Rotta, die Juden seien nicht unmittelbar bedroht, aber der Kampf würde immer erbitterter, viele Juden seien schon verhaftet worden. Am 7. April berichtete er, daß alle seine bisherigen Interventionen bei den Behörden nur marginale Änderungen der antisemitischen Gesetze zugunsten der getauften Juden erbracht hätten. Die Atmosphäre in der Hauptstadt, so denke er, lasse im Moment jeglichen weiteren Schritt unratsam erscheinen. In einem Bericht vom 19. April erklärte Rotta, daß er sogleich nach der Bildung der neuen Regierung Döme Sztojay am 23. März um eine Audienz beim Ministerpräsidenten gebeten habe, der gleichzeitig auch Außenminister sei, um gegen die Behandlung der Mitglieder der italienischen Botschaft zu protestieren, die verhaftet und interniert worden seien. Außerdem habe er der neuen Regierung zur Mäßigung gegenüber den Juden geraten und zu besonderer Rücksichtnahme auf die getauften Juden. Als einige Tage später, am 30. März, die erwarteten antisemitischen Erlasse bekannt wurden, habe er erneut protestiert. Bis zu diesem Augenblick habe sich die Frage der Deportation der gesamten jüdischen Bevölkerung zu einem »unbekannten Ziel« noch nicht gestellt. Am 28. April 1944 habe sich aber, nach einer trügerischen Phase der Ruhe, der Druck insbesondere auf die Katholiken jüdischer Herkunft verstärkt.

»Noch gestern«, schrieb Rotta, »habe ich entschieden beim Generalsekretär im Außenministerium gegen eine Maßnahme der Regierung protestiert, indem ich noch einmal alles hervorhob, was in der Art und in der Ausweitung des gegen die Juden geführten Kampfes unmenschlich und antichristlich war. Ich habe gesagt, daß der Hl. Vater zutiefst betrübt sein mußte, mit ansehen zu müssen, wie auch Ungarn, das sich bis jetzt gerühmt hatte, eine christliche Nation zu sein, einen Weg eingeschlagen habe, der zum Verstoß gegen das Evangelium führen mußte.«

Unterdessen hoffte Rotta, daß die gemeinsame Aktion der Nuntiatur und des Kardinalprimas zu einigen Verbesserungen für die getauften Juden führen würde und für die anderen wenigstens zur Beachtung der Grundsätze der Menschlichkeit. Kardinal Justiniano Serédi hatte tatsächlich eine lange Unterredung mit dem Ministerpräsidenten über die antisemitischen Gesetze, aber er verließ ihn ohne Hoffnung auf irgendein Ergebnis. Der deutsche Druck war nach Aussage von Rotta sehr stark, und die Deutschen ließen keinerlei Unterscheidung zwischen nicht getauften und getauften Juden zu. Am 14. Mai 1944 begann die seit langem vorbereitete Deportation nach Auschwitz. Am nächsten Tag, dem 15. Mai, schickte Rotta zwei

Protestschreiben ab: einen Brief an den Ministerpräsidenten und eine
Note an den Außenminister. Die Tatsache, daß Menschen allein aufgrund ihrer Rasse verfolgt würden, so das Schreiben, sei eine Verletzung des Naturrechts. Maßnahmen gegen Juden zu ergreifen, ohne
auf die Taufe Rücksicht zu nehmen, die einige von ihnen erhalten
hätten, stünde im Widerspruch zu den Verpflichtungen eines christlichen Staates, der Ungarn zu sein behauptete. Der Nuntius erklärte,
daß er den Papst über die Geschehnisse in Ungarn unterrichtet habe.
»Ich hoffe«, schloß er, »daß Er [der Hl. Vater] in seiner Funktion als
oberster Hirte der Kirche, als Beschützer der Rechte aller seiner Söhne und als Verteidiger der Wahrheit und der Gerechtigkeit nicht gezwungen ist, seine Stimme zu einem Protest zu erheben.«

In seiner Note an das Außenministerium bat der Nuntius zugunsten der getauften Juden um die Überprüfung der antisemitischen
Gesetze und forderte, daß bei allen Maßnahmen, die die Regierung
ergreifen werde, die Grundsätze der Menschlichkeit respektiert würden. Die Antwort des Ministers war kurz und ablehnend. Unter
dem Datum des 27. Mai zog sie die Ernsthaftigkeit der neuen Konvertiten vom Judentum zum Katholizismus ironisch in Zweifel. Ihre
Konversion, so antwortete er, helfe ihnen überhaupt nicht, denn das
Problem sei die Rasse, die sich durch die Taufe nicht ändere. Unabhängig davon werde die Regierung eine besondere Abteilung für die
getauften Juden bilden: Man werde einige Ausnahmen zu ihren
Gunsten machen, so müßten sie zum Beispiel nicht den gelben Stern
tragen. Was die Deportation anbetreffe, behauptete der Minister, so
habe die Regierung dem Reich lediglich Arbeitskräfte geliefert. Man
habe diesem bereits christliche Arbeiter geliefert, aber um neuen Anfragen nachzukommen, werde man nun eine gewisse Zahl von Juden
schicken müssen.

Rotta ließ sich von diesen Erklärungen nicht täuschen. Er wußte,
daß seine Vorgesetzten seiner Haltung zustimmten; eine von Tardini
unterzeichnete Depesche vom 29. Mai trug ihm auf, »weiterhin alles
ihm Mögliche zu tun, um das Leid so vieler Unglücklicher zu lindern«, und forderte ihn sogar auf, die ungarischen Bischöfe diskret
zu ermuntern. Gestärkt durch diese Zustimmung sandte Rotta am 5.
Juni 1944 eine lange Note an den Außenminister, die in Französisch
geschrieben war; ein so scharfer Ton wie in dieser Note ist nur selten
in diplomatischen Briefwechseln zu finden.

Die Apostolische Nuntiatur, schrieb Rotta, sei informiert worden,
daß die ungarische Regierung die Deportation aller ungarischen Juden beschlossen habe, ohne Rücksicht auf die Religion. Die Deportation sei bereits in Gang und geschehe unter solchen Bedingungen,

daß viele auf dem Transport gestorben seien. Außerdem würden in
den Konzentrationslagern inhumane Methoden angewandt. Der offiziellen Version, daß es sich nicht um Deportation, sondern um
Zwangsarbeit handele, setzte Nuntius Rotta beißende Ironie entgegen:

>»Man sagt, daß es sich nicht um Deportation, sondern um
Zwangsarbeit handelt. Man kann über die Worte streiten, aber
die Wirklichkeit ist dieselbe. Wenn man Alte von mehr als sieb-
zig und sogar achtzig Jahren mitnimmt, alte Frauen, Kinder
und Kranke, dann fragt man sich: Welche Arbeit können sie leisten, diese menschlichen Wesen. Man antwortet, daß man den
Juden die Möglichkeit gegeben habe, ihre Familien mitzubrin-
gen; aber dann müßte ihre Abreise freiwillig vonstatten gehen.
Und was soll man von den Fällen halten, in denen diese Alten,
Kranken, etc. als einzige deportiert werden, oder von den Fällen, in denen es keine Angehörigen gibt, denen sie folgen müßten? Und wenn man an die ungarischen Arbeiter denkt, die sich
der Arbeit wegen nach Deutschland begeben, die ihre Familien
nicht mitnehmen dürfen, dann ist man doch sehr erstaunt, daß
nur den Juden dieser große Gefallen zugestanden wird.«

Rotta insistierte mit besonderem Nachdruck auf seinem Recht und
seiner Pflicht, für alle Juden einzutreten, die durch die Taufe katholisch geworden waren; er wies die geäußerten Zweifel gegen die
Ernsthaftigkeit solcher Konversionen zurück. Die in der Note der
Regierung vom 27. Mai versprochenen Konzessionen, fuhr Rotta
fort, seien ungenügend; die getauften Juden müßten von den antisemitischen Gesetzen ausgenommen werden, und alle Juden sollten eine Behandlung erfahren, die human sei und die Gerechtigkeit sowie
die Grundrechte der menschlichen Person respektiere. Er schloß mit
dem Ausdruck seiner Hoffnung,

>»daß das ungarische Volk, das zu Recht den Titel des Verteidi-
gers des Glaubens und der Zivilisation trägt, seinen Ruf nicht
beschmutzen wolle, indem es Methoden anwende, die das Gewissen der christlichen Welt nicht gutheißen könne, selbst wenn
man behaupte, daß man sie nur anwende, um sich gegen den
Bolschewismus zu verteidigen, und die dem noch heute geführten Kampf für die Verteidigung der christlichen Zivilisation fast
jeglichen moralischen Anspruch nähmen.«

Als er Rom sein Protestschreiben übermittelte, fügte Rotta hinzu,
die Schikanen und Deportationen würden in unmenschlicher Weise

fortgesetzt, obwohl sie unter dem Deckmantel des Abtransports zur
Zwangsarbeit versteckt würden: »Die Stärke und die Gewalt haben
über den gesunden Menschenverstand und über das Recht auf Wahrheit und Gerechtigkeit gesiegt.«

Am 18. Juni 1944 telegraphierte Rotta an Maglione, daß bereits
300.000 Juden deportiert worden seien. Das Gerücht gehe um, daß
ein Drittel von ihnen jenseits der ungarischen Grenze zur Arbeit
eingesetzt würde, daß aber über die beiden anderen Drittel jegliche
Art von Spekulation erlaubt sei. Vertrauenswürdige Menschen
sprächen sogar von »Vernichtungslagern«. Auf jeden Fall seien die
Bedingungen des Transports »wirklich entsetzlich«. Der Kardinalprimas, Kardinal Serédi, habe im Namen des Episkopats protestiert,
aber es sei keine öffentliche Erklärung erfolgt, trotz des Insistierens
des Nuntius. Rotta sagte, eine direkte Intervention des Hl. Stuhles
sei sehr nützlich, um nicht zu sagen notwendig, denn man stelle
Waggons für die nächste Welle der Deportation bereit.

Sechs Tage später, am 24. Juni, telegraphierte Rotta von neuem:
Die Deportationen gingen weiter, die Proteste seien ohne Wirkung
geblieben. Ein Konvoi solle in einigen Tagen losgehen. Die Gläubigen seien über die Passivität ihrer Bischöfe erstaunt. Zur Zeit sei die
ungarische Hierarchie gespalten: Die einen wollten einen energischen Protest, während der Kardinalprimas noch nicht davon überzeugt sei, daß die Zeit reif sei. Ein Hirtenbrief sei verfaßt, aber wegen der Einwände der Regierung noch nicht veröffentlicht worden.
Zudem glaube Serédi, daß allein die Drohung mit der Veröffentlichung auch wirksam sein könne, wenn nicht sogar noch mehr als die
Veröffentlichung selbst. Am 25. Juni gab der Staatssekretär Nuntius
Rotta die Anweisung, die Bischöfe zum Handeln zu überreden. Sofort schickte Rotta dem Kardinalprimas eine kategorische Botschaft:
Die ungarischen Bischöfe sollten einschreiten, und das sogar offen,
um die christlichen Prinzipien zu verteidigen und ihre Landsleute,
insbesondere die Christen, zu schützen, die zu Unrecht von den
Rassendekreten betroffen seien. Sie sollten dies tun, um zu vermeiden, daß ihre allzu große Nachsicht sie eines Tages in ungünstigem
Licht erscheinen lasse und ihnen Unrecht zugefügt werde, ihnen
selbst und dem ungarischen Katholizismus. Daraufhin wurde der
Hirtenbrief, der fast fertiggestellt war, unterzeichnet und mit dem
Datum vom 29. Juni 1944 versehen. Dennoch glaubte Serédi immer
noch, die Botschaft sei wirkungsvoller, wenn sie nur eine Drohung
bleibe. Er versprach der Regierung, den Brief nicht zu veröffentlichen, wenn die Deportationen aufhörten und den getauften Juden
die gewünschten Konzessionen zugestanden würden.

Während dieser Zeit überbrachte der amtierende Geschäftsträger Roosevelts im Vatikan, Tittmann, Kardinal Maglione am 24. Juni eine Botschaft des *War Refugee Board*, die besagte, daß »nach offenbar authentischen Berichten« die ungarischen Behörden die Verfolgung der 800.000 Juden Ungarns begonnen hätten und ihre Massenvernichtung planten, in Ungarn selbst wie auch, nach ihrer Deportation, in Polen. Das *Board* drückte die Hoffnung aus, der Papst werde einen Appell an die Behörden und an das ungarische Volk richten, sei es per Radio, sei es über den Nuntius und die Geistlichkeit oder einen Sonderbeauftragten.

Die Bitte des *War Refugee Board* traf den Papst nicht unvorbereitet. Bereits am 12. Juni, möglicherweise nach dem Eintreffen des Telegramms von Rotta vom 24. Mai, hatte das Staatssekretariat den Entwurf für einen Anruf bei Reichsverweser Miklós Horthy vorbereitet. Am 25. Juni 1944 schickte Pius XII. das in Französisch verfaßte folgende Telegramm unverschlüsselt an Konteradmiral Horthy, den Reichsverweser von Ungarn:

> »Von mehreren Seiten fleht man Uns an, alles in die Wege zu leiten, damit in dieser so noblen und ritterlichen Nation die bereits so schweren Leiden, die eine große Zahl von Unglücklichen aufgrund ihrer Volkszugehörigkeit oder ihrer Abstammung erdulden müssen, nicht noch stärker ausgedehnt und verstärkt werden. Da unser Vaterherz aufgrund Unseres karitativen Amtes, das für alle Menschen gedacht ist, nicht unempfänglich gegenüber diesen inständigen Bitten bleiben kann, wenden Wir Uns persönlich an Eure Hoheit und appellieren an Eure noblen Gefühle in vollem Vertrauen, daß sie alles tun wird, was in ihrer Macht liegt, damit so vielen Unglücklichen anderes Leid und andere Schmerzen erspart bleiben.«

Reichsverweser Horthy, der, wie man weiß, nicht katholisch war, antwortete am 1. Juli und bedankte sich beim Papst mit diesen Worten:

> »Ich habe soeben per Kabel die Botschaft Eurer Heiligkeit mit dem größten Verständnis und Dank erhalten und bitte Eure Heiligkeit davon überzeugt zu sein, daß ich alles mir Mögliche tun werde, vor allem um den christlichen Ansprüchen der humanitären Prinzipien Geltung zu verschaffen. Es sei mir noch erlaubt, Eure Heiligkeit zu bitten, dem ungarischen Volk in dieser Stunde der harten Prüfung seine Gnade zu gewähren.«

Der Regent, der im übrigen durch einen versuchten Staatsstreich aufgebracht war, der gegen ihn von den fanatischen Antisemiten organisiert worden war, ergriff wieder die Macht und schritt mit Härte ein: Die Deportationen wurden gestoppt.

Andere Interventionen, neben der des Papstes, hatten ihre Wirkung getan. Fünf Tage nach dem Brief von Pius XII. erhielt Horthy eine Botschaft des Königs von Schweden, am 5. Juli gefolgt von einer anderen von Max Huber, des Präsidenten des Internationalen Komitees des Roten Kreuzes. Am 9. August berichtete der Delegat Cicognani, daß das *American Jews Committee* und das *Committee to save the Jews of Europe* ihn gebeten hätten, dem Hl. Vater und Kardinal Maglione ihren tiefempfundenen Dank für die entscheidende Verbesserung der Lage in Ungarn zu übermitteln. Die Informationen bestätigten, daß die Deportation beendet worden war, und das besagte Komitee hätte erkannt, daß all dies dem Hl. Vater zu verdanken sei.

Dennoch war der ungarische Alptraum noch nicht beendet. Die Deportationen nach Auschwitz waren zwar gestoppt, aber die heimlichen Entführungen gingen weiter, und die Grausamkeiten auf ungarischem Boden häuften sich. Horthy blieb Reichsverweser, aber seine tatsächliche Macht nahm unter dem Druck der Deutschen allmählich ab, die versuchten, die Deportationen wieder aufzunehmen. Als der Nuntius darüber informiert wurde, mobilisierte er die Leiter von vier anderen diplomatischen Missionen, um einen gemeinsamen Protest vorzubereiten. Am 21. August überreichten Nuntius Rotta, der schwedische Gesandte Carl Danielsson, der spanische Geschäftsträger Miguel Sanz-Briz, der portugiesische Geschäftsträger Carlos de Liz-Teixera Branquhuinho und der schweizerische Geschäftsträger Anton Kilchmann dem Regenten ihre Beschwerden. Sie hätten »mit einem Gefühl der schmerzlichen Überraschung« erfahren, daß die Deportationen der Juden wieder aufgenommen werden sollten. Aber sie hätten sich auch, so sagten sie, aus einer absolut vertrauenswürdigen Quelle darüber informiert, was Deportation in den meisten Fällen bedeute, auch wenn sie unter dem Deckmantel der Arbeit im Ausland versteckt werde. Es könne im übrigen auch nicht hingenommen werden, daß Menschen allein aufgrund ihrer Rasse verfolgt und getötet würden. Horthy antwortete, er sei entschlossen, sich der Wiederaufnahme der Deportationen zu widersetzen, trotz des Drucks der Deutschen.

Am 30. August 1944 entließ Horthy die Regierung Sztojay und setzte General Géza von Lakatos ein, der nur sechs Wochen an der Macht blieb. Aber es waren entscheidende sechs Wochen. Am 5. September berichtete der Nuntius, die Minister hätten Vertrauen in Horthy, seien in der jüdischen Frage gemäßigter und neue Deportationen würden nicht stattfinden.

Dann setzte aber die russische Armee ihren Fuß auf ungarischen Boden. Am 15. Oktober verkündete Konteradmiral Horthy über das Radio, Ungarn werde einen Waffenstillstand mit der Sowjetunion schließen. Die deutsche Reaktion ließ nicht auf sich warten: Horthy wurde verhaftet, das Regime gestürzt und die Pfeilkreuzler-Partei an die Macht gebracht, mit Ferenc Szalási als »Nationsführer«. Für die Juden stellte die erneute Änderung alles in Frage. Am 14. Oktober telegraphierte Alex Easterman vom *World Jewish Congress*, daß sich nach seinen Informationen 300.000 Juden erneut in Gefahr befänden. Er bat um einen öffentlichen Appell. Am 17. Oktober übergab der Vertreter Präsident Roosevelts dem Papst während einer Audienz ein Telegramm, das er vom *World Jewish Congress* erhalten hatte. In dem Dokument, das der Papst bereits auf direktem Weg von dieser Organisation erhalten hatte, ging man davon aus, daß die Deportationen wieder aufgenommen würden, und bat den Papst, »im Namen der Menschheit einen öffentlichen Appell zu lancieren, um diese schreckliche Tragödie abzuwenden«. Am 19. Oktober telegraphierte Cicognani, die Führer der Juden bestünden auf einem Radioappell an das ungarische Volk. Sie gingen davon aus, daß die Nuntiatur nichts mehr ausrichten könne, während Radio Vatikan mit Hilfe einer geheimen Propagandaorganisation den Appell des Papstes besser verbreiten könnte. Am 28. Oktober schließlich legte Myron Taylor dem Papst den Wortlaut eines Appells vor, der vom *War Refugee Board* verfaßt worden war, das den Papst drängte, sich über Radio an das ungarische Volk und den ungarischen Klerus zu wenden, um sie anzuspornen, den Unglücklichen zu helfen, indem sie sie versteckten und sich ihrer Deportation und ihrer Vernichtung widersetzten.

Pius XII. wählte einen anderen Weg. Rotta hatte den Papst informiert, daß am 29. Oktober in allen Kirchen Ungarns eine Kollekte für die Flüchtlinge stattfinden sollte. Daraufhin wurde sofort eine Botschaft vorbereitet; am 26. Oktober wurde der Appell des Papstes an den Kardinalprimas abgeschickt, der nicht darum gebeten hatte. Der Papst begann mit den Worten, daß ihn aus Ungarn dringende Appelle erreicht hätten, die ihn um eine Intervention zugunsten der Menschen anflehten, die wegen ihrer Religion, ihrer Rasse oder ihrer politischen Überzeugungen Verfolgungen und Grausamkeiten ausgesetzt seien. Der Papst befürwortete den Appell der ungarischen Bischöfe und schloß mit dem Wunsch, »daß, in Übereinstimmung mit den Prinzipien der Menschheit und der Gerechtigkeit, das bereits sehr große Leid dieses gewaltigen Konflikts nicht noch größer werde«. Pius XII. forderte die Bischöfe und Gläubigen auf, ihre

Hilfsanstrengungen für alle Opfer des Krieges zu verdoppeln, ohne Rücksicht auf ihre Rasse, mit anderen Worten: für die Juden, ob sie nun getauft waren oder nicht.

Das war auch eine Aufforderung an den Nuntius, seine Interventionen bei der Regierung fortzusetzen. Am 10. November telegraphierte Rotta dem Außenminister und protestierte erneut gegen die Behandlung der Juden:

> »Aus humanitären Gesichtspunkten, aber auch zur Wahrung der christlichen Moral erhebt der Hl. Stuhl Protest gegen das unmenschliche Verhalten gegenüber den Juden und unter Berücksichtigung der Erklärung des Außenministeriums bittet er die Regierung dennoch, mit größter Entschlossenheit einzuschreiten.«

Am 17. November ging er, diesmal in Begleitung des schwedischen Botschafters Danielsson, wieder zu Regierungschef Szálasi, um ihm ein Memorandum der fünf neutralen Staaten zu übergeben. Darin wurde der aktuelle Stand der Dinge zusammengefaßt, ohne daß er sich, in Anbetracht des fanatischen Hasses der Pfeilkreuzler auf die Juden, allzu große Illusionen über die praktischen Auswirkungen machte. Die Nuntiatur hatte ihrerseits alles Mögliche getan, indem sie bei den betroffenen Ministerien interveniert und indem sie mehr als 13.000 Schutzbriefe ausgegeben hatte: Zumindest vorübergehend hatten diese Briefe viele getaufte Juden vor der Deportation bewahrt.

Zu dieser Zeit war Auschwitz mit seinen Gaskammern bereits aufgelöst worden, aber der Fanatismus der Judenverfolger war noch nicht erloschen. Die Juden von Budapest, laut Schätzungen etwa 40.000, wurden zu Fuß nach Westen, in Richtung Österreich, geschickt, wo sie für die Verteidigung des Landes gegen die sowjetische Armee eingesetzt werden sollten. Am 8. Dezember 1944 übermittelte der Nuntius ein Memorandum an den Vatikan, das von einem Ordensmann verfaßt war, der von der Nuntiatur bis an die Grenze nach Ungarn geschickt worden war, um den Deportierten zu helfen. Der Autor des Memorandums, der als Augenzeuge berichtete, kommentierte: »Nur die Feder von Dostojewski wäre in der Lage, die Schrecken und Horrorszenen zu beschreiben, die die Deportation von Budapest nach Hegyeshalom, einer Grenzstation, begleiteten. Wenn man mit dem Lastwagen unterwegs ist, fährt man an einer Gruppe von Deportierten nach der anderen vorbei, die sich hungernd, frierend, humpelnd und am Ende ihrer Kräfte vorwärtsschleppen.«

Die sowjetische Armee näherte sich Budapest, aber die antijüdischen Maßnahmen gingen dennoch weiter. Am 8. Dezember fanden sich die Diplomaten der fünf neutralen Mächte, der Hl. Stuhl, Schweden, Türkei, Schweiz und Portugal, die vor Ort geblieben waren, wieder einmal alle fünf beim Außenminister ein. In der Zwischenzeit war der Bischof von Veszprem, der zukünftige Kardinal József Mindszenty, von den Pfeilkreuzlern verhaftet worden. Der Nuntius, der aufgefordert worden war, Budapest mit der Regierung zu verlassen, um eine andere Residenz im Westen zu suchen, antwortete, er könne die Regierung solange nicht begleiten, wie man einen katholischen Bischof gefangen halte, ganz zu schweigen von den eingekerkerten Priestern. Er beklagte sich auch über den Mangel an angemessener Nahrung für die Juden, die unter dem Schutz des Vatikans lebten. Das war nicht die letzte Demarche, zu deren Sprecher, oder auch Urheber, sich Nuntius Rotta als Doyen des Diplomatischen Korps machte. Einige Monate später, nach seiner Ausweisung aus Budapest durch die Sowjets, übersandte er die Kopie eines dritten Protestschreibens, das der Regierung der Pfeilkreuzler am 23. Dezember 1944 vorgelegt worden war.

Die Regierung hatte beschlossen, alle Juden in einem Ghetto zusammenzupferchen. Zumindest die Kinder, so forderten die Diplomaten, sollten verschont werden. Man weiß nicht, welche Wirkung diese letzte Demarche auf die Regierung hatte, denn am 23. Dezember umzingelte die Rote Armee die Stadt; der Widerstand dauerte bis zum 12. Februar 1945. Diese letzte Anstrengung der Diplomaten stellt zumindest unter Beweis, daß sie ihren Einsatz der vorangegangenen Monate bis zuletzt durchhielten, um die für die Deportation vorgesehenen Juden im Lande zu halten.

So führten die Vertreter des Hl. Stuhles ihren Kampf bis zum Ende, um die Juden dem Schicksal zu entreißen, das ihnen nach dem Willen der Nazis zugedacht war. Auch wenn Pius XII. öffentliche Erklärungen vermied, die ihm einige zu entlocken suchten, konnte er mit vollem Recht am 30. April 1943 an den Bischof von Berlin schreiben, der auch manchmal dazu neigte, spektakuläre Reden zu fordern: »Für die katholischen Nichtarier wie auch für die Glaubensjuden hat der Hl. Stuhl caritativ getan, was nur in seinen Kräften stand [...]. Immerhin ist dem Hl. Stuhl auch von jüdischen Zentralen wärmste Anerkennung für sein Rettungswerk ausgesprochen worden.«

Die Korrespondenz zwischen dem Hl. Stuhl und seinen Vertretern bestätigt diese Feststellung in aller Deutlichkeit.

Bereits am 14. Februar 1943 hatte der Nuntius in Bukarest, Msgr. Cassulo, den Dank des Vorsitzenden der israelitischen Gemeinschaft von Rumänien übermittelt: »Der Vorsitzende der israelitischen Gemeinde von Rumänien [...] ist bereits zweimal bei mir erschienen, um für die Unterstützung und den Schutz des Hl. Stuhles für seine Glaubensbrüder zu danken, und hat mich gebeten, dem Hl. Vater den Ausdruck des Danks der ganzen Gemeinschaft zu übermitteln, die in diesen schwierigen Zeiten von der Nuntiatur wirkungsvolle Hilfe erhalten hat.« Vierzehn Tage später teilte Cassulo mit, daß erst am Vortag Dr. Safran, der Oberrabbiner von Bukarest, gekommen sei, um ihn zu bitten, »dem Hl. Vater den Ausdruck der Ergebenheit und die ernsthaften und ehrerbietigsten Wünsche der ganzen Gemeinde zu übermitteln, die sich solch väterlicher Fürsorge seitens des erhabenen Pontifex gewiß weiß«.

Ungefähr zur gleichen Zeit – am 23. Februar 1943 – schrieb der Vertreter des Hl. Stuhles in Kroatien, Pater Marcone, im gleichen Sinne: »Der Rabbi von Zagreb (Agram) hat mich gebeten, dem Hl. Stuhl für die wirkungsvolle Hilfe, die er beim Transport einer Gruppe von jüdischen Kindern geleistet hat, den allerherzlichsten Dank auszusprechen.«

Der Apostolische Delegat in der Türkei, Msgr. Roncalli, schrieb am 22. Mai desselben Jahres 1943: »Noch heute ist der Sekretär der Jüdischen Agentur für Palästina (*Jewish Agency for Palestine*), Herr Chaim Barlas, zu mir gekommen, um mir und dem Hl. Stuhl zu danken für den glücklichen Ausgang seiner Interventionen für die Israeliten in der Slowakei.« Im Juni schickte er zwei an ihn gerichtete Briefe, einen mit dem Dank für seine Intervention zugunsten der jüdischen Flüchtlinge, den anderen mit dem ausdrücklichen Dank für das Hilfswerk des Erzbischofs von Zagreb (Agram), Msgr. Stépinac.

Der Kapuziner Marie-Benoît, genannt der Vater der Juden, machte sich in einem Brief an den Papst vom 15. Juli 1943 zum Sprecher der französischen Juden und übermittelte »ihren Dank an die katholische Kirche für die Wohltätigkeit, die sie ihnen bezeugt hat«.

Der Oberrabbiner von Jerusalem, Herzog, drückte in seinem Brief vom 19. Juli an den Staatssekretär seinen Dank an den Papst aus, dessen Bemühungen um die Flüchtlinge »ein Gefühl der Dankbarkeit in den Herzen von Millionen Menschen hervorgerufen« hätten. Und derselbe Herzog sprach in einem Brief vom folgenden 22. November Pius XII. »seinen ernsthaften Dank und seine tiefe Wertschätzung für sein so wohltätiges Verhalten gegenüber Israel und die so wertvolle Hilfe der katholischen Kirche für das in Gefahr befindliche jüdische Volk aus«. In etwa gleichem Sinne schrieben die jüdischen Gemeinden von Südamerika, Chile, Uruguay und Bolivien an die Vertreter des Hl. Stuhles, um ihrem Dank an den Papst Ausdruck zu verleihen.

Der Artikel, der am 27. September 1944 in der Zeitung *Mantuirea* mit der Unterschrift von Rabbi Safran erschien, ist ebenfalls sehr bezeichnend. Allein die Überschrift sagt schon alles: *Der Apostolische Nuntius hat erreicht, daß man auf die Deportation der Juden aus Siebenbürgen verzichtet. Gott soll ihn belohnen, für das, was er getan hat.*

Ohne die Bedeutung dieser Danksagungen, die oftmals von Bitten um erneute Interventionen begleitet waren, zu sehr hervorzuheben, muß man doch zugestehen, daß die jüdischen Führer die Bemühungen des Papstes um ihre verfolgte Gemeinde anerkannten und daß trotz der wiederholten Niederlagen und der begrenzten Ergebnisse der Einsatz des Hl. Stuhles nicht völlig vergebens war. Noch bemerkenswerter ist in gewisser Weise der Umstand, daß der Vatikan, inmitten der Unsicherheit und der Finsternis, in der er handeln mußte, und obwohl so viele wiederholte Interventionen im Verhältnis zu den eingesetzten Mitteln nur zu sehr bescheidenen Ergebnissen geführt hatten, ohne Unterlaß und bis zum Ende sein Rettungswerk fortgesetzt hat.

X. DAS SCHICKSAL DER EWIGEN STADT[10]

Während der Hl. Stuhl sich darum bemühte, auf die Hilferufe zu antworten, die aus Europa und Amerika für die jüdischen Opfer der Deportationen eintrafen, sah er sich auch vor der eigenen Haustür mit einer bedrohlichen Lage konfrontiert, die über Rom, der Hauptstadt Italiens, schwebte. Die Gefahr bestand seit dem 10. Juni 1940, als Italien an der Seite Deutschlands in den Krieg eingetreten war. Sie wurde besonders aktuell, als in den ersten Novembertagen des Jahres 1942 Luftgeschwader aus England massive Bombenangriffe auf die Städte Genua, Turin und Mailand flogen.

Nachdem er von den Erzbischöfen der bombardierten Städte Berichte über die Schäden an den sakralen Gebäuden und Krankenhäusern und über die Verluste an Menschenleben erhalten hatte, berief Kardinal Maglione den Gesandten Osborne und den amtierenden Geschäftsträger Tittmann zu sich und teilte deren Regierungen über sie »den Wunsch und das Gebet des Hl. Stuhles [mit], daß die Zivilbevölkerung verschont werde«. Osborne hatte am folgenden Tag geantwortet, Genua sei ein sehr wichtiger Hafen für die Versorgung von Afrika, und die Zahl der zivilen Opfer sei erheblich geringer als in den englischen Städten. In der darauffolgenden Woche fügte Osborne hinzu, daß die Luftangriffe der Zerstörung militärischer Ziele gegolten hätten, die auch in Rom vorhanden seien. Er erinnerte im übrigen an die Bitte Mussolinis an Hitler im Jahr 1940, am Bombardement von London teilnehmen zu dürfen. Kurz gesagt, die Frage der Bombardierung Roms, die sich beim Kriegseintritt Italiens bereits gestellt hatte, stand wieder auf der Tagesordnung. Vor allem, da sich in der englischen Presse und im Unterhaus zahlreiche Stimmen erhoben, die auch die Bombardierung Roms forderten.

Ende Oktober 1942 hatte Maglione an den Apostolischen Delegaten in Washington die Anweisung geschickt, Taylor mitzuteilen, daß

---

[10] Dokumentation zu diesem Kapitel X: vgl. ADSS, VII, X und XI. Dazu auch: FRUS, 1943, Vol. II, und FRUS, 1944, Vol. IV; AKTEN E, Bd. VIII; CHADWICK, Britain and the Vatican; WEIZSÄCKER, Erinnerungen.

im Falle der Bombardierung Roms der Papst protestieren werde.
Angesichts der sich verschärfenden Situation gab Maglione Cicogna-
ni den Auftrag, persönlich bei der Regierung vorzusprechen, die
Vermittlung von Botschafter Taylor zu nutzen, sowie den Erzbi-
schof von New York, Spellman, einschreiten zu lassen und sogar die
Möglichkeit eines gemeinsamen Vorgehens des Episkopats im Namen des amerikanischen Klerus und der Gläubigen zu erwägen.
Maglione rief die bereits vorgebrachten Argumente in Erinnerung:
Rom sei die Diözese des Pontifex maximus und die Hauptstadt des
Katholizismus; der Papst habe die Pflicht, im Falle einer Bombardierung zu protestieren. Dieselben Argumente wurden von Msgr. Godfrey gegenüber der britischen Regierung vorgebracht, der auch auf
die Unterstützung von Kardinal Arthur Hinsley, des Erzbischofs
von Westminster, zurückgriff. Schließlich bat Maglione am 4. Dezember Botschafter Raffaele Guariglia, den Vertreter Italiens beim
Hl. Stuhl, seine Regierung zu unterrichten, daß die dortigen militärischen Einrichtungen verlegt werden müßten, wenn sie die Bombardierung Roms verhindern wollte.
    Der Apostolische Delegat in Washington setzte sich mit Taylor,
mit dem State Department und dem Episkopat in Verbindung. Roosevelt, berichtete Cicognani, sei persönlich gegen die Bombardierung Roms, aber es sei ihm nicht möglich, eine förmliche Zusage zu
geben, aus der der Feind Vorteile ziehen könnte. Die englische Reaktion war unbeugsamer. Am 28. Dezember 1942 bestätigte Osborne die bisherigen Erklärungen des Premierministers. Churchill hatte
im vorangegangenen Jahr gesagt, die Engländer würden nicht zögern, Rom zu bombardieren, so gut sie vermochten und so schwer
wie möglich, wenn der Verlauf des Krieges es verlangte. Ein Protest
des Papstes gegen die Bombardierung von Rom würde als ein Eintreten zugunsten des italienischen Staates und der faschistischen Regierung verstanden. Als Eden im Januar im Unterhaus auf die Frage
der Bombardierung zurückkam, wiederholte er nur das bisher Ge-
sagte.
    Nach der Bombardierung von Ostia in der Nacht vom 16. Mai
1943 schickte Maglione erneut Noten an die beiden Parteien. Zwei
Tage später verbreitete Radio London die Erklärung des Unter-
staatssekretärs für Zivile Luftfahrt, Harold H. Balfour, wonach die
Regierung nicht zögern werde, Rom zu bombardieren, wenn es die
Kriegführung verlange. Am 3. Juni versicherte Ciano Kardinal Maglione, die italienischen Kommandoposten seien aus Rom verlegt
worden, aber er fügte vertraulich hinzu, daß Mussolini keinerlei Absicht habe, die Stadt zu verlassen, denn ein Faschistenführer habe für

Rom vehement »die Ehre [verlangt], genauso wie die anderen italienischen Städte bombardiert zu werden«.

Während der Vatikan eine diplomatische Note und ein Telegramm nach dem anderen abschickte, um die anglo-amerikanischen Bombardements von Rom abzuwenden, drängte sich eine andere Frage in den Vordergrund, ebenso durch die geographische Nähe wie durch die Anfragen, die sie auslöste, nämlich die Frage der inneren Lage Italiens. Pius XII. wies die Annäherungsversuche von Pietro Badoglio und von Ettore Bastico zurück, die eine Diskussion über die Notwendigkeit eines Regierungswechsels in Italien in Gang setzen wollten. Er befaßte sich hingegen eingehender mit Vorschlägen aus Amerika. Der Apostolische Delegat Cicognani hatte am 18. Februar 1943 mitgeteilt, Taylor habe ihm gegenüber mehrere Male wiederholt, daß es auch im eigenen Interesse Italiens nützlich sei, wenn die amerikanische Regierung verläßliche Hinweise besäße über die Form einer neuen Regierung, über den Fortbestand der Monarchie und darüber, wer Premierminister werden könnte.

Wenn der Hl. Stuhl einen Vorschlag unterbreiten würde, könnte es den Eindruck erwecken, als ob er sich in die inneren Angelegenheiten Italiens und noch dazu in eine der wichtigsten, nämlich einen Regierungswechsel, einmischen würde. Aber konnte er sich verweigern, wenn sich die Gelegenheit bot, dem italienischen Volk noch mehr Ruinen und ein noch verhängnisvolleres Schicksal zu ersparen? Dennoch hatte es Maglione nicht eilig, die Anfragen Taylors zu beantworten.

Am 13. Mai ging der Krieg in Nordafrika mit der Kapitulation der deutsch-italienischen Afrikaarmeen in Tunis zu Ende, und es war abzusehen, daß sich die anglo-amerikanische Luftwaffe nun mit ihrer ganzen Wucht auf Italien konzentrieren würde, um eine Landung auf der Halbinsel vorzubereiten; der Entschluß Mussolinis, den Kampf fortzusetzen, versprach nur weitere Ruinen und zahllose Opfer. Tardini fragte sich, ob nicht die Stunde für eine Intervention des Hl. Stuhles gekommen sei. Man mußte dem Regierungschef seine Verantwortung für das italienische Volk vor Augen führen, für das der Papst alles ihm Mögliche tun wollte. Im Namen des Papstes würde der Kardinalstaatssekretär Botschafter Ciano eine mündliche Botschaft überbringen, die dieser direkt an Mussolini weiterleiten sollte. Pius XII. stimmte diesem Plan zu und entschied, gleichzeitig eine persönliche Botschaft an Roosevelt zu richten.

Am 12. Mai 1943 um 12.30 Uhr verlas Kardinal Maglione Graf Ciano die für Mussolini bestimmte Botschaft. Pius XII. erinnerte darin an seinen Brief an den »Duce« vom April 1940 und erklärte, daß er

»mit tiefempfundener Bitterkeit an den so zahlreichen und äußerst schweren Leiden teilhabe, die dieser Konflikt unseren lieben Söhnen Italiens zugefügt hat und noch immer zufügt«. In der Zukunft drohten Trauer und immer schrecklichere Zerstörungen, und aufgrund seiner besonderen Verbundenheit als Bischof von Rom und Primas von Italien wolle der Papst noch einmal »Herrn Mussolini erklären, daß er nach wie vor sein Möglichstes tun wolle, um dem leidenden italienischen Volk zu Hilfe zu kommen«. Ciano hielt die Erklärung zunächst für zu vage. Dann aber erschien sie ihm doch als sehr zweckdienlich; er warnte jedoch davor, daß Mussolini psychologisch nicht in der Lage sei, die Notwendigkeit einzusehen, die unausgesprochen darin enthalten war, »das Land unverzüglich aus dieser verzweifelten Lage zu befreien, in die man es hineinmanövriert hatte«. Ciano zeichnete ein realistisches Bild der tatsächlichen Lage: Die italienischen Städte seien ohne Verteidigung, Mussolini denke noch an drei oder vier Jahre des Kampfes, der König rühre sich nicht, und die Alliierten würden Italien in der Annahme angreifen, daß sie durch seine Besetzung den Zusammenbruch des Reiches provozieren würden: »Man müßte verhandeln, aber Mussolini will das nicht, und andererseits werden die Alliierten niemals mit ihm verhandeln.« Ciano entfernte sich mit den Worten: »Das ist tragisch!«

Die Vorhersagen von Ciano wurden Realität. Am nächsten Tag erklärte er Kardinal Maglione offiziell, daß Mussolini dem Papst für seine Erinnerung und seine Sorge um das italienische Volk und dessen Leid danke, worunter auch er leide; aber »in der gegenwärtigen Situation gibt es keine Alternative, Italien wird also weiterhin kämpfen«. Ciano fügte hinzu, daß Mussolini, der neidisch auf das Prestige des Papstes sei, die Demarche des Vatikans nur wenig geschätzt habe und entschlossen sei, bis zum letzten Italiener zu kämpfen.

Der Brief von Pius XII. an Roosevelt, der acht Tage später abgeschickt wurde, war hingegen eine Bitte um Erbarmen. Nachdem er den Präsidenten an die Erklärungen erinnert hatte, die Botschafter Taylor in dessen Namen abgegeben hatte, daß nämlich »Amerika keinen Haß gegen das italienische Volk empfinde«, drückte der Papst seine Hoffnung aus, Italien werde mit Mäßigung und Verständnis behandelt, neues Leid und neue Ruinen würden ihm so weit wie möglich erspart und seine religiösen und künstlerischen Schätze vor irreparabler Zerstörung bewahrt.

Über die direkte Intervention bei Mussolini war die Anfrage Taylors nicht in Vergessenheit geraten, wie der Hl. Stuhl über die Aussichten eines politischen Wechsels denke. Der Kardinalstaatssekretär legte die großen Linien einer Antwort fest, und Tardini entwarf in

vier Punkten einen ersten Plan, den er Maglione am 18. Mai 1943
vorlegte. 1. Der Hl. Stuhl betonte erneut seinen Willen, über und
außerhalb der rein politischen Angelegenheiten der Staaten zu bleiben. 2. Das italienische Volk hänge anscheinend an seiner Monarchie
und möge sie offenbar auch. 3. Die Verfassung gestehe nur dem König und nicht irgendwelchen Kräften von außen das Recht zu, einen
Regierungschef zu ernennen. 4. Was die zu ernennende Person betreffe, so sehe sich der Vatikan nicht in der Lage, Vorschläge zu unterbreiten. Dieser letzte Punkt war zwischen Pius XII., Maglione
und Tardini umstritten. Der Papst wollte einige Namen vorschlagen,
verzichtete dann aber unter Berücksichtigung der Einwände von
Tardini darauf.

Die für Taylor bestimmte Antwort wurde am 21. Mai über einen
Sonderkurier, der einen Brief von Pius XII. an Präsident Roosevelt
überbrachte, nach Lissabon geschickt. Am 29. Mai telegraphierte Cicognani eine neue Nachricht von Taylor. In Anbetracht der Tatsache,
daß die gegenwärtige Stunde für Italien zweifellos eine der schwer-
sten in seiner Geschichte sei, müsse der Hl. Stuhl »denjenigen, die
die Möglichkeit zum Handeln hätten«, zu verstehen geben, daß es
für die Italiener an der Zeit sei, sich von Deutschland zu trennen und
eine neue Regierung zu bilden, da der Sieg der Alliierten nunmehr
sicher sei. Die Vereinigten Staaten seien bereit, mit ihr zu verhandeln, ihr Unterstützung und Schutz zu gewähren und sofort die
Bombardierungen einzustellen. Im gegenteiligen Fall würde die Zahl
der Opfer und Ruinen nur ansteigen, und Italien bliebe nur das
Schicksal des Besiegten.

Das Telegramm aus Washington traf im Vatikan am 30. Mai 1943
um 19 Uhr ein. Als er es Msgr. Tardini am nächsten Mittag überbrachte, erklärte ihm Kardinal Maglione, der die ersten Anweisungen vom Papst erhalten hatte, man müsse beim König eine geheime
Demarche unternehmen, um ihn zu informieren. Als er diese Frage
mit der Feder in der Hand überdachte, fragte sich Tardini, welchen
Repressalien der Hl. Stuhl ausgesetzt sein könnte, wenn er einen solchen Schritt unternähme. Im übrigen war der Versuch, die »Pulveri-
sierung« der italienischen Städte, wie es Eden ausgedrückt hatte, zu
verhindern, eine Sache, die mit der Grundhaltung des Hl. Stuhles
übereinstimmte. Darüber waren sich Maglione und Montini am
Morgen des 1. Juni einig. Pius XII. beschloß, zunächst Cicognani zu
beauftragen, bei Taylor anzufragen, ob er auf eigenen Entschluß
oder in Abstimmung mit Roosevelt gehandelt habe. Das Telegramm
für Cicognani wurde noch am Nachmittag des gleichen Tages abgeschickt, die Antwort traf am Abend des 6. Juni im Vatikan ein. Tay-

lor hatte aus eigenem Entschluß gehandelt, aber er war sich mit Roosevelt darin einig, persönlich im Vatikan vorzusprechen, wenn dies von Nutzen sei, um dort als Vermittler zwischen dem Hl. Stuhl und Washington »für jede Initiative [zu dienen], die Italien unternehmen könnte, um aus dem Krieg auszuscheiden«. Am übernächsten Tag, dem 8. Juni, beschloß Pius XII., ein Schreiben an den König von Italien vorbereiten zu lassen. Tardini verfaßte einen Text, der vom Papst überarbeitet wurde. Pius XII. sprach darüber am Morgen des 11. Juni mit Maglione und verschob seine endgültige Entscheidung auf den nächsten Tag.

Während man im Vatikan noch darüber beriet, wie man mit Viktor Emanuel Kontakt aufnehmen sollte, hißte der Kommandant der Sizilien vorgelagerten Insel Pantelleria vor den Alliierten die weiße Fahne. Einige Stunden später wandte sich Roosevelt in einer Pressekonferenz, die sofort von den Radiostationen übertragen wurde, an das italienische Volk und forderte es auf, sich des faschistischen Regimes zu entledigen und der deutschen Herrschaft auf der Halbinsel ein Ende zu bereiten. In diesem Fall sicherten die Alliierten Italien die Freiheit zu, sich eine Regierung seiner Wahl auszusuchen, in der Hoffnung, es werde wieder seinen Platz im Kreis der Familie der Nationen einnehmen. Taylor erschien, um Cicognani den Inhalt der Rede Roosevelts näher zu erläutern: Es handele sich um ein Ultimatum. Wenn es nicht angenommen werde, würden die Alliierten, die den Faschismus und den Nationalsozialismus um jeden Preis vernichten wollten, alle militärischen und nicht-militärischen Einrichtungen bombardieren, Rom nicht ausgenommen. Am frühen Nachmittag des 12. Juni 1943 gab der Apostolische Gesandte in einem Telegramm mit dem Vermerk »dringend« und »nur für den Kardinalstaatssekretär bestimmt« diese Erläuterungen, die ihm Taylor zur Botschaft Roosevelts gegeben hatte, an den Vatikan weiter.

Das Telegramm traf am folgenden Tag, dem 13. Juni, um 19.30 Uhr im Vatikan ein. Die Erklärungen Roosevelts boten einen Anlaß für die geplante Demarche beim König. Pius XII. entschied, der Nuntius solle um eine Audienz bei Viktor Emanuel bitten und ihm offiziell die von den Presseagenturen verbreiteten Nachrichten bestätigen. Am 17. Juni wurde der päpstliche Nuntius im Quirinal von König Viktor Emanuel empfangen. Unter Bezugnahme auf die Rede Roosevelts erklärte Borgongini Duca: »Die Botschaft des Präsidenten entspricht auch dem Willen der Alliierten, über den der Hl. Stuhl aus offizieller Quelle informiert wurde.« Der König verstand: »Also sind Sie über die Botschaft von zwei Seiten informiert, von den

Agenturen und auf diplomatischem Weg.« Dennoch blieb er undurchdringlich und mißtrauisch: »Zu sagen: Wir werden Euch gut behandeln, kann heißen: Statt Euch zu hängen, schlagen wir Euch den Kopf ab.« Das Gespräch zwischen dem Nuntius, der versuchte, all das anzubringen, was man ihm aufgetragen hatte, und dem König, der den heiklen Fragen durch ausschweifende Bemerkungen über die militärische Stärke und Landungspläne auswich, zog sich in die Länge. Obwohl eher von kühler Natur, notierte der Nuntius, redete der König sehr lebhaft und ließ seinem Gesprächspartner kaum Zeit, selbst etwas zu sagen. Schließlich fand der Nuntius eine Gelegenheit, seinen Auftrag zu erfüllen: »In einem passenden Moment habe ich gesagt, daß der Hochwürdigste Kardinal Maglione mehrere Male Gelegenheit hatte, dem Präsidenten mitzuteilen, daß der Hl. Stuhl, der sich nicht in die inneren Angelegenheiten der Staaten einmische, der Meinung sei, die Monarchie sei in Italien gut angesehen und werde vom italienischen Volk geliebt. Der König unterbrach mich: „Danke, danke, ich habe die höchste Wertschätzung für den Hochwürdigsten Kardinal Maglione: Jeder sagt nur Gutes über ihn. Er ist gut zur ganzen Welt.“ Ich nahm den Gesprächsfaden wieder auf. „Die Monarchie ist gut angesehen und wird vom italienischen Volk geliebt, und die Regierung ist von Eurer Majestät abhängig.“ An diesem Punkt lächelte der König und sagte mir wörtlich: „Ich bin nicht wie der Papst.“«

Noch am selben Abend erstattete der Nuntius dem Kardinalstaatssekretär Bericht. Der Hl. Stuhl sei bis an die Grenzen seiner Möglichkeiten gegangen. In der folgenden Woche, am 23. Juni, traf ein Telegramm von Cicognani ein, das noch einmal die Position der Alliierten in der Frage der Bombardierung Roms wiederholte. Die englische und amerikanische Regierung wollten Rom nicht bombardieren, aber sie würden es tun, wenn der Krieg erforderte. Die militärischen Kommandanten bestünden darauf, freie Hand zu haben, denn Rom sei ein Eisenbahnknotenpunkt, ein lebenswichtiges Zentrum für alle Verbindungen. Nach der Eroberung von Sizilien käme es auf entscheidende Aktionen an. Eden seinerseits betonte in seiner Antwort an den Delegaten Godfrey erneut das Recht seiner Regierung, die Hauptstadt eines feindlichen Landes zu bombardieren.

Eden schrieb diese Zeilen am 9. Juli. Im Morgengrauen des folgenden Tages landeten die Alliierten an der Küste Siziliens und gingen nach wenigen Tagen zur Offensive über.

In einem Brief an Pius XII., datiert vom 10. Juli und möglicherweise bereits zu einem Zeitpunkt an das Radio weitergegeben, an dem Msgr. Cicognani ihn noch nicht einmal in den Händen hielt, verkündete Roosevelt sehr deutlich, daß die alliierten Truppen gerade »Italien vom Faschismus und seinen beklagenswerten Symbolen befreit« hätten und er selbst sich, ebenso wie der Papst, nach dem Tag sehne, an dem der Friede Gottes von neuem die Welt erleuchten werde, ein gerechter und dauerhafter Friede.

Pius XII. beschränkte sich, fünf Tage später, zunächst auf eine Eingangsbestätigung. Aber während man im Vatikan über die Form einer Antwort an Roosevelt nachdachte, ereigneten sich entscheidende Dinge in Rom. Eisenhower, der jede Aktion gegen die Hauptstadt auf die Zeit nach der Landung verschoben hatte, schritt zur Tat. Am 19. Juli 1943 griffen 500 Flugzeuge von 11.10 Uhr bis 15 Uhr den römischen Verladebahnhof mit seinen Eisenbahneinrichtungen an. Auch die angrenzenden Wohnviertel wurden getroffen, ebenso wie die Basilika San Lorenzo fuori le mura und der benachbarte Friedhof von Campo Verano. Die Zahl der Opfer lag bei ungefähr 1.500 Toten und noch mehr Verletzten. Pius XII. traf begleitet von Msgr. Montini um 16.30 Uhr im Viertel von San Lorenzo ein, das er langsam bis zur Basilika durchschritt, die von den Bomben halb zerstört war, und blieb dort bis 20 Uhr. Begleitet von einer bewegten Menschenmenge kniete er vor den Ruinen nieder, um zu beten. Der Druck der Menschen, die sich um ihn drängten, war so groß, daß das Fahrzeug des Papstes beschädigt wurde und er einen anderen Dienstwagen nehmen mußte, um zum Vatikan zurückzugelangen.

Am folgenden Tag schickte Kardinal Maglione ein Rundschreiben an die Nuntien in Madrid, Lissabon, Dublin, Buenos Aires, Santiago (Chile), Bogotá, Rio de Janeiro, Lima, Caracas sowie an die Apostolischen Delegaten von Ottawa und Washington.

> »Gestern haben alliierte Flugzeuge ungefähr drei Stunden lang Rom schwer bombardiert. Obwohl man versichert hat, daß man nur militärische Ziele treffen wollte, hat man Wohnhäuser zerstört, den Friedhof verwüstet und die Basilika San Lorenzo fuori le mura zerstört, eine der ältesten und heiligsten Kirchen Roms. Der Hl. Vater ist darüber zutiefst betrübt, denn er hatte gehofft, seine wiederholten inständigen Bitten seien auf mehr Verständnis und Wertschätzung gestoßen. Das Ereignis hat bestätigt, daß es fast unmöglich ist, keine sakralen Bauten zu zerstören, wenn man eine Stadt bombardiert, die das Zentrum des Katholizismus ist.«

Das Rundschreiben fügte hinzu, der Papst habe sich vor Ort begeben, um sich ein Bild von den Schäden zu machen und seine Söhne in ihrem Unglück zu trösten.

Dann wandte sich der Vatikan an die italienische Regierung. In einer an die italienische Botschaft gerichteten Note vom 23. Juli 1943 forderte er die Italiener auf, zu überprüfen, ob sie wirklich ihr Versprechen gehalten hätten, alle militärischen Einrichtungen aus Rom zu entfernen, so daß es zur offenen Stadt erklärt werden könnte. Wenn sich die Regierung dieser Meinung anschließen könnte, »würde es sich der Hl. Stuhl zu seiner Aufgabe machen, die alliierten Regierungen umgehend darüber zu informieren«.

Die Landung in Sizilien hatte freilich dem Prestige Mussolinis einen schweren Schlag versetzt: Die Alliierten waren nicht »an der Küste« aufgehalten worden, wie es der »Duce« versprochen hatte, sondern machten auf der Insel einen schnellen Vormarsch. In der Nacht vom 24. auf den 25. Juli forderte der König Mussolini zum Rücktritt auf und gab Marschall Badoglio den Auftrag, eine neue Regierung zu bilden.

Es ist anzunehmen, daß der Vatikan über diese Vorgänge nicht informiert war; Msgr. Montini wurde erst am Morgen des 25. von einem Mitglied des Großrates über die Ereignisse der Nacht informiert. Hingegen verringerten die Erklärungen des Königs und Badoglios, die beide den Willen bekundeten, den Kampf an der Seite des Reiches fortzuführen, nicht die Probleme, die den Hl. Stuhl weiterhin beschäftigten, nämlich den Krieg und die drohenden Bombardierungen, besonders die Bombardierung von Rom.

In dieser Hinsicht entschloß sich der Vatikan, unverzüglich zu handeln. Am 26. Juli erklärte das Staatssekretariat der Botschaft Italiens, der Hl. Stuhl »erachte es für nötig, daß die neue Regierung unverzüglich Rom zur offenen Stadt erklärt und dies auch in die Tat umsetzt«. Am folgenden Tag bestand Tardini in einem persönlichen Brief an Babuscio Rizzo darauf, daß diese Entscheidung »eine der ersten der neuen Regierung sein müsse«.

Die Note des Vatikans traf zum richtigen Zeitpunkt ein. Die Erklärungen, die Roosevelt während seiner Pressekonferenz am 23. Juli abgegeben hatte, waren nun allgemein bekannt. Nachdem er beklagt hatte, daß die Faschisten Rom weder zur offenen Stadt erklärt noch dazu gemacht hätten, wiederholte er seine Hoffnung, daß sie sich bald dazu entschließen würden, um so mehr, als die Stadt nach der Besetzung Siziliens zu einem sehr wichtigen militärischen Zentrum geworden sei. Einige Tage später, am 27. Juli, schlug Churchill in einer Rede vor dem Unterhaus einen ausgesprochen drohenden Ton an. Wenn Italien die Absicht habe, den Krieg unter dem deutschen Joch fortzusetzen, so werde es den Ausgang des Kampfes nicht ändern, aber »es werde von einem Ende bis zum anderen verbrannt, zerstört und vernichtet werden«.

Am 31. Juli ließ die Regierung Badoglio dem Vatikan mitteilen, daß die prinzipielle Entscheidung gefallen sei, Rom zur offenen Stadt zu erklären. Man bat ihn, diesen Entschluß der gegnerischen Seite mitzuteilen, um in Erfahrung zu bringen, unter welchen Bedingungen diese Erklärung anerkannt werde. Am nächsten Tag sandte Kardinal Maglione entsprechende Instruktionen an den Gesandten in Washington und am 2. August an den Gesandten in London und beauftragte sie, sich mit den jeweiligen Regierungen in Verbindung zu setzen und ihn auf dem laufenden zu halten.

Am 4. August 1943 versammelte Maglione die Kardinäle, die sich in Rom aufhielten, in seiner Wohnung, um sie über die Lage zu informieren. Vierzehn Kardinäle waren anwesend, darunter auch der Sekretär der Kongregation für außerordentliche kirchliche Angelegenheiten. Er erinnerte zunächst an die vom Hl. Stuhl bei den Alliierten wie auch bei der italienischen Regierung unternommenen Schritte zur Rettung Roms. Die Regierung, die gebeten worden sei, die wichtigsten militärischen Einrichtungen zu verlegen, habe dies zwar versprochen, ihr Versprechen aber nicht gehalten. In bezug auf die politische Lage in Italien habe sich der Hl. Stuhl aus den Diskussionen herausgehalten, habe aber deswegen nicht weniger unter den Folgen der jüngsten Ereignisse zu leiden. Hitler sei darüber völlig außer sich. Er habe sich geweigert, die Erklärungen des Militärattachés in Berlin anzuhören, und die Idee eines Gesprächs mit dem König und mit Badoglio rundweg abgelehnt. Auch das Treffen zwischen den beiden Außenministern, Guariglia und Ribbentrop, und den Generälen Ambrosio und Keitel habe ihm abgerungen werden müssen. Zur gleichen Zeit marschierten bewaffnete deutsche Einheiten auf Rom. Die italienische Regierung befürchte einen Überraschungscoup für die Stadt und sogar eine Invasion des Vatikans. Diese letzte Möglichkeit sei nicht auszuschließen, wenn man an die Drohungen denke, die die Deutschen in den letzten Jahren ausgestoßen hätten. In einem der zirkulierenden Gerüchte heiße es auch, der Papst sollte nach München gebracht werden. Die italienischen Truppen seien zwar zahlreicher als die deutschen, hätten aber keine schweren Waffen und keine Panzer und seien nicht imstande, Widerstand zu leisten. In Rom selbst befänden sich 60.000 sehr gut ausgerüstete deutsche Soldaten. Unter diesen Umständen sehe sich die italienische Regierung gezwungen, den Krieg fortzusetzen. Der Hl. Stuhl versuche zunächst, die allergrößte Vorsicht walten zu lassen, aber die Lage sei schmerzlich und bedrohlich.

Zu dieser Zeit antworteten die Regierungen in London und Washington auf die Anfrage der Delegaten Godfrey und Cicognani, die um die Bedingungen der Alliierten für die Anerkennung Roms als offener Stadt gebeten hatten, diese Frage werde untersucht. Während weiterhin Telegramme zwischen dem Vatikan und den beiden Hauptstädten ausgetauscht wurden, wurde Rom am 13. August 1943 ein zweites Mal bombardiert. Die Viertel, die am Rande des Bahnhofs lagen, wurden getroffen. Kaum war der Alarm beendet, begab sich Pius XII. in die betroffenen Gebiete, wo er erneut die gleichen Begeisterungsstürme auslöste wie am 19. Juli. Am nächsten Tag erklärte die Regierung Rom offiziell zur offenen Stadt. Kardinal Maglione setzte sogleich den Gesandten in Washington darüber in Kenntnis. Aber die Antwort Cicognanis, die er am Abend des 16. August abschickte, war nicht sehr ermutigend. Die italienische Erklärung sei wertlos, ja sie löse sogar Mißtrauen aus, insbesondere nach den Beteuerungen, daß der Krieg an der Seite der Deutschen fortgesetzt werde. »Deshalb sieht es so aus, als wollten die Alliierten Italien unter Trommelfeuer nehmen, die Bevölkerung bis an die Erschöpfung bringen, es durch Zerstörung und Massaker zur vollständigen Kapitulation zwingen, wenn diese Regierung nicht bald einen anderen Ausweg findet.«

Am 19. August traf aus Washington ein neues Telegramm von Cicognani ein. Die amerikanische Regierung sei erstaunt darüber, daß die gegenwärtige italienische Regierung die Politik der vorhergehenden fortsetze, und man frage sich, warum sie sich nicht sofort von Deutschland lossage. Der Delegat bat um klare Auskunft, um ganz präzise auf die Frage antworten zu können, ob diese Regierung aus freiem Willen an der Seite der Deutschen bleibe oder ob sie dazu gezwungen sei. Das Staatssekretariat zögerte: Tardini war von der Notwendigkeit einer Antwort überzeugt, Maglione hingegen weniger. Pius XII. entschloß sich zu einer Antwort. Ein Telegramm vom 21. August, das im Stil und im Latein der Kurie verfaßt war, gab die verlangten Auskünfte:

> »Auf den von Eurer Exzellenz vorgebrachten Zweifel, in bezug auf das, was sie wissen wollen, muß man *negativ* (= nein) antworten *ad primam partem* [= ob die offensichtliche Zusammenarbeit der Italiener freiwillig sei], *affirmativ* (= ja) *ad secundam* [= ist sie dazu gezwungen?].«

Zu dieser Zeit ging die Konferenz von Quebec zu Ende, ohne daß eine Entscheidung über das Schicksal Roms getroffen worden wäre; trotz der zur Entmilitarisierung der Stadt getroffenen Maßnahmen, über die das Staatssekretariat die Apostolischen Gesandten und die alliierten Diplomaten informiert hatte, wurden die Informationen aus Washington immer bedrohlicher.

Die Regierung Badoglio hatte unverzüglich Kontakt mit den Alliierten aufgenommen, aber die Verhandlungen über den Waffenstillstand zogen sich hin. Am 3. September traf der Vertreter Badoglios, General Giuseppe Castellano, Eisenhower in Sizilien und unterzeichnete den Waffenstillstand, der zu dem Zeitpunkt veröffentlicht werden sollte, an dem die Amerikaner in Salerno landeten. Am 8. September 1943, um 18.30 Uhr, verkündete Eisenhower über Radio Algier, »daß sich die italienische Regierung bedingungslos den bewaffneten Kräften ergeben habe. Die Kampfhandlungen zwischen den Truppen der Vereinten Nationen und denen Italiens werden umgehend eingestellt«. Eine Stunde später, um 19.45 Uhr, verkündete Marschall Badoglio die gleiche Nachricht über das italienische Radio. Unter demselben Datum, aber ohne genaue Zeitangabe, teilte eine Note der Botschaft Italiens dem Staatssekretariat den gleichen Sachverhalt mit. Am folgenden Morgen verließen die königliche Familie und ein Teil der Regierung, darunter Badoglio, Rom und begaben sich nach Pescara, um sich dort nach Brindisi einzuschiffen.

Seit dem Sturz Mussolinis hatte Hitler auf dieses Ereignis gewartet; Einheiten der Wehrmacht und der Waffen-SS waren bereits auf dem Weg nach Italien. Am Morgen des 10. September standen die Truppen von Feldmarschall Kesselring vor Rom. Der Kardinalstaatssekretär rief den deutschen Botschafter zu sich und bat ihn, Kesselring anzuraten, die Vatikanstadt zu schonen. Weizsäcker antwortete, er habe keinerlei Kontakt zu dem Marschall, aber er versprach, sein Möglichstes zu tun, um ihn zu erreichen. Um 11.30 Uhr traf ein Abgesandter des italienischen Generalstabes ein, um Montini mitzuteilen, das Abkommen mit dem deutschen Oberkommando, keine deutschen Truppen in Rom einmarschieren zu lassen, werde nicht befolgt, eine Fallschirmjägereinheit marschiere auf der Via Aurelia in Richtung Vatikan. Er fügte hinzu, daß sich die italienischen Truppen gut verteidigten, aber sie hätten schwere Verluste erlitten, und man zweifele daran, daß sie sich halten könnten.

Schließlich, um 16.15 Uhr, teilte Weizsäcker telephonisch mit, er habe Kesselring nicht erreicht, denn die Straßen seien durch die Kämpfe blockiert, und Einheiten der Wehrmacht drängen bereits in Rom ein: Sie befänden sich im Kollosseum und in der Basilika Santa Maria Maggiore. Am Abend des 10. September 1943 kontrollierten die bewaffneten Truppen des Reiches die Ewige Stadt.

Der Vatikan stand nun den Truppen des Reiches direkt gegenüber, seiner Armee, der Wehrmacht, und seiner Staatspolizei, der Gestapo, und unterhielt zu seinem Botschafter, dem ehemaligen Staatssekretär in der Wilhelmstraße, Ernst von Weizsäcker engere Beziehungen, als je zuvor. Seit seiner Ankunft in Rom hatte es sich Weizsäcker zur Aufgabe gemacht, einen Bruch zwischen seiner Regierung und dem Hl. Stuhl zu vermeiden. Er definierte seine Aufgabe als Politik der gegenseitigen »Nichteinmischung«. Mit diesem Ziel vor Augen ließ er im Vatikan durchblicken, die Repressalien Hitlers als Reaktion auf Stellungnahmen des Papstes, die im übrigen wirkungslos seien, könnten von unkalkulierbarer Heftigkeit sein. Gegenüber Berlin hingegen bemühte er sich, den Eindruck zu erwecken, daß das Verhalten des Hl. Stuhles gegenüber Deutschland wenn auch nicht zustimmend, so doch zumindest verständnisvoll und entschieden neutral war.

Bereits am 9. September, am Vorabend des Einmarsches der deutschen Truppen in die Stadt, war der Botschafter in das Staatssekretariat gekommen, um eine Erklärung für die von der Zeitung *Il popolo di Roma* verbreiteten Gerüchte zu erbitten, die dem Hl. Stuhl eine entscheidende Rolle beim Abschluß des Waffenstillstandes zuwiesen. Substitut Montini beruhigte ihn: Am Abend sollte ein Dementi im *Osservatore Romano* erscheinen. Und tatsächlich, die Zeitung des Vatikans mit dem Datum vom 10. September, die aber bereits am Abend des 9. September erschien, veröffentlichte auf der ersten Seite:

> »*Il popolo di Roma* veröffentlichte heute morgen einen langen Artikel über „die politischen Aktivitäten des Vatikans während der letzten Kriegstage". Wir haben die Erlaubnis zu erklären, daß diese Informationen völlig frei erfunden sind.«

Am 20. September wandte sich Kardinal Maglione an den Botschafter des Reiches: Er bat ihn um eine dringende Intervention, um zu verhindern, daß die Deutschen 6.000 italienische Geiseln für sechs deutsche Soldaten forderten, die angeblich in einem Krankenhaus in Rom ermordet worden seien. Weizsäcker antwortete, er habe es sich zur »festen Regel gemacht, den Hl. Stuhl aus solchen Fragen herauszuhalten«, und es könne gefährlich sein, die Aufmerksamkeit Berlins in dem Moment auf den Vatikan zu lenken, in dem die Alliierten auf Rom zumarschierten. Er werde sich um die Geiseln kümmern, aber über die Vermittlung seiner Freunde: So könne er mehr erreichen, als wenn er im Namen des Papstes spreche.

Maglione, der an die 6.000 jungen Menschen dachte, die in Gefahr waren, schenkte Weizsäcker schließlich Vertrauen, um ihn so handeln zu lassen, wie er es für richtig hielt. Indessen erwies sich das Gerücht über die sechs in einem Krankenhaus ermordeten Deutschen als falsch; die Geiseln wurden nicht eingefordert.

Dann nahm Radio London die am Petersplatz, am Rande der Vatikanstadt, postierten deutschen Wachen zum Anlaß, um zu behaupten, der Papst werde von der Besatzungsmacht als Geisel gehalten. Als Roosevelt auch noch in einer Pressekonferenz am 1. Oktober verkündete, die Kampagne der Alliierten in Italien sei ein Kreuzzug, um Rom, den Vatikan und den Papst von der nationalsozialistischen Herrschaft zu befreien, befahl Ribbentrop Weizsäcker, eine Audienz beim Papst zu erbitten. Am 9. Oktober übergab der Botschafter Pius XII. eine Erklärung seiner Regierung, in der die feindliche Propaganda dementiert und versichert wurde, daß Deutschland die Souveränität und die Integrität des Vatikanstaates bis in alle Einzelheiten respektiert habe, und bat um eine Erklärung gleichen Inhalts seitens des Hl. Stuhles. Der Papst erklärte sich im Prinzip einverstanden, behielt sich aber den Zeitpunkt und die Form der Veröffentlichung vor. Der Botschafter und der Kardinalstaatssekretär besprachen die Formulierungen; man einigte sich schließlich auf den Wortlaut, der am 30. Oktober 1943 im *Osservatore Romano* veröffentlicht wurde. Die Note begann mit einem Dementi der falschen Informationen in der alliierten Propaganda und unterrichtete über den vom deutschen Botschafter unternommenen diplomatischen Schritt. Dann wurde mitgeteilt, daß die Vatikanstadt tatsächlich respektiert worden sei und man den Schritt des Botschafters als ein Versprechen für die Zukunft betrachte.

In der Zwischenzeit hatten sich in Rom schwerwiegendere Ereignisse zugetragen als die Einsetzung von Wachen am Rande des Petersplatzes. Die deutsche Besatzung hatte selbstverständlich die jüdische Gemeinde von Rom in Aufregung versetzt, aber die Juden zögerten, von dort zu flüchten. Im Gegenteil: Gerade in diesem Moment strömten erneut Flüchtlinge aus Frankreich in die Stadt, wo sie sich eher in Sicherheit fühlten. Pius XII. hatte sich sofort um die italienischen Juden gekümmert, die nun in Gefahr waren, in die Hände der nationalsozialistischen Polizei zu fallen. Eine Note vom 17. September 1943 mit dem Titel *Befürchtete Maßnahmen gegen die Juden Italiens* enthielt die Anweisungen des Papstes: »Die Frage untersuchen, ob es ratsam wäre, sich in allgemeinen Worten bei der deutschen Botschaft beim Hl. Stuhl für die zivile Bevölkerung aller Rassen einzusetzen, insbesondere für die Schwächsten, Frauen, Alte, Kinder und für die einfachen Leute.«

Am 20. September wurden die Führer der israelitischen Gemeinde von Rom von Obersturmbannführer Herbert Kappler in das Hauptquartier der SS einbestellt, der sie aufforderte, innerhalb von vierundzwanzig Stunden 50 Kilo Gold abzuliefern, andernfalls würden alle

Männer der jüdischen Gemeinde der Stadt umgehend deportiert. Das war eine Form der Erpressung, an die die Juden gewöhnt waren; aber trotz ihrer verzweifelten Anstrengungen konnten sie nur 35 Kilo Gold aufbringen. Der Oberrabbiner von Rom, Israël Zolli, wandte sich hilfesuchend direkt an Pius XII., der die Anweisung gab, alles Nötige in die Wege zu leiten, um die noch fehlenden 15 Kilo zusammenzubringen. Dokumente über diesen Vorgang gibt es nur wenige. Ein Memorandum des Commendatore Bernadino Nogara, des Chefs einer Sonderkommission des Hl. Stuhles, berichtete unter dem Datum des 29. September, daß Rabbi Zolli gekommen sei, um ihm zu sagen, die 15 Kilo seien von »katholischen Gemeinden« geliefert worden. Ein Beitrag des Vatikans sei also nun nicht mehr nötig.

Unterdessen, während der ersten Oktobertage, suchten die Juden von Rom Klöster als letzte Zufluchtstätten auf. Am 1. Oktober berichtete Msgr. Montini dem Papst, ein jüdisches Ehepaar, das bereits ziemlich alt und nicht sehr gesund sei, wolle sich zu den Schwestern der Oblaten in der Via Garibaldi auf dem Gianicolo zurückziehen. Die Nonnen wollten die Frau aufnehmen, nicht aber den Mann. Der Papst ermöglichte, daß ihnen geholfen werden konnte. Zwei Wochen später, als die Juden Roms, die sich endlich der akuten Gefahr bewußt geworden waren, ihre Heime verließen und Zuflucht bei ihren Freunden und Helfern und insbesondere bei den religiösen Gemeinschaften suchten, wurden die »kanonischen Schranken« aufgehoben, um zu ermöglichen, daß Männer in Nonnenklöstern bzw. Frauen in Männerklöstern aufgenommen werden konnten.

In der Nacht vom 15. auf den 16. Oktober nahm eine Gruppe von SS-Männern, die einige Tage zuvor zu diesem Zweck nach Rom gebracht worden waren, Haus für Haus die Suche nach Juden auf, mit Hilfe von Listen, die bereits vorbereitet worden waren. Die Opfer der Razzia, etwa 1.000, wurden ins Collegio Militare auf dem Lungotevere gebracht, wo sie drei Tage später, mißhandelt und aller Dinge beraubt, in versiegelte Waggons gepfercht nach Deutschland verbracht wurden, wo sie verschwanden. Die ersten Informationen über die Razzia scheinen den Papst über eine junge italienische Prinzessin, Enza Pignatelli-Aragona, erreicht zu haben. Sie eilte am frühen Morgen in den Vatikan und wurde vom *maestro di Camera* zu einer Audienz beim Papst vorgelassen.

Kaum war die Nachricht im Vatikan bekannt, bestellte Kardinal Maglione den deutschen Botschafter zu sich und sprach mit ihm so gut er konnte im Namen der Menschlichkeit und der christlichen Barmherzigkeit. Die erste Reaktion des hohen Beamten des Reiches, der innerlich die Politik seiner Regierung ablehnte, war ein persönliches Eingeständnis: »Ich warte schon darauf, daß Sie mich fragen: Warum bleiben Sie eigentlich an ihrem Platz?« Nein, antwortete Maglione: »Ich sage Ihnen nur: Exzellenz, Sie, der Sie ein weiches und gutes Herz haben, versuchen Sie so viele Unschuldige wie möglich zu retten. Es ist schmerzlich für den Hl. Vater, schmerzlicher als man sagen kann, daß man in Rom selbst, unter den Augen des Papstes, so viele Menschen leiden läßt, nur weil sie einer bestimmten Rasse angehören.« Dann stellte der Botschafter eine praktische Frage: »Wie wird der Hl. Stuhl reagieren, wenn die Dinge so weitergehen?« Maglione antwortete: »Der Hl. Stuhl möchte nicht gezwungen sein, vor die Notwendigkeit gestellt zu werden, ein Wort der Mißbilligung sagen zu müssen.« Weizsäcker wies darauf hin, daß es dem Hl. Stuhl bislang gelungen sei, sein Schifflein an den Klippen vorbeizumanövrieren; sollte man jetzt, in dem Moment, in dem der Hafen erreicht sei, alles aufs Spiel setzen? Die Direktiven kämen nämlich von sehr weit oben. Er schloß mit den Worten: »Ich bitte Eure Eminenz, mir freie Hand zu lassen, über dieses offizielle Gespräch keinen Bericht zu erstatten.« Kardinal Maglione war damit einverstanden. Er betonte, daß der Hl. Stuhl sich immer darum bemüht habe, dem deutschen Volk nicht den Eindruck zu vermitteln, während dieses schrecklichen Krieges auch nur das Geringste gegen Deutschland getan zu haben oder tun zu wollen. Aber man solle den Hl. Stuhl nicht zu einem Protest nötigen; wenn er sich dennoch dazu gezwungen sehe, so würde er sich in bezug auf die Konsequenzen ganz der göttlichen Vorsehung überlassen. Der Kardinal schloß: »Eure Exzellenz haben mir gesagt, daß Sie etwas für die armen Juden tun wolle. Ich danke Euch dafür. Den Rest überlasse ich Eurem eigenen Urteil. Wenn Ihr es für besser haltet, über unsere Unterredung nicht zu sprechen, so sei es.«

Trotz des Vertrauens, das man im Vatikan in die Intervention des Botschafters setzte, wollte Pius XII. sie durch offiziöse Kanäle unterstützen. Noch am Tag der Razzia erhielt ein Prälat, der aus Österreich stammte und für seine Treue zum Großdeutschen Reich bekannt war, Msgr. Alois Hudal, der Rektor der deutschen Nationalkirche in Rom, Besuch von einem Neffen Pius' XII., Carlo Pacelli. Nach diesem Gespräch schrieb Hudal an Generalmajor Rainer Stahel, den Stadtkommandanten von Rom, und drängte ihn, die Aktion gegen die Juden abzubrechen. Wenn die Verhaftungen fortgesetzt würden, warnte Hudal, könnte sich der Papst zu einem öffentlichen Protest veranlaßt sehen, zu einem Zeitpunkt, an dem Deutschland jedes Interesse habe, ihn zu schonen. Generalmajor Stahel habe die Botschaft Hudals angeblich sofort an die zuständigen

Behörden und an Himmler selbst weitergeleitet, der daraufhin Befehl gegeben habe, die Verhaftungen einzustellen, »in Anbetracht der besonderen Bedeutung Roms«.

Dennoch schrieb der englische Gesandte Osborne die Einstellung der Razzia eher seinem Kollegen Weizsäcker zu: »Gleich nachdem er über die Verhaftungen der Juden in Rom informiert worden war, berief der Kardinalstaatssekretär den Botschafter Deutschlands ein und formulierte eine Art Protest. Der Botschafter griff sofort ein, mit dem Ergebnis, daß viele wieder freigelassen wurden.« Osborne erläuterte dem Foreign Office, seine Informationen seien streng vertraulich, denn eine wie auch immer geartete Indiskretion könnte möglicherweise zu neuen Verhaftungen führen. Auf jeden Fall sei die Razzia ebenso plötzlich beendet worden, wie sie begonnen habe. Der ursprüngliche Plan war, alle römischen Juden zu verhaften, deren Zahl auf 8.000 geschätzt wurde. Aber die Blitzaktion vom 16. Oktober 1943 wurde niemals wieder aufgenommen.

Der Abtransport der Gefangenen an einen Ort fern von Rom bereitete den Bemühungen ihrer Verwandten und des Vatikans um sie kein Ende. Erneut wurde P. Tacchi Venturi hinzugezogen. Am 26. Oktober berichtete der Jesuit, die Juden Roms wollten zumindest wissen, wohin ihre Verwandten gebracht worden seien. Am nächsten Tag fragte Rabbi David Panzieri, der das Amt des Oberrabbiners ausübte, ob man in Anbetracht des heranrückenden Winters nicht warme Bekleidung für die Deportierten schicken könnte. Am 1. November berichtete Senator Riccardo Motta Msgr. Montini, er sei zu Generalmajor Stahel gegangen, als die Juden verhaftet wurden. Dieser habe ihm erklärt, daß er für die Aktion der Polizei nicht verantwortlich sei, und habe ihn wenig später wissen lassen, daß es keinerlei Hoffnung mehr gebe: »Diese Juden kehren nie wieder zu den Ihrigen zurück.« Dennoch sandte Maglione eine offizielle Note an die deutsche Botschaft, in der um Informationen gebeten und angefragt wurde, ob den aus Rom deportierten Juden nicht materielle Hilfe geleistet werden könnte. Am 15. November ließ Weizsäcker wissen, daß er nur sehr wenig, wenn überhaupt etwas tun könne, es sei denn Informationen zu erbitten.

Im Laufe der monatelangen deutschen Besetzung Roms boten die kirchlichen Besitzungen zahlreichen von den Deutschen gesuchten Menschen Zuflucht, politischen Flüchtlingen, Carabinieri, die sich geweigert hatten, der faschistischen Republik zu dienen, Juden und anderen, die sich nicht sicher fühlten. Einige kampierten im Vatikan, einige Hundert Menschen, deren Anwesenheit offiziell ignoriert wurde. Andere befanden sich in den exterritorialen Gebäuden, die an die Basiliken von Santa Maria Maggiore, San Giovanni in Laterano und San Paolo fuori le mura angrenzten. Andere wurden an weniger privilegierten Orten untergebracht, für die die deutsche Botschaft Schutzbriefe ausgestellt hatte. Dennoch drang man in mehrere dieser Zufluchtstätten ein. In der Nacht vom 21. auf den 22. Dezember 1943 wurden das Orientinstitut, das Russicum und das Priesterseminar für die Diözesen der Lombardei, drei miteinander verbundene Gebäude, aufgebrochen. Einige Juden wurden verhaftet, einer von ihnen starb an einer Herzattacke. In der Nacht vom 3. auf den 4. Februar 1944 drang die faschistische Polizei der Republik in das Kloster San Paolo fuori le mura ein und war nicht überrascht, dort einige höhere Offiziere, politische Flüchtlinge und Juden vorzufinden; einige von ihnen trugen sogar Mönchskutten. Diese Verletzung des päpstlichen Besitzes, der durch die diplomatische Immunität geschützt war, veranlaßte den Hl. Stuhl zu heftigen Protesten. Es wurden noch bei verschiedenen anderen Gelegenheiten Verstöße gegen die Exterritorialität des römischen Besitzes des Hl. Stuhles begangen, während die Basilika San Giovanni in Laterano und die angrenzenden Gebäude, die nur einige hundert Meter vom Hauptquartier Kapplers in der Via Tasso entfernt lagen, niemals in Gefahr gerieten: Sie beherbergten monatelang das gesamte »Komitee der Nationalen Befreiung«. Insgesamt betrachtet schienen sich die Klöster und religiösen Einrichtungen einer merkwürdigen Immunität zu erfreuen, trotz der Individuen, die für einen hohen Lohn die Juden denunzierten, die sich dort versteckt hielten.

Die Razzia vom 16. Oktober 1943 war gegen die italienischen Juden gerichtet. Die nichtitalienischen Juden, die Neuankömmlinge in Rom, waren damals noch nicht in Gefahr. Dennoch wurde im Laufe der Zeit auch ihre Lage gefährlich. Sie wurden von einem französischen Kapuziner unterstützt, P. Marie-Benoît, der in den letzten Tagen des faschistischen Regimes in Rom eingetroffen war. Von seiner Organisationsbasis im internationalen Kollegium der Kapuziner in der Via Sardegna aus leitete er ein geheimes Hilfsprogramm, um den Flüchtlingen Ausweise zu verschaffen. Am 19. November informierte ein Beamter das Staatssekretariat, der Kapuziner sei denunziert worden, unter dem Namen und Siegel des Kommissariats für Emigration und Kolonisation Lebensmittelkarten zu fälschen. Der größte Teil der Nutznießer dieser falschen Dokumente seien Juden, die den Deutschen ausgeliefert würden, zusammen mit P. Marie-Benoît, wenn die Denunziation ihren Lauf nehme. Am Ende seines Gesprächs mit dem Vatikan war der Beamte damit einverstanden, die Affäre zu ersticken, »solange die augenblickliche La-

ge der Juden anhalte«. Er werde auch jede Aktion gegen den Kapuziner aufschieben, der die Unterschrift und den Stempel des Kommissariats gefälscht habe.

Trotz dieser Sorge um einzelne Personen verlor man das Wohl der
Stadt nicht aus den Augen. Das Vordringen der Alliierten im Süden
der Halbinsel brachte Rom jeden Tag der Frontlinie ein wenig näher.
Bereits am 2. Oktober 1943 notierte Tardini, daß »die Schlacht um
Rom beginnen wird«. Deshalb begann er mit der Vorbereitung einer
mündlichen Note an beide Seiten. Von Maglione überarbeitet rief die
Note in Erinnerung, daß der Hl. Stuhl bereits eingeschritten sei, um
die Zerstörung Roms zu verhindern, sowohl wegen seines künstlerischen und historischen Wertes als auch, weil es der Sitz des Pontifex
maximus und das Zentrum der katholischen Welt war. Jetzt, da der
Krieg näherzurücken schien und die italienische Regierung Rom zur
offenen Stadt erklärt hatte, »sehe es der Hl. Stuhl als seine Pflicht an,
die kämpfenden Parteien erneut inständig zu bitten, alles zu unternehmen, um zu verhindern, daß Rom zu einem Schlachtfeld werde,
denn dies könne zu unkalkulierbaren Schäden für die menschliche
und christliche Zivilisation führen und heute und in der Zukunft die
Mißbilligung aller ehrbaren Menschen hervorrufen«. Am Mittag des
7. Oktober wurde das Dokument von Kardinal Maglione an Botschafter Weizsäcker, um 16.30 Uhr dem Gesandten Osborne und eine Viertelstunde später dem amtierenden Geschäftsträger Tittmann
übergeben. Noch am selben Abend schickte Weizsäcker eine deutsche Übersetzung nach Berlin.

Am Abend des 5. November warf ein Flugzeug unbekannter Herkunft vier Bomben über dem Gebiet der Vatikanstadt ab. Kein Gebäude wurde getroffen, die Bomben gingen in der Nähe des Radiosenders, des Gouverneurpalastes und eines Gebäudes nieder, in dem
einige der Diplomaten als Gäste des Hl. Stuhles wohnten. Auf die
Bitten um Aufklärung darüber, wer diese Bomben abgeworfen hatte,
antworteten Deutsche und Alliierte, indem sie die Verantwortung
dem jeweils anderen Lager zuschoben, ohne daß man wirklich Gewißheit erlangen konnte. Von nun an wurde die diplomatische
Schlacht, die begonnen worden war, um die anglo-amerikanischen
Bomben von Rom abzuwenden, wieder aufgenommen, um zu verhindern, daß die Stadt tatsächlich zu einem Schlachtfeld würde. Die
letzten Monate des Jahres 1943 und die ersten des Jahres 1944 vergingen dennoch ohne eine spürbare Verbesserung der Situation vor
Ort.

Während der gesamten deutschen Besetzung Roms war die Versorgung der Bevölkerung die andere große Sorge von Pius XII., ei-

ner Bevölkerung, die durch den Zustrom der Flüchtlinge aus den Provinzen noch vergrößert worden war. Die Versorgung Roms stieß auf große Schwierigkeiten, die durch den Transport über das Meer von den Häfen des Nordens aus, zum Beispiel von Genua, hätte erleichtert werden können. Die Diskussionen des Vatikans mit den Alliierten zogen sich unnötigerweise bis zum 3. Juni in die Länge, als diese endlich zu verstehen gaben, die Versorgung Roms sei für die Deutschen eine zusätzliche Last, die man ihnen nicht abnehmen wolle. Das Scheitern des Transports auf dem Seeweg war eine Enttäuschung für Pius XII., aber er bestand bei den Deutschen auf ernsthaften Anstrengungen, um die Stadt besser zu versorgen. Am 26. Februar wurde Graf Galeazzi von General Siegfried Westphal, dem Generalstabschef Feldmarschall Kesselrings, empfangen. Neben anderen Problemen erwähnte Galeazzi auch besonders die Versorgungsengpässe. General Westphal beklagte, daß die Römer unglücklicherweise nicht freiwillig mit ihnen zusammenarbeiten würden, und bat darum, daß der Hl. Vater seinen Einfluß geltend mache, um das zu erreichen.

Unterdessen verstärkten sich die Sorgen von Pius XII. um die Rettung von Rom weiter, als am 23. Januar 1944 eine amerikanische Armee-Einheit in Nettuno landete, nur etwa sechzig Kilometer südlich von Rom. Drei Wochen später, am 15. Februar, nahmen sich die alliierten Bombardements den Monte Cassino zum Ziel. Dank der in den Felsen gehauenen Höhlen waren die Verluste an Menschenleben begrenzt, aber am Abend des 16. Februar war die Abtei des Monte Cassino, die Wiege der Mönche der westlichen Welt, nur noch ein Haufen Ruinen.

Zur selben Zeit lagen einige Zonen in der unmittelbaren Umgebung Roms unter dauerndem Bombenhagel. Er war so heftig, daß Pius XII., bevor er noch von der Zerstörung der Abtei, zumindest in allen Einzelheiten, gehört hatte, ein Telegramm an den Apostolischen Delegaten in Washington vorbereiten ließ. Die von Tardini konzipierte Botschaft, die von Maglione überarbeitet und vom Papst selbst noch einmal korrigiert worden war, erwähnte die Bombardierung und den Beschuß von mehreren Gebieten in der Nähe Roms und richtete an den Präsidenten der Vereinigten Staaten den dringenden Appell, die Bombardements einzustellen. Das Telegramm wurde am 17. Februar 1944 abgeschickt. Da die Frage des Schicksals Roms im britischen Oberhaus und in der alliierten Presse diskutiert wurde, entschloß sich der Hl. Stuhl, die öffentliche Meinung ins Spiel zu bringen. Unter dem Datum vom 29. Februar wurde ein Rundschreiben an die Nuntien und Apostolischen Gesandten in Kanada, Argentinien, Chile, Brasilien, Kolumbien, Portugal und Irland gesandt, um sie aufzufordern, die Katholiken ihrer Länder von »der Heiligkeit der Ewigen Stadt, des Zentrums des Katholizismus und Sitzes des Pontifex maximus, und von der Pflicht der kriegführenden Parteien, seine Integrität zu bewahren« zu überzeugen.

Am gleichen Tag traf die Antwort von Roosevelt ein. Der Präsident wiederholte »den brennenden Wunsch der Alliierten, die religiösen Gebäude und die Monumente unserer gemeinsamen Zivilisation zu retten«. Die militärischen Führer hätten den Befehl erhalten, sie nicht zu beschädigen; aber wenn sich der Feind darin verschanze, müsse man ihn von dort vertreiben. Der Papst möge also die Deutschen überzeugen, aus Rom abzuziehen, dann sei zugleich auch die Unversehrtheit der Stadt gesichert.

Maglione ließ der deutschen Botschaft eine Note mit Datum vom 11. März überbringen. Beim derzeitigen Verlauf der militärischen Operationen sei abzusehen, daß Rom eines Tages zum Zentrum der Kämpfe werden würde: Rom zu schonen, »eine in der politischen und kulturellen Entwicklung der Menschheit einzigartige und unvergleichliche [Stadt], die seit beinahe zwanzig Jahrhunderten das Zentrum und die Mutter der christlichen Zivilisation sei«, wäre ein unschätzbares Verdienst Deutschlands. Das Staatssekretariat nähre die Hoffnung, daß das deutsche Oberkommando die notwendigen Anweisungen geben würde, damit Rom und das Gebiet um Rom unter keinen Umständen zum Schauplatz militärischer Operationen werde.

Am 12. März 1944 empfing Pius XII. auf dem Petersplatz eine große Menschenmenge, um Tausenden von Menschen, die dorthin geflohen waren, wo sie den Schutzpatron Roms, der offenen Stadt, vermuteten, Worte des Trostes zuzusprechen. Die Engländer und Amerikaner hatten seine Bitte abgelehnt, die Luftangriffe an diesem Datum auszusetzen, aber als der Tag tatsächlich anbrach, war der Himmel dermaßen bedeckt, daß die Bomberformationen nicht in die Luft aufsteigen konnten. Vor der versammelten Menge wiederholte der Papst, Rom sei eine heilige Stadt, deren kulturelle Schätze und religiöse Bedeutung den Respekt aller verdiene, und er drückte die Hoffnung aus, niemand werde es jemals wagen, Rom in ein Schlachtfeld zu verwandeln und die Verantwortung für eine Tat zu übernehmen, »die unter militärischen Gesichtspunkten wenig ruhmreich und in den Augen Gottes und einer Menschheit, die sich ihres allerhöchsten und unantastbaren spirituellen und moralischen Wertes bewußt sei, ein abscheuliches Verbrechen sei«.

Am 14. und 19. März fielen wieder Bomben auf Rom, was zu erneuten Protesten von Pius XII. führte. In seinem Telegramm an Washington betonte Maglione, wenn die Amerikaner berechtigterweise versuchten, das Leben ihrer Soldaten zu schonen, dann müßten sie auch »die Mißbilligung und die Sorge des Papstes angesichts unnützer Vergeudung von Menschenleben« verstehen.

Während der Papst seine Bemühungen verdoppelte, Rom und die Römer unversehrt zu halten, wollte eine kleine italienische Widerstandsgruppe, die sogenannte GAP, die Patriotische Aktionsgruppe, die von römischen Kommunisten geführt wurde, einen Volksaufstand in Rom provozieren. Am 23. März um 3 Uhr nachmittags explodierte in der Via Rasella, einer engen Straße im Zentrum der Stadt, eine Bombe, als gerade eine deutsche Kolonne vorbeizog, und tötete 32 Soldaten. Vom Oberkommando der Wehrmacht und im Namen Hitlers kam der Befehl, für jeden toten Deutschen 10 Italiener hinzurichten, und das innerhalb von vierundzwanzig Stunden. Zu Beginn des Nachmittags des 24. März wurden 335 Italiener, die in verschiedenen Gefängnissen einsaßen, aus politischen Gründen verdächtigte und verurteilte Männer – Juden und Nichtjuden, die nichts mit dem Attentat zu tun hatten – außerhalb der Stadt in die Adreatinischen Höhlen gebracht und dort von einer SS-Einheit unter dem Kommando von SS-Obersturmbannführer Herbert Kappler, des Polizei-Chefs in Rom, hingerichtet. Erst am nächsten Tag berichtete die von den Deutschen kontrollierte Presse über das Massaker an den Geiseln im Verhältnis zehn zu eins. Die erhaltenen Dokumente sagen nichts über eine Intervention des Hl. Stuhles, der offensichtlich von der Schnelligkeit der Exekutionen überrascht wurde. Ein einziges archiviertes Schriftstück über dieses Ereignis wurde aufgefunden, das das Datum des 24. März, 10.15 Uhr, trug. Es ist die Note eines *minutante*, dem ein Beamter des römischen Rathauses einige Details über die Explosion in der Via Rasella und über die Opfer mitgeteilt hatte. Der Informant schloß mit den Worten: »Bis jetzt weiß man noch nichts über die geplanten Gegenmaßnahmen; man geht davon aus, daß für jeden getöteten Deutschen zehn Italiener erschossen werden.« Er scheint nicht mit einer so schnellen Reaktion gerechnet zu haben.

In der ganzen Welt, in Irland, in den Vereinigten Staaten, in Australien und Spanien begann sich die Öffentlichkeit für die Ewige Stadt einzusetzen. Bischöfe und Gläubige forderten ihre Regierungen auf, energisch bei den kriegführenden Parteien einzuschreiten, um sie davon zu überzeugen, Rom »als eine offene Stadt [zu betrachten], die nicht in ein Schlachtfeld verwandelt werden darf«, wie die spanischen Bischöfe General Franco erklärten.

Haben diese Bekundungen den Kardinalstaatssekretär ermutigt, einen neuen diplomatischen Schritt zu wagen? Auf jeden Fall ließ er der Gesandtschaft Großbritanniens und zwei Tage später dem Vertreter der Vereinigten Staaten schließlich die Informationen übermitteln, die ihm Weizsäcker über die von den Deutschen ergriffenen Maßnahmen gegeben hatte, um aus Rom alle militärischen Ziele, Truppenquartiere und Versorgungseinrichtungen der bewaffneten Truppen zu entfernen sowie den Durchzug von für die Front bestimmten Verstärkungen zu verbieten. Ein Luftangriff auf Rom träfe also nur zivile Ziele.

Zu diesem Zeitpunkt intervenierten Spanien und Irland ihrerseits in Berlin und Washington. Die Regierung in Berlin hatte in einer Verbalnote vom 18. April 1944 erneut bestätigt, die Dienststellen der Wehrmacht hätten für eine völlige Entmilitarisierung der Stadt gesorgt, so daß es keinen Grund mehr für einen mörderischen und zerstörerischen Angriff auf Rom gäbe. Die Antwort aus Washington war knapper; immerhin wollten die Amerikaner über die Bildung einer neutralen Kommission nachdenken.

Während Telegramme und diplomatische Noten ausgetauscht wurden, setzten die alliierten Truppen ihren Vormarsch nach Norden fort. Trotz der ironischen Bemerkungen über ihren Marsch auf Rom, einen Marsch »ewiger als die Ewige Stadt«, war Tardini klar, daß sich der entscheidende Moment näherte. Am 27. Mai 1944 um 11.15 Uhr hatte er eine lange Unterredung mit dem Botschafter des Reiches. Tardini sprach zwar im Namen des Kardinalstaatssekretärs, gab dem Gespräch aber dennoch eine eigene Note und erinnerte daran, daß in diesem Moment die Frontlinie an Rom heranrücke. Der Hl. Stuhl habe alle seine Mittel eingesetzt, damit die Stadt nicht in ein Schlachtfeld verwandelt werde; Churchill habe in einer Rede vor dem Unterhaus seine Hoffnung ausgedrückt, daß Rom die Schrecken des Krieges erspart blieben, und der Hl. Stuhl habe den Alliierten erklärt: Sorgt dafür, diese Hoffnung in die Tat umzusetzen. Jetzt sage er den Deutschen: Ihr habt so häufig erklärt, daß ihr Rom respektieren wollt und an seinem Erhalt interessiert seid, nun ist der Moment gekommen, euch entsprechend zu verhalten. Im übrigen müsse man im Verlauf des Rückzuges der deutschen Truppen mit Provokationen, Repressalien und auch Zerstörungen rechnen. Der Hl. Stuhl habe die Pfarrer beauftragt, ihre Gemeinden zur Ruhe aufzufordern: Im Gegenzug komme es darauf an, daß die Truppen auf ihrem Rückzug jede Art von Gewalttaten vermieden. Der Botschafter, forderte Tardini seinen Gesprächspartner noch auf, sollte die Aktion des Hl. Stuhles unterstützen, »damit der Hl. Stuhl

selbst leichter oder zumindest mit weniger Schwierigkeiten« die
Aufgabe erfüllen könne, die er sich gestellt habe, nämlich sich für die
Befriedung und die Mäßigung einzusetzen.
Am Abend des 31. Mai marschierte die 36. amerikanische Division
in Velletri, sechzig Kilometer südlich von Rom, ein. Möglicherweise
noch ohne Kenntnis der genauen Details, bereitete Kardinal Maglione am gleichen Tag, dem 31. Mai, ein neues Telegramm an den Apostolischen Delegaten in Washington vor:»Der Hl. Stuhl möchte sicher sein, daß die militärischen Dienststellen durch geeignete
Maßnahmen die schreckliche Verantwortung und das unentschuldba-
re Verbrechen vermeiden, Rom in ein Schlachtfeld zu verwandeln:
Dennoch glaubte man zu diesem Zweck die dringenden Empfehlungen und inständigen Bitten wiederholen zu müssen.« Pius XII. strich
aus dem Entwurf des Telegramms die Worte »und das unentschuld-
bare Verbrechen«. Am 2. Juni setzten zwei amerikanische Regimenter
ihren Vormarsch im Norden von Velletri fort, in Richtung auf den
Monte Cavo und Rocca di Papa, während ein drittes Regiment bis zu
den Hügeln im Osten des Sees Nemi vordrang. Während dieser Zeit
beging Papst Pacelli das Fest seines Namenspatrons, des hl. Eugenius.
In seiner Antwort auf die Glückwünsche des Heiligen Kollegiums
kam er selbstverständlich auf Rom zu sprechen, dessen Schicksal in
den nächsten Stunden entschieden werde. In seiner Rede, die sich
nicht nur an die römischen Prälaten richtete, sondern auch an die
Weltöffentlichkeit, benutzte Pius XII. die scharfe Verurteilung, die er
aus dem Telegramm seines Staatssekretärs gestrichen hatte:

> »Wir hegen die Hoffnung, daß diese angemessene und gemäßig-
> tere Einstellung über Erwägungen scheinbarer Nützlichkeit
> und über die sogenannten militärischen Erfordernisse und Not-
> wendigkeiten obsiege und daß die Ewige Stadt auf jeden Fall
> und um jeden Preis davon verschont bleibt, Kriegsschauplatz
> zu werden. Deshalb zögern Wir nicht, noch einmal mit gleicher
> Unparteilichkeit und pflichtgemäßer Entschiedenheit zu wie-
> derholen: Wer immer es wagen wollte, die Hand gegen Rom zu
> erheben, wäre vor der gesitteten Welt und vor dem ewigen Ge-
> richte Gottes des Muttermordes schuldig.«

Die Hoffnungen Pius' XII. wurden nicht enttäuscht: Obwohl es ihm
nicht gelungen war, ein bilaterales Abkommen zustandezubringen,
hatte er beiden Seiten, so schrieb Weizsäcker, eine Art von ehrfürch-
tigem Respekt vor Rom eingeflößt. Am Abend des 2. Juni 1944 hatten das 2. und 6. amerikanische Armeekorps die Deutschen gezwungen, sich auf eine letzte Verteidigungslinie zurückzuziehen; letztere

hatten nur noch die Wahl, Rom zu verteidigen oder es so bald wie möglich zu räumen. Die erste Lösung hätte es Kesselring ermöglicht, ein wenig Zeit zu gewinnen, aber er hätte eine Stadt in Trümmern hinterlassen. Er hatte aber von Hitler den Befehl erhalten, über den Vatikan mit den Alliierten Maßnahmen abzusprechen, die Rom aus der Kampfzone heraushalten sollten. Der kommandierende General zog seine Truppen im Norden von Rom auf eine neue Verteidigungslinie zurück, während sich der amerikanische Kommandant darum bemühte, die Brücken über den Tiber zu erobern.

So erlebte Rom vom Abend des 2. Juni und bis zum 4. Juni einen ununterbrochenen Durchzug von Truppen, Panzern, Lastwagen und Pferden der sich zurückziehenden Armee. Die Deutschen hatten alle Transportmittel requiriert, Autos, Droschken, bis hin zu Ochsengespannen, die unter den Augen der schweigenden Bevölkerung vorbeizogen: »Es ist ein trauriges Schauspiel«, kommentierte Tardini, »weil man entwürdigte, demoralisierte und erschöpfte Soldaten sieht [...], aber es ist auch tröstlich, denn man sieht die Glorreichen gedemütigt, die Gewalttätigen vernichtet.«

Am Morgen des 4. Juni 1944 standen die amerikanischen Truppen in den Vororten von Rom, wo sie durch ihren raschen Vormarsch einige Panzer verloren, um 19.15 Uhr erreichten Einheiten der 88. amerikanischen Division die Piazza Venezia. Am Morgen des 5. Juni besetzten die alliierten Truppen die Ewige Stadt.

Um 7 Uhr erschien Pius XII. am Fenster seiner Wohnung, um die Menge zu segnen, die sich auf dem Petersplatz versammelt hatte; um 10 Uhr wiederholte er diese Geste noch einmal. Am Abend, um 18 Uhr, erschien Pius XII. erneut, dieses Mal auf dem mittleren Balkon der Basilika. Der Sonntag des 4. Juni war in diesem Jahr 1944 das Fest der heiligsten Dreifaltigkeit: Der Pontifex maximus kam in seiner Danksagung darauf zurück:

> »Aus zutiefst dankbarem Herzen, erheben Wir im Geiste der Lobpreisung und Verehrung Unseren Geist und Unser Herz zum dreifaltigen Gott, Vater, Sohn und Heiliger Geist: Am Tag ihres feierlichen Festes gab die göttliche Barmherzigkeit den beiden kriegführenden Parteien den Geist des Friedens und nicht der Konfrontation ein, die Ewige Stadt wurde vor unermeßlichen Gefahren bewahrt.«

Rom war schließlich im großen und ganzen unversehrt aus dem Zweiten Weltkrieg hervorgegangen. Botschafter Weizsäcker sah darin die Krönung der Anstrengungen des Hl. Stuhles, die Römer bejubelten Pius XII. als den Verteidiger der Stadt.

XI. DIE FRANZÖSISCHE FRAGE[11]

Frankreich konnte mit seinen beiden Zonen, die eine unter dem deutschen militärischen Besatzungsregime, die andere unter der Regierung von Vichy, aber dennoch eng überwacht von der Regierung in Berlin, weiterhin von der Anwesenheit eines Apostolischen Nuntius profitieren. Msgr. Valerio Valeri, seit 1936 bei der sozialistischen Regierung akkreditiert, folgte der Regierung Reynaud, die vor der deutschen Invasion geflüchtet war; am 17. Juni 1940 berichtete er aus Bordeaux von der an Deutschland und Italien gerichteten Bitte um Waffenstillstand, dann, in seinen Telegrammen vom 22., 24. und 26. Juni, von der Ungewißheit, die die Verhandlungen begleitete, und schließlich vom Abschluß des Waffenstillstandes mit Deutschland und Italien. Bereits am 24. sprach er von einem Umzug der Regierung, die nunmehr von Pétain geführt wurde, nach Vichy. Bald setzte er in dieser Stadt, in die er die neuen Machthaber begleitet hatte, seine Aufgabe als Apostolischer Nuntius in Frankreich fort.

Eine seiner ersten Sorgen war es, vom Vatikan finanzielle Mittel zu erbitten, um das Leid zu lindern, das aber wegen des verlorengegangenen Briefes, von dem man nur die Antwort Magliones kennt, nicht näher benannt werden kann. Schon bald gerieten das besetzte, aber auch das unbesetzte Frankreich in große Versorgungsschwierigkeiten. Durch die englische Blockade und die unterbrochenen Beziehungen zu den eigenen Kolonien wurde die Versorgung mit Nahrungsmitteln in Westeuropa ausgesprochen schwierig. Doch der Hl. Stuhl wartete nicht auf offizielle Hilfsgesuche. Eine Note des französischen Botschafters, Wladimir d'Ormesson, zeigt, daß der Vatikan bereits die Initiative für eine erste Demarche ergriffen hatte. Der Kardinalstaatssekretär hatte dem französischen Botschafter mitgeteilt, »daß er sich wegen der bedrohlichen wirtschaftlichen Lage Sorgen mache, in der sich die französische Bevölkerung aufgrund der fehlenden oder unzureichenden Versorgung durch die Kolonien und den normalen Import befinde, und er deshalb sofort die Aufmerk-

[11] Dokumentation zu diesem Kapitel XI: vgl. ADSS, V, VIII, IX, X und XI. Siehe auch: Charles DE GAULLE, Mémoires de guerre, Bd. II, André LATREILLE, De Gaulle, la libération et l'Église catholique, Paris 1978.

samkeit Seiner Exzellenz des Herrn Botschafters Italiens auf dieses
Problem gelenkt habe, das sich im nächsten Winter zu einer Tragödie ausweiten könnte«. Graf d'Ormesson versäumte es nicht, seiner
Regierung von der Intervention Kardinal Magliones zu berichten; in
seiner Note vom 30. August 1940 übermittelte er Sr. Eminenz
zunächst den tiefsten Dank des Staatschefs, Marschall Philippe
Pétains, sowie des Außenministers Paul Baudouin. Da der Hl. Stuhl
sich freundlicherweise um die Frage der Versorgung der französischen Bevölkerung kümmern wolle, erlaube man sich darauf hinzuweisen, daß Empfehlungen dieser Art ebenso an die Adresse Italiens
wie auch an die Adresse Deutschlands gerichtet werden müßten.
»Dennoch, in der aktuellen Situation liegt der Schlüssel zu diesem
Problem eher in den Händen Englands. Die britische Blockade ist
nämlich das hauptsächliche Hindernis für die teilweise Wiederaufnahme der notwendigen Versorgung.« Die französische Regierung
wäre dem Hl. Stuhl also sehr dankbar, wenn er die Aufmerksamkeit
der Regierung Seiner Majestät auf die Dringlichkeit dieser Frage lenken könnte, »von der die Gesundheit und sogar die Existenz von
Millionen von Familien abhängt«.
   Der Vatikan griff diesen Vorschlag umgehend auf. Aber bereits bei
den ersten einleitenden Bemerkungen des Kardinalstaatssekretärs an
den Gesandten Großbritanniens, Sir Osborne d'Arcy, stieß er auf
Ablehnung, die im Verlauf der folgenden Monate auch in bezug auf
andere Länder immer wieder auftauchte; England fürchtete nämlich,
daß Deutschland die nach Frankreich eingeführten Lebensmittel für
sich selbst beanspruchen könnte. Ende November erhielt der Vatikan die offizielle Antwort. Die Regierung Sr. Majestät ehre die Motive, die den Kardinal zu dieser Initiative veranlaßt hätten, sie fühle
sich aber der vom Premierminister klar und eindeutig verkündeten
Politik, also der Aufrechterhaltung der Blockade, verpflichtet. »Da
diese Politik das Ziel verfolgt, die Niederlage des Feindes zu beschleunigen, glaubt die Regierung Seiner Majestät, daß sie den übergeordneten Interessen aller Völker dient, die die Freiheit und baldigen Frieden wünschen.«
   Das Problem der Versorgung kam in einem Bericht des Nuntius
in Frankreich wieder auf die Tagesordnung, der dieses Mal über einen Vorschlag des Staatschefs berichtete, durch den nicht nur in
Frankreich, sondern für alle Völker Europas der Mangel an Lebensmitteln und Medikamenten gelindert werden sollte. Am 7. März
1942 war Msgr. Valerio Valeri zu Marschall Pétain bestellt worden,
der ihm zwei Dokumente zeigte, die der Nuntius in seinem Schreiben zusammenfaßte. Es handelte sich um den Entwurf eines Briefes

des Marschalls an den Papst sowie um eine erläuternde Note. In seinem Brief an Pius XII. schlug Marschall Pétain die Bildung einer Flotte des Vatikans vor, für die er dem Papst Schiffe zur Verfügung stellen wollte. Das Ziel war, »daß diese neutrale Flotte vom amerikanischen Kontinent, unter einer weltweit geehrten Flagge, Lebensmittel und Medikamente holt, derer man in Europa so sehr bedarf. Es würde uns große Freude bereiten«, fügte der Marschall hinzu, »Eurer Heiligkeit die Schiffe zur Verfügung zu stellen, die nötig sind, um dieses Werk der internationalen Barmherzigkeit zu verwirklichen«.

In der Note, die dem Entwurf beigefügt war, erklärte Pétain, er sei deshalb auf diese Idee gekommen, weil allein der Hl. Stuhl, ein neutraler und verehrter Staat, solche Transporte durchführen konnte, die keine der kriegführenden Mächte völlig abzulehnen wage. Der Marschall hatte seinen Entwurf dem Nuntius mit der Frage übergeben, ob es ratsam sei, einen offiziellen Brief an Pius XII. zu senden. Der Nuntius hatte umgehend geantwortet, dies sei zwar eine sehr schöne Geste, die von den edelsten Gefühlen inspiriert sei, aber sie scheine ihm dennoch undurchführbar. Trotzdem erklärte sich Valerio Valeri bereit, seinen Vorgesetzten darüber zu berichten, bevor er eine endgültige Antwort gab.

Der Brief von Nuntius Valeri vom 10. März 1942 lag am 24. desselben Monats in den Händen von Msgr. Tardini. Nachdem er die großen Linien einer Antwort für den *minutante* aufgezeichnet hatte, warf der Leiter der Ersten Sektion, dessen Feder nur schwer einem Scherz widerstehen konnte, auf das Papier:

»Im Falle [einer positiven Antwort] könnte man:
1. Einen Wettbewerb für den Posten des Admirals ausschreiben.
2. Einen Artikel für den OR [*Osservatore Romano*] vorbereiten: „Vom Fischerboot des hl. Petrus zur vatikanischen Flotte".«

Einige Tage später hatte sich Tardini wieder in der Hand und machte sich daran, in angemessenerer Form darüber nachzudenken; das Ergebnis faßte er in einer Note vom 2. April zusammen: Vom idealen Standpunkt aus könne man die Geste des Marschalls als das Eingeständnis der großen, sehr großen Wertschätzung sehen, die heute mehr als jemals zuvor dem Hl. Stuhl und dem Pontifex maximus entgegengebracht werde. Würde er diese Initiative aufgreifen, hätte der Hl. Stuhl Gelegenheit, die höchsten Prinzipien der Barmherzigkeit des Evangeliums unter Beweis zu stellen, und zu zeigen, daß er in der Lage ist, wohltätigen Zwecken zu dienen. Wenn man, um die

Idee des Marschalls ansatzweise in die Tat umzusetzen, damit begänne, Medikamente für Kinder zu sammeln, erstrahle die Intervention des Papstes in einem noch helleren Licht.

So fiel die offizielle Antwort, die mit der Unterschrift Kardinal Magliones beim Nuntius von Frankreich eintraf, nicht so negativ aus, wie es die ersten Reaktionen vermuten ließen, die der Vorschlag des Marschalls ausgelöst hatte. Um dem Nuntius die Möglichkeit zu geben, Pétain die Schwierigkeiten zu erklären, die sich seinem Projekt entgegenstellten, gab der Brief des Staatssekretärs eine detaillierte Schilderung der vom Hl. Stuhl unternommenen Bemühungen, dem durch eine erbarmungslose Blockade ausgehungerten Griechenland zu helfen. So findet sich im Kapitel über die französische Frage auch ein ganz anderer Bereich der karitativen Arbeit, die der Hl. Stuhl in einem anderen Teilen Europas geleistet hat.

Der Nuntius versicherte zunächst dem Staatschef, der Hl. Vater, der sich seit Beginn des Krieges darum bemühte, das Leid zu lindern, betrachte das Projekt als völlig übereinstimmend mit der großzügigen Tradition des katholischen Frankreich. Dann drückte der Nuntius dem Marschall gegenüber die Freude des Papstes über den Plan und die darin enthaltene Wertschätzung für die pazifistische Aufgabe aus, die der Hl. Stuhl in der durch den Krieg erschütterten Welt erfülle. Man dürfe aber darüber nicht die großen Schwierigkeiten vergessen, die seiner Realisierung im Wege stünden. Nichts zeige besser diese Schwierigkeiten als die Ereignisse, die sich zugetragen hätten, als der Vatikan dem notleidenden Griechenland helfen wollte.

In einer Note des Hl. Stuhles vom 20. September 1941 an den britischen Gesandten hatte das Staatssekretariat die englische Regierung darum gebeten, Lebensmitteltransporte nach Griechenland durchzulassen, vor allem die 350.000 Tonnen Getreide passieren zu lassen, die die griechische Regierung bereits gekauft hatte. Zur gleichen Zeit intervenierte der Vatikan bei den Besatzungsmächten, um die Garantie zu erhalten, daß diese Lebensmittel ausschließlich für die griechische Bevölkerung bestimmt seien. Obwohl Kardinal Maglione nicht nur Sir Osborne, sondern auch Harold Tittmann versichert hatte, daß diese Garantien gegeben worden seien, verweigerte die englische Regierung aber ihre Zustimmung. Laut internationalem Recht liege die Verantwortung für die Versorgung bei den Besatzungsmächten; die Blockade könne für niemanden aufgehoben werden, nicht einmal für Griechenland. Der Kardinalstaatssekretär äußerte in einem privaten Gespräch gegenüber Osborne und Tittmann seinen tiefen Schmerz über das Verhalten der Briten, das für das griechische Volk die schlimmsten Konsequenzen habe. In einer Verbalnote vom 21. Oktober 1941 insistierte das Staatssekretariat gegenüber der englischen Regierung darauf, daß, die Frage des Rechts einmal beiseite geschoben, »sie sich darüber klar werden müsse, daß die Bevölkerung an Hunger sterben werde, wenn die Hilfslieferungen nicht einträfen: Man appelliere sowohl an die humanitären als auch die christlichen Grundsätze der Regierung«. Zur selben Zeit erhielt der Apostolische Gesandte in London den Auftrag, dem Foreign Office mitzuteilen, daß Msgr. Roncalli, der Apostolische Gesandte in Athen, von den zivilen und religiösen Vertretern des griechischen Volkes gebeten worden sei, nach Rom zu gehen, um die Intervention des Hl. Vaters zu erflehen. Am 11. November 1941 antwortete die englische Regierung, daß sie die Sorge des Hl. Stuhles um die Griechen zu schätzen wisse, aber sie wiederholte, daß »irgendeine Bresche in der Blockade nur dazu diene, dem Feind Englands die Mittel in die Hand zu geben, den Krieg zu verlängern«.

Trotz allem schickte das Staatssekretariat eine dritte Note an die englische Regierung, in der sie erklärte, daß der Hl. Stuhl allein von der christlichen Barmherzigkeit geleitet werde, ohne Rücksicht auf Rasse, Nationalität und Konfession, und erinnerte an die von verschiedenen Nationen unternommenen Demarchen, um Lebensmittel für die Griechen zu beschaffen. Kardinal Maglione fügte seinem Brief an den Nuntius in Frankreich ein Exemplar dieser letzten Note bei, damit dieser den Marschall vertraulich über die Aktionen des Hl. Stuhles auf karitativem Gebiet besser informieren konnte.

Gegen Ende Januar 1942 hieß es zunächst im englischen Radio, dann in der Presse, ohne Bezug auf die Demarchen des Vatikans, daß die Regierung die Möglichkeit in Erwägung gezogen habe, einen Transport mit einer gewissen Menge Lebensmittel für Griechenland zuzulassen. Endlich, am 2. Februar 1942, überreichte der Gesandte Osborne Kardinal Maglione ein Telegramm aus London, in dem die Entscheidung der Regierungen in London und Washington bekanntgegeben wurde, als außergewöhnliche Maßnahme 8.000 Tonnen Getreide nach Griechenland passieren zu lassen.

»Wenn man dies bedenkt«, schloß der Brief von Maglione an Valerio Valeri, »kann man sich leicht vorstellen, auf welche Schwierigkeiten der Hl. Stuhl stoßen würde, wenn er versuchen sollte, eine Unternehmung der Art zu versuchen, wie sie der großzügige Marschall vorgeschlagen hat.« Vielleicht stieße man auf geringere Schwierigkeiten, wenn man nur Lebensmittel und Medikamente für Kinder schicken würde. Der Nuntius könne sich dieser Informationen bedienen, um Marschall Pétain die tatsächliche Lage zu erläutern, ohne ihn jedoch davon abzubringen, den Brief an den Hl. Vater zu senden, wenn er ihn nach wie vor für sinnvoll hielte, denn der Nuntius wisse sehr wohl, daß der Hl. Stuhl, wenn es sich darum handele, wohltätigen Zwecken zu dienen, nicht vor Schwierigkeiten und auch nicht vor einem Mißerfolg zurückschrecke. Es käme auch vor, daß diese Bemühungen zum Erfolg führten, wie dieser Tage, da man einen Austausch von Kriegsgefangenen, zumindest der Schwerverletzten, zwischen England und Italien erreicht habe.

Am Ende des Monats zog der Nuntius eine Bilanz seiner Tätigkeit. In einer Audienz, die ihm Marschall Pétain gewährt hatte, habe er ihm die Zufriedenheit des Papstes über diesen Plan zum Ausdruck gebracht und ihm gleichzeitig die Schwierigkeiten desselben erklärt. Der Marschall habe ihn bestens verstanden und schließlich den Entschluß gefaßt, angesichts der jüngsten politischen Ereignisse, die den Demarchen des Hl. Stuhles im Wege stünden, den Brief nicht abzuschicken.

Dennoch hatten die Machthaber in Vichy, in den engen Grenzen, die ihnen die Regierung in Berlin für ihre Initiativen ließ, kaum Gelegenheit, mit dem Hl. Stuhl wichtige Verhandlungen zu führen; dem Nuntius blieb im allgemeinen viel Zeit, um sich den inneren Angelegenheiten der Kirche in Frankreich zu widmen. Nur gelegentlich berichtete er über seine Treffen mit dem Staatschef und den Ministern. Ein Wort aus dem Munde von Marschall Pétain bei einem Diner für das Diplomatische Korps im September 1941 ist bezeichnend für die Situation. Die Schwierigkeiten, auf die seine Regierung stoße, seien groß, sagte der Marschall in kleiner Runde, zu der der Nuntius, der Botschafter Brasiliens sowie der Botschafter Spaniens gehörten. Die Engländer beschuldigten ihn, auf die Deutschen zuzusteuern, und die Deutschen warfen ihm vor, auf die Engländer zuzusteuern. In Wirklichkeit, sagte Pétain, »steuere ich überhaupt nicht, ich lasse mich treiben«. Einige Tage später, am 26. September, wurde der Nuntius in einer Audienz empfangen, in deren Verlauf auch die militärischen Ereignisse erwähnt wurden. Die Neuigkeiten über die Erfolge der Wehrmacht in Rußland beeindruckten den alten Soldaten: Er fürchtete, daß die Deutschen, wenn sie als Sieger zurückkämen, einen Separatfrieden vorschlagen könnten, als Vorspiel für eine Umkehr der Allianzen. »Ich hoffe«, sagte er dem Nuntius, »daß die Bedingungen so hart sein werden, daß ich sie nicht annehmen kann.« Gleichzeitig neige er zu einem Kompromißfrieden; anderenfalls, so glaubte er, würde England vernichtet.

Aus Paris erhielt der Nuntius Informationen, die belegten, wie gespalten die Gemüter in dieser unruhigen Zeit darüber waren, wie man die nationale Aufgabe verstehen sollte. Es war nicht sonderlich erstaunlich, daß der alte Kardinal Alfred Baudrillart dem Trugbild des antibolschewistischen Kreuzzuges erlag und diejenigen in Wort und Schrift ermunterte, die an der Seite der Deutschen gegen das bolschewistische Rußland kämpfen wollten. Dieses Verhalten beunruhigte den Kardinalerzbischof von Paris, der wollte, daß der Papst selbst bei seinem höchst verdienstvollen Kollegen intervenierte. Rom hüllte sich zunächst noch in Schweigen. Schließlich behauptete Kardinal Baudrillart, der Papst heiße gut, was er gesagt habe. Der Nuntius nahm es nun selbst auf sich, an den Erzbischof von Paris zu schreiben: »Der Nuntius hält es für angebracht, daß man davon Abstand nimmt, Interviews zu geben, sei es aus Rücksichtnahme auf die gegenwärtigen Umstände, sei es aufgrund der unterschiedlichen Auslegungen, die man über diese Sache haben könnte. *Archiepiscopus utatur jure suo.*« Das bedeutete, wenn der Erzbischof die Erklärungen seines Kollegen für unangebracht hielt, stünde es ihm zu, in seiner Eigenschaft als Leiter der Diözese einzuschreiten. Der Brief des Nuntius fand in Rom volle Zustimmung. Am 19. Mai 1942 tat Kardinal Baudrillart seinen letzten Atemzug: Es fiel auf, daß sich die Besatzungsmacht bei der Beerdigungszeremonie für den Kirchenfürsten nicht zeigte. Viele glaubten, den Grund für diese Abwesenheit in einer persönlichen Weisung des Führers zu sehen, der dadurch seine Verärgerung über den Hl. Stuhl zum Ausdruck bringen wollte, der in seinen Augen schuld daran war, die Auflehnung der Katholiken gegen ihn zu schüren.

Unterdessen hatte der Nuntius in Frankreich mit dem Chef des französischen Staates über heiklere Fragen zu sprechen als die Bildung einer Flotte unter päpstlicher Flagge. Frankreich – mit seiner unter deutscher Besetzung stehenden nördlichen Zone und der Südzone, die nur bedingte Freiheit genoß – konnte sich den Maßnahmen nicht entziehen, die die nationalsozialistischen Machthaber gegen die Juden eingeleitet hatten.

In Vichy wurde am 2. Juni 1941 ein antisemitisches Gesetz erlassen [2. Judenstatut], das die ältere Gesetzgebung vom Oktober 1940 [1. Judenstatut] ersetzte. Zwei Monate später erhielt der Botschafter im Vatikan, Léon Bérard, den Auftrag, sich über die Schwierigkeiten zu informieren, auf die das Gesetz beim Hl. Stuhl stoßen könnte. Während eines Empfangs, der Mitte September 1941 in Vichy gegeben wurde, näherte sich Marschall Pétain dem Nuntius und sagte ihm, er habe einen Brief von Botschafter Bérard erhalten, der sich auf die kürzlich erfolgte Rassengesetzgebung beziehe. Laut Bérard habe der Vatikan, »obwohl er einige Anordnungen hart und wenig human finde, insgesamt keine Einwände zu erheben«.

Der Marschall hatte möglicherweise mit Absicht den Nuntius in Anwesenheit der Botschafter Spaniens und Brasiliens angesprochen. Valerio Valeri wollte keinerlei Mißverständnis aufkommen lassen: »Ich habe einigermaßen heftig reagiert«, schrieb Valeri am 30. September, »insbesondere wegen der anwesenden Persönlichkeiten, und habe erklärt, daß der Hl. Stuhl seine Ansichten über den Rassismus bereits geäußert habe, der die Wurzel aller Maßnahmen sei, die in bezug auf die Juden getroffen würden, und daß sich Herr Bérard nicht auf so vereinfachende Weise geäußert haben könne.« Der Marschall erwiderte in scherzhaftem Ton, daß der Nuntius möglicherweise mit seinen Vorgesetzten nicht übereinstimme, und lud Valeri ein, sich den Bericht von Bérard selbst anzusehen. Der Nuntius nahm die Einladung an und erstattete Maglione noch am 30. September Bericht: »Wie Sie feststellen werden, ist das *pro memoria* sehr viel nuancierter als mich der Marschall glauben machen wollte.« Valeri übergab dem Marschall eine kurze Note, in der er, wie er schrieb, »die schweren Nachteile hervorhob, zu denen die augenblicklich gültige Gesetzgebung, die im übrigen einigermaßen verwirrend ist, vom religiösen Standpunkt aus führt«. Marschall Pétain antwortete ihm, daß er selbst die gegen die Juden getroffenen Maßnahmen sehr bedauere, aber daß sie auf Druck des Besatzers erlassen worden seien.

Botschafter Bérard hatte tatsächlich, wie Maglione anmerkte, über diese Frage mit Msgr. Tardini und Msgr. Montini gesprochen. Nach diesen Gesprächen schrieb Bérard in seinem Bericht vom 2. September 1941, der Vatikan habe ihm gegenüber keine Kritik an dem Gesetz vom 2. Juni geäußert und der Hl. Stuhl habe aus Frankreich selbst keinerlei Beschwerde oder Bitte um Intervention erhalten. Die Kirche habe den Rassismus verurteilt so wie sie auch den Kommunismus verurteilt habe, aber das bedeute nicht notwendigerweise, daß sie jede einzelne Maßnahme eines Staates in bezug auf die Juden verurteile. In dem Gesetz vom 2. Juni 1941 verstoße zwar der erste Artikel gegen die Doktrin der Kirche, da er der Konversion eines Juden zum Christentum keinerlei rechtliche Bedeutung beimesse. Aber andererseits verbiete das französische Gesetz nicht die Heirat zwischen Juden und Nichtjuden. Abschließend habe man ihm im Vatikan gesagt, daß es keine Beanstandung dieses Judenstatuts geben werde. Man solle aber keine Beschränkungen bei den Eheschließungen einführen und in der Anwendung des Gesetzes die Prinzipien der Gerechtigkeit und der Barmherzigkeit beachten.

Die Version, die Bérard von dem Gedankenaustausch aufgezeichnet hat, kann kein Dokument aus dem Vatikan bestätigen. Auf jeden Fall stimmte Kardinal Maglione in einem Brief vom 31. Oktober der Antwort zu, die der Nuntius dem Marschall gegeben hatte, und schloß mit der Hoffnung, daß die gemeinsamen Interventionen von Kardinal Pierre Gerlier aus Lyon und des Nuntius die Anwendung der härtesten Maßnahmen dessen, was er »das leidige Gesetz« nannte, lindern könnten.

Kaum ein Jahr später nahm die Situation eine in anderer Hinsicht schwerwiegende Wendung. In dem Schreiben vom 29. Juli 1942 berichtete Nuntius Valerio Valeri aus Vichy, daß Mitte des Monats die Besatzungsbehörden mit Hilfe der französischen Polizei in Paris etwa 12.000 Juden verhaftet hätten, die vorübergehend im Radstadion *Vélodrome d'Hiver* untergebracht worden seien. Es handele sich in den meisten Fällen um Polen oder Tschechen, die in die Ukraine geschickt werden sollten. Diese Maßnahme hatte die Pariser Bevölkerung empört, die bereits über die den Juden auferlegte Pflicht zum Tragen des Davidsterns und durch das umgehende Gerücht, daß Kinder, die älter als zwei Jahre waren, von ihren Eltern getrennt werden sollten, aufgebracht war.

Diese Ereignisse wurden auf einem Treffen der Erzbischöfe Frankreichs diskutiert. Man faßte einen öffentlichen Protest ins Auge und kam zu dem Schluß, daß der Kardinalerzbischof von Paris einen Brief an den Staatschef schicken sollte. Das Protestschreiben, das der Nuntius im übrigen für ziemlich unverbindlich hielt, wurde dem Marschall tatsächlich von Msgr. Henri Chappoulie überreicht; dieser versprach, die Frage vor den Ministerrat zu bringen. In dieser Besprechung habe Laval angeblich erklärt, daß die Besatzungsbehörden die Frage der Trennung der Kinder von ihren Müttern noch einmal überdenken würden.

In seinem folgenden Bericht vom 7. August teilte Valerio Valeri mit, die Verhaftung der ausländischen Juden werde nun auch auf die unbesetzte Zone ausgeweitet. Zwei Züge mit Nichtariern, die sich im Lager von Gurs und anderen Lagern aufgehalten hatten, hätten die freie Zone in Richtung Deutschland verlassen. »Das endgültige Ziel, das ihnen zugedacht ist, ist hingegen noch nicht bekannt: Man nimmt an, daß sie nach Polen ins Generalgouvernement oder auch in die Ukraine geschickt werden.«

Diese Maßnahmen, berichtete der Nuntius, hätten große Unzufriedenheit in der Bevölkerung ausgelöst, vor allem weil der Umstand, daß auch Alte und Kranke genau wie alle anderen deportiert wurden, zeige, daß sie nicht für die Zwangsarbeit bestimmt sein konnten. Am 6. August 1942 war eine Abordnung von Katholiken und Protestanten von Marschall Pétain empfangen worden, die ihm gegenüber die Betroffenheit der Christen zum Ausdruck bringen wollten. Der Jesuitenpater André Arnou, der zu dieser Gruppe gehörte, hatte dem Nuntius berichtet, daß sich der Marschall über alles, was sich ereignet habe, äußerst bekümmert (*adoloratissimo*) gezeigt habe, aber er und seine engsten Mitarbeiter hätten versichert, diese Maßnahmen seien von den Deutschen erzwungen. Hingegen hätte Laval gesagt, daß er die Verantwortung für die ganze Angelegenheit übernehme. Schließlich habe die Delegation lediglich das Versprechen erhalten, daß die etwa 1.000 Internierten, deren Papiere in Ordnung waren, Frankreich in Richtung Amerika verlassen konnten. Anschließend berichtete Nuntius Valeri Kardinal Maglione über seine eigenen Interventionen:

> »Ich meinerseits habe mehrere Male mit dem Außenminister, wie Eure Eminenz ja weiß, und mit dem Staatschef selbst über diese schmerzlichen Probleme gesprochen. Ich habe auch nicht versäumt, insbesondere die südamerikanischen Diplomaten mehrere Male darauf hinzuweisen, daß es nicht wahr sei, daß sich der Hl. Stuhl in Schweigen hülle angesichts einer so inhumanen Verfolgung, denn der Hl. Vater habe mehrere Male sehr deutliche Bemerkungen fallen lassen, um sie zu verdammen, während andererseits die Gefahr von neuen Härten und einer Ausweitung der drakonischen Maßnahmen auf andere Teile Europas, wie zum Beispiel auf Italien und Ungarn, ihm eher ein vorsichtiges Abwarten und eine kluge Zurückhaltung angeraten erscheinen ließen.«

In seinem Brief vom 24. August erzählte Valeri von einer Unterhaltung, die er zwei Tage zuvor mit dem Ministerpräsidenten geführt hatte. Die Juden, sagte Laval, seien eine Gefahr für Frankreich. Der Nuntius antwortete, daß es nicht die Gefangenen in den Konzentrationslagern seien, die Frankreich bedrohten. Die Diskussion habe zu nichts geführt, schrieb Valeri, und die einzige Sache, die er erreicht habe, seien einige Zugeständnisse in Einzelfällen. Laval behauptete, Hitler habe deshalb den Entschluß gefaßt, alle Juden in einem einzigen Gebiet zusammenzufassen, weil er erfahren habe, daß die antideutsche Propaganda bei ihnen intensiviert worden sei.

Drei Tage später griff Msgr. Alfredo Pacini, ein Nuntiaturrat, anstelle des erkrankten Nuntius, zur Feder. Laval hatte einen Sekretär der Nuntiatur zu sich gerufen, um ihm eine für Kardinal Maglione bestimmte Mitteilung zu überreichen. Im Verlauf der Audienz hatte

XI. Die französische Frage

der Minister dem Sekretär den Brief vorgelesen, den der Erzbischof von Toulouse an alle Pfarrer seiner Diözese mit der Anweisung geschickt hatte, ihn am folgenden Sonntag, dem 23. August 1942, allen Gläubigen zu verlesen, und in dem er die gegen die Juden ergriffenen Maßnahmen verurteilte. Laval sei verärgert über den Erzbischof von Toulouse, Msgr. Jules Saliège, denn er erwarte, daß die Engländer diesem Brief über das Radio und die Presse bald eine große Publizität verschaffen würden. Deshalb sähe die Regierung gern, daß der Erzbischof von Toulouse in den Ruhestand versetzt würde. Im übrigen verteidigte er seine Entscheidung, die französische Polizei und Verwaltung bei der Deportation mithelfen zu lassen, den Deutschen also alle nichtfranzösischen Juden auszuliefern. Auch diejenigen, die in Klöstern Zuflucht gefunden hätten, sollten von dort abgeholt werden. Das endgültige Ziel sei Polen, wo die Deutschen, wie Laval sagte, »eine Art Heimstatt der Juden« (!) gründen wollten.

In den folgenden Wochen kam es in Frankreich zu einer Reihe von Initiativen, um zu retten, was noch zu retten war. Am 31. August übermittelte der Generalvikar von Fribourg bei Genf dem Nuntius in der Schweiz einen Plan, um den Juden Frankreichs zu helfen. Die Regierung Laval, erklärte er, die den Wünschen der Deutschen willig folge, schicke die Juden Deutschlands und Zentraleuropas zurück. In den letzten Tagen seien ungefähr 20.000 von ihnen zurückgebracht worden. Ihr Plan bestehe nicht darin, eine – völlig nutzlose – Demarche für diese Erwachsenen zu unternehmen, sondern wenigstens zu versuchen, daß Kinder unter sechzehn Jahren bleiben könnten. Man glaube, etwas für diese Kinder tun zu können, deren Zahl auf etwa 3.000 bis 5.000 geschätzt wurde. Man denke daran, sie in die Vereinigten Staaten oder nach Südamerika zu schicken, und wolle sie vorübergehend, bis die Einreisegenehmigung eingetroffen sei, in Portugal unterbringen. Gleichzeitig solle der Hl. Stuhl die Nuntien in Portugal, Brasilien, Uruguay, Argentinien, Venezuela und Chile beauftragen, die Bischöfe dieser Länder dazu zu bringen, die Öffentlichkeit darauf vorzubereiten. Tatsächlich war dieser Vorschlag praktisch undurchführbar, aber ein großer Teil dieser Kinder fand Aufnahme in französischen Familien oder französischen Einrichtungen.

In einem Telegramm vom 5. September 1942 setzte Pacini Maglione über ein Protestschreiben des Kardinalerzbischofs von Lyon gegen die antisemitischen Maßnahmen der Regierung in Kenntnis und gab drei Tage später in einem detaillierten Bericht genauere Informationen. Der Erzbischof von Lyon, Kardinal Pierre Gerlier, und der

Bischof von Montauban, Msgr. Pierre Théas, hatten in den Kirchen ihrer Diözesen Briefe verlesen lassen, die sich gegen die Verfolgung der Juden richteten. Man sprach sehr viel über diese Hirtenbriefe, und gewisse Kreise verurteilten sie als ein Manöver, das das Erneuerungswerk der Regierung bedrohe.

Unterdessen kümmerte sich der Hl. Stuhl weiterhin um die jüdischen Kinder. Kardinal Maglione telegraphierte am 17. September 1942 an den Nuntius in Frankreich, um Neuigkeiten über ihr Schicksal zu erhalten. Aus Port-au-Prince berichtete der Geschäftsträger Paolo Bertoli, daß General Rafael Trujillo, der Präsident von Santo Domingo, 3.500 jüdischen Kindern die Gastfreundschaft seines Landes anbiete.

Einige Tage später gab Msgr. Pacini neue Informationen über einen Hirtenbrief des Bischofs von Montauban. Er sei schärfer formuliert als die beiden anderen von Kardinal Gerlier und Msgr. Saliège, und zwar so sehr, daß man behauptete, der Prälat sei verhaftet worden, was aber nicht zutraf. Aber das offizielle Radio der Regierung attackierte alle, die sich den von der Regierung ergriffenen Maßnahmen widersetzten, und auch der Hl. Stuhl bekam wegen der Proteste, für die man den Nuntius verantwortlich machte, seinen Teil ab.

Schließlich telegraphierte Pacini am 24. September seine Antwort auf die Nachfragen über das Schicksal der jüdischen Kinder an Kardinal Maglione: »Die in Frankreich verbliebenen jüdischen Kinder wurden in besonderen Zentren zusammengefaßt und verschiedenen israelitischen Vereinigungen anvertraut. Andere Organisationen arbeiten bei diesem Hilfsdienst mit.«

Am 9. Oktober konnte Valeri erneut zur Feder greifen, um mit gleicher Post eine Ausgabe der Wochenzeitschrift *Je suis partout* zu senden, in der Kardinal Gerlier auf einer Zeichnung als Beschützer der Juden dargestellt wurde; auf der zweiten Seite befand sich eine heftige Attacke auf den Erzbischof von Rouen, Msgr. Pierre Petit de Julleville. Über letzteren habe er erfahren, fügte der Nuntius hinzu, daß die Besatzungsbehörden ihn zwingen wollten, in seiner *Semaine religieuse de Rouen* einen Artikel mit dem Titel »Maßnahmen von Paul IV. gegen die Juden« zu veröffentlichen, woraufhin der Erzbischof das Erscheinen seiner »Religiösen Woche« eingestellt habe. Schließlich wies Valerio Valeri darauf hin, daß man in letzter Zeit in der Presse sehr viel über Maßnahmen geschrieben hatte, die während der letzten Jahrhunderte im Kirchenstaat in bezug auf die Juden getroffen worden waren. Er nahm sich vor, beim Ministerpräsidenten energisch zu protestieren, sobald es ihm gesundheitlich besser ginge. Aber am 22. Oktober schickte der Nuntius mit gleicher Post ein Exemplar der *Semaine religieuse de Rouen*, in der sich der von den Deutschen geforderte Artikel befand, gefolgt von dem Hinweis, das Erscheinen der nächsten Ausgabe der Diözesanzeitschrift sei *sine die* aufgeschoben worden, und teilte außerdem mit, daß die Deportation aufgeschoben zu sein schien: Das dringendere Problem sei nun offenbar die Bereitstellung von Arbeitern für Deutschland.

Beschränkt man sich auf die Hinweise, die Msgr. Valerio Valeri selbst über seine eigenen Aktivitäten gab, dann scheint der Vertreter des Hl. Stuhles mit diesem Aufschub nicht viel zu tun gehabt zu haben. Dennoch hatte der Apostolische Gesandte im südafrikanischen Oranje-Freistaat dem Vatikan einige Tage zuvor, am 11. Oktober 1942, mitgeteilt, daß »59 Abgeordnete der jüdischen Gemeinde mit Wohlwollen den heftigen Widerstand zur Kenntnis genommen haben, mit dem sich der Hl. Stuhl der Ausweisung der Juden widersetzt hatte, die in Frankreich Zuflucht gefunden hatten«. Zusammen mit den Angriffen der im Dienste der Nazis stehenden Presse gegen ihn läßt das Schreiben dieser südafrikanischen jüdischen Gemeinde vermuten, daß auch der Nuntius in Frankreich aktiv war, es aber vorzog, größte Diskretion zu wahren. Die vorsichtigeren unter den Botschaftern machten sich nicht allzu viele Illusionen über die Einhaltung der Geheimhaltung des diplomatischen Codes sowie des diplomatischen Gepäcks.

Später stand eine Gruppe von in Frankreich internierten Juden im Mittelpunkt einer Bitte ihrer Brüder aus den Vereinigten Staaten und setzte die diplomatische Maschinerie des Vatikans in Bewegung. Am 27. Dezember 1943 ließ der Apostolische Delegat Cicognani seine Vorgesetzten über Funk wissen, die Vertreter der orthodoxen Gemeinde der Rabbiner der Vereinigten Staaten und Kanadas seien zu ihm gekommen, um für einige Tausend polnische Juden um Hilfe zu bitten, die im Lager Vittel in Frankreich interniert waren. Sie seien nun von der Deportation bedroht, weil die Regierung von Paraguay die von ihren Konsuln ausgestellten Pässe nicht mehr anerkenne. Vier Tage später, am 31. Dezember 1943, verfaßte der Nuntius in der Schweiz, Bernardini, einen Bericht über dieselben Juden von Vittel:

»Diese armen Menschen, die in den Lagern in Deutschland interniert waren, erhielten vor einigen Monate, indem sie enorme Summen zahlen, die diesen Herren Konsuln sicherlich nicht zur Ehre im christlichen Sinne gereichen, Pässe von mehreren Staaten Zentral- und Südamerikas. Mit diesen Pässen wurden sie nicht freigelassen, sondern nach Frankreich oder woandershin verlegt und ziemlich unmenschlich behandelt. In der letzten

Zeit, ich weiß nicht recht warum, wurden diese Pässe zurückgezogen und die Schutzmacht, in sehr vielen Fällen Spanien, hat
ihren Schutz zurückgezogen. Nun befinden sie sich in unmittelbarer Gefahr, umgebracht zu werden.«

Sogleich nach Erhalt des Telegramms von Cicognani hatte Maglione
dem Nuntius in Madrid die Anweisung gegeben, bei der spanischen
Regierung, der Vertreterin der paraguayischen Interessen, zu intervenieren. Es sollte zumindest ein Aufschub gegeben werden, um die
Frage auf seiten Paraguays zu klären. Am folgenden Tag wurde der
päpstliche Vertreter in der Hauptstadt Paraguays damit beauftragt,
Informationen einzufordern.
    Der Geschäftsträger des Vatikans in Asunción berichtete fast um-
gehend, die Regierung habe beschlossen, die umstrittenen Pässe anzuerkennen. Das Problem war aber nicht nur ein Problem der paraguayischen Diplomatie. Auch andere südamerikanische Republiken
wurden von dieser Affäre betroffen, neigten aber zu einer unnach-
giebigeren Haltung. Der Standpunkt Haitis wurde am 27. Januar
1944 von Geschäftsträger Paolo Bertoli dargestellt. Er erklärte, die
haitischen Behörden bestätigten, sie hätten die Einbürgerung vieler
Personen widerrufen, weil sie auf illegale Weise zustande gekommen
sei. »Tatsächlich ist bekannt, daß mehrere Konsuln und Beamte der
haitischen Gesandtschaft Einbürgerungsbescheinigungen an Ausländer, vor allem an Juden, ausgegeben bzw. verkauft haben.« Aus diesem Grund sei ein Jahr zuvor ein Gesetz erlassen worden, das all
denjenigen die haitische Staatsbürgerschaft aberkannte, die nicht bestimmte Formalitäten erfüllt und den Boden Haitis noch nicht betreten hätten. Die große Zahl der illegalen Pässe füge der Regierung
Schaden zu. Zum Beispiel habe in Rom selbst ein jüdischer Flüchtling, der in Verdacht stünde, in Frankreich und in der Schweiz für
Deutschland zu spionieren, durch Korruption auf illegale Weise einen Paß erhalten. Der Außenminister Haitis sagte, von allen polnischen Juden, die einen haitischen Paß besaßen, könnten nur zwei bestätigt werden, den anderen werde ihre Einbürgerung entzogen.
Abgesehen davon, fuhr der Minister fort, schienen die Deutschen die
haitischen Pässe nicht anzuerkennen, und es bestünde keinerlei
Hoffnung für diejenigen, die einen besäßen.
    Am 14. Januar 1944 hatte Bernardini erneut berichtet, das Inter-
nationale Komitee des Roten Kreuzes selbst fasse einen Appell an
seine eigene Regierung in Bern ins Auge, glaube aber zu wissen, daß
der Hl. Stuhl von sich aus etwas unternehmen werde. Maglione vermerkte am Rande: »Wir haben bereits nach Paraguay telegraphiert;

was kann man außerdem noch tun?« Unterdessen, am 24. Januar 1944, schickte der Kardinalstaatssekretär gleichlautende Instruktionen an die meisten Länder Lateinamerikas, die diese Frage betrafen. Paraguay, Chile, Bolivien, Costa Rica und Nicaragua schickten eine positive Antwort, das hieß, sie wollten die Papiere weiterhin anerkennen, selbst wenn sie auf illegale Weise erworben worden waren. Länder wie Brasilien und Uruguay gaben nur eine ausweichende Antwort. Andere schließlich verweigerten sich vollständig: Peru, Kuba, Guatemala, Haiti und El Salvador.

Die Politik Berlins war in dieser Zeit nicht eindeutig. Es ist eine Tatsache, daß sich die Pässe, ob gültig oder nicht, in den Händen der deutschen Behörden befanden. Sorgte sich Berlin um seine guten Beziehungen zu Lateinamerika, selbst wenn einige dieser Staaten dem Reich den Krieg erklärt hatten? Nahm es besondere Rücksicht auf Spanien, das als Schutzmacht auftrat? Im Verlauf dieser Monate intervenierte die spanische Regierung, wobei sie von ihrer Position als Lieferant von Kriegsmaterial profitierte, auch zugunsten der sephardischen Juden des östlichen Mittelmeeres, die Abkömmlinge der im 16. Jahrhundert aus Spanien ausgewiesenen Juden waren. Wurden die Juden von Vittel möglicherweise als Geiseln zurückgehalten, mit Blick auf den Austausch von internierten Deutschen in Lateinamerika?

Der Alarm, den man Ende 1943 ausgelöst hatte, schien beendet zu sein, als die Gefahr im März 1944 erneut aufflammte. Am 7. März telegraphierte der Delegat in Washington, eine Gruppe von Juden habe um Intervention bei der Schweizer Regierung gebeten. Am 30. März berichtete Bernardini, der alarmiert worden war, seinen Vorgesetzten, daß man nicht bei der Schweizer, sondern bei der spanischen Regierung intervenieren müsse. Um die Deportation zu verhindern, sollten die spanischen Vertreter in Berlin und Vichy auf der Basis der laufenden Verhandlungen auf einem Austausch von Juden gegen deutsche Zivilisten bestehen. Der Nuntius in Madrid, an den sich das Staatssekretariat gewandt hatte, telegraphierte am 12. April 1944, die deutsche Regierung werde eine spanische Intervention außer zugunsten der sephardischen Juden kaum freiwillig akzeptieren. »Dennoch«, fuhr Gaetano Cicognani fort, »werde diese Regierung in bezug auf die Juden von Vittel entsprechende Schritte unternehmen, damit ein Austausch von deutschen Zivilpersonen, die in Amerika interniert seien, gegen Juden zustande käme.«

Schließlich intervenierten hochgestellte Persönlichkeiten der Regierung der Vereinigten Staaten ihrerseits zugunsten der Juden von Vittel. Am 18. April berichtete der Gesandte, daß »hohe Persönlich-

keiten und Vertreter von jüdischen Vereinigungen ihm versichert
hätten, die Regierung der Vereinigten Staaten sei bereit, diesen Juden
zu helfen, sobald sie freigelassen worden seien, d.h., sobald sie die
Erlaubnis erhalten hätten, Frankreich zu verlassen.« Der Hl. Stuhl
wurde gebeten, entweder direkt oder über Spanien oder die Schweiz
einzugreifen.

Am 26. April 1944 berichtete Nuntius Bernardini in einem Telegramm, daß der Einfluß der Schutzmächte (Spanien und Schweiz)
nicht ausreiche und nicht zum Ziel führe. Die Juden, um die es ginge, seien bereits von Vittel in das Lager von Drancy verlegt worden.
Der Hl. Stuhl werde von einer Persönlichkeit, deren Namen der
Nuntius nicht nannte, gebeten, einzugreifen, um eine spätere Deportation nach Deutschland zu verhindern.

Die Bemühungen wurden fortgesetzt. Zum ersten Mal trat das
War Refugee Board auf den Plan. Am 16. Mai wandte es sich mit einem neuen Vorschlag an Msgr. Cicognani und wies darauf hin, die
Anerkennung der Pässe bedeutete nicht, daß die Besitzer dieser Dokumente unbedingt in die Länder emigrieren müßten, die die Pässe
ausgestellt hatten. Wenn sie erst einmal aus den Händen der Deutschen entkommen seien, würden sich die Vereinigten Staaten um sie
kümmern. Außerdem forderte das *War Refugee Board* ein Eingreifen des Vatikans in Madrid zugunsten einer Gruppe von 238 Juden,
die von Vittel mit unbekanntem Ziel abtransportiert worden waren.
Sie sollten zunächst nach Vittel zurückgebracht werden. Diese Information wurde zusammen mit dem am 20. Mai erbetenen Appell
nach Madrid weitergeleitet. In seinem Schreiben an den Nuntius
machte sich Maglione aber keine Illusionen: »Mir sind die Schwierigkeiten, zu erhalten, was man erbittet, durchaus bewußt: Dennoch
bitte ich Eure Hochwürdigste Eminenz darüber nachzudenken, ob
in dieser Hinsicht eine spätere Demarche möglich ist.« Die Invasion
der Alliierten in Frankreich am 6. Juni 1944 setzte einen Schluß-
punkt unter die Korrespondenz des Vatikans wegen der Juden von
Vittel: Von nun an hatten die Deutschen in Frankreich andere Sorgen.

Der Landung an der normannischen Küste folgte ein schnelles
Vordringen der Alliierten auf französischem Territorium, am 25. August 1944 fuhren die Panzer von General Leclerc in Paris ein. Kurz
danach richtete sich die Regierung von General de Gaulle in der wie-
dergewonnenen Hauptstadt ein. Das Jahr 1944 sollte schon bald
neue Probleme in den Beziehungen des Hl. Stuhles mit Frankreich
aufwerfen.

Nuntius Valerio Valeri hielt den Vatikan weiterhin auf dem laufenden über das Auf und Ab der Lage in Frankreich. Am 5. Januar 1944 berichtete er über die Ankunft eines neuen Vertreters aus Berlin bei der Regierung in Vichy, des Herrn Cecil von Renthe-Fink, der umgehend die Entfernung eines halben Dutzends von Ministern verlangte. Von nun an, so glaubte der Nuntius, sei die Zeit der Kollaboration abgelaufen, die Deutschen wollten in der Lage sein, sich jederzeit des Marschalls zu entledigen, zum Beispiel im Falle der Landung der Alliierten. Vielleicht würde er sich von selbst zurückziehen, wenn es auch schon ein wenig spät dafür sei, wie der Nuntius bemerkte, der auch darauf hinwies, daß die Anwesenheit eines Vertreters des Papstes in Vichy dem Staatschef zumindest teilweise die Unterstützung einer gewissen Zahl von Katholiken und Angehörigen der Hierarchie sicherte. Hingegen fiel ihm »die heftige und einstimmige Ablehnung des Regierungschefs, Herrn Laval, im Lande« auf. Nach dieser letzten Bemerkung versteht man, daß es der Nuntius nicht eilig hatte, den Absichten des Ministerpräsidenten entgegenzukommen, sich eingehender mit den Angelegenheiten der Kirche zu befassen.

In seiner Antwort auf zwei Anfragen an die Regierung – die der Brüder der christlichen Schulen, die um die offizielle Anerkennung ihrer Kongregation baten, und die des Episkopats, der um eine Erhöhung der staatlichen Hilfe für die privaten Schulen bat – warf Laval die Frage der Ernennung von Bischöfen auf. Die rechtliche Anerkennung der Brüder der christlichen Schulen stieß im Ministerrat auf Schwierigkeiten, als der Berater Louis Canet daran die Bedingung knüpfte, daß das in den Klassen unterrichtete Latein französisch ausgesprochen werden sollte. Laval seinerseits wollte den Standpunkt von Canet so lange unterstützen, wie die Frage der Ernennung der Bischöfe nicht in seinem Sinne gelöst worden war. Marschall Pétain, der sich zum Fürsprecher seines Ministerpräsidenten machte, hatte Msgr. Chappoulie gefragt, ob die Kandidaten für einen Bischofssitz nicht von einer Kommission vorgeschlagen werden könnten, die aus ihm selbst, Laval, dem Kardinalerzbischof von Paris und dem Nuntius bestünde. Tatsächlich hatte Laval diese Frage nicht mit Valerio Valeri besprochen, der sich vorgenommen hatte, zu antworten, er glaube nicht, daß der Hl. Stuhl »seine Prinzipien in einer so heiklen Frage und in einem Moment wie diesem ändern wolle«.

Msgr. Valerio Valeri informierte das Staatssekretariat auch über das Verhalten von Marschall Pétain in der Auseinandersetzung mit den Besatzern. Am 19. April 1944 berichtete er, der Staatschef habe in eine Radiobotschaft an die Nation ein Lob auf Deutschland einfügen müssen, das die europäische (!) Zivilisation rette, indem es gegen den Bolschewismus kämpfe. Eine zweite Botschaft sei für den Fall der Landung der Alliierten vorbereitet worden. Einige Tage später erzählte er von der Reise Marschall Pétains, der sich am 25. April nach Paris begeben hatte, um an der Beerdigung der Opfer des Bombardements des Pariser Stadtteils La Chapelle teilzunehmen. Es war das erste Mal, bemerkte der Nuntius, daß der Staatschef die Demarkationslinie überschritt, und viele der Regierungsmitglieder, die sich selbst möglichst oft in Paris aufhielten, hätten gern gesehen, daß sich der Marschall dort auf Dauer niedergelassen hätte. Aber bereits am 27. April war er wieder in Vichy.

Am Donnerstag, dem 4. Mai 1944, verbreitete sich das Gerücht, Marschall Pétain sei aufgefordert worden, ins Schloß von Voisins umzuziehen, das etwa zehn Kilometer von Rambouillet entfernt lag. Die Besatzungsmacht, die im Falle einer Landung der Alliierten einen Handstreich von Fallschirmjägern befürchtete, um den Marschall in ihre Gewalt zu bringen, hätte angeblich bereits eine Verlegung geplant. Dieses Mal mußten die Gerüchte über die Abreise ernstgenommen werden, der Nuntius erhielt aus dem Mund des Generalsekretärs Charles Rochat eine Bestätigung. Am folgenden Freitag wurde der Nuntius vertraulich gebeten, den Botschaftern Spaniens und der Türkei auszurichten, sie sollten sich am kommenden Sonntag nicht aus Vichy entfernen. Valeri tat nichts dergleichen, denn er erwartete einen Widerruf. Aber am Samstag, gegen 18 Uhr, wurde er offiziell darüber unterrichtet, der Staatschef werde ihn am nächsten Tag um 10.15 Uhr empfangen, denn die Abreise sei auf 13 Uhr angesetzt. Als Valeri erfuhr, daß die Einladung ihn allein betraf, begab er sich ins Hôtel du Parc. Der Marschall erschien ihm recht bewegt: In Anwesenheit von Rochat und Jean Tracou las er drei Dokumente vor: eine an die französischen Vertreter im Ausland gerichtete Depesche, um klarzustellen, daß die Abreise des Staatschefs keinerlei grundlegende Veränderung der Situation bedeute, ein Kommuniqué an die Presse und schließlich eine Erklärung, die Renthe-Fink, der für 11.15 Uhr erwartet wurde, verlesen werden sollte. Der Staatschef brachte darin zum Ausdruck, daß er sich nur unter Zwang nach Voisins begebe. »Angesichts des Wunsches, der ihm gegenüber geäußert worden ist, und wegen der besonderen Umstände wird sich der Marschall in die Umgebung von Paris begeben, aber der offizielle Sitz der Regierung wird weiterhin in Vichy sein und der Marschall wird dahin zurückkehren, sobald die Gründe für seine Abwesenheit vom Regierungssitz nicht mehr fortbestehen.« Nachdem der Nuntius eine Kopie dieser Erklärung erhalten hatte, wurde die Konversation in vertraulichem Ton fortgesetzt, während man auf die Ankunft des deutschen Ministers wartete. Der Marschall entschuldigte sich beim Vertreter des Hl. Stuhles, daß er nicht an der Sonntagsmesse hatte teilnehmen können, und fragte ihn, ob die zahlreichen Messen, an denen er damals in der höheren Schule an allen Tagen der Woche teilgenommen habe, dies nicht wettmachen könnten. Er fügte hinzu, daß er sich noch sehr gut an die Hymnen an die Jungfrau erinnere, und begann, sie mit halblauter Stimme zu singen. Als der Generalsekretär unterdessen Anstalten machte, sich zu erheben, fragte ihn Pétain, ob er auf Nägeln sitze. Dann wollte er wissen, ob Laval bei dem Gespräch mit Renthe-Fink anwesend sein würde. Nachdem Rochat dies verneint hatte, wandte sich der Marschall an den Nuntius:»Vielleicht wäre er nicht glücklich, wenn er Schlechtes über seine deutschen Freunde zu hören bekäme.« Zur vorgesehenen Zeit, 11.15 Uhr, erschien Renthe-Fink, und der Nuntius zog sich zurück. Valerio Valeri beendete seinen Brief vom 9. Mai 1944 mit einem Bericht über die Reise des Marschalls, der auf dem ganzen Weg begeistert empfangen worden sei, insbesondere in Orléans, wo man an jenem Tag das Fest der Jeanne d'Arc feierte. Abschließend fragte sich der Nuntius, ob Pétain eigentlich noch frei sei und ob die Leiter der diplomatischen Missionen noch zu ihm vorgelassen würden.

Aber der Aufenthalt in Voisins war nur von kurzer Dauer. Bereits am 26. Mai 1944 beschlossen die Deutschen, die nun eine alliierte Landung im Norden Frankreichs fürchteten, die Rückkehr nach Vichy. Am 6. Juni, dem Tag der Landung in der Normandie, war Pétain in Lyon und nach einer Abwesenheit von etwas mehr als einem Monat kehrte er wieder in seine eigentliche Residenz zurück.

In der Aufruhrstimmung, die auf die Landung folgte, wurden mehrere Priester und die Bischöfe von Montauban, Agen und Clermont sowie Msgr. Bruno de Solages, der Rektor des Katholischen Instituts von Toulouse, verhaftet. Am 20. Juni telegraphierte Kardinal Maglione an den Nuntius, er solle energisch für ihre Freilassung eintreten. Gleichzeitig teilte er ihm mit,»es sei opportun, wenn er einen vorübergehenden Urlaub nähme, um sich in die Schweiz zu begeben«. Valerio Valeri erklärte sich bereit, dem Folge zu leisten. Dennoch machte er darauf aufmerksam, daß der Gesandte der Schweiz vor Ort bleibe. Pius XII. gab, nachdem er diese Antwort am 2. Juli erhalten hatte, eine gegenteilige Anweisung:»Wenn man alles bedenkt, sollte E.E. ihren Urlaub verschieben.« Nuntius Valeri verblieb also auf seinem Posten. Er glaubte, in der augenblicklichen Situation wäre ein Abkommen zwischen Pétain und de Gaulle für

Frankreich das Beste; er wüßte von einer Sache, über die die Regierung seiner Meinung nach nicht unterrichtet sei, daß nämlich Marschall Pétain auch sehr dafür sei, aber er zweifle stark daran, ob General de Gaulle die gleiche Ansicht vertrete. Auf jeden Fall fragte er an, ob der Hl. Stuhl nicht etwas für eine Annäherung tun könne. Sein Brief vom 10. Juli 1944 traf aber erst im Oktober im Vatikan ein: Zu diesem Zeitpunkt befand sich Marschall Pétain schon in Sigmaringen.

Die Besatzungsmacht hatte nämlich Vorsichtsmaßnahmen getroffen. Am 17. August wurde der Nuntius davon in Kenntnis gesetzt, daß die Deutschen den Staatschef und das Diplomatische Korps nach Osten verlegen wollten, und er beeilte sich, den Vatikan über diesen »möglichen unerhörten Akt der Gewalt« zu informieren. Der Marschall sei dann offensichtlich ein Gefangener, und den Diplomaten bliebe nichts anderes übrig, als vor Ort zu bleiben oder in die Schweiz zu gehen. Und tatsächlich, am Nachmittag des 17. August, erhielt der Marschall die ultimative Aufforderung, Vichy zu verlassen und sich nach Osten zu begeben. Trotz seines Protestes setzte Renthe-Fink die Abreise auf den 19. August, 7 Uhr morgens, fest. Nachdem er diese Mitteilung am Nachmittag um 18 Uhr erhalten hatte, begab sich der Nuntius sogleich ins Außenministerium, wo er zusammen mit dem Gesandten der Schweiz die Aufforderung erhielt, sich zum Marschall zu begeben. Dieser erklärte gerade zwei Deutschen (Renthe-Fink und General Alexander von Neubronn), daß er nicht aus freiem Willen ginge und seine Funktionen außerhalb von Vichy nicht ausüben könne. Die Deutschen zogen sich zurück, und der Nuntius und der Gesandte der Schweiz begriffen, daß die Abreise nicht aufgeschoben werden würde: Sie beschlossen deshalb, am folgenden Morgen in das Hôtel du Parc zurückzukehren.

Tatsächlich mußte sich Marschall Pétain trotz der Bemühungen seiner Mitarbeiter am folgenden Morgen, dem 19. August 1944, auf den Weg begeben. Um zu zeigen, daß er nur der Gewalt wich, hatte er die Eingangstüren des Hotels schließen lassen, aber Anweisung gegeben, daß seine Leibwache keine Waffen trug. Einige Minuten vor 7 Uhr brach eine Gruppe von etwa zehn SS-Männern die Türen auf, Neubronn trat ein und befahl dem Marschall, sich für die Abreise vorzubereiten. Dieser bat noch um einen Aufschub von einer Stunde, um seine Angelegenheiten zu regeln; unmittelbar bevor er ins Auto stieg, kurz nach 8 Uhr, übergab er dem Nuntius den Text seiner »Erklärung an den Herrn Staatschef Großdeutschlands«. Bevor er sich zurückzog, erhielt Valerio Valeri noch eine Kopie der Rede, die Marschall Pétain an die Franzosen vorbereitet hatte.

Da die Regierung von Vichy aufgehört hatte zu existieren, stellte sich der Nuntius die Frage, ob es sinnvoll sei, in dieser Stadt zu bleiben. Über den Nuntius in Bern teilte er dem Vatikan mit, es erschiene ihm ratsam, in Vichy einen Nuntiaturrat und einen Sekretär zurückzulassen, um die Verbindung mit dem Episkopat aufrecht zu erhalten, und schlug vor, bei der Provisorischen Regierung, die sich in Paris niederlassen werde, einen anderen diplomatischen Vertreter, zumindest als Beobachter, einzusetzen. Das Telegramm traf am Mittag des 29. August 1944 im Vatikan ein; noch am selben Tag antwortete Tardini: »Es empfiehlt sich, daß Eure Hochwürdigste Exzellenz sich als inoffizieller Vertreter des Hl. Stuhles bei der Provisorischen Regierung nach Paris begibt, so wie der Gesandte [Hubert] Guérin der inoffizielle Vertreter dieser Regierung beim Hl. Stuhl ist.«

Das war nicht das erste Mal, daß sich für den Vatikan die Frage der Beziehungen mit der neuen französischen Regierung stellte. Kurze Zeit, nachdem er sich in Algier niedergelassen hatte, hatte General Giraud am 4. Mai 1943 an Kardinal Maglione geschrieben, um ihm seinen Wunsch kundzutun, einen Vertreter beim Vatikan oder zumindest bei einem Apostolischen Nuntius in einem neutralen Land zu akkreditieren. Magliones Antwort war der Auftrag an den Erzbischof von Algier, Msgr. Agostino Fernando Leynaud, die Verbindung zwischen Algier und dem Vatikan zu übernehmen. Aber General Giraud zog sich schon sehr bald aus dem französischen »Komitee der Nationalen Befreiung« zurück, das nun allein unter der Führung von General de Gaulle stand. Am Ende des Jahres, am 17. November 1943, schrieb der mit den auswärtigen Angelegenheiten beauftragte Kommissar, René Massigli, an Msgr. Leynaud, das besagte Komitee hege »den innigsten Wunsch, mit dem Hl. Stuhl direkte Beziehungen aufzunehmen, sobald es die Situation in Rom erlaube«. Die Situation erlaubte direkte Beziehungen, als die Truppen der Alliierten, darunter die des französischen Generals Alphonse Juin, in die Stadt einmarschierten.

Am Abend des 4. Juni 1944 besetzte die Armee der Alliierten Rom. Am folgenden Morgen, um 8.30 Uhr, erschien Kardinal Eugène Tisserant im Staatssekretariat und übergab Tardini einen Brief von General de Gaulle an Papst Pius XII.

Mit dem Datum Algier, den 29. Mai, war der Brief ganz mit der Hand geschrieben und trug den einfachen Briefkopf »Le général de Gaulle«.

»Heiligster Vater,
nun, da ich an der Spitze der Provisorischen Regierung der

Französischen Republik stehe, möchte ich Eurer Heiligkeit die Versicherung der kindlichen Ergebenheit und der kindlichen Verbundenheit unseres Volkes mit dem Apostolischen Stuhl übermitteln.

Die Schicksalsschläge, die Frankreich lange Jahre ertragen muß-te, das Leid eines jeden seiner Kinder wurde gelindert durch das Unterpfand Eurer väterlichen Liebe. Nun ist das Ende des Konfliktes absehbar.

Aber unser Unglück könnte bis in die Zeit nach Einstellung der Kämpfe hineinreichen, wenn die moralischen, wirtschaftlichen und sozialen Erschütterungen, die auf diesen Krieg folgen wer-den, uns unvorbereitet treffen, jede Unordnung zu vermeiden und in dem zwischen den Völkern und zwischen den verschie-denen sozialen Schichten wiedererrichteten Frieden zu arbeiten. Unter letzteren glauben wir, nach Maßgabe der erhaltenen In-formationen, daß die Bedürftigsten die allergrößte Unterstüt-zung verdienen.

In diesem Moment werden die militärischen Operationen, in die unsere Armeen verwickelt sind, mit allem Respekt geführt, den wir unseren Bindungen an unseren christlichen Glauben und auch an unser religiöses, intellektuelles und moralisches Er-be, für das sie eintreten, schuldig sind, und sie sollen auch wei-terhin in diesem Sinne geführt werden. Wir zählen darauf, daß diese Operationen, mit der Erlaubnis Gottes, uns bald zum Sieg führen werden.«

Nach einer Anspielung auf die politische Lage in der Hauptstadt drückte der General sein Vertrauen in die Zukunft aus und ver-sprach:

»Gleich nach der Befreiung werden die spirituellen Interessen des französischen Volkes wieder die Vorrangstellung erhalten, die durch die Unterdrückung des Feindes in Gefahr geraten ist. Wir sind entschlossen, für sie einzutreten, und wir wünschen innigst, in der Lage zu sein, dies zu tun, indem wir von dem be-sonderen Wohlwollen profitieren, das Eure Heiligkeit die Freundlichkeit haben möge, Frankreich zu gewähren.
Möge Eure Heiligkeit unsere Pläne ebenso wie den Glauben des französischen Volkes segnen, von dem ich Eurer Heiligkeit Zeugnis gebe.«

Am übernächsten Tag notierte Tardini die Instruktionen, die er von Pius XII. erhalten hatte, um eine Antwort vorzubereiten, »ein Brief,

der sehr gut geschrieben sein muß; das ist ein heikle und wichtige Angelegenheit«.
In seinem Brief vom 15. Juni 1944 antwortete Pius XII. General de Gaulle:

>»Mit großer Freude haben Wir, lieber Sohn, von der persönlichen Botschaft Kenntnis erhalten, die Ihr Uns am 29. Mai aus Algier geschickt habt und die Uns Kommandant Panafieu in diesen Tagen übergeben hat.«

Der Papst war über die Würdigung seines karitativen Werkes für die Opfer des Krieges sehr erfreut, »zu denen Sie mit gutem Recht auch die Opfer Frankreichs zählen können«. Er war auch sehr empfänglich für die vom General geäußerte Absicht, vermeiden zu wollen, Monumente des Glaubens und der Kunst, auf die die Armeen noch stoßen würden, zu beschädigen. Und anschließend drückte er seine guten Wünsche für Frankreich aus:

>»Jeden Tag flehen Wir die göttliche Barmherzigkeit an, damit die schreckliche Tragödie, die schon so viele Opfer gefordert hat, bald ein Ende finden wird, und äußern den besonders herzlichen Wunsch, daß Frankreich, das Uns so teuer ist, aus dieser schmerzlichen Prüfung spirituell erneuert hervorgeht und seinen Weg durch die Geschichte auf dem ruhmreichen Pfad der christlichen Traditionen fortsetzt, die es so stark und groß gemacht und die ihm innerhalb der Nationen Respekt eingebracht haben. Wie Sie zu Recht bemerkten, wird das Ende der Kämpfe nicht genügen, um in Frankreich die Ordnung und Ruhe des Friedens wiederherzustellen, die es so sehr herbeisehnt, wenn es in seinem Busen den unheilbringenden Keim der zivilen Zwietracht und sozialer Konflikte in sich trägt, der es um alle Früchte des durch den härtesten aller Kriege aufgezwungenen Opfers bringen könnte. Deshalb bitten Wir Gott mit Inbrunst darum, Ihrem Vaterland diese verhängnisvollen Erschütterungen zu ersparen, diejenigen zu erleuchten, die mit seiner Führung beauftragt werden, und in den Herzen aller nicht Gefühle von Rache und Gewalt regieren zu lassen, sondern Gefühle der Barmherzigkeit und der brüderlichen Versöhnung. Mit diesem Gebet und diesen Wünschen im Herzen erbieten Wir Dir, lieber Sohn, als Antwort auf Deine getreue Ergebenheitsadresse und als Unterpfand der Gnadenauswahl Gottes, die Wir von Oben für Euch und Euer Vaterland erbitten, Unseren Apostolischen Segen.«

Am 16. Juni wurde der Brief von Montini an Herrn de Blesson übergeben, der nach Algier aufbrach.

Ende des Monats war General de Gaulle in Rom, und begab sich am 30. Juni 1944 in den Vatikan. Er selbst gibt in seinen *Mémoires* einen Bericht über dieses Zusammentreffen. Die Audienz des Papstes war auf 9 Uhr festgesetzt. De Gaulle war offenbar von der Persönlichkeit Pius XII. beeindruckt:

»Der Hl. Vater empfängt mich. Neben dem wohlwollenden Empfang und der Einfachheit der Worte bin ich beeindruckt, wie sensibel und gleichzeitig mächtig seine Gedanken sind. Pius XII. beurteilt jede Sache von einem Standpunkt aus, der über die Menschen, ihre Unternehmungen und ihre Streitereien hinausgeht. Er weiß, was diese sie kosten, und leidet gleichzeitig mit ihnen. Man spürt, daß die übermenschliche Aufgabe, die er allein in der Welt tragen muß, schwer auf seiner Seele lastet, aber er trägt sie, ohne ihrer müde zu werden, seines Zieles sicher, seines Weges gewiß. Über das Drama, das das Universum erschüttert, verhehlen ihm seine Gedanken und seine Informationen nichts. Sein scharfer Verstand ist auf die Konsequenzen gerichtet: Entfesselung der vereinigten Ideologien von Kommunismus und Nationalsozialismus auf einem großen Teil der Erde. Seine Eingebung offenbart ihm, daß allein der Glaube, die Hoffnung und die christliche Barmherzigkeit sie überwinden können, auch wenn diese überall und für lange Zeit unterdrückt sein würden. Für ihn hing also alles von der Politik der Kirche ab, von ihrem Verhalten, ihrer Sprache und von der Art, wie sie geführt würde. Deshalb hat der Oberste Hirte sie zu seiner persönlichen Domäne gemacht, in der er die Gaben seiner Autorität, seiner Ausstrahlung und seiner Beredsamkeit entfaltet, die ihm Gott eingegeben hat. Fromm, bedauernswert, politisch, im höchsten Sinne, den man diesen Begriffen geben kann, so erscheint mir, über den Respekt hinaus, den ich für ihn empfinde, dieser Papst und dieser Herrscher.«

Der Papst und der General sprachen über das Schicksal Europas, Frankreichs, Deutschlands und Italiens. Pius XII. erkannte die Gelegenheit, die sich Frankreich bot, eine bedeutende Rolle in der Welt zu spielen, aber er fürchtete, daß es wieder in seine alte Zerrissenheit zurückfallen könnte. Er zitterte bei dem Gedanken an das Leid, das noch über das deutsche Volk niederkommen werde, die Invasion der Sowjets auf polnischem Boden und in ganz Zentraleuropa erfüllte ihn mit Furcht.

Nachdem die Audienz beim Papst beendet war, begab sich der General zum Kardinalstaatssekretär. Er fand Kardinal Maglione überzeugt vom Sieg der Alliierten und dem Verschwinden des Vichy-Regimes. Der Kardinal betrachtete de Gaulle bereits als den Chef der französischen Regierung. Er drückte die Hoffnung aus, daß der Wechsel des Regimes »ohne schwere Erschütterungen, insbesondere für die Kirche Frankreichs« vonstatten gehe. De Gaulle antwortete darauf, daß dies auch die Absicht der Regierung sei, »obwohl einige kirchliche Kreise Frankreichs ihm gegenüber ein Verhalten an den Tag legten, das die Dinge in naher Zukunft nicht erleichtern würde«.

Der *Osservatore Romano* vom 30. Juni 1944 räumte der Audienz des Generals einen Platz ein, der dem Besuch eines Staatschefs würdig war:

> »Heute Morgen um 9 Uhr hat der Hl. Vater Seine Exzellenz General Charles de Gaulle in einer Privataudienz empfangen, und dieser hat Seiner Heiligkeit die höheren Offiziere seines Gefolges vorgestellt. Danach hat sich General de Gaulle zu einem Besuch beim hochwürdigsten Kardinal Luigi Maglione, dem Staatssekretär seiner Heiligkeit, begeben; schließlich hat er die Basilika des Vatikans aufgesucht [eine Etappe im Protokoll für Besuche von Staatschefs], um dem Grabmal des Apostelfürsten seine Referenz zu erweisen.«

Tardini mußte eine Beschwerde des Botschafters der Vichy-Regierung, Léon Bérard, hinnehmen: »Er beklagt sich«, notierte der Prälat, »über die Art, in der der *Osservatore Romano* den Besuch von de Gaulle angekündigt hat. Sie erwecke den Eindruck einer offiziellen Visite eines Staatschefs.« Tardini konnte das nicht leugnen, schob die Verantwortung dafür aber auf die Zeitung des Vatikans.

Einige Tage später, am 4. Juli, wurde Maurice Couve de Murville, der französische Delegierte in der Kontrollkommission für Italien, von Msgr. Tardini empfangen und teilte diesem die Absicht des Komitees in Algier mit, einen offiziellen Vertreter beim Hl. Stuhl zu benennen; gedacht sei an den Gesandten Hubert Guérin, den ehemaligen Berater der französischen Botschaft in Italien. Hubert Guérin wurde akkreditiert. Am 15. August berichtete er Tardini über die Vorfälle in Rabat, wo eine Messe für Philippe Henriot, den Informationsminister von Vichy, der in Paris einem Attentat zum Opfer gefallen war, abgehalten worden war. Der Pfarrer, der die Messe gefeiert hatte, war verhaftet worden und der Bischof hatte heftig Partei für ihn ergriffen, indem er jeden mit der Exkommunizierung bedrohte, der einen Priester ins Gefängnis werfe. Guérin bat um eine Apostolische Visite in Rabat und erwähnte den Apostolischen Vikar in Dakar und einen dritten Bischof, die eine Apostolische Visite erhalten sollten. Mit seiner üblichen Ironie antwortete Tardini dem neuen französischen Gesandten, »anzufangen mit dem Angriff auf drei Bischöfe, ist doch etwas zu [...] faschistisch«.

Am 26. August 1944 empfing Pius XII. Guérin und teilte ihm mit, daß Msgr. Valeri die Anweisung erhalten habe, sich nach Paris zu begeben, um dort Kontakt mit der neuen Regierung aufzunehmen, zunächst nur inoffiziell und dann, wenn der geeignete Moment gekommen sei, in offizieller Funktion. Guérin zeigte sich darüber zufrieden, da er darin einen ersten Schritt zu einer offiziellen Anerkennung seiner Regierung sah, was eines seiner wichtigsten Ziele war.

Am 9. September erklärte Guérin Msgr. Montini, er wünsche seiner Funktion einen offiziellen Charakter zu geben. Der Substitut hielt ihm das generelle Prinzip des Hl. Stuhles entgegen, Regierungen nur dann anzuerkennen, wenn ihre Existenz auf einer Rechtsgrundlage, nicht aber auf einem noch nicht beendeten Krieg beruhe. Auf jeden Fall müsse der Vatikan mit der Nuntiatur Kontakt aufnehmen und auch die Bischöfe befragen. Durch diese Vorbedingung wollte der Substitut die neuen Machthaber vor Forderungen warnen, die sie in bezug auf die Bischöfe stellen könnten, umsomehr als Guérin nicht davor zurückschreckte, seine Forderungen in bezug auf den Apostolischen Vikar von Rabat zu wiederholen.

Unterdessen verließ Nuntius Valerio Valeri, begleitet von Nuntiaturrat Pacini und Sekretär Carmine Rocco, am 25. September Vichy in Richtung Paris. Der Geschäftsträger Spaniens und der Gesandte Irlands gehörten ebenfalls zu der Reisegruppe. Sie mußten innerhalb eines Tages die etwa 450 Kilometer zurücklegen, die Vichy von Paris trennten. Am nächsten Tag bat der Nuntius um eine Audienz beim Generalsekretär des Quai d'Orsay, Botschafter Brugère, und wurde gegen 17 Uhr empfangen. Brugère erklärte Msgr. Valeri, er empfange ihn als Privatperson, denn die Regierung lasse, ohne Ausnahme, keinen der Diplomaten zu, die bereits in Vichy akkreditiert gewesen waren. Brugère nannte auch die Namen einiger Bischöfe, die abberufen werden müßten. Msgr. Valeri antwortete, er könne auf die Entscheidung der Regierung bezüglich seiner Person nichts erwidern, aber er sei erstaunt darüber, daß man ihm dies erst mitgeteilt habe, nachdem er aufgefordert worden sei, nach Paris zurückzukehren. In Vichy hatte ihm der Generalkonsul tatsächlich ein Kabeltelegramm des Ministeriums verlesen, in dem die Frage gestellt wurde, warum der Nuntius nicht nach Paris zurückkehre, und Anweisung erteilt wurde, ihm ein Transportmittel zur Verfügung zu stellen. Desgleichen räumte die Morgenpresse der Rückkehr der Diplomaten in die Hauptstadt einen großen Raum ein. Abschließend verlangte der Nuntius, den Minister zu sprechen.

Das Telegramm des Nuntius in der Schweiz, das den Staatssekretär über das Mißgeschick des Nuntius in Frankreich informierte, traf am 9. Oktober 1944 in Rom ein und veranlaßte Tardini wieder einmal zu bissigen Bemerkungen. Ob es neuer Beglaubigungsschreiben bedurfte, wenn der Staatschef wechsle, sei eine Sache, die noch zu untersuchen sei. Auf jeden Fall sei Msgr. Valeri im Moment nur der inoffizielle Vertreter des Hl. Stuhles: Er bedürfe also keines Beglaubigungsschreibens, es reiche eine einfache Mitteilung aus, die von Guérin oder von Valerio Valeri selbst oder aber vom Apostolischen Delegaten in London beim französischen Vertreter in dieser Hauptstadt gemacht werden könnte.

Am 13. Oktober erreichten den Vatikan über den Nuntius in Bern innerhalb weniger Stunden zwei neue Telegramme von Valerio Valeri, der die Absichten der Regierung in Paris genauer erläuterte: Die neue Macht wolle keinerlei Missionschef anerkennen, der bereits bei der Regierung in Vichy akkreditiert gewesen war, selbst wenn dieser diese Funktion schon während der III. Republik innegehabt hatte, wie im Falle des Nuntius und des Gesandten von Monaco. Andererseits wolle die Regierung mit dem Hl. Stuhl über die Frage des Episkopats diskutieren, der ihrer Meinung nach einen sehr schwerwiegenden Skandal ausgelöst habe.

Die Telegramme wurden umgehend dem Papst überbracht; am folgenden Tag gab Pius XII. Tardini seine Antwort: Im Falle des Nuntius könne man sich über Ungerechtigkeit beklagen, aber man könne ihn nur abberufen. »Im Falle der Bischöfe hingegen kann man nicht einmal eine Diskussion zugestehen, weil sie nur ihrem Gewissen verpflichtet sind.« Dennoch war der Papst der Ansicht, daß man sich ein wenig gedulden sollte, um der Regierung Zeit zu geben, ihre Meinung zu ändern.

Am 14. Oktober 1944 wurde Valerio Valeri von Außenminister Georges Bidault empfangen, der verschiedene Fragen anschnitt: den Wunsch der Regierung, gute Beziehungen zum Hl. Stuhl zu unterhalten, die Missionskongregationen, die katholischen Schulen, die Prälaten, die sich der Situation nicht gewachsen gezeigt hatten, all dies ohne Nachdruck, denn er wollte den Eindruck eines Höflichkeitsbesuches nicht stören. Zehn Tage später, am 25. Oktober, traf Msgr. Valeri den politischen Direktor des Ministeriums, Jean Chauvel, der ihm bestätigte, General de Gaulle sehe keinerlei Schwierig-

keiten darin, ihn in einer Audienz zu empfangen, halte aber seine
Entscheidung aufrecht, niemanden als Doyen des Diplomatischen
Korps zuzulassen, der diese Funktion bereits in Vichy ausgeübt ha-
be. Am 26. Oktober gab der Gesandte Guérin eine gleichlautende
Erklärung gegenüber Msgr. Montini ab.

Am 1. November erhielt das Staatssekretariat ein Telegramm, das
vier Tage früher von Msgr. Valeri, nach seinen Treffen mit Minister
Bidault und dem Generalsekretär des Quai d'Orsay, abgeschickt
worden war. Trotz ihrer Weigerung, ihn als Nuntius zu empfangen,
sprach sich Valerio Valeri für eine schnelle Anerkennung der neuen
Regierung aus.

Da der schnellste Weg, Paris zu erreichen, offenbar über London
ging, wurde der Apostolische Delegat in England beauftragt, Botschafter Massigli die offizielle Antwort des Papstes zu übermitteln.
Der Hl. Stuhl nahm zur Kenntnis, daß die französische Regierung
dem Nuntius als Person nichts vorzuwerfen habe, daß sie freundschaftliche Beziehungen zum Hl. Stuhl unterhalten wolle, daß sie
aber auf dem Rückruf von Msgr. Valerio Valeri bestehe, der seit 1936
in Frankreich akkreditiert sei, und das aus dem einzigen Grund, daß
er auch in Vichy dieser Aufgabe nachgegangen war. Diese Forderung, erklärte das Staatssekretariat,

> »verstoße gegen die internationalen Normen und Gepflogen-
> heiten, insbesondere was den Hl. Stuhl anbetrifft. Denn der Hl.
> Stuhl habe die Gewohnheit, seine Repräsentanten in dem Land
> zu belassen, in dem sie sich aufhalten, selbst wenn es dort zu
> heftigsten politischen Erschütterungen kommt. So blieb zum
> Beispiel der Hl. Vater Nuntius in München, zunächst während
> der königlichen Regierung, dann unter allen folgenden Regie-
> rungen, d.h. unter den Unabhängigen Sozialisten, dann unter
> den Kommunisten, dann unter der neuen Regierung mit soziali-
> stischer Mehrheit und schließlich der Regierung der rechten
> Republikaner. Und niemand hat jemals daran gedacht, seinen
> diplomatischen Status in Zweifel zu ziehen.«

Schließlich sei dies auch ein unglücklicher Präzedenzfall für die Zukunft und ein wenig freundlicher Akt gegenüber dem Hl. Stuhl.

Msgr. Tardini wiederholte dieselben Argumente am folgenden Tag
gegenüber dem Gesandten Guérin. Msgr. Valeri sei bei der Volks-
front akkreditiert gewesen, seine Anwesenheit in Vichy mache ihn
nicht verantwortlich für die Politik dieser Regierung, und von einem
praktischen Standpunkt aus gesehen, hätten seine Kenntnisse über
Frankreich und das Vertrauen, das er innerhalb des Episkopats ge-

noß, seine Bemühungen, die Risse des Krieges zu kitten, erleichtert.
Was die Anerkennung der Regierung de Gaulle betraf, fiel es Tardini
nicht schwer, darauf hinzuweisen, »daß ausgerechnet die französische Regierung ihr Möglichstes tue [...], um die Anerkennung durch
den Hl. Stuhl zu verzögern: Wenn man den Nuntius auf seinem Posten beließe, ihn als Vertreter des Hl. Stuhles anerkenne, sei dies die
beste Methode, um die Dinge zu erleichtern [...]. Den Nuntius zu
entlassen sei nicht das beste Mittel, um im Austausch dafür die Anerkennung seitens des Hl. Stuhles zu fordern und anzubieten«.

Obwohl ihm bewußt war, daß er in der Diskussion gewonnen
hatte, wußte Tardini, daß Msgr. Valeri, wenn die französische Regierung ihre Meinung nicht änderte, abberufen werden mußte. Also
wurde am 4. November 1944 ein von Tardini unterzeichnetes Telegramm abgeschickt, in dem Valerio Valeri aufgefordert wurde, nach
Rom zurückzukehren. In der Depesche wurde dem Nuntius bestätigt, daß die von der neuen Regierung verlangte Maßnahme nicht
seine Person betreffe, und betont, daß man es nicht versäumt habe,
dem Gesandten Guérin mitzuteilen, das Vorgehen der Provisorischen Regierung sei ein unfreundlicher Akt gegenüber dem Hl. Stuhl
und stehe im Widerspruch zu internationalem Recht. Dennoch erlaube der Hl. Vater dem Nuntius, zu einem Urlaub nach Rom
zurückzukehren, sofern nicht eine Verbesserung der Lage in Aussicht stehe.

Msgr. Valeri glaubte, daß innerhalb der Regierung zwei Tendenzen bestünden, eine, die seine Abberufung verlangte, und eine andere, die bereit war, ihn zu empfangen. Valerio Valeri wollte noch abwarten, welche der beiden den Sieg davontragen würde. Dennoch
riet er dazu, »daß die juristische Anerkennung der Provisorischen
Regierung durch den Hl. Stuhl nicht mehr auf sich warten lassen
und erfolgen sollte, selbst wenn ich in den Vatikan auf Urlaub gehen
muß«. Die anderen Mächte hatten diese Anerkennung bereits voll-
zogen, mit Ausnahme der Schweiz, die aber kurz davor stand. Im
Außenministerium, glaubte Valeri, werde man unerbittlich auf dem
Prinzip bestehen, keinen Missionschef anzuerkennen, der dies vorher bereits in Vichy gewesen war. Vor allem wollte man nicht, daß
der Doyen des Diplomatischen Korps, der Marschall Pétain in den
protokollarischen Reden die üblichen Glückwünsche ausgesprochen
hatte, dieselben Wünsche nun auch General de Gaulle überbringe.
Msgr. Valerio Valeri ergriff edelmütig dessen Partei, wie sein hand-
schriftlicher Brief vom 19. November 1944 an Msgr. Tardini bezeugt:
»In einem so tragischen Moment voller Leid für so viele Völker und
so viele Nationen, wie könnte ich mich beklagen? Ich sollte vielmehr

dem Herrn danken, daß auch ich etwas habe, worunter ich leiden
kann, und ich möchte es mit freudigem und ruhigem Herzen tun,
wie es sich für unsere erhabene Berufung geziemt.«

Am 29. November traf im Vatikan der Bericht von Valerio Valeri
ein, in dem er die letzten Stellungnahmen der französischen Regierung festhielt. Am selben Tag bestätigte ein Telegramm dem Nuntius
in Frankreich die bisherigen Instruktionen, indem man ihn aufforderte, in Urlaub zu gehen und Msgr. Pacini als Geschäftsträger
zurückzulassen. Drei Tage später, am 2. Dezember, schickte das
Staatssekretariat ein anderes Telegramm nach Buenos Aires, um
Nuntius Giuseppe Fietta mitzuteilen, der Papst habe ihn zum Nuntius in Frankreich ernannt. Er solle sich sofort auf den Weg machen,
um am Ersten des Jahres in seiner Eigenschaft als Doyen des Diplomatischen Korps in Paris anwesend zu sein. Am übernächsten Tag,
dem 4. Dezember, erklärte der Hl. Stuhl in einer Note, die Guérin,
der diesmal als »Gesandter« bezeichnet wurde, übergeben wurde,
daß dieser »offiziell die Provisorische Regierung unter dem Vorsitz
von General de Gaulle anerkenne«.

An diesem 4. Dezember 1944 traf im Vatikan eine Absage von
Msgr. Fietta ein. Am folgenden Tag wurde ein weiteres Telegramm
nach Ankara gesandt: Pius XII. ernannte den Apostolischen Delegaten in der Türkei, Msgr. Angelo Roncalli, zum Nuntius in Frankreich. Roncalli solle umgehend antworten, ob er die Ernennung annehme, und sich gegebenenfalls bereithalten, sofort abzureisen,
sobald er die Zustimmung aus Paris erhalten habe. Am 13. Dezember um 10 Uhr morgens empfing Pius XII. den Gesandten Guérin
und informierte ihn, man habe mit einem Nuntius für Paris Fühlung
aufgenommen, er habe aber aus gesundheitlichen Gründen nicht annehmen können, so daß man einen Apostolischen Delegaten ernannt
habe, auf dessen Antwort man noch warte. Als die Zusage des letzteren noch am selben Abend eintraf, berief Tardini Guérin am nächsten Tag zu sich und bat ihn, die Zulassung von Msgr. Angelo Roncalli zu erbitten. General de Gaulle befand sich zu diesem Zeitpunkt
in Moskau und sollte erst am 17. nach Paris zurückkehren. Schließlich, am 21. Dezember, teilte Guérin dem Vatikan mit, die französische Regierung habe Msgr. Roncalli anerkannt. Noch am selben Tag
schickte das Staatssekretariat ein Telegramm nach Ankara, in dem
der Apostolische Delegat aufgefordert wurde, »so schnell wie möglich nach Rom zu kommen«.

Am Vortag hatte General de Gaulle in Paris Msgr. Valerio Valeri
empfangen. Er versicherte ihm, daß er seine Abreise bedaure, »die
einzig auf die Ereignisse zurückzuführen ist, die sich in den letzten

Jahren ereignet haben«, daß die Regierung sehr wohl wisse, was er für das Wohl des Landes getan habe. Der Nuntius antwortete, daß seine Liebe zu Frankreich unverändert bleibe und er sich im übrigen für die Anerkennung der neuen Regierung eingesetzt habe. Der General sprach anschließend von Rußland, den Beziehungen zwischen Frankreich und Italien, die sich untereinander juristisch noch im Kriegszustand befänden, denen es aber bestimmt sei, sich anzunähern. Nach dieser Unterredung wurde der Nuntius noch einmal von General de Gaulle empfangen, der ihm das Großkreuz der Ehrenlegion überreichte.

Am 23. Dezember war Valerio Valeri in Rom. Am Nachmittag des 28. traf Roncalli seinerseits dort ein. Die Zeit drängte. Die beiden Reden, die der neue Nuntius unmittelbar nach seiner Ankunft in Paris halten sollte, – das Grußwort zur Übergabe des Beglaubigungsschreibens und die Wünsche zum neuen Jahr – waren vom Staatssekretariat vorbereitet und von seinem Vorgänger überarbeitet worden. Die beiden Texte wurden ihm am 29. Dezember übergeben, nachdem sie dem Papst noch einmal vorgelegt worden waren.

Am 1. Januar 1945 begab sich Nuntius Roncalli, der zwei Tage zuvor in Paris eingetroffen war, zu General de Gaulle und übergab ihm sein Beglaubigungsschreiben als neuer Botschafter. Eine Stunde später sprach er ihm in seiner Eigenschaft als Doyen des Diplomatischen Korps die Glückwünsche zum neuen Jahr aus. Damit waren zwischen Frankreich und dem Hl. Stuhl wieder normale Beziehungen hergestellt.

XII. DIE LETZTEN KÄMPFE UND DAS SCHICKSAL DER VÖLKER[12]

Während die Beziehungen zwischen dem Hl. Stuhl und Frankreich eine turbulente Phase durchliefen, tobte der Sturm des Krieges weiter über die Welt, obwohl sich sein Ende zu nähern schien. Aber eben dieses Ende und das Schicksal, das es für die Völker bereithielt, erfüllten den Hl. Stuhl und auch die Botschafter in Rom und im Vatikan mit ganz besonderer Besorgnis. Eine der aktivsten Missionen während des ganzen Krieges war die Botschaft Deutschlands, insbesondere nachdem Botschafter Bergen durch den ehemaligen Staatssekretär der Wilhelmstraße, Ernst von Weizsäcker, ersetzt worden war, der den Posten im Vatikan in der Hoffnung angetreten hatte, sich dort besser als in Berlin für den Frieden einsetzen zu können. Trotz seines niedrigeren diplomatischen Status als persönlicher Vertreter des Präsidenten nahm Myron Taylor in den ersten Kriegsjahren einen Platz in der vordersten Reihe des Diplomatischen Korps beim Hl. Stuhl ein. Der Botschafter Polens, Papée, der sich immer zu Wort meldete, vergaß niemals, die Interessen seines Landes in Erinnerung zu rufen.

Das Waffenglück hatte seit der Landung der Anglo-Amerikaner zunächst in Nordafrika, dann in Italien, die Seiten gewechselt, und ein vorübergehendes Gleichgewicht der Kräfte hätte zu Verhandlungen führen können, wenn die Führer des Reiches nicht Gefangene einer Ideologie gewesen wären, mit der ihre Gegner jeden Kompromiß verweigerten. Weizsäcker versuchte dennoch, über den Vatikan Kontakt zu den Alliierten aufzunehmen, in der Hoffnung, für sein Land einen Verständigungsfrieden auszuhandeln. Er zählte außerdem darauf, daß das Thema der sowjetischen Bedrohung ihm leichter Audienzen beim Papst und seinen Mitarbeitern verschaffen könnte. Als er am 6. Januar 1944 von Kardinal Maglione empfangen

---

[12] Dokumentation zu diesem Kapitel XII: vgl. ADSS, XI. Siehe im übrigen FRUS 1944, Vol. III; FRUS 1945, Vol. I; FRUS, The conferences at Malta and Yalta; DI NOLFO, Vaticano e Stati Uniti.

wurde, sprach er über die Konferenz der Anglo-Amerikaner mit den
Sowjets im Oktober 1943 in Moskau und beklagte sich über die
Blindheit der ersteren angesichts der Gefahren eines russischen Sieges: »Wenn Deutschland, das Bollwerk gegen den Bolschewismus,
unterliegen sollte, wird ganz Europa kommunistisch werden.« Wor-
auf der Kardinal antwortete: »Welch ein Unglück also, daß Deutschland mit seiner antireligiösen Politik solch schlimme Bedenken hervorgerufen hat.«

In der folgenden Woche, am 14. Januar, übergab Weizsäcker Substitut Montini die Antwort auf eine Reihe von Einzelfragen und kam
erneut auf sein Lieblingsthema, die Gefahr aus dem Osten, zu sprechen. Dieses Mal sprach er von der kommunistischen Bedrohung,
die über Deutschland schwebe: Im Laufe des Jahres 1944 müsse sich
Deutschland zwischen West und Ost entscheiden, und viele seien
der Meinung, daß es von Vorteil wäre, den Osten zu wählen, »mit
den Folgen für die gesamte Zivilisation, die jeder ahnen kann«. Der
Hl. Stuhl könnte einen bedeutenden Einfluß ausüben, um diese Gefahr abzuwenden, indem er seine guten Absichten gegenüber dem
besten Teil Deutschlands zeige.

Als er sechs Wochen später erneut mit Msgr. Tardini auf diese
Probleme zu sprechen kam, betonte Weizsäcker, die Unmöglichkeit
eines Friedensschlusses mit den Angelsachsen könnte Deutschland
in die Arme der Russen und damit in den Kommunismus treiben.
Tardini gestand zu, daß es für das Reich nicht leicht sei, mit den
westlichen Mächten Frieden zu schließen; aber, wandte er ein, würden ihm die Russen bessere Konditionen bieten? Weizsäcker behauptete dies, und, um diese Gefahr abzuwenden, müsse sich England europäisch zeigen, also zunächst damit aufhören, der
Sowjetunion Kriegsmaterial zu liefern.

Der Botschafter hatte Ende März Gelegenheit, seinen Standpunkt,
über den er bereits mit Tardini gesprochen hatte, in einem Gespräch
mit Msgr. Giuseppe Di Meglio weiter auszuführen, der mehrere Jahre in der Nuntiatur in Berlin verbracht hatte und nun zur ersten Sektion des Staatssekretariats gehörte. Nachdem er sich über die Kirchenvertreter der römischen Kurie beklagt hatte, deren Mehrheit
offen ihre Sympathie für England und ihren Wunsch nach einer
deutschen Niederlage zeige, sowie über den norditalienischen Klerus, der die Aktionen der Partisanen gegen die deutschen Truppen
zumindest moralisch unterstütze, vertraute ihm Weizsäcker seinen
Wunsch an, in die aktive Politik zurückzukehren, um sich wirkungsvoll für den Abschluß eines Friedens einsetzen zu können. Der Hl.
Stuhl, sagte er, müsse die Alliierten, und in erster Linie die englische

Regierung, überreden, daß es in ihrem Interesse sei, Frieden mit Deutschland zu schließen, um eine gemeinsame Barriere gegen den Bolschewismus zu errichten. Di Meglio erinnerte den Botschafter an die 1939 vom Vatikan unternommenen Anstrengungen, die Kriegsgefahr abzuwenden. Weizsäcker, der damals Staatssekretär im Außenministerium in Berlin gewesen war, sei wohl über sie unterrichtet. Das Gespräch ging mit Erwägungen über eine mögliche deutsche Übergangsregierung und die Chancen Weizsäckers, ihr anzugehören, zu Ende.

Am 26. April 1944 fand sich der Botschafter des Reiches wieder bei Kardinal Maglione ein, an den Di Meglio seinen Bericht über das vorausgegangene Gespräch geschickt hatte, und fragte ihn, ob er glaube, daß die Alliierten, und insbesondere die Engländer, nunmehr bereit seien, mit der gegenwärtigen deutschen Regierung zu verhandeln. Maglione antwortete, er habe keinerlei Anzeichen für eine Änderung in dieser Hinsicht. Er habe davon erfahren, daß die deutsche Regierung kürzlich bei den Alliierten sondiert habe und daß letztere auf ihrem Standpunkt beharrt hätten. Der Diplomat leugnete jede Art von Sondierung, schloß aber melancholisch: »Die gegenwärtige deutsche Regierung will nicht mit den Russen verhandeln und kann nicht mit den Engländern verhandeln, weil die das nicht wollen, so wie es aussieht.«

Während dieser Gespräche über die Zukunft Europas näherten sich die alliierten Armeen Rom und die Rettung der Stadt rückte eine Zeitlang in den Mittelpunkt der Sorgen des Hl. Stuhles. Noch am 2. Juni 1944 hatte Pius XII. in einer Rede zum Fest des hl. Eugenius in äußerst energischem Ton die Verteidigung Roms übernommen. In derselben Rede hatte der Papst auch das generelle Problem des Friedens angesprochen und sich gegen die Idee eines Friedens gewandt, der vom Geist der Rache diktiert wäre und den Gegner vor das Dilemma stellte: entweder totaler Sieg oder totale Zerstörung. Eine solche Einstellung könne den Krieg nur verlängern, selbst bei denjenigen, die aus realistischer Einschätzung der Lage einen vernünftigen Frieden anstrebten. Diese Alternative, führte der Papst aus, der offenbar das letzte Aufbäumen der Führer des Dritten Reiches vorausahnte, löse bei den Besiegten den Mut der Verzweiflung aus: »Diejenigen, die von einem solchen Gefühl getrieben werden, bewegen sich wie unter Hypnose durch die Abgründe unsäglicher Opfer und zwingen auch die anderen zu einem blutigen Vernichtungskampf.« Das war offensichtlich eine Stellungnahme gegen das *unconditional surrender,* das die Alliierten Deutschland aufzwingen wollten. Die Rede stieß in den Vereinigten Staaten nicht auf allgemeine Zustim-

mung. Zwar begriff die katholische Presse die Sorge des Papstes um
Rom und auch seinen innigen Wunsch nach einem universellen Frieden in Gerechtigkeit und Barmherzigkeit, doch andere Zeitungen,
die der Regierung näher standen, äußerten Vorbehalte und Kritik.
Aber nicht alle Alliierten waren bedingungslos vom Sinn der Roosevelt'schen Formel des *unconditional surrender* (bedingungslose
Kapitulation) überzeugt. Auf der Konferenz in Teheran hatte Stalin
am 28. November 1943 dieses Prinzip in Frage gestellt. Er glaubte,
daß der Umstand, die Bedingungen der Übergabe im unklaren (*un-
clarified*) zu lassen, nur dazu diente, das deutsche Volk zusammen-
zuschweißen, während die Angabe präziser Bedingungen einer Kapitulation, und seien sie auch noch so hart, und eine klare Aussage
darüber, was das deutsche Volk zu akzeptieren hatte, das Ende der
Kämpfe beschleunigen könnte. Zwar stimmte auch Churchill dem
Prinzip der bedingungslosen Kapitulation zu, aber er hatte mehrere
Male gesagt, daß es nicht nötig sei, ständig den Slogan vom *unconditional surrender* zu wiederholen. Am 1. Juni 1944, am Vorabend der
Rede von Pius XII., war im Foreign Office eine Besprechung zwischen den Abteilungen erfolgt, um über die Sondierungen in den
deutschen Militärkreisen, die das Naziregime ablehnten, zu diskutieren und die Antworten abzusprechen, die man ihnen zu den Bedingungen für einen Friedensschluß geben konnte. Es wurde aber kein
Beschluß gefaßt, um das Prinzip des *unconditional surrender* abzu-
schwächen oder zumindest genauer zu fassen.
    Der Erzbischof von New York, Spellman, war ebenfalls der Mei-
nung, die Formel der bedingungslosen Kapitulation lasse vermuten,
daß die Alliierten die vollständige Zerstörung Deutschlands beab-
sichtigten, und entschloß sich, darüber mit Roosevelt zu sprechen.
Der Präsident verbarg ihm gegenüber seine Unzufriedenheit über
die Rede des Papstes vom 2. Juni nicht. Der Erzbischof machte ihn
darauf aufmerksam, daß die Alliierten zwar den Nationalsozialismus
vernichten wollten, nicht aber das deutsche Volk, und daß es sinnvoll wäre, diesen Unterschied deutlich zu machen. Die Idee gefiel
Roosevelt, der versprach, daran zu denken. Cicognani seinerseits traf
Staatssekretär Cordell Hull, und dieser erklärte ihm, daß die Alliierten zwar die vollständige Vernichtung des Nazismus wollten, nicht
aber die des deutschen Volkes.
    Nach dem 4. Juni 1944 erleichterte die Anwesenheit der Alliierten
in Rom den Kontakt zwischen dem Vatikan und dem Weißen Haus.
Am 14. Juni schrieb Roosevelt an Pius XII., nachdem sich die Pforten der Freiheit für Rom geöffnet hätten, sei einer seiner ersten Gedanken gewesen, sobald wie möglich wieder seinen persönlichen

Vertreter, Myron Taylor, zu schicken. Taylor fügte sich unverzüglich den Wünschen Roosevelts, die mit denen von Pius XII. übereinstimmten: Am 19. Juni traf er in Rom ein, am übernächsten Tag, dem 21., wurde er vom Papst empfangen. Die Audienz bei Pius XII. dauerte eineinviertel Stunden, anschließend folgte eine einstündige Unterredung mit dem Kardinalstaatssekretär. Pius XII. äußerte dem Gesandten Roosevelts gegenüber seine Freude über die Rettung Roms und seiner Monumente und bat um Neuigkeiten über die Gesundheit des Präsidenten. Taylor seinerseits soll die Rede vom 2. Juni erwähnt haben, »um ausführlich deutlich zu machen, daß die Zerstörung der deutschen Armee und ihre bedingungslose Kapitulation auch weiterhin das Ziel der Politik unserer Regierung ist«. In seiner Antwort betonte Pius XII. den Unterschied zwischen dem deutschen Volk, der deutschen Armee und dem Naziregime. Dieses arbeitsame Volk von 60 oder 70 Millionen Seelen könne zu einem respektierten Mitglied der internationalen Gemeinschaft werden, wenn es gezeigt habe, daß es der Politik der Aggression und der Eroberung abgeschworen habe. Andererseits äußerte sich Pius XII. besorgt über die Lage der Kirche in Rußland und über das Schicksal Polens, das dem russischen Einfluß ausgeliefert werde. Für diese erste Audienz für Taylor am 21. Juni 1944 hatte Pius XII. vom Staatssekretariat ein Memorandum vorbereiten lassen, in dem eine Seite der sowjetischen Politik gewidmet war: »Der Hl. Stuhl betrachtet mit großer Sorge die Kriegsziele der sowjetischen Regierung. Die Absicht, die baltischen Staaten, einen Teil Polens und des Balkans zu besetzen, wäre ein Verstoß gegen die Atlantikcharta und könnte die Sache des Friedens ernsthaft gefährden.« Der Hl. Stuhl konnte sich nicht in der Hoffnung wiegen, die damalige russische Regierung würde die Missionsarbeit tolerieren oder zumindest zulassen, daß die katholische Religion in den Gebieten, über die sie ihre Kontrolle noch ausdehnen werde, frei ausgeübt werden konnte und respektiert werde. Der Papst und der Diplomat waren sich darin einig, diese Probleme in der nächsten Woche erneut zu besprechen.

Das Weiße Haus wollte sich und wollte vor allem den Vatikan davon überzeugen, daß ein gutes Einvernehmen zwischen der Sowjetunion und den freien Völkern möglich war. Am 23. Juni erhielt Tardini Besuch von Robert Murphy, einem Mitglied der politischen Beratergruppe für Italien. Gegen Ende der Unterhaltung, die sich zum größten Teil mit der wirtschaftlichen Lage der Halbinsel befaßte, berichtete Murphy dem Prälaten, der sowjetische Vertreter unter seinen Kollegen in Rom habe sich mehrere Male an den Beziehungen zwischen seiner Regierung und der katholischen Kirche interessiert gezeigt. Als Murphy ihm die antireligiöse Verfolgung, die von den Sowjets entfesselt worden war, vorgehalten habe, habe der Russe geantwortet: »Das liegt in der Vergangenheit«, und Alexej Bogomolow habe den Wunsch geäußert, mit dem Vatikan Kontakt aufzunehmen. Tardini antwortete, ihm erscheine der Kommunismus keineswegs verändert, die Religionsfreiheit in Rußland existiere heute genauso wenig wie gestern. Murphy betonte, daß Bogomolow wenigstens die vatikanischen Museen und die Sixtinische Kapelle zu sehen wünsche, und daß dieser Besuch als ein erster Schritt betrachtet werden könne. Tardini erwiderte, die ganze Welt könne die Museen besichtigen, Galerien und Gemälde hätten aber nichts mit einem diplomatischen Kontakt zu tun.

Während zweier weiterer Audienzen am 29. Juni und am 12. Juli 1944 bestätigte Taylor erneut das Prinzip der bedingungslosen Kapitulation, die Notwendigkeit, Hitler auszuschalten und die Nazi-Partei zu zerstören. Am 12. Juli sprach Taylor mit Pius XII. auch über die russische Frage. Nach der Audienz beim Papst suchte er überraschend auch Msgr. Tardini auf, dem er einen Vortrag hielt, den der Prälat in drei Punkten zusammenfaßte: 1. Die Vereinigten Staaten wollen eine ernsthafte Zusammenarbeit aller Völker, nachdem Deutschland [...] »der bedingungslosen Kapitulation zugestimmt habe«, ergänzte der Prälat, was der Amerikaner bestätigte. 2. Diese ernsthafte Zusammenarbeit setze die Mitarbeit Rußlands voraus: Darauf könne man nicht verzichten. 3. Rußland sei gerade dabei, in Polen und in Deutschland einzumarschieren, in Länder, in denen es zahlreiche Katholiken gebe. Die Kirche müsse also die Zusammenarbeit Rußlands mit einem friedlichen Europa erleichtern; die Vereinigten Staaten ihrerseits würden ihr Möglichstes tun, damit Rußland sich verpflichte, die Religionsfreiheit zu respektieren. Tardini antwortete, daß auch er eine ernsthafte Zusammenarbeit zwischen den Völkern wünsche, dennoch sehe er nicht unbedingt, wie die bedingungslose Kapitulation dazu beitragen könne: Offensichtlich sei der Frieden in Europa ohne Rußland nicht möglich, aber es erscheine ihm zweifelhaft, ob Rußland die amerikanischen Hoffnungen erfüllen werde.

Nach seinen Gesprächen mit den höchsten Würdenträgern des Vatikans schrieb Taylor am 17. Juli an Roosevelt: »Meine besonderen Bemühungen richten sich auf folgendes: Erstens, den Papst und die Abteilungen des Vatikans davon zu überzeugen, daß die deutsche Armee sich ohne Bedingungen ergeben muß. Zweitens, daß die Zusammenarbeit mit Rußland im Interesse des Sieges und eines dauerhaften Weltfriedens unabdingbar ist. Drittens, daß man schnellstmöglich eine internationale Organisation gründen muß, um die Probleme des Krieges zu lösen und den zukünftigen Frieden zu sichern.«

Am 19. Juli ließ Taylor Pius XII. ein Memorandum über die während der vorangegangenen Audienzen angeschnittenen Probleme überreichen, insbesondere über die Fragen, die für die Kirche durch die Ausbreitung des Kommunismus in Europa aufgeworfen wurden. Was konnte man von der Politik der Sowjets in Polen und in den mehrheitlich von Katholiken bewohnten Gebieten halten, die von der Sowjetunion annektiert werden würden? Was konnte man von Stalin in bezug auf die Religion erwarten? Über diese Frage hatten Präsident Roosevelt und Staatssekretär Hull in Washington auch mit den Prälaten diskutiert. Man beabsichtigte, die russische Regierung aufzufordern, eine Erklärung abzugeben, in der die völlige Freiheit der religiösen Lehre und der Religionsausübung auf dem gesamten sowjetischen Gebiet zugesichert würde. Man war in Washington zu dem Schluß gekommen, daß zu einem späteren Zeitpunkt der Diskussionen »die Frage der Religionsfreiheit sehr wohl vorgebracht werden könne«. Taylor zögerte nicht, die Rede eines italienischen Kommunistenführers, Palmiro Togliatti, anzuführen, der gerade erklärt hatte, die Hindernisse, die ein gemeinsames Handeln der Katholiken und der Kommunisten bisher verhindert hätten, seien nun beseitigt. Dann kam das Memorandum Taylors unweigerlich auf die bedingungslose Kapitulation zu sprechen: »Wenn man davon ausgeht, daß die deutsche Armee den Krieg nicht gewinnen kann, werden, je eher sich die Armee ergibt, nicht nur mehr Menschenleben und Besitz geschont, sondern auch der Prozeß zur politischen Stabilisierung und zu wirtschaftlichen Verbesserungen für das deutsche Volk und für die ganze Welt kann früher beginnen.«

Um dieses Memorandum zu beantworten, ließ Pius XII. ein weiteres von einem der Mitarbeiter von Msgr. Tardini, Msgr. Antonio Samoré, vorbereiten, der bereits im voraufgegangenen Jahr den Brief an Ribbentrop über die Situation in Polen verfaßt hatte. Das Memorandum von Samoré stellte die Realität der bekannten Fakten den bloßen Versprechungen gegenüber, in deren Sicherheit sich Präsident Roosevelt wiegen wollte. Die Situation der Kirche in der Sowjetunion zeige keinerlei Anzeichen einer Verbesserung. Die antireligiöse Gesetzgebung bleibe weiterhin in Kraft. Die Mitglieder des katholischen Klerus, die in Rußland überlebt hätten, seien nicht freigelassen worden, ihnen sei auch keinerlei Möglichkeit gegeben worden, ihr Amt auszuüben. Die aus Polen deportierten Priester seien ebenfalls nicht freigelassen worden, und weiterhin fehle jede Nachricht über

den Apostolischen Administrator Profittlich. Es treffe zwar zu, daß
die atheistische Propaganda im Dezember 1940 eingestellt worden
sei, aber dieser Umstand erkläre sich auch aus der gegenwärtigen Lage. Die Behauptung der Zeitschrift *Collier's*, daß 1.800 Kirchen in
Rußland geöffnet seien, sei vollkommen falsch. Alles spreche dafür,
daß Rußland weiterhin Prinzipien folge, denen es niemals abgeschworen habe, Prinzipien, die im wesentlichen materialistisch und
gegen die Religion gerichtet seien.

Seine Kontakte zum Weißen Haus, die trotz allem von Offenheit
und gegenseitigem Vertrauen geprägt waren, hinderten den Hl. Stuhl
nicht, mit der Regierung in Berlin weiterhin korrekte diplomatische
Beziehungen zu unterhalten. Als in Rom das fehlgeschlagene Attentat auf Hitler vom 20. Juli 1944 bekannt wurde, bereitete das Staatssekretariat zunächst ein Telegramm vor, das den Nuntius anwies,
»zu tun, was ihm die diplomatischen Gepflogenheiten in einer solchen Situation geraten zu sein scheinen ließen«. Dann verkündete
Radio Florenz, daß der »Führer« die Glückwünsche des Diplomatischen Korps entgegengenommen hatte, darunter auch die des Nuntius. Pius XII. ließ Orsenigo die Anweisung geben, es dabei zu belassen. In Wirklichkeit hatten sich die Botschafter lediglich in die
Kanzlei begeben, um sich in ein zu diesem Zweck ausgelegtes Buch
einzutragen.

Am 17. September 1944 erhielt das Staatssekretariat vom Nuntius
in Madrid, Cicognani, ein für den Substitut bestimmtes Telegramm.
Gaetano Cicognani schlug in etwa das gleiche vor wie Weizsäcker:
Es sei dringend geboten, ein Abkommen zwischen den Angelsachsen und den Deutschen herbeizuführen, wenn man verhindern wolle, daß Europa von den Russen überrannt werde. Letztere hätten der
Regierung des Reiches angeblich ein Angebot unterbreitet: Man solle Rußland die Grenzen von vor 1939 zugestehen, und gleich nach
Abschluß dieses Abkommens sollten sich Rußland und Deutschland
mit Japan verbünden. Die deutsche Regierung habe diese Vorschläge
zurückgewiesen, weil sie lieber mit den Alliierten ein Übereinkom-
men schließen wolle, aber diese müßten ihr freie Hand lassen, um
sich gegen Rußland zu wenden. Wenn hingegen die Alliierten weiterhin die Kapitulation forderten, sehe sich das Reich gezwungen,
das Abkommen mit Rußland zu wählen. Im übrigen hätten die deutschen Führer die gegenüber dem Hl. Stuhl begangenen Fehler be-
dauert und seien zur Wiedergutmachung bereit.

Gleich am nächsten Tag erhielt der Nuntius in Spanien ein von
Pius XII. selbst verfaßtes Telegramm, in dem es hieß, daß der Hl.
Stuhl trotz der geringen Erfolgsaussichten eine Demarche unterneh-

men werde. Am Morgen des 21. September empfing der Papst den Vertreter Präsident Roosevelts in einer Audienz. Getreu seinem Versprechen an Madrid, informierte Pius XII. Taylor über den Inhalt des Telegramms von Cicognani, Informationen, die aus einer als verläßlich geltenden Quelle stammten.

Zur gleichen Zeit bat der Nuntius in der Schweiz um Instruktionen in bezug auf eine Nachricht des Apostolischen Delegaten in der Türkei. Roncalli war von einer »absolut glaubwürdigen« Persönlichkeit gebeten worden, Ribbentrop eine vertrauliche Nachricht zu übermitteln. Diese nicht identifizierte vertrauenswürdige Persönlichkeit hatte am 14. September 1944 den Besuch eines Amerikaners empfangen, der dem Außenminister des Reiches bekannt war. Dieser Amerikaner hatte erklärt, daß sich die politische und militärische Lage Deutschlands erheblich verschlechtert habe. Der Deutsche hatte geantwortet, daß die Moral der Soldaten der Wehrmacht höher sei, als man sich vorstellen könne, daß die Entscheidungsschlacht noch nicht begonnen habe, weil die besten Truppen des Reiches, die mit neuen und schrecklichen Waffen ausgerüstet seien, noch in Deutschland hinter modernsten und stärksten Befestigungen zusammengezogen seien. Der Amerikaner hatte darauf geantwortet, daß auch die höchste Moral der deutschen Truppen nicht die Unterlegenheit ihrer Waffen aufwiegen könne: »Zum Beispiel ist unsere Luftüberlegenheit so groß, daß eure Luftwaffe schon nicht mehr als ernstzunehmender Gegner gilt.« Er forderte also die Deutschen auf, dem Krieg ein Ende zu setzen, bevor ihr Land völlig zerstört werde. Der Deutsche erwiderte, daß die Bedingungen, die man dem Reich stelle, diesem nur die Möglichkeit ließen, bis zum bitteren Ende zu kämpfen; dennoch werde er alle Vorschläge, die er erhalte, an seine Regierung weiterleiten. Der Amerikaner sagte abschließend: »Ich bin immer bereit, jeden deutschen Vorschlag über einen Spezialcode an meinen Freund Roosevelt zu telegraphieren.« Das Telegramm trug die Unterschrift »Marmara« (?).

In einer Depesche antwortete Tardini dem Nuntius in Bern, der Hl. Stuhl sei nicht direkt an der Angelegenheit beteiligt, er sehe aber keinen Grund, warum diese Nachricht aus Ankara nicht von der Nuntiatur in Bern an die Nuntiatur in Berlin weitergeleitet werden sollte, um sie dort Ribbentrop zur Kenntnis zu bringen.

Inmitten der Befürchtungen und der Diskussionen erlitt die Diplomatie des Vatikans einen schweren Verlust. Am 22. August 1944 starb Kardinalstaatssekretär Maglione in Casoria, seiner Geburtsstadt, wohin er sich zu einem Erholungsurlaub zurückgezogen hatte, an einem Herzinfarkt. Während des letzten Kriegsjahres und für den Rest seines Pontifikats war Papst Pacelli sein eigener Staatssekretär.

Unterdessen vergingen Wochen und Monate, ohne daß jemand das genaue Ende des Krieges vorhersagen konnte. Zweifellos zogen sich die deutschen Truppen an allen Fronten zurück, in Frankreich, wo die Division Leclerc am 25. August Paris befreite, in Polen, wo die Russen vor den Toren Warschaus lagen. Aber wie lange würde es noch dauern, bis Deutschland, aus dem Hitler, wie er sich selbst rühmte, eine uneinnehmbare Festung gemacht hatte, besiegt war?

Als die deutschen Truppen sich im Herbst 1944 insbesondere im Osten daran machten, alles zu zerstören, was sie bei ihrem Rückzug nicht mitnehmen konnten, wurden die Alliierten von der Furcht ergriffen, die Nazis könnten in ihrem Fanatismus alle ihre Geiseln oder sogar alle Ausländer, die sich in Deutschland befanden, umbringen. Zweifellos wurde diese Befürchtung davon beeinflußt, was man über das Schicksal der Juden allmählich in Erfahrung brachte. Man sah aber auch, daß die Naziführer entschlossen waren, ihr eigenes Volk bis in den Untergang zu führen. Die Befürchtungen wuchsen, als man Nachrichten darüber erhielt, welche Maßnahmen bei der Liquidierung der Konzentrationslager ergriffen wurden, darunter auch der Lager von Auschwitz und Birkenau. Die anderen Lager, die näher an der russischen Grenze lagen, waren von der Roten Armee überrannt worden, und die Überreste des Lagers in Majdanek, bei Lublin, waren von Journalisten besichtigt worden. Man erfuhr später, daß der Befehl gegeben worden war, die Gaskammern sowie das gesamte Lager in Auschwitz-Birkenau zu zerstören. Tatsächlich wurden die Lagerinsassen nicht sofort umgebracht, sondern in aller Eile nach Bergen-Belsen in die Lüneburger Heide verlegt, oft unter mörderischen Bedingungen.

Die beunruhigenden Nachrichten schienen ursprünglich von der polnischen Regierung in London verbreitet worden zu sein, die über Quellen aus erster Hand verfügte. Der Vatikan wurde darüber am 25. September 1944 von Botschafter Kazimierz Papée informiert. Am folgenden Tag erhielt der Nuntius in Berlin den Auftrag, in der Form zu intervenieren, die ihm am wirkungsvollsten schien. Dieses Mal schrieb ihm das Staatssekretariat nicht vor, die Glaubwürdigkeit dieser Informationen vorher zu überprüfen, sondern teilte dem Nuntius mit, es sei informiert worden, »daß die deutschen Behörden ein Massaker an den Gefangenen des Konzentrationslagers von Oswiecim (Auschwitz) vorbereiten«. Bei diesen Gefangenen, die wegen politischer Vergehen verhaftet worden seien, handele es sich um 45.000 Menschen, in der Mehrheit Polen, aber auch Italiener und andere. Einige Tage später berichtete der Apostolische Delegat in Washington, Cicognani, daß eine Gruppe von Vertretern der Juden um einen Appell des Papstes an die deutsche Regierung und das deutsche Volk gebeten habe, der die einzige noch verbliebene Möglichkeit sei, »das Leben der Juden zu retten und insbesondere die 45.000 Juden und Christen polnischer, französischer und tschechischer Nationalität, die in Auschwitz interniert seien und in unmittelbarer Todesgefahr schwebten«. Später ergänzte Cicognani sein Telegramm, indem er neben dem Lager von Birkenau-Näuss auch die litauischen Arbeitslager nannte.

Botschafter Papée hielt seine eigenen Informationen in einem Memorandum fest, das er Msgr. Tardini am 4. Oktober 1944 vorlegte: Die Insassen der Lager in Polen, sagte er, sollten ausgerottet werden. Der Fall von Auschwitz sei besonders beunruhigend, 16.725 Männer und 39.125 Frauen befänden sich dort in Lebensgefahr. Laut Papée habe der Kommandant des Lagers, wie auch die Kommandanten der anderen Lager, Maßnahmen ergriffen, um alle Gefangenen in kürzester Zeit hinrichten zu können, und man warte nur noch auf einen schriftlichen Befehl, um mit den Exekutionen zu beginnen. Am 12. Oktober behauptete Papée erneut gegenüber Montini, daß ein Vernichtungsplan für die Lager für Zivilpersonen wie Auschwitz und Birkenau existiere, um die Spuren aller früheren Greueltaten zu vernichten. Zehntausende von Männern und Frauen seien massakriert und ihre Leichen verbrannt worden. Die Ungeheuerlichkeit des Verbrechens, sagte Papée, sei kein Grund zu glauben, daß sie nicht dennoch verübt worden seien. In den Kreisen der Alliierten wurden die polnischen Informationen ernst genommen; am 10. Oktober wurden in Washington und London Erklärungen veröffentlicht, die den Deutschen exemplarische Strafen androhten, wenn die besagten Massaker ausgeführt würden. Aus Bern telegraphierte Msgr. Bernardini am 18. Oktober: »Die Lage der Deportierten in Deutschland, die bereits beklagenswert ist, könnte tragisch werden und in einem Massaker enden, wenn sich die Ereignisse überstürzen.« War diese verzweifelte Warnung gerechtfertigt oder wurde sie von der alliierten Propaganda beeinflußt? Der Hl. Stuhl erhielt seinerseits keine direkten Informationen über die mörderischen Absichten, die den Naziführern unterstellt wurden, aber die Erfahrung hatte ihn nur allzu sehr davon überzeugt, daß diese vor keiner Greueltat zurückschreckten.

Sogar Nuntius Orsenigo, der die beruhigenden Erklärungen weiterleitete, die er von seinen Gesprächspartnern in der Wilhelmstraße erhalten hatte, konnte die Möglichkeit nicht ausschließen, daß die Gestapo besondere Befehle erhalten hatte. Der Außenminister, schrieb er in seinem Bericht vom 13. Oktober, habe versichert, die Gerüchte seien ein Produkt der feindlichen Propaganda; im übrigen seien die fraglichen Lager kürzlich vom Internationalen Roten Kreuz besichtigt worden. Dennoch kommentierte Orsenigo:»Auch wenn man dem Außenminister Ehrlichkeit unterstellt, ist nicht ausgeschlossen, daß die nur allzu berüchtigten Formationen der SS völlig andere, strengstens geheime Befehle haben.« In seiner Antwort vom 19. Oktober fragte Tardini Orsenigo ironisch, zu welchem Zeitpunkt das Rote Kreuz diese Lager jemals besichtigt habe. Es träfen noch immer, sagte er, Klagen über die Lager in Litauen und über das Lager in Birkenau ein sowie über die Lage der Polen, die nach der Schlacht um Warschau ergriffen und weggeschafft worden waren.

Auf eine erneute Beschwerde von Orsenigo antwortete die Wilhelmstraße, daß die Polen, die nach der Schlacht um Warschau gefangengenommen worden seien, möglicherweise die Personen seien, die vor dem Aufstand evakuiert und in das Lager Sagan gebracht worden seien, wo sie vom YMCA (Young Men's Christian Association) aufgesucht worden waren. Am 14. November übergab das Staatssekretariat eine neue Verbalnote an den Botschafter des Reiches: Die dem Nuntius vom Außenminister gegebenen Versicherungen böten eine Grundlage, um noch einmal darauf zu bestehen, daß die Gefangenen human behandelt würden. In bezug auf die alarmierenden Gerüchte über ein bevorstehendes Massaker fuhr die Note im gleichen Stil fort:»Was die in letzter Zeit verbreiteten Gerüchte über das Schicksal angeht, das den Gefangenen und Internierten bestimmter Rassen und Nationalitäten laut vorbereiteter Pläne zugedacht sein soll, hat der Hl. Stuhl mit Befriedigung von der Erklärung Kenntnis genommen, die der Außenminister in dieser Angelegenheit gegenüber dem Apostolischen Nuntius gemacht habe.« Dieser Satz wurde später in der gekürzten Fassung gestrichen, die der Botschafter verfaßte und an seine Regierung weiterleitete.

Die Beunruhigung, die nicht völlig grundlos war, lebte in den letzten Monaten des Krieges wieder auf. Am 25. Januar 1945 schickte Tardini, der von Papée alarmiert worden war, Instruktionen an Orsenigo, die er am 3. März wiederholte:

»Beim Hl. Stuhl treffen zahlreiche dringende und bedenkenswerte Bitten um Demarchen bei den zuständigen Behörden ein, damit Maßnahmen zum Schutz der Gefangenen, Deportierten, Internierten und ausländischen Arbeiter in Deutschland ergriffen werden, sowohl für die Art, wie sie behandelt würden, als auch für ihr Leben selbst.
Das verbreitete Gerücht über das Massaker an 1.000 italienischen Offizieren in Polen hat in Italien große Bestürzung aus-

gelöst und einen tiefen Eindruck im Ausland hinterlassen. Eure Exzellenz möge entscheiden, ob es möglich ist, wirkungsvoll zu intervenieren, auch im eigenen Interesse des deutschen Volkes.«

Tardini machte sich kaum Illusionen über die Wirkung der Demarchen des Nuntius. An einem Entwurf zu dem Telegramm merkte er an:»Es [das Telegramm] ist von der 2. [Sektion des Staatssekretariats] vorbereitet worden. Ich weiß nicht, warum es meine Unterschrift trägt. Ich hätte sie „auch im eigenen Interesse des deutschen Volkes" nicht daruntergesetzt, denn es ist unsinnig, sich Illusionen zu machen.«

Konnte sich Orsenigo, der sich bereits nach Eichstätt zurückgezogen hatte, zu diesem Zeitpunkt noch Gehör verschaffen? Am 18. März 1945 berichtete der Apostolische Delegat in Washington, die Juden seien wegen der umlaufenden Gerüchte von Entsetzen gepackt worden, daß alle Juden, die sich noch in den Händen der Deutschen befänden, ungefähr 600.000, liquidiert werden sollten. Unterdessen war ein Bericht über das angebliche Massaker an den 1.000 italienischen Offizieren im Lager von Siedlice (Alt-Siedel) eingetroffen. In seinen Antworten vom 27. und 28. März berichtete Tardini über die verschiedenen Demarchen, die der Hl. Stuhl für die Rettung von Menschen unternommen hatte; dann betonte er, indem er sich auf ein Gerücht bezog, wonach Deutsche zur Arbeit nach Rußland geschickt würden, daß dies nicht das beste Mittel sei, um Massaker an Juden und Polen zu verhindern:»Durch die besagten mutmaßlichen Deportationen von deutschen Gefangenen und Zivilisten zur Zwangsarbeit würde ein solches humanitäres Werk erheblich gefährdet, indem es der deutschen Regierung einen Vorwand für gewalttätige Repressalien lieferte, so daß sich die Zahl der unschuldigen Opfer noch mehr erhöhen würde.«

Unterdessen hielt Myron Taylor, der nunmehr in Rom residierte, seinen Kontakt zum Papst aufrecht, um ihm die Politik der Alliierten im gegenwärtigen Konflikt zu erläutern. Am 28. November 1944 hatte er Pius XII. erklärt, wie er sich das Ende des Krieges vorstellte: 1. Bedingungslose Kapitulation; die vollständige Niederlage werde den Mythos von der Unbesiegbarkeit der deutschen Armee zunichte machen. 2. Deutschland müsse auf alle seine Rechte und Machtbefugnisse in einfachen und kurzen Worten verzichten. 3. Unterzeichnung durch das deutsche Oberkommando und die noch bestehende Regierung. Dann würden sich die Alliierten, die die Kapitulation entgegengenommen hätten, um die Aufrechterhaltung der administrativen Strukturen kümmern, nun allerdings unter Aufsicht der alliierten Militärregierung, die den Nationalsozialismus mit der Wurzel ausreißen sollte. Mit der Zeit werde die Militärregierung einer zivilen Regierung die Zügel übergeben.

Taylor überreichte dem Papst eine Note, in der er seinen Standpunkt noch einmal zusammengefaßt hatte, und Pius XII. beauftragte Tardini, eine Antwort vorzubereiten. Der Prälat verfaßte zwei Noten, die seine Meinung zum Ausdruck brachten, eine über die Formel des *unconditional surrender* und die andere über die Frage der Machtübergabe an die siegreichen Ausländer. Er überbrachte dem Papst die beiden Noten am 10. Dezember. Der Ausdruck *unconditional surrender,* glaubte Tardini, schloß weder aus, daß der Sieger dennoch Konditionen vorbereitet hatte, noch daß der Besiegte sie im voraus kannte, aber diese Klausel ließ denjenigen, der sich ergeben sollte, noch härtere Bedingungen befürchten. Nachdem er noch einmal die Gefahr betont hatte, den Besiegten in einen verzweifelten Widerstand zu treiben, faßte Tardini seine ganze Abneigung gegen diese Formel des *unconditional surrender* abschließend in einem Dilemma zusammen: »Die Bedingungen, die der Sieger bereits für den Besiegten vorbereitet hat, sind entweder gerecht oder ungerecht. Im ersten Fall ist nicht einzusehen, warum sie nicht im vorhinein bekannt sein sollten; im zweiten Fall kann man nicht verstehen, wie das menschliche Gewissen ihnen zustimmen sollte.«

Als er anschließend die Klauseln der Machtübergabe an den Sieger beurteilte, bemerkte Tardini, daß nach demokratischen Prinzipien die Machthaber durch den Willen des Volkes regieren: Die Regierenden könnten zurücktreten, aber man könne die Macht nicht an andere übergeben. Desgleichen habe die Militärmacht nicht die Befugnis, die zivile Macht an eine ausländische Nation zu übergeben, und auf jeden Fall habe der Sieger immer die moralische Verpflichtung, die Grenzen der humanen und zivilen Gerechtigkeit nicht zu überschreiten.

Nachdem er die beiden Noten gesehen hatte, sagte Pius XII. zu Tardini, er werde Taylor die zweite als eine von einem Experten verfaßte Note übergeben, werde es aber vermeiden, auch die andere zu übergeben, denn das *unconditional surrender* sei für Taylor ein unstrittiges Dogma, zu dem er auch nicht um eine Stellungnahme bitte.

Im anderen Lager war man darauf noch nicht vorbereitet. Bis Ende 1944 lebte die Führung des Dritten Reiches in ihrem Traum von einer Revanche dank der neuen Waffen, die ihre Wissenschaftler vorbereiteten und von denen die V1 und die V2 nur eine ungefähre Idee gaben. Aber nach dem Scheitern der Ardennenoffensive Rundstedts in der zweiten Dezemberhälfte wurde offensichtlich, daß das Reich das Spiel verloren hatte. Ribbentrop schickte deshalb auf eigene Initiative Kundschafter in verschiedene Richtungen aus, die bei den

Alliierten die Friedensbedingungen sondieren sollten. Am 17. Februar 1945 sandte die Wilhelmstraße ein sechzehnseitiges Telegramm an Weizsäcker. Der Diplomat war darüber so wenig erfreut, daß er erst zwei Tage später zunächst mit P. Robert Leiber, dem Privatsekretär von Pius XII., sprach, um ihm zu erklären, daß er diesen Text für verworrenes Gerede halte. Er sei verpflichtet, ihn weiterzuleiten, aber er wolle nicht als dessen Autor gelten.

Am folgenden Tag, dem 20. Februar, um 12.45 Uhr erschien der Botschafter bei Msgr. Tardini mit einem Heftchen von etwa zehn Seiten. Dies sei, erklärte er, ein Telegramm, für das seine Mitarbeiter 38 Stunden benötigt hätten, um es zu dechiffrieren, und das Ideen der »Berliner« enthalte, nicht die seinen. Diese Ideen lauteten folgendermaßen: Deutschland werde so lange kämpfen, bis seine Gegner begriffen, daß es nicht zu besiegen sei. Rußland wolle ganz Europa dem Bolschewismus unterwerfen, und Stalin sei bereits dabei, eine deutsche bolschewistische Armee aufzubauen. Der Augenblick komme für Deutschland, sich zwischen den beiden Lagern zu entscheiden, und wenn Deutschland zum Osten überlaufe, würden auch England und die Vereinigten Staaten der bolschewistischen Flut nicht entgehen. Im übrigen wollten Deutschland und Japan in den Kreis der Großmächte aufgenommen werden, Deutschland wünsche nichts anderes als die Bevölkerung innerhalb seiner Grenzen zu behalten und zudem die Freiheit aller europäischen Nationen. Der Nationalsozialismus sei falsch verstanden worden. Die »Judenfrage« könne durch ein Abkommen zwischen den Nationen gelöst werden; auch gegenüber der Kirche stelle man in der nationalsozialistischen Partei eine Wendung zum Besseren fest. Die Zusammenarbeit zwischen den Großmächten sei notwendig, um einen immerwährenden Krieg zu verhindern. Eine bedingungslose Kapitulation erscheine den Deutschen nicht akzeptabel, denn sie müßten befürchten, daß Millionen ihrer Landsleute zur Zwangsarbeit deportiert würden.

Mit seiner üblichen Bissigkeit machte Tardini den Diplomaten darauf aufmerksam, »daß dieses immense Telegramm« ihn an die endlosen Reden Hitlers erinnere, in denen es, neben einigen zutreffenden Dingen, viele Widersinnigkeiten und Verrücktheiten gebe. Der Prälat gestand den Ernst der doppelten Gefahr ein, des Nationalsozialismus und des Kommunismus, die nur zwei Gesichter desselben materialistischen Irrtums seien. Er hielt es aber für unwahrscheinlich, daß Churchill und Roosevelt mit den Nazis verhandeln wollten. Wen wollte man glauben machen, daß der Nazismus falsch verstanden worden sei, daß er die Freiheit aller Nationen Europas wolle? »Was die Juden anbetrifft: Wie viele Male hat der Hl. Stuhl geraten, von Grausamkeiten Abstand zu nehmen, und hat nichts erreicht.« Was die Kirche angehe, so »hat der Nazismus die katholischen Schulen verboten, die katholischen Organisationen zerstört, die Klöster geschlossen und die Mönche und Nonnen vertrieben, er hat unzählige Priester vor Gerichte gestellt, eingesperrt und hingerichtet: Betrachtet man das heute als eine günstige Entwicklung für die Kirche?« Weizsäcker fragte dann, ob die Alliierten bereit seien, »etwas zu bezahlen«, wenn man Hitler beseitigte und Verhandlungen aufnähme. Tardini antwortete, daß sie die Formel von der bedingungslosen Kapitulation sicherlich nicht leicht aufgeben würden.

Am selben Abend übergab Tardini seine Aufzeichnungen über das Gespräch Pius XII., der sie am nächsten Tag zurückgab: Der Papst sah keine Möglichkeit zu handeln, versprach aber, den Botschafter des Reiches zu empfangen.

In Erwartung dieser päpstlichen Audienz kam Weizsäcker am Morgen des 25. Februar wieder zu Tardini und erklärte ihm erneut sein Dilemma: Entweder würden sich die Alliierten der kommunistischen Gefahr bewußt und stellten folglich ihre Aktionen gegen Deutschland ein, damit die Deutschen die Russen jagen könnten und man zu einem Verständigungsfrieden fände; oder Deutschland werde kommunistisch, zum großen Schaden Englands und der Vereinigten Staaten. Für Msgr. Tardini war der deutsche Plan nicht ganz klar; er sah darin weniger einen diplomatischen als einen militärischen Plan der Deutschen, die ein Nachlassen des alliierten Drucks im Westen erreichen wollten, um sich mit all ihren Kräften auf den Osten konzentrieren zu können; deshalb könne sich der Hl. Stuhl nicht darauf einlassen. Eine Schlußfolgerung, zu der offensichtlich auch Pius XII. gekommen war.

Dennoch: Als Pius XII. Myron Taylor am 28. Februar empfing, fragte er ihn, ob es eine wenn auch weit entfernte Möglichkeit eines Gesprächs mit den Deutschen oder für die Deutschen gäbe, mit dem Ziel, den Krieg zu beenden. Taylor schloß jede Möglichkeit eines Übereinkommens oder eines Gesprächs aus. »Nichts außer dem *unconditional surrender*.« So konnte der Papst, als er am nächsten Morgen, dem 1. März 1945, um 9.30 Uhr den Botschafter des Reiches empfing, diesem versichern: Nachdem er das Terrain sondiert habe, müsse er feststellen, daß es keinerlei Möglichkeit eines Gesprächs oder einer Diskussion mit den Vereinigten Staaten und England gebe.

Unter den Sorgen des Papstes über die Zukunft der Völker nahm die Sorge um Polen weiterhin einen ganz besonderen Platz ein; die polnische Exilregierung in London hielt seine Besorgnis über Msgr.

Godfrey, den Apostolischen Delegaten in England und Geschäftsträger *ad interim* für Polen, beständig wach.

Ende Januar 1944 hatte Msgr. Godfrey den Außenminister Polens, Thaddäus Romer, getroffen. Zwischen seiner Regierung und den Sowjets, erklärte Romer, bestehe eine starke Spannung, und er hoffe, daß die Amerikaner die polnische Regierung in London entschieden unterstützen würden; er gab aber seiner Befürchtung Ausdruck, in Polen könne eine von den Russen gestützte kommunistische Marionettenregierung eingesetzt werden. Dennoch brächten die Polen Churchill und Roosevelt weiterhin ihr Vertrauen entgegen, denn das Schicksal, das ihrem Volk bestimmt sei, sei eine Gelegenheit, um zu überprüfen, ob die Vereinten Nationen den Prinzipien der Atlantikcharta weiterhin treu blieben.

Zur selben Zeit schrieben zwei polnische Prälaten, Karol Radoński und Zygmunt Kaczyński, an Msgr. Godfrey, der ihr Schreiben mit seinem Bericht vom 1. Februar 1944 weiterleitete. Wenn die Forderungen der sowjetischen Regierung erfüllt würden, fielen 51 Prozent des polnischen Territoriums mit 12 Millionen Menschen, darunter 8 Millionen Katholiken, unter die russische Herrschaft. Im übrigen habe Rußland beschlossen, Estland, Lettland und Litauen sowie einen Teil von Finnland und von Rumänien zu annektieren. In diesem Fall werde die katholische Kirche aus all diesen Gebieten vertrieben, denn Molotov habe erklärt, er toleriere nur die orthodoxe Kirche, die unter der Kontrolle des Staates stand. Die beiden Bischöfe warnten im übrigen, daß Moskau in Polen eine Marionettenregierung einsetzen werde. Der Kardinalstaatssekretär informierte den Apostolischen Delegaten in Washington über die Befürchtungen der Polen wegen der östlichen Grenzen ihres Heimatlandes. Es handele sich eigentlich um eine politische Frage, aber sie sei so eng mit religiösen Fragen verknüpft, daß sie auch die Katholiken der Vereinigten Staaten interessieren müsse, und betreffe einen großen Teil Europas, der der kommunistischen Gefahr ausgesetzt sei. Der Hl. Stuhl zähle auf die amerikanischen Katholiken, damit sie ihre Regierung zu Entscheidungen anregten, von denen das Schicksal Europas und insbesondere das Schicksal der Kirche in Polen abhänge.

Anfang Juni 1944 begab sich der polnische Ministerpräsident Mikołajczyk nach Washington, um über die Frage der östlichen Grenzen seines Landes zu verhandeln. Die Sowjets wollten als Bedingung für die Aufnahme von diplomatischen Beziehungen mit Polen die Anerkennung der Curzon-Linie als Grenze zwischen den beiden Staaten stellen, einer Grenze, die nur wenig von der Teilungslinie

Ribbentrop-Molotov abwich. Der polnische Ministerpräsident erklärte dem State Department, daß sein Vaterland gute Beziehungen
zur Sowjetunion unterhalten wolle; nach den schrecklichen Erleb-
nissen, die es erlitten habe, dürfe Polen sich am Ende des Krieges
aber nicht auf einem verkleinerten Territorium wiederfinden. Man
müsse im übrigen jede Einmischung von außen in interne Angelegenheiten verhindern. Der Minister verbarg seine Verbitterung darüber, daß die drei Großen über die Zukunft seines Landes ohne dessen Beteiligung diskutiert hatten, nicht. Über den Apostolischen Delegaten in Washington ließ Stanisław Mikołajczyk dem Papst eine
Botschaft übermitteln. Das polnische Volk sehne sich nach der Wiederherstellung seines Landes und setze »für dieses Ziel unbegrenztes
Vertrauen in den Schutz Eurer Heiligkeit«. In einem Telegramm
vom 12. Juni 1944 erinnerte Maglione Cicognani an das Telegramm
vom 1. Februar und wiederholte seine Instruktion, die amerikanischen Katholiken für diese Frage zu interessieren.

Am 28. Juli 1944 empfing Pius XII. in einer feierlichen Audienz
eine Abordnung der polnischen Armee. General Kazimierz Sosn-
kowski, Oberbefehlshaber der polnischen Armee, und General
Władysław Anders, Kommandant der polnischen Truppen in Italien,
erschienen an der Spitze von 500 ihrer Soldaten, begleitet von Nuntius Cortesi und Botschafter Papée. Pius XII. erinnerte in bewegen-
den Worten an die Audienz vom 30. September 1939, die er der polnischen Kolonie in Rom gewährt hatte, als ihr Vaterland unter den
Angriffen der nationalsozialistischen und der sowjetischen Armeen
zusammenbrach. Nach fünf Jahren Kampf war die Hoffnung größer
als jemals zuvor, und der Pontifex maximus bestätigte entschieden
die Rechte Polens:

> »Ihr Recht ist so gewiß, daß Wir die sichere Hoffnung haben,
> daß alle Nationen sich ihrer Schuld gegenüber Polen bewußt
> werden, dem Schauplatz und zu oft auch Spielball ihrer Kon-
> flikte, und daß jeder, der in seinem Herzen einen Funken eines
> wirklich menschlichen und christlichen Gefühls bewahrt hat,
> Wert darauf legt, für Polen den Platz zu fordern, der ihm laut
> den Prinzipien der Gerechtigkeit und eines wirklichen Friedens
> zusteht.«

Nach dem Vorbild des Papstes veröffentlichten die schottischen
Bischöfe eine Erklärung zugunsten Polens, die nicht dem Empfinden
der britischen Öffentlichkeit entsprach, die noch über die Erfolge
der Roten Armee begeistert war. Als in Rom ein Besuch Churchills
angekündigt wurde, bereitete das Staatssekretariat über alle anste-

henden Fragen eine Note vor, in der die polnische Frage einen herausragenden Platz einnahm. Der Hl. Stuhl sei besorgt über das Schicksal so vieler Katholiken und würde sich freuen, dank der Vermittlerdienste Englands verläßliche Nachrichten über die Lage der Kirche in der von der Sowjetunion besetzten Zone zu erhalten; er würde gern einige Männer der Kirche dorthin schicken, um sich einen Eindruck zu verschaffen. In der Audienz für den Premierminister am 23. August, die eine Dreiviertelstunde dauerte, sprach Pius XII. über die Probleme in bezug auf Deutschland, Polen, Rußland, den Kommunismus und Italien.

Zwei Tage später erhielt das Staatssekretariat aus Washington eine recht beunruhigende Antwort über die Situation in Polen. Auf die Frage von Cicognani hatte Staatssekretär Cordell Hull erklärt, daß man unter der deutschen Herrschaft über Untergrundbewegungen noch einige Informationen erhalten habe, unter den Russen seien aber alle Verbindungen unterbrochen. Es habe den Anschein, als würden die Sowjets die Religionsausübung im Westen der Curzon-Linie nicht behindern, aber »man weiß überhaupt nicht, was sich im Osten abspielt«.

Erst mit großer Verspätung erhielt das Staatssekretariat am 17. Oktober 1944 einen Bericht von Msgr. Godfrey, der Ende August den polnischen Außenminister getroffen hatte. Romer hatte dabei vor allem über die traurige Lage von Warschau gesprochen, wo die Partisanen der Polnischen Heimatarmee, ermutigt durch die Nähe der sowjetischen Truppen und durch Aufrufe im Radio, sich am 1. August gegen die Deutschen erhoben hatten. Die russischen Truppen griffen aber weder zu Land noch aus der Luft in die Schlacht ein; allein die *Royal Air Force*, die zu diesem Zweck Tausende von Kilometern zurücklegen mußte, versuchte, den Aufständischen zu helfen. Romer war auch wieder auf die Frage der Grenzen zu sprechen gekommen; er erläuterte, daß die Polen sie auf die Nachkriegszeit verschieben wollten, da sie glaubten, daß »eine Exilregierung nicht in der Position [sei], um über die Grenzen ihres Landes zu feilschen«. Schließlich befürchtete man noch die Einrichtung einer von den Kommunisten aufgezwungenen Marionettenregierung.

Der Bericht von Msgr. Godfrey war noch nicht im Vatikan eingetroffen, als Botschafter Papée dort am 16. August eine Botschaft von Präsident Raczkiewicz übergab. Die Deutschen seien dabei, die polnische Hauptstadt zu zerstören und ihre Einwohner auszurotten, und der Präsident flehe den Papst an, zu ihrem Schutz zu intervenieren. Als er diesen Appell am 18. August erhielt, fragte sich Pius XII.: »Was kann ich noch mehr zugunsten Polens sagen?« Der Papst hatte dennoch die Anordnung gegeben, eine Antwort vorzubereiten, als

einige Tage später, am 23. August, Papée erneut als Überbringer eines Appells im Vatikan erschien. Diesmal waren es die Frauen von Warschau, die sich hilfesuchend an den Papst wandten, die Mütter »dieser Kinder, die kämpfen und die Panzer mit Benzinflaschen zerstören«. Sie klagten die russische Armee an, die seit drei Wochen vor den Toren von Warschau lag, ohne auch nur einen Schritt vorzudringen. Unter dem Datum des 31. August 1944 antwortete der Papst ausführlich dem Präsidenten der polnischen Republik, indem er seinen Wunsch ausdrückte, nichts unversucht zu lassen, um das Leben so vieler bedrohter Menschen zu retten. Am nächsten Tag informierte das Staatssekretariat Myron Taylor und Osborne über den Appell der Frauen von Warschau und bat die Diplomaten, dies ihren Regierungen zur Kenntnis zu bringen. Es war offensichtlich, daß nur Washington und London handeln konnten. Unterdessen wurden der Appell des Präsidenten an den Papst und die Antwort von Pius XII. an Raczkiewicz auf der ersten Seite des *Osservatore Romano* vom 15. September 1944 veröffentlicht. Pius XII. wollte noch zusätzlich während der Generalaudienz am 15. September an die 2.000 polnischen Soldaten, die zusammen mit englischen, französischen und amerikanischen Militärs daran teilnahmen, ganz besondere Worte der Wertschätzung und der Sympathie richten, über die der *Osservatore Romano* ebenfalls berichtete: »Wisset, daß unser Herz für die Ruinen eurer großen Hauptstadt geblutet hat, hinter deren Mauern sich eine der schmerzlichsten, aber auch heldenhaftesten Tragödien der gesamten Geschichte eurer Nation abgespielt hat.«
Am Ende des Monats unternahmen die deutschen Verbände in Warschau einen letzten Angriff, vorbereitet von einem gewaltigen Artilleriebeschuß, der das Zentrum von Warschau in Trümmer legte; nach 63 Tagen eines Kampfes, den auch das deutsche Kommando heroisch nannte, mußten die Männer von General Bor am Morgen des 2. Oktober kapitulieren. Am 15. November empfing Pius XII. erneut die Polen Roms: Er hob noch einmal öffentlich den Heldenmut der Verteidiger von Warschau hervor und verkündete das Recht Polens auf Anerkennung durch die Völker: »Wenn die Welt, sobald sich erst einmal der schwindelerregende Sturm aus Verrücktheit, Haß und Grausamkeit gelegt hat, wieder zu sich kommt, wenn sie, ein Zuschauer, der durch das Ausmaß dieses Desasters in Angst und Schrecken versetzt ist, ihr Gleichgewicht wiedergefunden haben wird, wird sie, muß sie den Anteil Polens an diesem Werk zu ihrer Rettung erkennen.«
Der Papst wandte sich selbstverständlich nicht nur an seine Zuhörer, sondern auch an die Regierungen der Alliierten, von denen das

Schicksal Polens und der baltischen Staaten abhing. Laut einem neuen Telegramm von Cicognani verhielten sich die Sowjets in Polen wie auf erobertem Gebiet, indem sie dort eine neue Verwaltung einrichteten und die Einwohner massenweise deportierten. Die amerikanischen Bischöfe wurden sich nun ihrerseits des Ernstes der Situation bewußt und äußerten öffentlich ihre Besorgnis über das Schicksal Polens, der baltischen Staaten und der anderen katholischen europäischen Länder. Da die amerikanische Regierung die Folgen der sowjetischen Invasion offensichtlich nicht richtig einschätzte, entschlossen sich die Prälaten, mit Präsident Roosevelt zu sprechen. Am 15. Dezember forderte Tardini Cicognani noch einmal dazu auf, sich weiterhin für Polen einzusetzen. Der Delegat blieb nicht untätig und fand im State Department Beamte, die seine Bemühungen unterstützten. Im Januar 1945 erhielt Cicognani von Cordell Hull die Versicherung, der Appell des Papstes zugunsten Polens sei an Roosevelt weitergeleitet worden. Der amerikanische Staatssekretär ließ durchblicken, daß er den Standpunkt des Papstes und seines Gesandten teilte, und vertraute ihm an, Roosevelt und Churchill wollten für das nächste Treffen mit Stalin in Yalta ein gemeinsames Programm verabreden.

Die Ergebnisse von Yalta waren von den Wünschen des Hl. Stuhles recht weit entfernt. Die polnische Frage wurde dort lange debattiert, aber die Präsenz der Roten Armee im Lande stärkte die Position der Sowjets. Das sowjetische Rußland verlangte die polnischen Gebiete bis zur Curzon-Linie, die der englische Diplomat dieses Namens 1920 als ethnische Grenze zwischen Rußland und Polen festgelegt hatte und die die Alliierten in Teheran akzeptiert hatten. Nach einem vorbereitenden Treffen der Außenminister in Malta am 1. Februar wurde die Konferenz zwischen Roosevelt, Churchill und Stalin, begleitet von ihren Außenministern Stettinius, Eden und Molotov, am Nachmittag des 4. Februar 1945 in Yalta am Schwarzen Meer eröffnet.

Über das Schicksal Polens wurde ab dem 6. Februar diskutiert. Roosevelt akzeptierte die Curzon-Linie als östliche Grenze Polens, schlug aber einige Korrekturen vor, so daß Lemberg (Lwów) polnisch blieb. Im übrigen wünschte er die Bildung einer Regierung, die aus den wichtigsten Vertretern der Parteien des Landes bestand. Churchill akzeptierte ebenfalls die Curzon-Linie als östliche Grenze, aber er interessierte sich mehr für die Souveränität und die Unabhängigkeit Polens als für seine Grenzen. Für die Regierungsbildung empfahl er die Polen, die er in London kennengelernt hatte, Mikołajczyk, Grabski und Romer. Stalin wollte es bei der Curzon-

Linie als östlicher Grenze Polens bewenden lassen. Was die Regierung anbetraf, lehnte er die Männer aus London ab, von denen einer das Lubliner Komitee als Verbrecherbande bezeichnet hatte. Für Stalin war die Regierung von Lublin, die sich nun in Warschau niedergelassen hatte, die eigentliche polnische Regierung. Mit Rücksicht auf seine Alliierten gestand er einige Korrekturen an der Curzon-Linie zu sowie die Zulassung von einigen »Emigranten« in der neuen Provisorischen Regierung, die so schnell wie möglich Wahlen ausschreiben sollte, damit das Volk eine neue dauerhafte Regierung wählen könnte. Roosevelt kritisierte das Wort Emigranten. Churchill schloß sich dieser Kritik an, außerdem verlangte er, daß demokratische Führer aus Polen selbst in die Regierung aufgenommen würden. Roosevelt schrieb einen ziemlich energischen Brief an Stalin, in dem er wiederholte, er könne das Lubliner Komitee in seiner aktuellen Form nicht akzeptieren. Die britische Regierung wußte, daß dieses Komitee keineswegs repräsentativ für das polnische Volk war, und konnte andererseits auch die polnische Regierung in London nicht fallenlassen, die sie während der fünf Jahre des Krieges anerkannt hatte: Das englische Volk hätte darin einen Verrat gesehen. Stalin ergriff die Verteidigung des Lubliner Komitees, das angeblich im polnischen Volk auf begeisterten Zuspruch stieß. Roosevelt fragte Stalin, wie lange man seiner Meinung nach auf freie Wahlen warten müsse, und Stalin antwortete: »Das könnte bereits in einem Monat möglich sein.« Er erwähnte nicht, daß die Wahlen dann stattfinden würden, wenn die Rote Armee das Land noch besetzt hielt. Churchill räumte ein, daß die Wahlen für die Engländer jeglichen Vorbehalt hinfällig werden ließen.

Die Diskussion wurde am 9. und 10. Februar fortgesetzt. Am Abend des 10. wurde das Schlußdokument angenommen. Die Alliierten bestätigten darin erneut ihren »gemeinsamen Wunsch, wieder ein starkes, freies, unabhängiges und demokratisches Polen entstehen zu sehen«. Die neue Regierung sollte auf der Basis des Lubliner Komitees gebildet werden, »das auf einer breiten demokratischen Grundlage mit Einschluß demokratischer Führer von Polen selbst und von Polen im Auslande reorganisiert werden soll«. Stalin war den Angelsachsen entgegengekommen, indem er den Ausdruck »Emigranten« durch »Polen im Auslande« ersetzt hatte. Die Regierung werde dazu aufgefordert, so bald wie möglich freie und unabhängige geheime Wahlen auf der Grundlage des allgemeinen Wahlrechts abzuhalten, und die Alliierten würden die neue Regierung diplomatisch anerkennen. In bezug auf die Grenzen kamen die Alliierten überein, daß die östliche Grenze dem Verlauf der Curzon-Linie folgen sollte, mit einigen Abweichungen von fünf bis acht Kilometern zugunsten von Polen. Dieses werde erhebliche Kompensationen in den westlichen Gebieten erhalten, derenthalben die neue Regierung konsultiert werden sollte, und die westliche Grenze Polens sollte erst auf der Friedenskonferenz festgelegt werden.

Pius XII. vergaß dieses katholische Land nicht, das nach der nationalsozialistischen Verfolgung nun der kommunistischen Unterdrückung ausgeliefert wurde. Seit dem Einmarsch der russischen Truppen trafen keinerlei Nachrichten mehr aus Polen ein. In Rom wußte man, daß es zahlreiche Diözesen ohne Pfarrer gab, daß die Priesterseminare leer standen und der Klerus in alle Winde verstreut war. Es war dringend erforderlich, einen Mann der Kirche vor Ort zu schicken, um Nachforschungen anzustellen und die notwendigen Maßnahmen vorzuschlagen. Cicognani erhielt den Auftrag, die Regierung in Washington zu bitten, für die alliierte Kommission, die nach Polen geschickt werden sollte, auch einen amerikanischen Prälaten, wenn möglich polnischer Herkunft, in die Kommission zu entsenden. Cicognani erhielt zunächst vom polnischen Botschafter in Washington ein Dokument, in dem die Lage der elf Diözesen, die östlich der Curzon-Linie lagen, beschrieben wurde. Dann, am 24. Februar 1945, verfaßte er für das State Department ein Memorandum, das die Fragen und Wünsche des Hl. Stuhles enthielt, am 5. März erbat er dort eine Antwort. Gegenüber Unterstaatssekretär Joseph Grew brachte er noch einmal die Beunruhigung des Vatikans angesichts der fehlenden Nachrichten aus den von der russischen Armee besetzten Gebieten zum Ausdruck, sowie seinen Wunsch, dorthin einen Mann der Kirche zu schicken, vorzugsweise einen Amerikaner polnischer Herkunft. Grew bestätigte den Mangel an Nachrichten, hielt es aber für sehr schwierig, einen Vertreter der Kirche nach Polen zu schicken, solange die neue nationale Regierung noch nicht gebildet sei; er versprach dennoch, mit seinem direkten Vorgesetzten, Edward Stettinius, darüber zu sprechen. Cicognani beriet sich mit dem Erzbischof von Detroit über die Persönlichkeit, die er für geeignet hielt, diese Aufgabe zu erfüllen, Msgr. Thomas Noa von der Diözese der Grand Rapids. Der Erzbischof, wie auch sein Kollege aus Chicago, stimmten dieser Wahl wie auch der Idee dieser Mission rückhaltlos zu.

In diesen entscheidenden Wochen verlangten auch weit entlegene Gegenden die Aufmerksamkeit des Hl. Stuhles. Seit Pearl Harbor stand der Ferne Osten in Flammen. Dank besonderer Erlasse in Japan, deren Verabschiedung damals bei den Amerikanern einige Empörung hervorgerufen hatte, hatte der Hl. Stuhl den Gefangenen in den japanischen Lagern zumindest etwas Hilfe leisten können. Im Juli 1944 berichtete der Apostolische Delegat in Japan, Msgr. Marella, daß die Behörden des Landes beschlossen hätten, die Missionare, die Angehörige der mit Japan verfeindeten Nationen seien, zu isolieren. Marella betonte, der einzige Grund für diese Maßnahme sei die Kriegführung; die Einstellung der Regierung, die den Katholizismus noch immer begünstige, habe sich keineswegs verändert. Das französische Indochina sei der Gnade Japans ausgeliefert, das offensichtlich die Regierung von Vichy schone, so daß der Apostolische Delegat Antonin Drapier Ende November 1944 berichten konnte, die Lage in Indochina sei erträglich. Er verbarg aber nicht seine Befürchtung darüber, welche Rückwirkungen eine Änderung der französischen Politik haben könnte. Unterdessen setzte der Delegat Marella seine Mission der friedlichen Koexistenz in seinen Gesprächen mit den japanischen Behörden fort. Im Dezember traf er den Vize-Außenminister, Renzo Sawada, den ehemaligen Botschafter in Paris und Rangoon, einen liberal denkenden Christen mit gutem Herzen. Msgr. Marella warnte dennoch das Staatssekretariat, daß der Krieg unweigerlich seinen Lauf nehmen werde; »schon allein die Tatsache, das Wort Frieden auszusprechen, würde Polizisten und Gendarmen in Bewegung setzen, mit den schwerwiegendsten Konsequenzen«. Der Vize-Außenminister bemerkte, daß die Alliierten nur daran interessiert seien, einen Frieden herbeizuführen, der auf dem Prinzip der Überlegenheit der Rassen basiere. Wohingegen, so behauptete der Japaner, seine Regierung eine Ordnung verwirklichen wolle, die auf die völlige Gleichheit aller Völker und aller Rassen gegründet sei. Darauf antwortete Marella, daß sich diese Prinzipien »nicht von den Prinzipien des Christentums unterschieden, die verschiedene Male von den Päpsten Benedikt XV., Pius XI. und Pius XII. verkündet und erläutert worden seien«.

Der Vatikan konnte sich nicht der Illusion hingeben, ernsthaft auf die Politik Tokios einzuwirken. In den westlichen Nationen hingegen wurde möglicherweise die Frage einer Beteiligung des Hl. Stuhles an den Friedenskonferenzen erwogen, die diesen Weltkrieg beenden sollten. Ein Jahrhundert zuvor war der Staatssekretär von Pius VII. eine der herausragendsten Figuren des Wiener Kongresses gewesen, er hatte zusammen mit den Vertretern der Großmächte an den Debatten über die Neuordnung Europas nach den napoleonischen Kriegen teilgenommen. Am Ende des Ersten Weltkrieges war Benedikt XV. aufgrund eines geheimen Zusatzartikels des 1915 in London unterzeichneten Vertrages zwischen der Entente und Italien von den Konferenzen in Versailles ausgeschlossen worden. 1945, da die Römische Frage geklärt war, schien der Teilnahme des Hl. Stuhles an einer internationalen Konferenz nichts im Wege zu stehen, zumal sich die Ansichten Pius' XII. über die internationalen Beziehungen in vielen Punkten mit denen der Alliierten deckten. Am 1. September 1944 hatte der Papst in einer Radiobotschaft aus Anlaß des fünften Jahrestages des Kriegsbeginns über die Zeit nach dem Ende der Kampfhandlungen gesprochen. Der Abgrund des Elends, in den der Geist der Gewalt und die Willkürherrschaft der Macht die Menschheit gestürzt hätten, sei eine Aufforderung, sich die christlichen Prinzipien wieder in Erinnerung zu rufen. Pius XII. lobte diejenigen, die »auch in anderen Lagern – wo man sich bisher fern stand und voneinander nichts wissen wollte – Mitarbeiter, Weg- und Kampfgefährten« zu finden versuchten. Er erinnerte daran, daß er in seiner Weihnachtsbotschaft 1939 die Schaffung von internationalen Organisationen angeregt hatte, die »unter Vermeidung der Mängel und Schwächen der Vergangenheit tatsächlich imstande wären, den Frieden nach den Grundsätzen der Gerechtigkeit gegen jedwede Bedrohung in der Zukunft zu erhalten«. Während der Audienz, die er Tittmann am nächsten Tag, dem 2. September 1944, gewährte, ließ Pius XII. durchblicken, daß er in seine Rede bewußt eine Erwähnung der internationalen Organisationen eingeflochten habe, über die Myron Taylor bei mehreren Gelegenheiten gesprochen hatte. Taylor legte Wert darauf, dem Papst in seinem Brief vom 4. September zu danken: »Ich war tief berührt, als Herr Tittmann mich über die Bemerkung unterrichtet hat, die Sie ihm gegenüber am Samstag gemacht haben, daß Sie meinen Vorschlag in bezug auf eine internationale Organisation für den Frieden akzeptiert und ihn in Ihre Ansprache eingefügt haben. Das bereitet mir eine unendliche Befriedigung.«

Am folgenden 18. Oktober übergab Taylor Pius XII. im Auftrag von Roosevelt den Plan für eine internationale Organisation, der im September und Oktober während einer Konferenz mit den Vertretern der Vereinigten Staaten, Großbritanniens, der Sowjetunion und Chinas aufgestellt worden war. Der Plan sah eine Generalversammlung vor, einen Exekutivrat und einen Gerichtshof; die Frage der Sicherheit sollte im Exekutivrat behandelt werden, der über eine Eingreiftruppe verfügen sollte, allerdings sollte ihr Einsatz der Zustimmung der vier wichtigsten Nationen unterliegen. Die Frage der Abrüstung war auf später verschoben worden.

Als das Ende der Kampfhandlungen in Sicht war, stellte sich immer drängender die Frage der Beteiligung des Papstes an den Friedenskonferenzen. Der Erzbischof von Liverpool stellte sie offen in seinem Fastenhirtenbrief, in dem er schrieb, der Völkerbund sei durch die Nichtbeteiligung des Papstes geschwächt worden. Darüber entstand eine Diskussion mit Lord Robert Cecil, und die Affäre schlug noch höhere Wellen. Pius XII. unterhielt sich am 2. April mit Msgr. Tardini darüber, der den Inhalt des Gesprächs zusammenfaßte. Man müsse, habe ihm der Papst gesagt, zwischen der Friedenskonferenz und der zukünftigen Friedensorganisation unterscheiden. Um die Teilnahme an der Friedenskonferenz habe der Hl. Stuhl nicht gebeten und er werde darum auch nicht bitten. Wenn er eingeladen würde, behalte er es sich vor, die Frage zu überdenken, und seine Teilnahme werde kein anderes Ziel haben, als die Prinzipien von Gerechtigkeit und Gleichheit zu verteidigen. Was die allgemeine Organisation der Nationen anbetreffe, habe auch der Staat der Vatikanstadt, wenn die neue Organisation denn offen sein sollte für alle Staaten, ob groß oder klein, ein Recht, die entsprechenden Schritte zu unternehmen, um darin vertreten zu sein.

Die Beschäftigung mit den internationalen Problemen wurde durch eine traurige Nachricht unterbrochen: Nach dem unerwarteten Tod von Franklin D. Roosevelt verfaßte der Papst am 13. April 1945 selbst ein Kondolenzschreiben an den neuen Präsidenten der Vereinigten Staaten, Harry S. Truman. Ein anderes Telegramm, das ebenfalls vom Papst unterzeichnet war, wurde an die Witwe abgeschickt; der Apostolische Delegat überbrachte den anderen Mitgliedern der Regierung die Beileidsbezeugungen des Papstes. Der Tod Roosevelts mußte von Papst Pacelli als sehr schmerzhaft empfunden werden. Trotz der Enttäuschungen und Meinungsverschiedenheiten, die es zwischen ihnen gegeben hatte, zum Beispiel in den Diskussionen über das Schicksal Roms, über die Lage der Kirche in Rußland, über das *unconditional surrender* und über die Zukunft Polens, waren die persönlichen Beziehungen zwischen den beiden Männern immer von einem Klima gegenseitiger Wertschätzung und Herzlichkeit geprägt gewesen. Roosevelt hatte es im übrigen verstanden, mit Myron Taylor einen Repräsentanten zu wählen, der seiner Aufgabe bestens gewachsen war. Als einer der Mitarbeiter von Taylor mit Msgr. Tardini telephonierte, um ihm mitzuteilen, daß der Botschafter seine Funktion auch nach dem Tod Roosevelts beibehalten werde, da er der »persönliche Vertreter des Präsidenten und nicht Roosevelts« gewesen sei, kommentierte Tardini: »Die Begründung überzeugte mich nur wenig, aber ich bedankte mich bei Gowen für die Nachricht, die ich für sehr gut halte.«

In Europa neigten die militärischen Operationen sich ihrem Ende zu. Am 30. April 1945 entzog sich Hitler durch Selbstmord der Verantwortung für den Zusammenbruch des Dritten Reiches. Am 7. Mai um 2 Uhr morgens unterzeichnete Generaloberst Alfred Jodl in Reims die Kapitulation aller Verbände der deutschen Wehrmacht, die offizielle Mitteilung darüber wurde am Nachmittag des nächsten Tages, des 8. Mai, verkündet. Am Mittag des 9. Mai 1945 richtete Papst Pius XII. eine Radiobotschaft an alle Völker: »Jetzt ist dieser Krieg endlich beendet, der Europa in der Umklammerung der schlimmsten Leiden und der bittersten Trostlosigkeit gehalten hat.« Nach einem Gnadengebet um Beendigung der Prüfungen und einem Fürbittgebet für die Toten gab der Papst den Völkern Ratschläge für die Zukunft. Getreu seiner ursprünglichen Absicht, außerhalb der Streitigkeiten und Spaltungen zu bleiben, hütete sich Pius XII. davor, die Besiegten zu verurteilen oder die Sieger zu preisen, sondern forderte alle auf, am Werk des Wiederaufbaus teilzunehmen:

> »Der Krieg hat ein ganzes Chaos von Ruinen angehäuft, von materiellen und sittlichen Ruinen, wie die Menschheit sie im Lauf ihrer ganzen Geschichte noch nie kennengelernt hat. Nun handelt es sich darum, die Welt wiederaufzubauen. Als ersten Wesensbestandteil der Wiederherstellung wünschen Wir sehnsüchtig nach einer so langen Wartezeit die sofortige und rasche Heimkehr – soweit es die Umstände erlauben – der Gefangenen, der Internierten – Soldaten und Zivilisten – zu ihrem häuslichen Herd, zu ihren Frauen, zu ihren Kindern und zu ihren ehrbaren Friedensbeschäftigungen.«

Am nächsten Tag, dem 10. Mai, wurden drei vom Papst selbst unterzeichnete Telegramme aus dem Vatikan abgeschickt, eines an den König der Belgier, eines an die Königin der Niederlande und das letzte an die Großherzogin von Luxemburg. Indem er an die Telegramme erinnerte, die er ihnen am selben Tag fünf Jahre zuvor geschickt hatte, wollte Pius XII. an der Freude über die wiedergefundene Unabhängigkeit und Freiheit teilhaben, so wie er es in den tragischen Stunden des Mai 1940 gewünscht hatte.

XIII. SCHLUSS

Als Kardinal Pacelli in den Märztagen des Jahres 1939 Papst Pius
XII. wurde, lebte die Welt noch im Frieden. Aber, so wird er später
in seiner Rede an die Kardinäle vom 2. Juni 1945 sagen, in was für
einem Frieden?»Wir beugten uns über diesen Frieden, wie man sich
über das Lager eines Dahinsiechenden beugt, den man aus inniger
Liebe unbedingt, sogar gegen alle Hoffnung, der Umklammerung
des Todes entreißen will.« Tatsächlich hat Pius XII. nichts unversucht gelassen, um die Gefahr abzuwenden, geheime diplomatische
Demarchen, feierliche Reden, pathetische Appelle an die Völker und
an die Regierungen. Er vertrat zunächst, Anfang Mai 1939, die Idee
einer Fünferkonferenz, in der die Regierungen in Rom, Paris, London, Berlin und Warschau versuchen sollten,»mittels einer Konferenz untereinander die Fragen zu lösen, die den Konflikt auszulösen
drohen«. Die freundlichen, aber ablehnenden Antworten der Regierungen entmutigten den Papst nicht. Während der folgenden Wochen bestand er unermüdlich darauf, daß zumindest Provokationen
vermieden wurden, insbesondere zwischen Polen und Deutschland.
Er bemühte sich darum, die gefährlichen Illusionen zu zerstören, die
sich Hitler und seine Umgebung machten, Polen angreifen zu können, ohne einen Krieg auszulösen. Als die Bekanntgabe des deutsch-
sowjetischen Paktes die Krise auf ihren Höhepunkt trieb, begriff
Pius XII., daß der Moment gekommen war, um einen letzten und
feierlichen Appell für den Frieden zu erlassen, so wie es Bonnet und
Halifax vorgeschlagen hatten. Am 24. August 1939 um 19 Uhr
wandte sich der Papst über das Radio an die Verantwortlichen für
Frieden und Krieg:»Nichts ist mit dem Frieden verloren. Aber alles
kann mit dem Krieg verloren sein.«
Vierzehn Tage später hatte die Wehrmacht, trotz aller Friedensbemühungen, die Grenzen Polens überschritten. Pius XII. definierte
seine Politik während des Krieges in einer anläßlich eines Empfangs
für den Botschafter Belgiens gehaltenen Rede:»Wir lauerten hell-
wach auf jede sich bietende Gelegenheit, um sie mit all Unserer
Kraft zu unterstützen: in erster Linie darauf, die Völker, die sich gegeneinander erhoben und zerstritten hatten, zum Abschluß eines eh-

renhaften Frieden für alle zu führen [...], und, als dies nicht mehr möglich war, wenigstens die schrecklichen Blessuren, die bereits zugefügt worden waren oder die in der Zukunft noch zugefügt werden sollten, zu lindern.« Das war das Ziel, das sich Pius XII. gesetzt hatte und an das er sich bis zum Ende hielt.

Seine erste Sorge war, Italien aus dem Konflikt herauszuhalten. Als er am 21. Dezember 1939 König Viktor Emanuel und Königin Helene im Vatikan empfing, nutzte er die Gelegenheit, um den italienischen Führern herzlich zu gratulieren, die ihr Land aus dem Sturm herausgehalten hatten, der in Europa tobte. Um seinen Friedensappellen mehr Nachdruck zu verleihen, ging er über das Protokoll hinaus und begab sich selbst in den Quirinal, um den Besuch des Königs von Italien zu erwidern und um dort seine Lobrede auf »den durch die Weisheit seiner Führer bewahrten Frieden [zu erneuern], der Italien Stärke und Respekt verleiht«.

Als Ribbentrop dann im März 1940 nach Rom kam, gewährte ihm Pius XII. eine Audienz in der Hoffnung – die sogleich enttäuscht wurde –, ein gutes Wort für den Frieden einlegen zu können. Als die Gerüchte über einen baldigen Kriegseintritt Italiens immer lauter wurden, sprach er mit Roosevelt eine doppelte Intervention ab, einen eigenen Brief und eine Botschaft des Präsidenten an den italienischen Regierungschef, um diesen zu überreden, seinem Land den Frieden zu bewahren.

Zur gleichen Zeit übermittelte er die Vorschläge der deutschen Generäle, die sich von Hitler befreien wollten, aber Garantien für einen ehrenhaften Frieden für ihr Land verlangten, nach London.

Nach dem deutschen Angriff auf Belgien, Holland und Luxemburg unterzeichnete Pius XII., der einige Tage zuvor den Botschafter Frankreichs und den Gesandten Englands vor eben diesem Ereignis gewarnt hatte, drei Telegramme, die in Form von Beileidsbezeugungen für die drei Herrscher den Einmarsch in die neutralen Staaten unmißverständlich verurteilten. Damit entsprach er der Bitte der Franzosen und Engländer. Pius XII. erklärte dem Kardinalerzbischof von München gegenüber seinen Standpunkt in dieser Angelegenheit, den er gegenüber den kämpfenden Parteien beibehalten wollte: nicht Neutralität, die als passive Gleichgültigkeit verstanden werden konnte, welche für das Oberhaupt der Kirche unangemessen war, sondern Unparteilichkeit, die die Dinge nach der Wahrheit und der Gerechtigkeit beurteilt. Hingegen weigerte sich Pius XII. im darauffolgenden Jahr, den inständigen Bitten des italienischen Botschafters nachzugeben, der eine Erklärung zugunsten der deutschen und italienischen Soldaten wünschte, die an dem Feldzug gegen das

bolschewistische Rußland teilnahmen. Der Papst wußte sehr wohl
über die Verfolgung der Kirche unter den Bolschewisten Bescheid,
aber er machte sich auch keinerlei Illusionen über die Absichten der
Nazis, die nur auf den Sieg warteten, um die katholische Kirche zu
erledigen. Das Hakenkreuz war nicht unbedingt das Kreuz der
Kreuzzüge.

Der persönliche Vertreter Roosevelts, Myron Taylor, wurde
freundlicher empfangen, als er Pius XII. bat, die Skrupel der amerikanischen Katholiken in bezug auf die Hilfe beiseite zu räumen, die
seine Regierung Rußland leisten wollte: Die Ehrlichkeit zwang ihn
einzugestehen, daß die Enzyklika von Pius XI. gegen den Kommunismus der neuen Situation nicht gerecht wurde.

Während das Reich vorgab, einen Kreuzzug gegen den Bolschewismus zu führen, verfolgte es unerbittlich die Kirche und das polnische Volk. Die schrecklichen Taten, die Pius XII. ansprach, als er
am 13. Mai 1940 den Botschafter Italiens empfing, fanden noch lange
kein Ende, und wenn der Papst davon Abstand nahm, sie in scharfen
Worten zu verurteilen, so nur aus der Furcht heraus, das Schicksal
der Opfer noch zu verschlimmern. So kam es, daß sich der Kardinalprimas, später der Erzbischof von Krakau und insbesondere im Februar 1943 zwei nach England geflüchtete Prälaten darüber beklag-
ten, daß der Papst seine Stimme nicht zugunsten der Kirche in Polen
erhob noch ihre Henker verurteilte.

Pius XII. und seine Berater stellten sich die Frage, ob eine öffentliche Erklärung gegen die Verfolgung der Kirche in Polen sinnvoll sei.
Die Enzyklika *Summi Pontificatus*, in der das frühere Heldentum
und die aktuellen Leiden der polnischen Nation erwähnt worden
waren, schien ihr Anliegen bereits so gut zum Ausdruck gebracht zu
haben, daß die französische Luftwaffe Tausende von Exemplaren
dieses Dokuments über dem Westen Deutschlands abwarf. Bei mehreren Gelegenheiten hatte der Papst diskrete, aber unmißverständli-
che Anspielungen auf das Schicksal Polens gemacht. Die Polen im
Exil verlangten dennoch deutlichere Worte. Tardini faßte zusammen:
Nach einer öffentlichen Verurteilung werde die Besatzungsmacht ein
weiteres Mal die Hand auf die Opfer niederfahren lassen und das
wenige Gute, was der Hl. Stuhl für sie tun könne, auch noch verbieten. Man befaßte sich ausgiebig mit einem Brief an Ribbentrop, von
Maglione unterzeichnet, der alle Mißhandlungen aufzählte, die der
Kirche in Polen von den Nazis zugefügt wurden, aber der Brief
wurde von den Deutschen nicht angenommen, zumindest blieb er
hinter den verschlossenen Türen der Kanzleien. Schließlich hob Pius
XII. in seiner Rede an die Kardinäle am 2. Juni 1943 die aktuellen

Leiden und die vergangene Größe Polens hervor, und die hohen
Würdenträger der polnischen Kirche dankten ihm dafür in den
wärmsten Worten.

Kurz nach dem deutschen Angriff auf Rußland verstärkte sich die
Verfolgung der Juden noch. Bereits im August 1941 wurde der Papst
angefleht, zugunsten der Juden Kroatiens einzugreifen. Im März
1942 unterrichtete der Geschäftsträger des Hl. Stuhles in der Slowakei den Vatikan, daß die Deportation der Juden dieses Landes unmittelbar bevorstehe. Die Führer der israelitischen Gemeinden in
Europa und Amerika richteten an den Hl. Stuhl und an seine Repräsentanten Hilferufe im Namen der Juden, die von der Deportation
bedroht oder schon deportiert worden waren, in Deutschland, in der
Slowakei, in Kroatien, in Rumänien, in Frankreich und in Ungarn.
Über ihr Schicksal herrschte Ungewißheit, aber mit der Zeit verdich-
tete sich der Verdacht über ihr tragisches Los immer mehr. In einem
Brief an den Papst vom 19. Dezember 1942 bestätigte der polnische
Botschafter Papée, daß die Juden »in eigens für diesen Zweck eingerichteten Lagern umgebracht würden«. Am 5. Mai 1943 erhielt das
Staatssekretariat eine Kopie der Botschaft, die der *World Jewish
Congress* an die britische und amerikanische Regierung gerichtet
hatte, um darauf hinzuweisen, daß sich die Vernichtungskampagne
gegen die Juden auf ihrem Höhepunkt befand. Es war auch zu diesem Zeitpunkt, daß das Staatssekretariat in einer kurzen, aber ein-
drucksvollen Note die Informationen zusammenfaßte, die es über
das Schicksal der Juden erhalten hatte: Man sprach von Todeslagern,
von Opfern, die zu Hunderten in Kammern eingeschlossen oder in
hermetisch abgeschlossenen Wagen zusammengepfercht würden, wo
sie unter Einwirkung von Gas starben. Welchen Wahrheitsgehalt
hatten diese Informationen, die die Regierungen der Alliierten und
selbst die jüdischen Kreise im Zweifel ließen, was sie glauben sollten
und was sie tun konnten?

In seiner Weihnachtsansprache 1942 verurteilte Pius XII. alle
Grausamkeiten des gegenwärtigen Krieges, die Verletzung der internationalen Konventionen, die den Schrecken hätten begrenzen können, und sprach von den »Hunderttausenden, die persönlich schuldlos bisweilen nur um ihrer Volkszugehörigkeit oder Abstammung
willen dem Tode geweiht oder einer fortschreitenden Verelendung
preisgegeben sind«.

In seiner Konsistorialrede vom 2. Juni 1943 kam der Papst noch
einmal auf diejenigen zurück, die sich an ihn wandten, weil sie allein
aufgrund ihrer Volkszugehörigkeit oder ihrer Abstammung »völlig
ohne eigenes Verschulden für die Vernichtung vorgesehen waren«.

Er mahnte, daß derjenige, der das Schwert trage, es nur im Sinne des Gesetzes Gottes einsetzen dürfe.

So klar diese Anspielungen für den, der sie vernehmen wollte, auch waren, handelte es sich doch nicht um die ausdrücklichen Verurteilungen, die er auf die Bitte so mancher herausschleudern sollte. Aber in derselben Rede hatte Pius XII. erklärt, daß jedes Wort seiner öffentlichen Erklärungen »im eigenen Interesse derjenigen, die leiden, gut überlegt und mit besonderer Ernsthaftigkeit erwogen werden mußte«.

Pius XII. hielt sich fortan an diese Zurückhaltung, trotz der mehr oder minder uneigennützigen Bitten, die an ihn gerichtet wurden. Sie hat diejenigen enttäuscht, die in aufsehenerregenden Erklärungen ein wirksames Mittel sahen, um sich den Massakern an Polen, den Geiselerschießungen und der Ausrottung der Juden entgegenzustellen.

Der Papst hat die Möglichkeit öffentlicher Erklärungen ins Auge gefaßt und hat sich nicht leichtfertig für das stille Agieren entschieden. In mehreren Briefen an die deutschen Bischöfe hat er ihnen sein Zögern und seine Zweifel eingestanden. So schrieb er am 20. Februar 1941: »Da, wo der Papst laut rufen möchte, ist ihm leider manchmal abwartendes Schweigen, wo er handeln und helfen möchte, geduldiges Harren geboten.« Am 3. März 1944 wiederholte er: »Es ist oft schmerzvoll schwer, zu entscheiden, ob Zurückhaltung und vorsichtiges Schweigen oder offenes Reden und starkes Handeln geboten sind.«

Die Motive, die die Entscheidung Pius' XII. bestimmten, sind offensichtlich. Das Rote Kreuz hatte sie für sich selbst in einer lapidaren Formel geltend gemacht: Die Proteste bewirkten gar nichts und könnten gerade denjenigen einen sehr schlechten Dienst erweisen, denen man zu helfen gedachte. Die einzige Möglichkeit, den Juden zu helfen, antwortete seinerseits das State Department, sei, den Krieg zu gewinnen. Nach dem Krieg vertraten nicht wenige maßgebliche Stimmen, die aus aller Welt kamen, die gleiche Meinung wie der Papst. Um sich an das Beispiel von jemandem zu halten, der Gelegenheit hatte, die Mentalität der Naziführer auf der Grundlage von Akten zu studieren, kann man Robert M. W. Kempner zitieren, den Vertreter der Vereinigten Staaten beim Rat des Internationalen Militärgerichtshofs in Nürnberg: »Jeder Versuch der Propaganda der katholischen Kirche gegen das Reich Hitlers wäre nicht nur ein selbst herausgeforderter Selbstmord gewesen, wie Rosenberg kürzlich erklärt hat, sondern hätte die Hinrichtung der Juden und Priester noch beschleunigt.«

Pius XII. mußte im übrigen auch daran denken, daß eine öffentliche Erklärung von ihm der nationalsozialistischen Propaganda, die sich seit langem darum bemühte, den Papst als einen Feind Deutschlands hinzustellen, Munition geliefert hätte. Eine päpstliche Rede konnte in den Händen eines Experten wie Goebbels eine Waffe erster Güte gegen das Christentum werden, die geeignet war, die Gläubigen, die nicht alle gleichgültig gegenüber dem Erfolg des Regimes waren, in ihrem Glauben an ihre Kirche und ihr Oberhaupt ins Wanken zu bringen. Pius XII. handelte aus Rücksicht auf die deutschen Katholiken und keineswegs aus Rücksicht auf das Regime oder seine Führer, denn der Papst machte sich keine Illusionen über die eigentlichen Absichten der Führung des Dritten Reiches. Die Verfolgung der Kirche war durch den Krieg noch schlimmer geworden und setzte sich bis in die letzten Monate fort, wie Pius XII. am 2. Juni 1945 sagte, »solange nämlich seine Anhänger sich noch schmeichelten, sofort nach errungenem Waffensiege für immer auch mit der Kirche fertig werden zu können. Glaubwürdige und unwiderlegliche Zeugnisse hielten Uns auf dem Laufenden über diese Pläne«.

Diese Zurückhaltung war alles andere als Gleichgültigkeit gegenüber den Opfern. Während der Papst nach außen den Eindruck des Stillschweigens vermittelte, drängte das Staatssekretariat andauernd die Nuntien und Apostolischen Gesandten in der Slowakei, in Kroatien, in Rumänien und in Ungarn mit Anweisungen, bei den Regierenden und dem Episkopat zu intervenieren, um Hilfe zu leisten. Daß sie wirksam war, bezeugen die wiederholten Danksagungen der jüdischen Organisationen aus der damaligen Zeit. Ein israelischer Historiker, Pinchas Lapide, wagt es, ihre Zahl auf 850.000 gerettete Menschen zu schätzen.

Während Pius XII. Hilferufe von Polen und Nichtariern, die von der Ausrottung bedroht waren, erreichten, ging der Krieg an allen Fronten mit seinen Zerstörungen und Massakern weiter. In seiner Weihnachtsansprache 1942 hatte der Papst eine Anstrengung gefordert, um die Gesellschaft wieder »zu der von Gott gewollten rechtlichen Ordnung [zurückzuführen], aus der das unveräußerliche Recht des Menschen auf juristische Sicherheit und auf einen konkreten Raum der Rechtssicherheit, der gegen jeden willkürlichen Angriff geschützt ist, abgeleitet wird«. Die darauffolgenden Monate waren sehr weit von diesem Ideal entfernt, als die Anglo-Amerikaner die Erklärung von Casablanca über die bedingungslose Kapitulation abgaben, die sie vom Feind verlangten und die sie durchzusetzen suchten, indem sie die Moral der Bevölkerung durch massive Bombardements auf deutsche Städte brechen wollten. »Was Uns seit langem an unmenschlichen Greueltaten zu Ohren kommt«, schrieb Pius XII. am 30. April 1943, »die völlig über die tatsächlichen Notwendigkeiten des Krieges hinausgehen, kann nur Entsetzen und Bestürzung auslösen.« Am folgenden 1. September 1944 wandte er sich erneut an die beiden Kriegsparteien. Wie Benedikt XV. 1917 forderte er nun seinerseits die Kämpfenden auf, sich die Frage zu stellen: »Kann man die Fortsetzung des Krieges, und eines solchen Krieges, noch als mit den nationalen Interessen übereinstimmend, vernünftig und vor dem christlichen und menschlichen Gewissen gerechtfertigt bezeichnen, und ist sie es noch?«

Die Anglo-Amerikaner antworteten darauf, daß jeglicher Verhandlung die Beseitigung des Nazismus und die bedingungslose Kapitulation der deutschen Armee vorausgehen müßten. Pius XII. wollte einem zerbrechlichen Frieden nicht das Wort reden. Auf dem maschinengeschriebenen Text, der für die Weihnachtsansprache 1943 vorbereitet worden war, hat er mit eigener Hand hinzugefügt: »Selbstverständlich würde der Abschluß eines solchen Friedens keineswegs die Aufgabe der notwendigen Garantien und die Billigung von jedwedem gewaltsamen Anschlag auf das Recht bedeuten.« Aber er glaubte dennoch, daß die lauthals verkündete Forderung der bedingungslosen Kapitulation die Ruinen und die Massaker nur unnötig vermehren würde.

Als die Alliierten vor den Toren Roms standen, bezog er am 2. Juni 1944 öffentlich Stellung gegen die Forderung der bedingungslosen Kapitulation, die dem Unterlegenen nur den Mut der Verzweiflung einflöße und so die Zeit der Zerstörungen und Massaker nur verlängere, weil er keine andere Wahl habe als den totalen Sieg oder die totale Niederlage. Am Ende des Monats wiederholte der Vertreter Roosevelts gegenüber dem Papst aber erneut, daß das *unconditional surrender* weiterhin Politik seiner Regierung bleibe. In diesem Punkt stieß der Papst auf die Unnachgiebigkeit der Angelsachsen, so daß er darauf verzichtete, Taylor die Note zu übergeben, die Msgr. Tardini dazu vorbereitet hatte. Ein erneuter Protest, auch im geheimen, hätte den Gesprächspartner nur unnötig verletzt und ihn für jede spätere Demarche unzugänglich gemacht.

Es war auch der Moment, in dem die Polen an Pius XII. appellierten und um seine Intervention bei den westlichen Alliierten gegen die Forderungen des sowjetischen Rußland baten. Der Papst bemühte sich darum, das State Department und die katholische Öffentlichkeit der Vereinigten Staaten für das Schicksal Polens zu interessieren, aber in Yalta wurden Polen und Osteuropa, trotz der ursprünglichen

Absichten Roosevelts und Churchills, der sowjetischen Macht ausgeliefert.

Der Blick von Pius XII. umfaßte den Krieg in seinem ganzen Ausmaß und in all seinen Aspekten. Die Nationen, die der militärischen
Besetzung und dem Hunger ausgeliefert waren, die zivile Bevölkerung, die Alten, Frauen und Kinder, die zu Tausenden in den Bombardements der deutschen Städte starben, die dezimierten Polen, die
deportierten und massakrierten Juden, die Soldaten, die auf beiden
Seiten der Front in der vordersten Linie fielen, die Gefangenen, die
von ihren Frauen und Kindern getrennt waren, die Mütter, die Ehefrauen und die Kinder, die von diesen Gefangenen getrennt waren,
sie alle standen im Zentrum seiner Sorgen und, wenn er etwas für sie
tun konnte, auch im Zentrum seiner Fürsorge. Gegen alle diese Übel
hätte er gern die Medizin des Friedens verabreicht.

In der Erwartung dieses Friedens, der das oberste Anliegen seiner
Wünsche, seiner Reden und seiner Demarchen war, ließ Pius XII.
niemals in seinen Anstrengungen nach, die Leiden des Krieges zu
lindern.

Es ist nicht erstaunlich, daß die Diplomatie des Vatikans, trotz aller Mittel, über die sie verfügte, und der Papst nur begrenzte Resul-
tate erzielt haben. Das Erstaunlichste ist vielleicht, daß es dem Hl.
Stuhl dennoch gelungen ist, so vielen Familien, die über das Schicksal ihrer Gefangenen besorgt waren, Trost und Hoffnung zu spenden, so vielen ausgehungerten Lagern und Städten etwas materielle
Erleichterung zukommen zu lassen und schließlich trotz allem eine
nicht unerhebliche Zahl von Menschenleben zu retten.

Auch wenn es nicht möglich ist, eine Erfolgsbilanz zu ziehen, so
kann man sich doch eine Vorstellung von der karitativen und humanitären Tätigkeit des Hl. Stuhles, d.h. von Pius XII. selbst, während
des Zweiten Weltkrieges machen. Die Fülle der Dokumente ist
schon allein ein beredtes Zeugnis von der Intensität der Sorgen, die
sich der Papst über die humanitären Probleme gemacht hat, die der
Krieg in der ganzen Welt geschaffen hatte. Trotz der Säkularisierung
der Gesellschaft blieb sich die katholische Kirche immer ihrer humanitären Aufgabe bewußt, die eng mit ihrer religiösen Mission verbunden war. Daher stammte die Entschlossenheit von Pius XII., seine karitative Tätigkeit auf alle Opfer des Krieges auszudehnen, ohne
Rücksicht auf Nationalität, Rasse, Religion oder Partei. Diese Uni-
versalität war nicht das Ergebnis eines politischen Kalküls oder ei-
gennütziger Interessen. Nichts lag den Absichten des Papstes ferner,
als das menschliche Leid als Gelegenheit zu benutzen, um sein Prestige und seine Macht zu steigern. Pius XII. handelte schweigend,

diskret, mit dem Risiko, untätig und gleichgültig zu erscheinen. Dennoch war das Hilfswerk für die Opfer des Krieges für ihn wie sein eigener Augapfel; seine Erinnerung an seine Erfahrungen als Nuntius in Bayern während des Ersten Weltkrieges waren für ihn in dieser Hinsicht prägend. Der Hl. Stuhl, der an Enttäuschungen, Absagen und Niederlagen gewöhnt war, machte sich kaum Illusionen über die Auswirkungen seines Einflusses, auch wenn andere, getrieben von guten oder im Gegenteil von bösen Absichten, ihm eine unbegrenzte Macht zumaßen. Im übrigen war sein Handeln, obwohl es unabhängig und zumeist spontan erfolgte, nicht isoliert, sondern koordiniert mit den oft wirkungsvolleren Bemühungen anderer humanitärer Organisationen, wie dem Internationalen Komitee des Roten Kreuzes oder verschiedenen jüdischen Organisationen, die sich schon seit langem um die Unterstützung der in alle Welt verstreuten Juden kümmerten. Die Bemühungen des Hl. Stuhles, allen notleidenden Teilen der Menschheit Linderung zu verschaffen, stießen nicht nur auf Mißverständnisse und Unverständnis, sondern sogar auf aktiven Widerstand, sei es im Namen militärischer Notwendigkeiten, sei es aus nicht verhüllten Leidenschaften wie Haß oder Fanatismus. Gegenüber all diesen Hindernissen entwickelte der Hl. Stuhl eine unerbittliche Hartnäckigkeit und eine Beharrlichkeit, die dieses hehren Zieles würdig war, das er sich gesetzt hatte, so wie es Pius XII. im April 1941 definiert hatte, nämlich »den Krieg menschlicher zu machen, die Übel des Krieges zu lindern, den Opfern des Krieges zu Hilfe zu eilen und sie zu trösten«.

Als Pius XII. einige Jahre später, im Mai 1952, auf diese Jahre aus Feuer und Stahl in einer Rede vor Krankenschwestern zurückkam, wagte er es, folgende Frage zu stellen: Was hätten wir tun sollen, was wir noch nicht getan hatten?

Papst Pacelli sagte, er sei sich bewußt, alles getan zu haben, um den Krieg zu verhindern, um die Leiden zu lindern, um die Zahl der Opfer zu verringern, alles, was er glaubte tun zu können. Soweit es durch Dokumente möglich ist, in die Herzen zu sehen, führen sie zu demselben Ergebnis.

In der Rückschau zu behaupten, daß er selbst oder ein anderer an seiner Stelle sehr viel mehr hätte leisten können, hieße, das Terrain der Geschichte zu verlassen, um sich im Dickicht der Mutmaßungen und Träume zu verirren.

Wenn man diese Seiten über Pius XII. und den Krieg zu Ende bringt, drängt es sich fast von selbst auf, die Erinnerungen von Männern anzuführen, die ihn kannten und selbst den Krieg erlebt hatten. Nach dem Tod des Papstes am 9. Oktober 1958 schrieb Marschall

Bernard Montgomery in der Londoner *Sunday Times* vom 12. Oktober: »Er war ein großer und guter Mann, und ich mochte ihn. (*He was a great and good man and I loved him*).« Wir haben bereits weiter oben gesehen, was General de Gaulle in seinem Bericht über die Audienz vom 30. Juni 1944 im Vatikan in seinen *Mémoires de guerre* festhielt: »Pius XII. beurteilt jede Sache von einem Standpunkt aus, der über die Menschen hinausgeht, über ihre Unternehmungen und ihre Streitereien.«

Diese Weite des Blicks, über alle gegensätzlichen Interessen und rivalisierenden Leidenschaften hinaus, wird die Aufgabe immer schwierig machen, die Politik und die Persönlichkeit von Papst Pius XII. zu begreifen.

ABKÜRZUNGSVERZEICHNIS

ADSS =   Actes et Documents du Saint-Siège relatifs à la Seconde Guerre mondiale
AKTEN =   Akten zur deutschen auswärtigen Politik
DBFP =   Documents on British Foreign Policy
DDI =   I Documenti diplomatici italiani
FRUS =   Foreign Relations of the United States

BIBLIOGRAPHIE

GEDRUCKTE QUELLEN

Acta Apostolicae Sedis, XXXI-XXXVII (1939-1945). Città del Vaticano, 1939-1945.

Actes et Documents du Saint-Siège relatifs à la Seconde Guerre mondiale. Édités par Pierre Blet, Robert A. Graham, Angelo Martini, Burkhart Schneider. 12 Bd. Città del Vaticano, 1965-1981.

Akten zur deutschen auswärtigen Politik (1918-1945). Aus dem Archiv des Auswärtigen Amtes, Serie D (1937-1941), Bd. 7-13. Baden-Baden, Frankfurt/M. 1956-1970.

Akten zur deutschen auswärtigen Politik. Aus dem Archiv des Auswärtigen Amtes, Serie E (1941-1945). Baden-Baden, Frankfurt/M. 1969-1979.

Churchill, Winston S., The War Speeches. Hrsg. von Charles Eade. 2 Bd. London 1963-1965.

I Documenti Diplomatici Italiani, Serie 8, Vol. XII-XIII. Rom 1952-1954.

I Documenti Diplomatici Italiani, Serie 9. Rom 1954-1990.

Documents on British Foreign Policy 1919-1939. Hrsg. von E. L. Woodward, R. Butler. Serie III, Vol. V-VII. London 1952-1954.

Documents pontificaux de Sa Sainteté Pie XII. 20 Bd. Saint-Maurice (Schweiz) 1939-1958.

Foreign Relations of the United States. Diplomatic Papers, 1939-1945. Washington D.C. 1956-1969.

Der Notenwechsel zwischen dem Hl. Stuhl und der deutschen Reichsregierung. Hrsg. von Dieter Albrecht. Bd. II, 1937-1945. Mainz 1969.

MEMOIREN UND AUFSÄTZE

ADRIÁNYI, Gabriel, Die Kirche in Nord-, Ost- und Südosteuropa, in: Handburch der Kirchengeschichte, Bd. 7, S. 508-536.

CHADWICK, Owen, Britain and the Vatican during the Second World War. Cambridge 1986.

CHARLES-ROUX, François, Huit ans au Vatican, 1932-1940. Paris 1947.

CHAUNU, Pierre (Hrsg.), Les Enjeux de la paix. Nous et les autres, XVIIIe-XXe siècles. Paris 1995.

CHÉLINI, Jean / D'ONORIO, Joël-Benoît (Hrsg.), Pie XII et la Cité. Paris, Aix, Marseille 1988.

CIANO, Galeazzo, Diario, Mailand, Bd. I (1939-1940). Rom 1946.

DI NOLFO, Ennio, Vaticano e Stati Uniti, 1939-1952. Milano 1978.

DUROSELLE, Jean-Baptiste, Histoire diplomatique de 1919 à nos jours. Paris 1953.

FRANÇOIS-PONCET, André, Au palais Farnèse. Souvenir d'une ambassade à Rome 1939-1940. Paris 1961.

GAULLE, Charles de, Mémoires de guerre, Bd. II. Paris 1956.

GRAHAM, Robert A., The Pope and Poland in World War two. London 1968.

– La missione di W. d'Ormesson in Vaticano nel 1940, in: Civiltà Cattolica 124 (1973) IV, S. 145.

– L'enciclica Summi Pontificatus e i belligerenti nel 1939, in: Civiltà Cattolica 135 (1984) IV, S. 137-151.

HENDERSON, Sir Nevile, Deux ans avec Hitler. Paris 1940.

LAPIDE, Pinchas E., The last three Popes and the Jews. London 1967.

LEIBER, Robert, Pius XII., in: Stimmen der Zeit 163 (1958/1959), S. 81-100.

MACCARRONE, Michele, Il nazionalsocialismo e la Santa Sede. Rom 1947.

MARTINI, Angelo, La Santa Sede e gli ebrei della Romania durante la seconda guerra mondiale, in: Civiltà Cattolica 112 (1961) III, S. 449-463.

– La fame in Grecia nel 1941 nella testimonianza dei documenti inediti vaticani, in: Civiltà Cattolica 118 (1967) I, S. 213-227.

NOBÉCOURT, Jacques, »Silence« de Pie XII, in: Dictionnaire historique de la papauté, Paris 1995.

SCHAMBECK, Herbert (Hrsg.), Pius XII. Zum Gedächtnis. Berlin 1977.

SCHNEIDER, Burkhart (Hrsg.), Die Briefe Pius' XII. an die deutschen Bischöfe 1939-1944. Mainz 1966.

TAYLOR, Myron C., Wartime Correspondence between President Roosevelt and Pope Pius XII. New York 1947.

WEIZSÄCKER, Ernst von, Erinnerungen. München 1950.

REGISTER

Münster, Bischof von, siehe Galen

Murphy, Robert Daniel, amerikanischer Diplomat, 1944-1949 Leiter der Abteilung für deutsche und österreichische Angelegenheiten im amerikanischen Außenministerium 266f.

Mussolini, Benito, 1922-1943 italienischer faschistischer Regierungschef („Duce"), 1943-1945 Chef der republikanisch-faschistischen Regierung in Salò am Gardasee 4, 6f., 10-12, 18-20, 22-25, 29f., 32-39, 42-48, 93, 95, 106-108, 111, 117f., 134, 137f., 148, 157, 159f., 206-209, 214, 217

Neubronn von Eisenburg, Alexander Freiherr von, deutscher Generalleutnant, 1943-1945 General des Oberbefehlshabers West beim Staatschef der Vichy-Regierung 250

Niemira, Karol, ab 1933 Weihbischof von Pińsk 89

Noa, Thomas, ab 1935 Päpstlicher Hausprälat 284

Nogara, Bernadino, Chef einer Sonderkommission des Hl. Stuhls 220

Nowowiejski, Antoni Julian, 1908-1941 Bischof von Płock († 1941 im KZ Dzialdowo) 70, 77, 88

Nuti, Igino, Apostolischer Vikar in Alexandria 95

Odo OSB, Pater (Herzog Carl Alexander von Württemberg), organisierte während des Krieges Flüchtlingshilfe in der Schweiz, in Portugal und den USA 144, 156

Okoniewski, Stanisław, 1926-1944 Bischof von Kulm (Chełmno)-Pelplin 70, 72, 88

Ormesson, Wladimir d', französischer Botschafter beim Hl. Stuhl 45, 231f.

Orsenigo, Cesare, 1930-1945 Apostolischer Nuntius in Berlin 8, 17, 19, 33, 60, 72f., 75, 89, 91, 94, 96, 98, 148-156, 165, 193, 269, 272-274

Osborne d'Arcy, Sir Godolphin Francis, 1936-1947 britischer Gesandter beim Hl. Stuhl 13, 16f., 22, 30f., 44f., 48, 95, 98, 101, 103, 107f., 114, 132, 163, 206f., 222, 224, 232, 234f., 281

Pacelli, Carlo, Neffe Eugenio Pacellis 221

Pacini, Alfredo, ab 1944 Nuntiaturrat in Vichy/Paris 90, 240-242, 256, 260

Paech, Joseph, Domherr in Poznań, 1941-1942 Apostolischer Administrator für die deutschen Katholiken des Warthegaus 78

Panzieri, David, Vertreter des Oberrabbiners von Rom 168f., 222

Papée, Kazimierz, ab 1939 Botschafter der polnischen Exilregierung beim Hl. Stuhl 16f., 83, 90, 162f., 166, 262, 271-273, 279f., 292

Papen, Franz von, 1939-1944 deutscher Botschafter in Ankara 60, 133f., 166

Paul, Prinzregent von Jugoslawien 108

Paul IV., 1555-1559 Papst 242

Pavelić, Ante, 1941-1945 kroatischer Staatsführer („Poglavnik"), Führer der „Ustascha-Bewegung" 108-110, 184

Pétain, Henri Philippe, französischer Marschall, 1940-1944 Chef der Regierung in Vichy 46, 93, 231-238, 240, 247-250, 259

Petit de Julleville, Pierre, ab 1938 Erzbischof von Rouen 242

Phillips, William, 1936-1941 amerikanischer Botschafter in Rom 21, 28, 38

Pius IX., 1846-1878 Papst 53

Pius X., 1903-1914 Papst 2

Pius XI., 1922-1939 Papst 3, 49f., 52, 66, 116f., 121, 125f., 157, 285, 291

Pignatelli-Aragona, Enza, italienische Prinzessin 220

Aus unserem Verlagsprogramm

Karl-Joseph Hummel (Hrsg.)

Vatikanische Ostpolitik unter Johannes XXII. und Paul VI. 1958 – 1978

1999. 257 Seiten, kart., ISBN 3-506-74008-3

Eine Untersuchung der „Ostpolitik des Vatikans" ist ein außergewöhnlich spannendes, aber auch besonders schwieriges Unterfangen.

»Was waren die Motive des Papstes? Wie verhielten sich Bundesregierung und Bischofskonferenz? Was wusste wer wann? Diese Fragen haben die „Kommission für Zeitgeschichte" veranlasst, Akteure aus den sechziger und siebziger Jahren zu einem Kolloquium mit Historikern über dieses kirchenpolitisch nach wie vor äußerst brisante Thema zu versammeln.

So ist – auch wenn die vatikanischen Archive noch nicht geöffnet sind – ein Dokument kirchlicher Zeitgeschichte entstanden, das an Authentizität seinesgleichen sucht.«

Frankfurter Allgemeine Zeitung

Ulrich von Hehl / Friedrich Kronenberg (Hrsg.)

Zeitzeichen

150 Jahre Deutsche Katholikentage 1848-1998

2000. 252 Seiten mit einem Bildteil, Leinen mit Schutzumschlag, ISBN 3-506-74009-1

Die Deutschen Katholikentage bilden seit 150 Jahren einen festen Bestandteil des öffentlichen Lebens. Ihre wechselvolle Geschichte wird in diesem informativen, mit vielen Abbildungen versehenen Band beleuchtet.

Unter den Autoren:
Adolf M. Birke – Karl Gabriel – Ulrich von Hehl – Roman Herzog – Heinz Hürten – Hans Maier

Schöningh